# LA
# POLITIQUE

## PRINCIPES, CRITIQUES, RÉFORMES

PAR

### Th. FUNCK-BRENTANO

PROFESSEUR A L'ÉCOLE LIBRE DES SCIENCES POLITIQUES

## PARIS
## ARTHUR ROUSSEAU
ÉDITEUR
14, RUE SOUFFLOT ET RUE TOULLIER, 13

1893

# LA POLITIQUE

## LES SCIENCES HUMAINES

### I. Philosophie

**La philosophie.** *Histoire, Méthode, Doctrine* ; nouvelle édition revue et complétée, sous presse.

### II. Morale

**La civilisation et ses lois.** *Morale sociale.* Plon Nourrit et C$^{ie}$.
**L'homme et sa destinée.** *Morale individuelle*, à paraître prochainement.

### III. Politique

**La politique.** *Principes, Critiques, Réformes*, Arthur Rousseau.

### IV. Médecine

**La médecine.** *La vie, la maladie, le remède*, en préparation.

# LA

# POLITIQUE

## PRINCIPES, CRITIQUES, RÉFORMES

PAR

## Th. FUNCK-BRENTANO

PROFESSEUR A L'ÉCOLE LIBRE DES SCIENCES POLITIQUES

## PARIS

LIBRAIRIE NOUVELLE DE DROIT ET DE JURISPRUDENCE

## ARTHUR ROUSSEAU

ÉDITEUR

14, RUE SOUFFLOT ET RUE TOULLIER, 13

1892

# INTRODUCTION

---

## La morale et la politique

En politique deux grandes doctrines se partagent les esprits : selon l'une, les hommes doivent décider librement de leurs institutions et choisir librement aussi leurs chefs ; selon l'autre, c'est au contraire le seul ascendant de la force qui crée ces institutions et maintient les chefs. Autour de ces deux doctrines se groupent les théories particulières dont chacune, par une contradiction étrange, est fondée à la fois sur la liberté et sur la force. Les admirateurs des gouvernements absolus, césariens, féodaux, réactionnaires, ne diffèrent en réalité des fanatiques d'une participation intégrale à tous les droits, communistes, socialistes, possibilistes, radicaux, que parce que les premiers ne maintiennent les libertés dont ils jouissent que par la force qu'ils possèdent, tandis que les seconds sont prêts à chaque instant à recourir à la force pour conquérir les libertés qu'ils revendiquent. Entre les deux partis, les libéraux, conservateurs, progressistes, opportunistes, tantôt ont recours à la force, pour se maintenir au pouvoir quand ils s'y trouvent, tantôt invoquent la liberté pour y arriver, quand ils n'y sont point. Telle est au fond, en ce moment, la situation des esprits, et telle est aussi celle d'un navire naufragé dont les débris se mêlent et se heurtent, jusqu'à ce que la vague les emporte pour les jeter, épaves informes, sur le rivage.

Il en est des théoriciens du rôle de la liberté et de celui de la force dans la politique, comme des joueurs de bilboquet qui font toujours retomber la boule sur la même pointe.

La sphère où se meut la politique est trop vaste pour être envisagée d'une façon aussi enfantine. Les deux pôles autour desquels la politique gravite ne sont point la force et ses abus infinis, ni la liberté et ses illusions sans bornes, mais la morale sociale, d'une part, et la morale individuelle, de l'autre. Tout, dans les États, dérive de la première ; tout, dans les États, retourne à la seconde. De la morale sociale qu'ils observent à la morale individuelle qu'ils pratiquent, se tracent les méridiens qui fixent la latitude politique des peuples.

Ce qui distingue la manière d'être, la façon d'agir, la personnalité d'un individu de celles d'un autre, est évidemment ce qui lui est propre ; ce qui rapproche au contraire les individus dans leur manière d'être, ce qui les unit dans leurs actes, ce qui les rend semblables dans leurs personnalités, c'est ce qui en fait un peuple, une nation, un État. Nos illusions et nos erreurs en politique n'ont d'autre origine que l'impuissance où nous nous trouvons de séparer ce qui, en chacun, est distinctif, particulier, de ce qui est commun à tous.

Depuis le langage que nous parlons, jusqu'à la race à laquelle nous appartenons, nous sommes impuissants à discerner ce qui est particulier de ce qui est général en chacun de nous ; c'est bien nous qui parlons, qui avons telle figure, tel caractère et pas un autre ! Et, cependant, à partir de la communauté du langage jusqu'à l'identité de la race, c'est uniquement sur les rapports qui unissent des millions d'hommes que sont fondées non seulement leur existence comme peuple, mais encore toutes les formes quelque peu stables de leur vie politique comme État.

Toutes les divisions et oppositions qui surgissent entre les hommes n'ont d'autres sources que les différences propres à chacun d'eux, c'est-à-dire, la morale individuelle qu'ils exercent les uns à l'égard des autres. Par contre, les peuples ne se forment, les nations ne se fondent et ne se soutiennent que par ce qui est uniforme en chacun de leurs membres, c'est-à-dire, par la morale sociale qu'ils observent.

Le lecteur nous pardonnera de prendre la question de la morale et de la politique de si loin ; il faut l'envisager de plus loin encore, car de jour en jour elle devient plus grave, et sa solution plus difficile.

Grâce à leur besoin d'union, à leurs affections mutuelles, les hommes sont parvenus à exprimer par les mêmes sons les mêmes impressions, à donner aux mêmes choses les mêmes noms ; et, transmettant de génération en génération le même sens attribué aux mêmes mots, ils créèrent le langage et s'entendirent entre eux. Absolument de la même façon, ils se sont donné des institutions politiques. Groupés d'abord en petits noyaux sociaux, si faibles qu'ils fussent, ils ne les ont maintenus qu'en se comprenant les uns les autres dans leurs affections, en s'associant dans leurs besoins, en se soumettant à une direction commune. Cette direction, incertaine et instable dans l'origine, tout comme le langage, devint habituelle, régulière, et, se transmettant à travers les générations successives, se développa, formant des institutions publiques déterminées, de la même façon que les sons articulés se fixèrent et donnèrent naissance à toutes les formes et à toutes les règles de la langue.

Les États se constituent et se développent comme les hommes se fortifient et grandissent, car tout, dans les États, quelque chétifs ou puissants qu'ils soient, tient de l'homme.

Dès sa naissance, l'enfant s'exerce à l'usage de ses sens et de ses organes, et apprend à s'en servir ; ses sens se coordonnent, ses organes s'assouplissent ; il se fortifie et grandit. Le peuple, dans son enfance la peuplade, subsiste d'abord au hasard, sans entente ni accord profond et durable, au gré de chacun des membres ; ce n'est que peu à peu que ceux-ci arrivent à coordonner leurs besoins et leurs volontés, à se développer en nombre et en puissance, et cimentent, par des habitudes d'ordre et de discipline, leur entente commune. Après des années d'efforts, l'enfant devient jeune homme ; il s'est donné, à force d'observation, d'exercice, d'étude, l'adresse et le savoir nécessaires pour subvenir à son existence et jouir du déploiement de toutes ses facultés. De même la peuplade, après des siècles de tentatives souvent douloureuses, devient un peuple par les habitudes d'ordre et d'entente commune qui ont engendré des droits et des obligations réciproques, devenus coutumiers ; et des institutions publiques assurent le travail et la production à l'intérieur en même temps que la sécurité au dehors. Enfin, le jeune homme, arrivé à l'âge mûr, fonde une famille, qu'il soutient en déployant tous les efforts dont il est.

capable, tous les talents qu'il possède ; ses enfants reprendront et continueront son exemple et son œuvre. Ainsi encore, le peuple est composé de familles qui s'efforcent d'acquérir des ressources plus considérables, un bien-être supérieur, un savoir plus grand, pour les léguer à la génération suivante, laquelle les développera à son tour ; et les progrès accomplis, se répandant de famille en famille et de proche en proche, s'infiltrent dans les masses jusqu'à ce que le peuple, dans son ensemble, parvienne à déployer toutes ses facultés intellectuelles et morales, tout le génie de sa race.

La diversité des peuples et de leur histoire, comme la diversité des hommes et de leur vie, ne s'explique que par l'éducation, l'habitude et la race qui n'est elle-même qu'une habitude.

C'est à la fois une sottise et une utopie de se disputer sur le point de savoir si les institutions politiques procèdent de l'emploi de la force ou proviennent de l'usage de la liberté. La force n'enseigne pas aux sourds à entendre, la liberté n'apprend pas aux aveugles à voir ; ni l'une ni l'autre n'enseignent à des hommes sans liens intellectuels et moraux à concevoir et à maintenir des institutions politiques communes.

Certes, il y a des lois immuables qui régissent l'intelligence humaine et d'immortels principes de morale qui commandent aux actes des hommes ; mais, comme toutes les grandes lois et tous les principes, ils sont communs à tous ; par cela même aussi ces principes et ces lois ne sauraient expliquer les différences si profondes qui existent entre les hommes, et encore moins celles qui subsistent entre les peuples. Quelle différence par exemple, entre un Condé, et un chef de tribu sauvage ? C'est la même que celle qui existe entre les états sociaux et politiques dans lesquels ils vivent. Or, quelles sont les facultés humaines, la liberté ou la force, les principes ou les lois, qui pourraient donner aux sujets d'un Maco-Bobo quelconque les gloires et l'éclat des contemporains de Louis XIV ou leurs institutions et leurs traditions séculaires ?

Il est une morale individuelle propre à tous les hommes indistinctement ; ce n'est point d'elle, c'est de leur morale sociale, c'est-à-dire, de la morale individuelle devenue usage, habitude, coutume, éducation et tradition, que relève en premier lieu la politique.

Pour que deux hommes atteignent de concert un même but, ne serait-ce que d'abattre un arbre ou de soulever un bloc de rocher, il faut que l'un dirige et que l'autre soit dirigé ; sinon ils agissent chacun à part, ou contrairement l'un à l'autre, et n'arrivent à rien. Ils n'obéissent en cela qu'à un principe de morale individuelle : aimez-vous et soutenez-vous les uns les autres. Mais pour que le fait puisse donner naissance à des droits et à des obligations régulières, constantes, il faut qu'il devienne lui-même régulier, constant, que les deux hommes s'en fassent une habitude. Alors seulement l'un comptera sur l'autre, la direction semblera aussi naturelle au premier que l'obéissance au second, l'entente leur paraîtra nécessaire à tous deux. En revanche, le jour où l'un se rebutera dans son obéissance, où l'autre se relâchera dans sa direction, ils feront tous deux appel à la force, ce dernier pour maintenir ce qu'il nommera son autorité, le premier pour reprendre ce qu'il nommera sa liberté. On ne saurait concevoir, sous une forme plus simple, le rôle de la morale dans les relations des hommes ainsi que celui de la liberté et de la force.

Supposons, au lieu de deux hommes, une tribu. Elle se composera de chefs de familles, de femmes, d'enfants, de jeunes, d'anciens, de faibles, de forts, dont les rapports seront infiniment plus multiples et complexes. Suivant qu'ils observeront, selon leur liberté morale, ou n'observeront pas les préceptes de la morale la plus rudimentaire, sans lesquels aucune société humaine n'est possible, qu'ils respecteront la vie de leur semblable, sa femme, ses biens ; qu'ils garderont ou ne garderont pas, selon leur intérêt du moment, la parole donnée ; qu'ils se soumettront ou ne se soumettront pas, selon leurs caprices, à une même direction dans toute entreprise commune, leur état social restera précaire, abandonné aux fantaisies de chacun. Mais que l'observation de ces préceptes devienne coutumière, et que ces préceptes soient pratiqués et entendus par tout le monde de la même façon, aussitôt il en naîtra, non seulement une cohésion sociale profonde, la fixité, l'ordre, une direction régulière, mais encore, de l'habitude qu'on aura contractée de

les observer, naîtront des droits précis, des obligations strictes.
Les pères auront des droits sur leurs enfants, les enfants devront
de la soumission à leurs parents, les anciens jouiront de prérogatives, les jeunes leur témoigneront de la déférence, les chefs
exerceront une autorité, et tous leur devront obéissance. C'est
la pratique constante, uniforme, des préceptes de la morale
élémentaire, qui crée la morale sociale, et de celle-ci naissent à
leur tour les droits, en même temps que les obligations qui
leur répondent, en chaque état social.

Fouillez tous les droits dont nous nous enorgueillissons, pé-
nétrez jusqu'à leurs sources les plus profondes, vous ne les ver-
rez différer en rien, par leur origine, de ceux que reconnaissent les
peuples les plus barbares. Tous sont des devoirs de la morale la
plus élémentaire, devenus coutumiers par les traditions et l'expérience des siècles, sous une forme plus ou moins parfaite.
Sans obligation coutumière, le droit se fane et disparaît comme
une fleur qui a perdu ses racines. Nous pouvons bien prétendre que l'homme, par cela seul qu'il est homme, a droit au respect de sa personne, de sa pensée, de son travail, et nous imaginer que nous avons des droits sans nombre ; de même nous
pouvons, en rêve, concevoir tout un parterre de fleurs : mais
ces fleurs, imaginaires, s'évanouissent avec le rêve, comme
ces droits qui ne trouvent de soutien dans aucune obligation
coutumière.

Tout droit que nous revendiquons, sans qu'aucune obligation coutumière y réponde, se heurte à la liberté d'autrui.
Tout précepte de morale en revanche, par cela seul qu'il devient coutumier, engendre des droits précis. Le respect des
morts, n'est certes pas un droit pour le cadavre ; comment le
revendiquerait-il ? Ce respect n'est qu'un simple précepte de
morale. Il devint coutumier dans l'ancienne Égypte, et prit une
importance telle que la constitution entière de l'État semble
avoir reposé sur lui. En Grèce, le même respect non seulement conduisit au culte des dieux lares, mais encore imprima
un caractère spécial à la législation civile, et étendit son influence jusqu'au droit public des cités.

Sur les préceptes de la morale élémentaire se fondent les
rapports individuels, qui engendrent la morale sociale coutu-

mière ; de celle-ci dérivent les droits et les obligations civils qui règlent et maintiennent les rapports entre les membres de chaque famille, les habitants de chaque pays, et qui fixent les formes d'acquisition, de jouissance et de transmission de leurs biens.

Simultanément se développent les obligations et les droits publics ; ils résultent de la communauté des intérêts et des affections ; ils se manifestent par des habitudes de soumission et de discipline, d'organisation et de gouvernement, et finissent par se transformer en constitutions coutumières ou écrites, fondement de la puissance et de la stabilité des États.

Des relations entre les sujets et les gouvernements d'États différents dérivent des obligations et des droits plus étendus encore, qui, tantôt publics, tantôt privés, deviennent coutumiers, formant le droit des gens public et privé ; et cela, sans direction supérieure, sans législation aucune, à tel point que, entre États ennemis, la loyauté dans le combat, le respect de la parole donnée, l'abstention de cruautés inutiles, constituent autant d'obligations et de droits réciproques, unique garantie de la possibilité d'un retour à la paix.

Les obligations et les droits réciproques créés par la coutume sont aussi multiples que les intérêts, les besoins, les affections dont ils procèdent et les préceptes de morale dont ils dérivent. Permettez la perfidie, autorisez les cruautés entre États ennemis, qui cependant ont rompu, suivant, la formule, tout rapport de droits, et bientôt il n'y aura plus d'États ; mais il y aura des bandes de sauvages se combattant sans trève ni merci, et qui ne continueront à subsister elles-mêmes que par la morale sociale embryonnaire qu'elles pratiqueront.

Droits civils, publics, internationaux, humanitaires, il n'en existe point qui ne relèvent de quelque précepte de morale devenu coutumier, si grossièrement qu'il soit compris et appliqué. Le fondement de tous les droits et de toutes les institutions des peuples est leur morale sociale.

De tout temps, les hommes ont instinctivement si bien saisi cette nécessité d'une entente commune et d'une autorité publique, qu'à défaut de la réciprocité d'obligations et de droits fixée par la coutume, ils y ont suppléé par des lois et des règlements de toute espèce.

La coutume n'est point la loi. Bien des coutumes, comme celles qui sont le produit des traits saillants du caractère national, ne sont pas susceptibles de devenir des lois; bien des lois ne sont pas l'expression de coutumes. L'entente commune est un effet des obligations et des droits devenus habituels, c'est-à-dire de la coutume. La loi suppose, au contraire, des oppositions, ou, du moins, des divergences et des contrariétés auxquelles elle a pour objet de mettre fin. Une coutume qu'on se croit obligé d'ériger en loi n'est plus une coutume. Une loi dont l'observation est devenue coutumière perd sa raison d'être en tant que loi. Aussi, tandis que les coutumes se forment d'elles-mêmes, se développent et disparaissent à travers les générations, à leur insu pour ainsi dire, la loi, pour recevoir le plus de solidité possible, est écrite ou gravée et promulguée, sinon avec pompe, du moins avec soin. La puissance de la loi est telle, il est vrai, qu'elle peut non seulement donner naissance à des coutumes nouvelles, mais encore faire oublier des coutumes vieillies; mais, en ce cas, c'est dans des coutumes plus générales et plus fortes qu'elle puise son autorité. Il n'y a point de législateur qui ait la puissance de changer, par une loi, les obligations coutumières sur lesquelles son autorité même est fondée. Autant vaudrait vouloir modifier le caractère national, changer le sens des mots, commander aux roses d'être bleues, aux merles d'être blancs. L'autorité du tzar, autocrate de toutes les Russies, celle du pape, infaillible pour tous les chrétiens catholiques, ou celle du Fils du ciel, autocrate et infaillible à la fois pour quatre cent millions de Chinois, ne seraient que des fantômes sans les obligations coutumières desquelles elles émanent. De même un peuple roi qui décrèterait, de par sa volonté souveraine, les droits qu'il entend exercer, s'il n'a l'habitude des obligations qui sont nécessaires à l'exercice de ces droits, ne créerait que le désordre et l'anarchie.

Les fondements de tous les droits et de toutes les institutions publiques des peuples sont des préceptes de morale élémentaires devenus habituels. Ils forment leurs usages; leurs coutumes sont l'expression de leur développement historique et constituent leur morale sociale. La politique cependant, dont l'objet principal est l'interprétation de ces droits et la direction de ces institutions, présente le triste spectacle d'une opposition en quelque sorte perpétuelle avec la morale.

La politique ! Quels crimes n'a-t-elle pas autorisés ? quelles atrocités n'a-t-elle pas fait commettre ? que d'actes contre lesquels la morale n'a pas assez de réprobation et la législation pas assez de châtiments, n'a-t-elle pas légitimés par le succès ? De misérables elle fait des hommes d'État illustres ; et de la révolte triomphante d'un peuple, aussi bien que de son écrasement par un despote de génie, elle fait, au même titre, les plus grandes gloires des nations. Étudiée dans l'histoire, elle tient du délire, excuse un assassinat et fait d'un pot-de-vin une infamie, ou, tout au contraire, transforme une perfidie en acte d'héroïsme, ou fait d'un héros un gredin ; la fraude des suffrages lui paraît à la fois un cas de légitime défense et un crime de lèse-majesté contre la souveraineté du peuple ; la prévarication, le mensonge, l'hypocrisie sont pour elle des moyens de gouvernement au même titre que la loyauté, la droiture, l'abnégation et le dévouement ; le recours à la force lui semble un crime et en même temps la sanction du droit ; la liberté est une illusion, et le besoin le plus sacré de l'humanité ; les finances publiques représentent la richesse des uns et les sueurs des autres ; le capital est un vampire qui suce le sang de l'ouvrier et il est le levier de la prospérité générale. Il n'y a qu'une chose qu'elle ambitionne, le pouvoir ; et une seule qu'elle respecte, le succès ; même si ce succès est un désastre, et ce pouvoir un danger public. Ainsi, semblable à un serpent qui, s'étant mordu la queue, s'avalerait lui-même, la politique, dans des cercles vicieux sans fin, dont chaque anneau est un sophisme, s'absorbe et se dévore elle-même.

C'est l'autre côté de la question. D'une part, la politique procède de la morale sociale, mais ne la renferme pas ; d'une autre, elle vient se briser contre la morale individuelle sans parvenir à la dominer. Elle est, disait Aristote, l'architectonique des gouvernements ; nous ajouterons : selon le développement atteint par la moralité des peuples. Elle se compose d'éléments si hétérogènes et de facteurs si multiples que ses folies et ses défaillances n'en sont que les sombres et fatales conséquences.

Les préceptes de la morale élémentaire, devenus coutumiers, se changent en droits et en devoirs qui forment la morale sociale, fondement de l'existence politique des États, source des progrès intellectuels et moraux des peuples. Mais il est d'autres préceptes que les uns observent et que les autres n'observent point, qui restent individuels : l'indulgence, l'abnégation, le dévouement ; lesquels ne s'appellent des vertus que parce qu'ils ne sont pas coutumiers et ne donnent naissance ni à des droits précis, ni à des obligations strictes. J'ai en morale sociale le droit d'exiger que mon semblable respecte ma vie ; mais je n'ai point celui de prétendre qu'il y sacrifie la sienne. Les vertus, comme le génie, ne s'ordonnent et ne se commandent point ; ils échappent à toute action de la politique.

Revenons à l'exemple des deux hommes qui poursuivent un même but et dont l'un dirige et l'autre est dirigé. Au point de vue de la morale, leur rapport est simple ; que chacun agisse pour le mieux. Au point de vue de la politique, le même rapport est quadruple. La direction de l'un, l'obéissance de l'autre sont devenues habituelles et se sont transformées en un droit et une obligation coutumière, condition de leur entente régulière, continue. Mais, par les mêmes circonstances aussi, l'obligation du dernier se change en un droit précis : celui d'être dirigé de la façon coutumière, et le droit de l'autre en une obligation non moins précise : celle d'ordonner la direction selon la coutume. Les hommes, pour se comprendre, doivent non seulement articuler mais encore entendre les sons de la même manière ; de même, dans la coordination de leur actes, il faut à la fois qu'ils les conçoivent et qu'ils les exécutent d'après l'entente commune.

On voit d'ici les immenses difficultés, le plus souvent insurmontables, de la politique. Il faut non seulement que les hommes d'État conçoivent nettement les droits qu'ils revendiquent et les obligations qui y répondent chez les autres, mais qu'ils conçoivent encore avec non moins de précision les droits que ces obligations confèrent aux autres ainsi que les obligations qui leur incombent du chef de leurs propres droits. Un acte politique bien conçu est, par l'envergure intellectuelle qu'il suppose et les éléments complexes qu'il renferme, semblable à une découverte dans la science, à un chef-d'œuvre dans les arts ou les lettres.

Si louables que soient les intentions des deux hommes, dont nous venons de parler, dès que l'un exige de l'autre, dans l'accomplissement de ses obligations, soit dans l'obéissance, soit dans la direction, des mérites ou des vertus qu'il n'a pas, ses exigences paraîtront d'autant plus abusives ou tyranniques qu'elles seront moins coutumières ; leurs rapports se troubleront, le but ne sera que péniblement atteint, et, les exigences se répétant, leur lien se rompra. Si mal intentionnés, au contraire, que puissent être les deux hommes et si coupable leur but, que l'un ne demande à l'autre que des actes qui lui seront faciles, parce qu'ils lui seront habituels, ils atteindront aisément leur but, et le succès fortifiera leur entente.

Tous les abîmes de la politique sont là ; dans cet exemple, il ne s'agit que de deux hommes dont l'un peut, au besoin, se passer de l'autre ; mais en politique il s'agit d'institutions qui ne se rompent point sans que l'existence des hommes, qui en dépend, ou celle de l'État, soit mise en question.

Un homme d'État d'une vertu éprouvée, qui soulage les seules souffrances qu'il voit, commet des fautes irrémédiables parce qu'il ne conçoit pas les souffrances qu'il ne voit pas ; un misérable, par contre, arrivera au pouvoir, par cela seul qu'il possède l'intelligence nécessaire pour comprendre les besoins des masses ; ce dernier recueillera la reconnaissance de tous, le premier soulèvera toutes les rancunes. De leurs actes dépendent la satisfaction et la prospérité ou le mécontentement et la misère du peuple.

Un parti politique qui, parvenu au gouvernement, prétend imposer des droits auxquels aucune obligation coutumière ne répond, ou bien auxquels les obligations coutumières ont cessé de répondre, s'efforcera naturellement d'y suppléer par tous les moyens imaginables : le vœu des majorités, l'avis des conseils, le vote des Chambres. Rien n'y fera, tous les efforts apparaîtront comme des abus de l'autorité. Décréter des droits sans raison d'être dans les habitudes et les coutumes nationales, c'est faire appel à la force. Si le peuple s'y soumet, c'est la tyrannie ; s'il se révolte, le désordre. Dans le premier cas, l'autorité s'épuise dans la revendication de droits abusifs ; dans le second, la révolte ne donne pas au peuple les ressources intellectuelles et morales qui lui font défaut. Les oppositions et les dissensions persisteront au sein de la nation impuissante, tant par ses chefs que par elle-même, à les remplacer par une réciprocité plus parfaite des droits et des obligations. Ni la tyrannie ni la révolte n'empêcheront la lutte de devenir de plus en plus violente, jusqu'au jour où chacun croira que tous les moyens sont permis pour sauver des institutions qui ne sont qu'abus et un État qui n'est plus que ruine.

L'homme qui conçoit un projet sans avoir les forces pour le réaliser, ne recueille de ses tentatives que déceptions ; il en est de même des peuples. Mais l'homme abandonne son projet tandis que les peuples, qui n'existent, jusque dans leurs projets mêmes, que par l'entente commune, ne le peuvent pas. Ils feront comme les Moscovites, ils se soumettront à quelque Yvan le terrible ; ou, s'ils n'ont plus cette force de soumission, ils succomberont à leurs dissensions, comme la Pologne.

Dans l'ignorance où nous sommes de la nature véritable du droit, nous nous figurons, que parce que nous croyons posséder un droit, les autres doivent remplir les obligations qui y répondent ; ou encore que des obligations, dont nous croyons l'accomplissement nécessaire, donneront naissance à des droits, parce que nous en aurons fait des lois. Une obligation qui n'est pas coutumière, est un devoir de morale supérieure ; l'imposer est de la tyrannie, et revendiquer un droit sans qu'une obligation coutumière y réponde, en est une autre. Double erreur, d'autant plus grossière, qu'elle est plus inconsciente, et dont les effets sont d'autant plus terribles que l'erreur est plus sincère. Elle empêche l'historien d'apprécier les événements, elle égare le législateur et entraîne l'homme d'État. Si les partis, les classes sociales, le gouvernement s'y abandonnent et recourent à la force pour l'établir, ils périront par la force. L'entente commune se trouvant détruite, ils deviennent un obstacle à la reconnaissance de droits et d'obligations véritables par lesquels seuls les peuples et les États subsistent.

Autre chose est l'obligation morale, autre chose l'obligation légale. La loi ordonne, la morale conseille ; celle-ci crée les rapports des hommes entre eux, l'autre les fixe ; l'une s'adresse à la prière et abandonne à notre conscience l'appréciation de nos actes ; l'autre a recours à la force et punit. Une loi qui conseille n'est pas une loi ; une morale qui contraint n'est pas une morale. Cette dernière recommande bien, comme un devoir, la soumission à la loi ; et la loi peut, au besoin, faire appel à ce devoir ; mais le devoir est et reste individuel, et son interprétation varie, non seulement avec chaque parti politique, chaque classe sociale, mais avec chaque particulier, tandis qu'il est de l'essence même de la loi que la soumission soit uniforme, universelle.

On prétend que les différences entre la loi et le devoir, l'obligation légale et l'obligation morale, ne sont ni si grandes ni si profondes, que leur but est plus proche et leur objet plus immédiat, que le consentement public ou la volonté de tous, librement exprimée, transforme les obligations morales en obligations légales et donne au devoir le caractère universel et uniforme de la loi.

C'est une opinion à la mode ; on y ajouterait l'unanimité des suffrages, l'accord absolu de toutes les volontés, même l'approbation de toutes les puissances, qu'une politique fondée sur de telles assises n'en resterait pas moins une suite de caprices sans consistance, parce qu'elle demanderait, ce qui échappe à toute autorité humaine, la transformation de devoirs libres, volontaires, en des obligations coutumières uniformes, communes ; elle demanderait que les hommes fussent autres qu'ils ne sont.

La somme, non des volontés, mais des actes de chaque instant du jour et de la nuit, constitue la morale individuelle, les mœurs d'un peuple. Elle est au-dessus de l'unanimité de toutes les volontés, parce qu'elle dicte et interprète chacune de ces volontés, et elle est au-dessus des espérances et des illusions qu'on y peut attacher, parce que ces espérances et ces illusions n'en sont que des effets.

D'ordinaire on n'envisage pas de cette manière la morale individuelle que pratique un peuple et les mœurs qui en

résultent. Formant la partie la plus mobile et la plus cha-
toyante de la vie nationale, il semblerait qu'elles subsistent
pour ainsi dire en dehors des institutions politiques et qu'elles
soient au gouvernement ce que la mode est aux arts, et les caprices, les fantaisies, aux passions durables et profondes. C'est
mal les comprendre.

Ce qui exprime la morale individuelle d'un peuple et forme
ses mœurs, ce sont les rapports de tout moment entre les deux
sexes, l'intimité qui règne entre mari et femme, les soins qu'ils
donnent aux enfants, les liens qui subsistent dans la famille ;
ce sont les relations entre amis et voisins, entre ouvriers et patrons, entre chefs et subordonnés, entre riches et pauvres ; ce
sont les formes que prennent leurs plaisirs, leurs peines, leurs
distractions, leurs fêtes, leurs besoins, leurs échanges. Que les
plaisirs et les fêtes se multiplient ou diminuent, que les relations
entre particuliers se resserrent ou se relâchent, que les affections de famille se fortifient ou s'affaiblissent, que les rapports
entre les sexes s'améliorent ou se dépravent, chacun de ces
changements dans la vie journalière, qui varie comme la surface des eaux avec chaque grain de poussière qui y tombe,
réagira sur l'existence de l'ensemble ; voilà les mœurs. Des
coutumes séculaires sont oubliées, le sens des lois est modifié,
les institutions changent d'esprit et de portée sans qu'on puisse
s'en rendre compte, et sans qu'on puisse y remédier. Que
peuvent les institutions, les lois et les coutumes, sur des besoins, des affections et des actes qui varient avec les jours couverts ou ensoleillés, avec les bonnes et mauvaises saisons ?

On a dit et répété que les bonnes mœurs faisaient les bonnes lois. Bien plus : les mauvaises mœurs corrompent les lois
les meilleures, les bonnes mœurs améliorent les pires. Les mœurs
sont la loi des lois, la force motrice des peuples. Elles sont
au-dessus des coutumes parce qu'elles les absorbent en elles ;
elles sont au-dessus des lois, parce qu'elles les interprètent et
les appliquent ; elles sont au-dessus des institutions, parce que
c'est d'elles que dépendent les hommes qui les dirigent aussi
bien que ceux qui les subissent. En dehors d'elles, les coutumes ne sont qu'un souvenir, les lois lettre morte, et les institutions des espérances ou des rêves.

Si les vertus, la sympathie, l'indulgence, l'abnégation, le dévouement font partie des mœurs, sont de chaque instant et de chaque acte de la vie d'un peuple, comment les gouvernements les plus mauvais peuvent-ils ne pas disparaître, les lois les plus déplorables ne pas être amendées, et la nation ne pas se relever de tous les désastres auxquels des chambres incapables, des rois fous ou des despotes imbéciles l'ont entraînée ? Par contre, lorsque ces vertus disparaissent des mœurs, toutes les passions se déchaînent, les coutumes les plus nécessaires à l'existence sociale s'évanouissent ; la mauvaise foi remplace le respect de la parole jurée ; l'exploitation de son semblable remplace l'entente avec lui ; la duperie mutuelle la sécurité des relations ; l'art d'éluder les lois la soumission à la loi ; le mensonge, l'hypocrisie, l'intrigue, la corruption, la vénalité deviennent des moyens de gouvernement ; les partis s'en servent dans leurs luttes, les gouvernements sont obligés d'y recourir. En vain les moralistes sont-ils épouvantés de la dégradation des caractères, de l'abaissement des intelligences ; en vain les législateurs multiplient-ils les lois, les hommes d'État raffinent-ils les institutions, les mœurs sont corrompues ; ni sermons, ni lois, ni institutions ne commandent les vertus qui font les bonnes mœurs.

Plus que les lois et les institutions, la politique toutefois exerce une action directe sur les mœurs. Sans les hommes qui les interprètent et les appliquent, les institutions et les lois ne sont que des formules ; les hommes seuls, selon leur état intellectuel et moral, en font la vitalité et la force.

Une administration dissipatrice, une justice vénale, un gouvernement vicieux, qui sortent des entrailles d'une nation, meurtrissent, comme des enfants cruels, le sein dont ils sont sortis. Les majorités qu'ils représentent, l'instruction dont ils disposent, les finances qu'ils gèrent, l'armée qu'ils commandent, sont autant de griffes et d'ongles qu'ils enfoncent dans les chairs vives. Mais les mêmes moyens servent aussi à une administration prévoyante, à une justice intègre, à une instruction solide, à une armée bien ordonnée, pour élever la mère-patrie à toutes les satisfactions et à toutes les gloires dont ses coutumes et ses mœurs la rendent capable.

Telle est la politique ; elle est différente de la morale, parce que, pour diriger les hommes, elle ne dispose et ne peut se servir que des ressources qu'ils offrent : des coutumes, d'une part, qui maintiennent leur entente, et des initiatives personnelles, de l'autre, dont dépendent leurs mœurs. Ne commandant ni les unes ni les autres, la politique est parfaitement limitée dans sa sphère entre la morale sociale et la morale individuelle ; elle est autant mue qu'elle meut dans son orbite. Elle dirige les événements, mais elle ne les fait pas.

Aristote, en la définissant l'architectonique des gouvernements, en fait à la fois un art et une science. Il y a des circonstances où elle est l'un et l'autre, il y en a d'autres où elle n'est ni l'un ni l'autre. A certaines époques, le génie éclate dans toutes les directions de l'activité sociale, dans les sciences, les arts, les lettres aussi bien qu'en politique : les Richelieu et les Colbert apparaissent à côté des Corneille et des Molière, des Descartes et des Pascal. Il y a d'autres époques où la politique, ainsi que les sciences, les arts et les lettres, se trouve abandonnée à toutes les fantaisies de l'imagination et de l'esprit, où, pour plaire à une favorite, on entreprend une guerre, où, pour un mot d'esprit, on bouleverse les croyances, et, pour le plaisir de soutenir un paradoxe, on échafaude une doctrine ; où les arts et les lettres ne brillent que par l'éclat extérieur et le raffinement de leurs formes. A d'autres époques, enfin, on ne voit surgir partout que des pantins et des cuistres ; les plus tarés parlent de gouvernements honnêtes, les plus honnêtes s'abandonnent à toutes les faiblesses ; chaque sophisme trouve des croyants sincères, chaque excès des admirateurs ; tous les actes sont légitimes, pourvu qu'ils satisfassent les appétits du moment, toutes les hypocrisies permises, dès qu'elles conduisent au but voulu. Alors la politique consistera surtout dans la blague imperturbable, l'adresse sans conscience et l'aplomb éhonté de certaines gens qu'on appelle de nos jours les politiciens, qu'on nommait autrefois les faiseurs, et qui sont à l'homme d'État ce que l'empirique est au médecin et le charlatan à l'homme de science. Microbes, chacun selon son espèce, des différentes maladies sociales, ils portent l'infection et la gangrène partout où ils paraissent. Malheur au peuple qui ne sait s'en défendre par ses coutumes ou par ses mœurs ! ils s'attachent, pullulent, et en épuisent les forces jusqu'à ce qu'il ne reste d'une nation, à laquelle gloire ni puissance n'ont fait défaut, qu'une masse informe en pleine décomposition.

## LA FORCE ET LA LIBERTÉ

Les doctrines du droit de la force et du droit de la liberté sont aussi anciennes que la sophistique grecque. Thrasimaque définissait la justice : « ce qui est profitable au plus fort » ; Euthydème revendiquait jusqu'à la liberté de prétendre le pour et le contre en toutes choses. Dans les temps modernes, Hobbes a repris la théorie de Thrasimaque et a démontré que les hommes, abandonnés dans leur état naturel à la lutte de tous contre tous, n'en étaient sortis, pour se donner des institutions politiques, que par l'ascendant du plus fort. Puffendorf lui a répondu et a cru prouver qu'à l'état de nature les hommes étaient égaux, libres, frères, et que ce fut par une espèce de contrat tacite que les uns se soumirent aux autres.

L'une et l'autre théorie ne méritent qu'on s'y arrête que pour leur appliquer le principe d'Euthydème : chacune d'elles démontre le contraire de ce qu'elle entend prouver. Si le droit du plus fort est cause de la paix qui règne entre les hommes, il a fallu, pour qu'il ait pu prévaloir, que le plus faible jouît de la liberté de s'y soumettre ; sans cette liberté, il continuait la lutte ; la brebis ne se soumet pas au loup. Donc si la paix règne entre les hommes, c'est à la liberté, non à la force qu'ils le doivent ! — Mais si la liberté est la source des relations pacifiques des hommes, cette liberté suppose que chacun peut faire ce qui lui plaît ; or, personne ne peut faire ce qui lui plaît sans que la paix cesse aussitôt ; donc si la paix s'est établie, ce n'est pas à la liberté des plus faibles, mais à l'autorité des plus forts qu'on la doit.

Il ne faut pas que les noms de Hobbes et de Puffendorf nous en imposent plus que ceux de Thrasimaque et d'Euthydème.

Ces sortes de raisonnements sont des plaisanteries, qu'on appelle en philosophie des sophismes, mais qui, aux époques de désorganisation politique, acquièrent une influence d'autant plus grande que la dégradation intellectuelle, dont elles sont l'expression, est plus complète.

Par quel monstrueux accouplement deux expressions aussi disparates que celles de force et de droit se trouvent-elles si intimement liées que l'une ne forme qu'un attribut de l'autre : le droit de la force ? et, par quelle union étrange, la liberté, qui est le pouvoir de faire une chose ou une autre, se trouve-t-elle, par son alliance avec le droit, n'être plus que le pouvoir de faire telle-chose et non telle autre ? Il n'est point de question qui ait fait couler plus de sang et soulevé plus de boue dans l'histoire.

Par elle-même, toute force détruit : les forces naturelles, l'état des choses qui leur est contraire ; les forces humaines, les habitudes, les volontés, les intérêts d'autrui qui leur sont opposés. Et toute force, fût-ce celle de la pesanteur ou celle du chef d'une armée d'un million d'hommes, s'épuise en raison directe de la quantité de force déployée. C'est le propre des forces, la loi de leur équilibre.

Dans la nature, les forces sont fatales, inconscientes ; dans l'humanité, elles sont brutales, aveugles ; c'est la pierre qui tombe, l'épée qui s'abat ; elles n'ont rien de commun avec le droit. Celui-ci, qui est l'effet d'une entente commune, devenue coutumière, se fortifie et s'accroît sans interruption avec cette entente, tandis que la force s'épuise et disparaît à mesure qu'elle agit. Il est de l'essence du droit d'édifier, il est de l'essence de la force de détruire. Aussi la force prime-t-elle si peu le droit, que c'est le droit qui, renaissant sans cesse de lui-même, triomphe toujours de la force. Il n'y a qu'opposition, et non union, entre eux.

Et cependant les hommes reconnaissent et proclament le droit de légitime défense, le droit de la guerre, les droits de la sécurité publique et de la sécurité privée, et l'exercice de chacun de ces droits implique l'action de la force. Les hommes revendiquent en outre les droits de coutumes ou de traditions séculaires, aussi bien que les droits innombrables de lois formelles ; et, au nom de tous ces droits, non seulement ils se sont abandonnés à toutes les violences, mais ils ont encore fait du triomphe de leur force la sanction de leurs droits.

Tel attaque un autre qui se défend; peu importe qu'ils soient des particuliers, des partis politiques ou sociaux, des gouvernements, des États; jamais les hommes n'ont fait, même dans leurs luttes les plus acharnées, un droit de leurs actes de violence. Ils ont toujours recherché leur droit dans les motifs qui les portaient à ces violences.

Ce n'est point le coup de poignard qui est un droit; chacun le donnerait quand et comment il lui plairait; mais c'est le motif pour lequel il a été donné qui peut être ou avoir été un droit. Malgré l'absurde alliance de mots qu'on fait en parlant d'un droit de la force, et malgré tous les sophismes qu'on peut commettre par leur confusion, les hommes ont instinctivement et toujours distingué la force du droit. Il n'y a point de droit de la force.

Existe-t-il des droits qui autorisent à recourir à la force?

Le sauvage tue pour une vétille : une pierre brillante, le fruit d'un arbre ; les peuples civilisés tuent pour la conquête d'une province, l'acquisition d'une colonie ; effets divers de développement et de civilisation différents. Quand le sauvage est parvenu à s'entendre suffisamment avec son semblable pour cultiver de concert avec lui le fruit, ou pour acquérir paisiblement la pierre brillante, il ne le tue plus. Lorsqu'un État parvient à convaincre un autre que la province ou la colonie qu'il ambitionne ne valent pas les avantages qu'il lui offre en échange et que celui-ci accepte, toute raison de guerre disparaît. Avec les progrès de l'entente entre les hommes, leur civilisation s'accroît, et les motifs de recourir à la force disparaissent. Si nul n'attentait à la vie de son semblable, il n'y aurait point de droit de légitime défense ; si personne ne menaçait les institutions existantes, il n'y aurait point de droit de salut public. Ce n'est que faute d'entente que les hommes invoquent des motifs dont ils font des droits autorisant l'emploi de leur force.

Ces motifs, à leur tour, ne sont pas plus des droits que la force.

Partout et toujours, lorsque les hommes rencontrent des difficultés dont ils sont incapables de triompher par une entente meilleure, ils ont recours à la force pour les vaincre ; c'est une nécessité de leur nature. Ils font sauter le rocher qui obstrue leur route ; ils massacrent leurs semblables qui les empêchent d'avancer, s'entr'égorgeant aussi aisément pour la satisfaction de leurs besoins les plus élémentaires que pour la domination sur les continents ou les mers, pour l'interprétation de la vérité divine que pour l'équilibre individuel ou l'équilibre international. S'ils s'entendaient pour triompher des obstacles physiques, intellectuels et moraux, qui s'opposent à la réalisation de leurs besoins, ambitions ou rêves, ils donneraient naissance à des droits et à des obligations réciproques réels, oubliant les motifs imaginaires qu'ils allèguent comme étant des droits.

Je me suis trouvé, tel ou tels autres se sont trouvés, dans la nécessité de recourir à la force, donc c'était un droit ! Confusion du droit, non plus avec la force, mais avec la nécessité. C'est par la nécessité que s'expliquent à la fois et tous les jugements contradictoires que nous portons sur nos droits et toutes les violences auxquelles nous avons recours. Faute d'une entente sur le sens et la portée des mots, on se figure que la force est un droit, et faute d'une entente sur nos droits et sur nos obligations véritables nous nous faisons nous-mêmes juges de nos propres droits.

C'est une nécessité pour l'homme de penser avec les idées qu'il a, de sentir avec les affections qu'il éprouve ; de même, c'est une nécessité pour sa vie, qu'elle soit protégée quand elle est en danger, comme c'est encore une nécessité pour les États de maintenir la sécurité intérieure et extérieure, car sans elle ils ne subsisteraient point. L'usage des idées pour penser, des affections pour sentir, l'emploi des membres pour se défendre, ainsi que l'action de l'État pour se conserver, ne sont cependant pas plus des droits par eux-mêmes que la terre, où l'homme habite, que l'Océan, où il navigue ; mais ce sont, tout comme la terre et l'Océan, des phénomènes de la nature même des choses.

Si les simples faits de penser, de sentir, de vivre, d'habiter, de naviguer, pour nécessaires qu'ils soient, constituaient des droits, il n'y aurait ni limite, ni bornes à nos revendications. L'Océan est à moi, la terre m'appartient ; ma pensée est la seule vraie, mon sentiment le seul juste, et ma vie est la mesure de celle des autres ! Les nécessités de notre nature constituent si peu des droits que les hommes se sont efforcés, dans tous les temps, de les régler. De la nécessité d'agir selon les idées qu'on a et les affections qu'on éprouve, ils ont fait des usages, des coutumes et des lois innombrables, ordonnant la vie sociale et politique, tout comme ils ont réglé l'habitation du sol et la navigation de l'Océan par la réciprocité de droits et d'obligations réels. De la nécessité de défendre aussi bien leur existence propre que celle de la communauté, dans laquelle ils vivaient, ils ont fait de même encore des usages, des coutumes et des lois créant des institutions de toute espèce, garantissant à la fois la sécurité privée et la sécurité publique. Enfin, de la nécessité de rendre cette garantie efficace et de faire respecter ces usages, ces lois, ces institutions, il est résulté qu'ils ont eu recours à la force ; mais, cette nécessité encore, ils l'ont réglée si bien par les coutumes et les lois, des procédures minutieuses et des précautions sans nombre, qu'on en est arrivé à appeler l'emploi de la force, dans des circonstances si bien déterminées, un droit, et, son exécution, justice en même temps que sanction du droit.

La vraie sanction, la vraie justice sont ailleurs, aussi bien pour les juges que pour les coupables. Mais le recours à la force, sous quelque forme et au nom de quelque nécessité que ce soit, est la fin de tout droit : une hache s'est abattue, une corde s'est tendue sur une existence humaine. Cela échappe à tout droit.

En somme les hommes ne reconnaissent aucun droit de la force ; mais ils s'en servent en raison des motifs qui les y portent. Quant à ces motifs, qu'ils allèguent en les transformant en droits et obligations réciproques, ils les ramènent toujours à la nécessité de recourir à la force en chaque circonstance où les réciprocités de leurs droits et obligations, leur commune entente, s'arrêtent. Ainsi ils sont arrivés à confondre le droit avec la force, et la nécessité avec le droit, sans que jamais l'un soit l'autre, et à se combattre sans merci alors qu'ils ne s'entendent pas même sur le sens des expressions et la portée des mots.

Il en est de même de la liberté.

Nous ne pouvons nous arrêter ici à donner une définition exacte de la liberté ; cette définition appartient à la science de la morale ; mais quelle que soit celle qu'on adopte, la liberté est, au point de vue de la politique, le pouvoir de faire ce qui nous plaît. Même ceux qui nient que l'homme soit un être libre déclarent, lorsqu'on les empêche d'agir comme ils l'entendent, qu'on ne les laisse pas libres : ce sont des oiseaux en cage, des chiens à la chaîne. Il n'y a qu'une différence entre eux et ces oiseaux et ces chiens, c'est qu'ils enferment l'oiseau et enchaînent le chien ou leur rendent la liberté, tout comme ils entravent ou tolèrent la liberté de leur semblable selon qu'il leur plaît.

Comme telle, la liberté, ainsi que la force, est une faculté inhérente à la nature de l'homme, une nécessité de sa constitution intellectuelle et morale. Dire que l'homme possède le droit de la liberté est comme si l'on disait qu'il a le droit d'être os et muscles, ou que le triangle a le droit d'avoir trois côtés ; la confusion de mots ou d'idées est en tout semblable à celle que nous commettons quand nous parlons d'un droit de la force.

De plus, la liberté étant, ainsi que la force, une faculté de l'homme, ce n'est point dans l'action de cette liberté même que l'homme a jamais cherché un droit ; il n'aurait inventé ni les caprices ni les fantaisies ; mais, ainsi que pour la force encore, il a attribué le droit à certains motifs qui le déterminaient à agir d'une certaine façon à l'égard d'autrui.

Un caprice, ou une fantaisie ne constituent pas plus des droits par eux-mêmes qu'une balle de revolver lancée au hasard. Sous cette forme, la liberté, aussi bien que la force, est la négation de tout droit.

Enfin, de la même manière que l'homme recourt à la force pour vaincre les obstacles dont il est incapable de triompher, il use de sa liberté en tendant à agir de la façon qui lui plaît ; et, pour les mêmes raisons que les hommes ont réglé l'emploi de leurs forces dans leurs rapports les uns avec les autres, ils ont ordonné aussi l'usage de leur tendance naturelle à faire ce qui leur plaît, et ils en ont fait, non pas un droit, mais, comme de l'emploi de la force, des droits et obligations réciproques déterminés. Ils ont créé, non pas la liberté, ils n'avaient pas à la créer, mais des libertés.

Nous pouvons voter pour qui nous plaît, écrire ce que bon nous semble, nous réunir, pour n'importe quel objet : à la condition que nous votions en tel endroit, en observant telles formalités, que nous n'écrivions pas pour exciter nos concitoyens à la débauche ou à la révolte, que nous ne nous réunissions point sur la voie publique et que nous ne complotions contre la sécurité de personne.

Nos libertés, pour grandes qu'elles soient, sont sujettes, ainsi que l'emploi de la force, à des restrictions sans nombre ; elles ne représentent des droits que si elles sont accompagnées d'obligations correspondantes.

De là l'expression en apparence si juste : la liberté consiste, non pas dans le déchaînement des passions et des ambitions d'un chacun, ce serait l'anarchie, *mais dans le respect des lois.* Le droit absolu de la liberté disparaît ; il n'existe plus que des libertés relatives dont les lois permettent et fixent l'usage. On votera de telle manière et en tel endroit ! on écrira de telle façon et dans telles et telles conditions ! on se réunira en tels endroits et pour tels objets !

Mais si les droits et les obligations de notre liberté sont ainsi fixés par les lois, celles-ci ne sauraient empêcher que chacun ne jouisse de sa liberté propre, qui n'est pas un droit, mais la faculté de penser et d'agir comme il l'entend. Les uns trouveront que ces libertés sont insuffisantes, les autres qu'elles constituent un danger public ; les premiers croiront qu'elles sont un obstacle à leur initiative personnelle, les seconds qu'elles facilitent ou déchaînent les plus mauvais instincts, et tous chercheront par tous les moyens, soit à les modifier, soit à s'en débarrasser. Ainsi la liberté, qu'on définit le respect des lois, conduit, non pas à la négation du droit, puisqu'elle l'affirme, mais à la négation de la liberté, parce qu'on la soumet au droit.

Quoi qu'on fasse, qu'on déclare que la liberté est un droit, ou qu'on la définisse le respect du droit, la liberté reparaîtra toujours dans toute sa puissance et cherchera, selon sa nature, à agir de la façon qui lui plaît.

Quels que soient nos raisons et nos arguments, du moment que nous faisons de la liberté un droit, nous en autorisons les excès, et si nous ne le faisons point, elle les commet quand même parce qu'elle est la liberté.

Il en est des libertés comme des fontaines lumineuses ; nous en admirons les nuances brillantes sans remarquer que ce n'est qu'en l'absence de la grande lumière, dans la nuit, que nous les voyons.

Rien ne peut régir la liberté, si ce n'est elle-même. C'est un aussi grand non-sens de vouloir la régler par des devoirs ou des droits, que d'en contester l'existence.

On a dit de l'homme qu'il était la plus méchante des bêtes. Le chat, en effet, joue avec la souris avant de la tuer, mais le sauvage écorche vivant le vaincu avant de le rôtir pour le manger ; le serpent broie et avale sa proie, membre à membre, mais des hommes brûlent la leur à petit feu et l'enduisent de poix pour la voir flamber ; poussés par la faim, les loups s'entre-dévorent mais ils ne réduisent pas, comme l'homme, leurs semblables en esclavage. Quelque sanguinaires et cruels que soient les fauves, jamais aucun d'eux n'a fait des souffrances de ses victimes un délassement ; les Romains, arrivés à l'apogée de leur civilisation, en ont fait tout ensemble des fêtes et un moyen de gouvernement.

L'homme est à la fois liberté et force, et si les deux sont contraires l'une à l'autre, elles sont aussi solidaires l'une de l'autre, tout comme le clair et l'obscur des fontaines lumineuses sont des contraires et en même temps de la lumière.

L'homme en naissant ne connaît ni la liberté ni la force dont il usera ; mais il s'initiera aux habitudes, aux coutumes, aux institutions de la société dans laquelle il apprendra à se servir de l'un et de l'autre ; et ses moyens d'action, tant en liberté qu'en force, croîtront à mesure que ces habitudes, ces coutumes, ces institutions se seront développées. Ainsi l'homme arrive à faire de ses instincts les plus primitifs ou des vertus ou des vices, auxquels aucun animal ne saurait atteindre. Et, toujours, au degré le plus bas, comme au degré le plus élevé de l'échelle de sa civilisation, il se servira de la liberté et de la force pour le bien ou pour le mal. Les excès de la liberté le porteront aux excès de la force, et les excès de la force aux excès de la liberté. Rome, parvenue à la domination du monde, ne connut plus d'autre source d'émotion que les tortures de ses vaincus et esclaves. Un autre peuple, à l'apogée de sa civilisation, proclama par contre la liberté, l'égalité et la fraternité universelles ; mais la liberté intellectuelle et morale n'était pas assez grande pour observer ces admirables principes, et l'on recourut à la terreur, aux noyades, à la guillotine, pour les imposer.

Proclamer le droit inaliénable de la liberté sans que les hommes eussent l'habitude des obligations dont dépendait l'exercice de ce droit, c'était ordonner aux paralytiques de marcher ; décréter l'égalité imprescriptible sans que l'un se sentît l'égal de l'autre, c'était prescrire aux montagnes d'être des plaines ; commander la fraternité universelle alors qu'on n'éprouvait que des méfiances et des craintes mutuelles, c'était vouloir que les rivières remontassent leur cours. Les excès des libertés qu'on avait proclamées conduisirent fatalement à des excès de la force.

Prenons un exemple plus matériel et au plus près possible, la tour Eiffel. Lorsqu'on la projeta, les esprits furent divisés ; les uns n'en voulaient point parce que ce n'était point un chef-d'œuvre d'art, les autres l'admiraient d'avance comme un chef-d'œuvre de construction. Si on avait eu la liberté et la force nécessaire pour élever un dôme du Panthéon ou une flèche de Chartres, qui furent en même temps des chefs-d'œuvre d'art et des chefs-d'œuvre de construction, tout le monde eût été d'accord, et le gouvernement n'aurait pas eu besoin d'imposer la volonté du plus fort. Cet exemple, si haut que nous l'ayons pris, est terre à terre : c'est l'histoire de toutes les libertés et forces humaines.

C'est une naïveté des moralistes et une illusion des politiques que de s'imaginer que la liberté et la force puissent de rien créer quelque chose.

Les théories les plus belles sur le devoir, le droit, la liberté, si les hommes ne possèdent point le développement intellectuel et moral nécessaire pour les suivre, ne sont que des rêves. Les lois les plus admirables, si les mœurs s'opposent à leur exécution, ne sont que des abus de pouvoir. Pour qu'une force humaine s'impose, pour qu'une liberté agisse, il faut que les moyens et les ressources de ceux qui doivent les pratiquer y répondent exactement ; sinon, de force en force, de liberté en liberté, les oppositions éclatent, la lutte s'accentue ; les uns, dans leurs rancunes et leurs vengeances, descendront au-dessous des bêtes, tandis que les autres s'élèveront aux sacrifices les plus sublimes, chacun selon l'usage qu'il fera de sa liberté et de sa force. Les libertés qui ne sont pas taillées dans les coutumes et les habitudes des peuples sont des mérites ou des démérites personnels ; elles ne constituent point des droits.

On parle bien d'une expérience de la force, d'une expérience de la liberté apprenant aux hommes à s'en servir de mieux en mieux. Chassés pendant deux ans de leurs cités, les Athéniens revinrent et inaugurèrent l'époque la plus brillante de leur histoire. Devenus peuple souverain, maîtres de la Grèce, ils commirent fautes sur fautes et avancèrent vers une chute rapide. L'expérience de la force ne leur enseigna pas plus à rester les maîtres de la Grèce, que l'expérience de la liberté ne leur apprit à la conserver ; mais, chassés par les Perses, ils coordonnèrent leur liberté d'action et triomphèrent par l'union de leurs forces ; tandis que, lorsqu'ils furent devenus un peuple souverain, chacun d'entre-eux s'abandonna à ses forces propres, et, une à une, leurs libertés disparurent. La liberté et la force, si contraires qu'elles soient, sont solidaires l'une de l'autre.

Que de définitions n'a-t-on pas données de l'homme, depuis le poulet sans plumes et sans poils de Diogène jusqu'à l'homme *monade* de Leibnitz ? Aristote en fait un « animal politique ». L'homme est avant tout un être perfectible par l'entente avec ses semblables.

Deux hommes qui ne s'entendent que pour chasser un chevreuil en commun et pour fabriquer, l'un l'arc, l'autre la flèche, possèdent certainement moins de moyens de s'accorder entre eux que deux autres qui, par l'identité de leur éducation et de leurs études, arrivent à prendre la résolution de faire de concert une découverte dans les sciences. Chez les premiers, un rien peut troubler l'accord chez les seconds, il faudra en quelque sorte que tout leur état intellectuel se transforme pour qu'ils cessent de s'entendre.

En apparence les deux hommes qui ne savent que poursuivre ensemble un chevreuil et échanger un arc et une flèche, semblent être plus libres, parce que moins de liens les unissent, que les deux autres dont des traditions scientifiques séculaires cimentent l'union. Ce n'est qu'une apparence provenant du double sens du mot de liberté, que nous considérons tantôt en elle-même, comme faculté, tantôt dans ses effets, comme action. En réalité, les uns sont aussi libres que les autres, chacun pouvant agir à chaque instant pour le mieux ou pour le pis ; c'est le premier sens. Le second se rapporte, non plus à la liberté en soi, mais à la liberté d'action que les hommes sont parvenus à se permettre et à se reconnaître réciproquement. Il en résulte que, moins il y a de liens entre les hommes, plus ils restent confinés dans leur impuissance individuelle ; plus, au contraire, il en existe, plus leur liberté d'initiative aussi bien que leurs forces augmentent. Une tribu de sauvages, exposée aux intempéries, en proie à la faim et à la soif, sujette à des terreurs continuelles, ne vit en quelque sorte qu'au gré de la nature, tandis que les hommes civilisés dominent et dirigent les forces de cette nature et la traitent au gré de leurs caprices. La liberté première est la même ; mais quelle différence entre la liberté d'action ? Transportez un sauvage dans la société moderne ; il commencera par en trouver les formes et les conventions insupportables ; mais s'il y vit quelque temps, elles lui paraîtront fort naturelles, ne gênant en rien sa liberté. Quel art consommé ne faut-il pas au contraire à l'homme civilisé voyageant parmi les sauvages ? la moindre maladresse lui coûte la vie, et ce n'est qu'à force de privations et de souffrances qu'il peut redevenir sauvage comme eux.

Dans la relation de son voyage à travers le continent noir, Stanley nous parle d'une tribu de nègres-nains. Ils vivent entre eux dans la plus grande paix, aucun ne gêne l'autre, et ils s'unissent et se reproduisent depuis des siècles sans discussions ni disputes. Avoir des besoins faciles à satisfaire, point de passions ni d'aspirations vives, et une personnalité peu encombrante, serait en ce cas l'idéal de la liberté. A ces conditions, l'humanité vivrait comme dans du velours ; mais ce ne serait point en liberté. Les nains-nègres de Stanley partagent le sort de toutes les races déchues. Leurs instincts, leur système nerveux, leurs passions, loin de se fortifier, faiblissent ; leur taille au lieu de grandir diminue ; et, loin de croître en nombre, ils disparaissent insensiblement, succombant dans leur lutte contre la force des choses. Qu'il plaise à quelques Arabes, armés de remingtons, de mettre fin à leur race, ils disparaîtront en quelques jours.

Une liberté qui ne tend pas à augmenter les moyens d'action individuels et sociaux des hommes, fait déchoir la race et en compromet l'existence. Il ne faut pas, même au point de vue de la morale, s'enthousiasmer pour toutes les abnégations qui facilitent l'accord entre les hommes, ni jeter l'anathème à toutes les passions qui l'empêchent. L'homme est à la fois force et liberté, et il ne grandit dans l'une et dans l'autre que par son entente avec son semblable. Les idées incomplètes à cet égard sont à la fois le témoignage d'un manque de force et d'un défaut de liberté.

Les aptitudes humaines sont comme des forces naturelles. Nous connaissons la chaleur, la pesanteur, la lumière, l'électricité ; nous nous en servons comme nous usons de nos facultés, et, à mesure que nous apprenons à mieux connaître les unes et les autres, nous parvenons aussi à mieux nous en servir ; notre liberté d'action et nos forces grandissent.

Dans leur lutte avec la nature et dans le besoin d'en connaître les forces, les hommes sont arrivés jusqu'à formuler la loi la plus générale qui régit ces forces : *elles agissent en raison directe des masses et en raison inverse du carré des distances* ; tandis qu'ils sont restés dans une ignorance à peu près complète de l'action de leurs plus grandes facultés. Ils ont fait des lois infinies, ordonnant leurs droits, réglant leurs obligations, qu'ils conçoivent aussi nettement que la chaleur et la lumière, et ils ont appelés ces lois, progrès, liberté, civilisation, alors qu'ils comprenaient aussi peu en quoi elles consistaient que la loi générale à laquelle elles étaient sujettes : *la liberté et les forces des hommes, leurs progrès, leur civilisation, sont en rai-*

*son directe de l'entente qui existe entre eux et en raison in-*
*verse des moyens violents auxquels ils ont recours pour*
*l'établir.*

Depuis l'époque la plus reculée de la faune terrestre, les instincts des animaux n'ont point varié : l'hirondelle construit le même nid, l'abeille la même ruche ; quels changements l'homme n'a-t-il point subis depuis l'habitant des cavernes de la Somme jusqu'aux gardiens des musées du Louvre ? Les instincts sont les forces motrices des animaux ; la force motrice de l'homme est son intelligence. Il compare, juge et décide, et ses instincts, ses affections, sa liberté et ses forces grandissent à mesure que, par ses comparaisons, ses jugements et ses décisions, ses instincts et ses affections, sa liberté et ses forces se coordonnent entre eux et avec ceux de ses semblables.

Lorsque l'homme demeure concentré en lui-même, ses instincts restent, tout comme chez l'animal, l'objet de ses comparaisons, et l'obéissance à leur impulsion est le seul but de ses décisions. L'animal fait homme est plus que le principe de son impuissance, il est la source de toutes ses dégradations.

En revanche, par l'entente avec ses semblables, à commencer par le langage qu'il crée, ses instincts cessent d'être l'unique objet de son intelligence. Ses comparaisons, ses jugements, ses décisions se rapportent de la même manière à ses semblables, son intelligence se développe et ses aptitudes grandissent.

Ce n'est qu'un côté de ses progrès. Ayant fondé la famille, il initie ses enfants à l'entente qu'il a su établir avec ses semblables ; et les enfants, comparant, jugeant, décidant à leur tour, deviennent hommes et accroissent l'entente commune, pour la transmettre aux générations suivantes. Les habitudes deviennent coutumes, les coutumes se transforment en institutions et en lois.

L'entente entre les hommes s'étend non seulement de voisin à voisin, mais encore de génération à génération : l'une léguant à l'autre les progrès accomplis, les États se fondent, la civilisation surgit. Des coutumes contraires à une entente plus forte sont oubliées, d'autres se forment, des lois insuffisantes pour fixer les droits et les devoirs réciproques sont remplacées, des institutions trop étroites sont étendues de la même manière que la caverne devient palais et le silex statue.

Il suffit de suivre l'histoire de n'importe quelle civilisation, asiatique ou européenne, antique ou moderne, ou de n'importe quel art pour être frappé de cette forme inéluctable de tout progrès ; elle est la même que celle de la formation du moindre des droits.

L'histoire de la décadence ou de la désorganisation de tout peuple ou état social, comme celle de la disparition des coutumes et des droits, dévoile, par contre, le phénomène opposé.

Toujours les hommes retombent, dès qu'ils cessent de se développer par leur entente commune, dans leurs tristes et infimes personnalités : leurs oppositions, loin de disparaître, s'accusent, leurs violences mutuelles croissent, et de la même façon que, dès l'origine de leur civilisation, ils ont rejeté hors de la communauté quiconque en troublait l'ordre, ils finissent eux-mêmes par troubler cette même communauté, chacun n'agissant que pour soi ; c'est, non plus la dégradation personnelle, mais la dégradation sociale et la chute de la civilisation.

L'histoire des peuples et de l'humanité est tout entière dans cette unique manifestation de l'homme : il compare, juge, décide et s'entend avec son semblable. Plus on conçoit l'homme dans sa simplicité, plus il apparaît dans sa grandeur.

Ces considérations appliquées à la question de la liberté et de la force comme étant des droits en donnent la solution dernière. Tout droit, qu'il soit accouplé au mot de force ou à celui de liberté, qui n'est pas le résultat d'une entente commune devenue habituelle, est à la fois un abus de la force et un abus de la liberté, quel que soit le motif qu'on allègue pour le revendiquer : raison, humanité, salut public, sécurité privée. Il est un abus de la liberté parce qu'en l'absence d'une entente commune, il ne dépend que de la volonté de celui qui le revendique ; il est un abus de la force, parce que ce n'est que par elle, à défaut de cette même entente, qu'il peut être imposé. De la sorte, les hommes, après avoir lutté des milliers d'années contre la nature pour satisfaire leurs besoins, et s'être élevés jusqu'à la civilisation, ont commencé et continué la lutte entre eux pour satisfaire leurs volontés et leurs ambitions contraires.

# LA POLITIQUE

## I

### LA SCIENCE ET L'ART DE LA POLITIQUE

I. Il est une science et il est un art de la politique, comme il est une science et un art de la guerre, une science et un art de la médecine. En toute chose humaine il est un savoir faire, qui est l'art, et une somme de connaissances acquises qui est la science.

L'une n'est point l'autre. Dans les arts proprement dits, il est une partie, le talent de l'artiste, son savoir faire, qui ne s'apprend pas, et une autre, l'expérience des formes, des proportions, des matières mises en œuvre, qui est sa science et qui s'enseigne. De même dans chaque science il est une partie qu'on apprend : les connaissances dont la science se compose; et une autre qu'on n'enseigne pas : l'art, le savoir faire du savant qui coordonne ses connaissances de manière à en faire jaillir une invention, une découverte nouvelle. Ainsi il y a dans la politique une science qu'on enseigne et qu'on apprend et un art qui ne s'enseigne et ne s'apprend point.

En politique, comme dans les arts, on peut être un grand artiste tout en n'ayant que des connaissances médiocres, ou, comme dans les sciences, être un administrateur, un légiste éminent, sans être capable d'un acte vraiment politique. Une fille d'auberge, Catherine II, possède l'étoffe d'un homme d'État de premier ordre, tandis que bien souvent des ministres, renommés pour la science qu'ils ont des institutions de leur pays, ne font que des sottises. Comme les formes des arts et des sciences, les formes de la politique sont infinies. Toutes les écoles s'y rencontrent : matérialistes, idéalistes, réalistes, romantiques, classiques ; tous les genres s'y trouvent : la politique de gouvernement qui est le grand art, la politique de clocher qui est le petit ; la politique de cabaret ou de salon qui est l'art de chic ; la politique extérieure qui est le paysage, et la politique intérieure qui est l'académie. De la loyauté de St-Louis aux perfidies de Louis XI et aux naïvetés de Napoléon III, il y a de la distance.

L'objet de la politique est immense : le maniement des peuples ; et les moyens en sont innombrables : ils s'étendent de la nomination d'un garde-champêtre à la conquête des empires ; et les résultats obtenus se traduisent par la misère et la ruine des peuples ou par leur puissance et leur prospérité.

Elle est de tous les arts le plus important et de toutes les sciences la plus difficile.

II. Nos impôts élevés, notre dette énorme, nos armements continus et l'incertitude de la paix extérieure, notre instruction publique dévoyée, nos Chambres enfin et le suffrage universel, non moins puissants dans leur ensemble que débiles dans leurs détails, portent de nos jours les uns à rêver un sauveur, tandis que les autres le redoutent. Pour mettre la main à l'œuvre, celui-ci devrait exercer une domination telle que nos libertés, si chèrement achetées, et nos institutions, que nous avons conquises à travers tant de luttes, seraient perdues, et que sa domination elle-même ne deviendrait qu'une source de nouveaux troubles. Ceux-là, en effet, lui témoigneraient une telle soumission et ceux-ci une méfiance si grande, qu'en cherchant des hommes pour l'aider dans la prétendue régénération du pays, ses efforts n'aboutiraient qu'à un avortement certain.

Il y a des états sociaux et politiques tels que la crainte d'un sauveur est aussi chimérique que l'espérance de le trouver. Diogène, de son temps, prit une lanterne pour chercher un homme ; aujourd'hui nous allumerions une lampe Edison que nous n'en découvririons point.

Si nos mœurs avaient un fond moral solide, si nos institutions étaient ancrées dans nos coutumes, nul ne chercherait un sauveur, chacun le deviendrait par lui-même ; et nul ne le redouterait, car le prétendu sauveur se conformerait forcément à ces mœurs et à ces institutions, sinon il ne gouvernerait point. Mais, précisément, parce que nos mœurs n'ont pas ce fond ni nos institutions cette stabilité, les uns espèrent pour la même raison que les autres craignent.

Depuis un siècle, les coups d'État et les révolutions se sont succédé, jetant bas et élevant les hommes et les gouvernements comme des capucins de cartes : jusqu'à ce que, la situation devenant de plus en plus difficile et les événements s'aggravant sans interruption, nos rapports sociaux et politiques se soient tendus au point qu'il en est résulté une véritable aberration mentale à laquelle l'histoire conservera peut-être à jamais le nom de « la boulange ».

Les nations étrangères se moquent de notre art et de notre science politiques et de leurs coulisses. Elles sont non moins malades : un cheval noir ou un uniforme rouge, une république de vingt ans, un royaume, un empire du même âge, sans mœurs solides, sans coutumes profondes, tout cela vit des mêmes illusions.

A l'époque où Diogène alluma sa lanterne pour chercher un homme, Alcibiade coupa la queue de son chien. Athènes eut sa boulange. Le disciple de Socrate, — ce qui prouve que tout le monde peut s'y tromper, — fut exilé, rappelé, réexilé : rien ne sauva la cité de Minerve. Les oppositions et les haines des partis s'accrurent jusqu'à ce que, après s'être vainement soumis à Alexandre, on appela les Romains, dont on redoutait moins la domination que l'on ne redoutait la tyrannie de concitoyens.

Tous les peuples, devenus incapables de produire des Thémistocle, des Richelieu ou des Cromwell, s'épuisent dans leurs luttes intestines et finalement succombent sous l'étranger. C'est une affaire d'assolement : la terre ne portant plus de blé, la mauvaise herbe y pousse jusqu'à ce qu'on y sème du trèfle.

Nous sommes, fort heureusement, loin d'en être là. Y arriverons-nous ? c'est une question de science et d'art politiques.

Si chacun se conduisait de manière à ce que nous n'ayons ni à souhaiter ni à redouter un sauveur, nous serions certainement sauvés.

III. Depuis deux mille ans que nous avons une histoire, nous comptons un roi qui eut à la fois une connaissance parfaite de la France, et un art merveilleux pour la diriger ; ce fut Henri IV. Nous trouverions aujourd'hui plus facilement un merle blanc dans nos forêts qu'un second Béarnais. Les circonstances ont changé. Quand les institutions sont rivées aux coutumes, que les mœurs sont fortes et que chaque classe sociale a son caractère tranché, non seulement on ne rêve ni on ne redoute de sauveur, mais la politique est infiniment plus aisée, parce que la connaissance de la nation est plus facile, car les traits en sont fermes, et qu'il y a des traditions dans le gouvernement comme il y a des mœurs et des coutumes dans le peuple. Lorsque toutes les classes, au contraire, se confondent, que les institutions ne sont que des formules écrites, en dehors des mœurs qui leur donnent la réalité, et que ces dernières changent avec la roue de la fortune, il semble impossible qu'un homme d'État, si vaste que soit son génie, puisse en acquérir la science. Il y a une science des flux et reflux de l'Océan, parce qu'ils sont réguliers, il n'y en a point de la mobilité des vagues.

Dans un pays à suffrage universel, la politique appartient non pas à un seul homme ou à un petit nombre, mais à tout le monde. Personne ne l'apprendrait, que chacun la pratiquerait, bonne ou mauvaise, comme M. Jourdain faisait de la prose, sans le savoir. Elle consiste dans un vote à émettre, dans l'influence à exercer sur un voisin, et se manifeste dans la nomination d'un conseiller municipal, d'un député, d'un sénateur. Aussi insignifiante qu'elle paraisse, elle est énorme ; elle représente, comme la prose de M. Jourdain, la langue qu'on parle.

Il semble que la politique des journalistes, des députés et sénateurs, des fonctionnaires et ministres, des chefs d'État, doive être plus sérieuse. Elle a cependant paru tellement insuffisante que non seulement en France, mais encore dans tous les grands États, on a doublé les cours universitaires, transformé les simples traditions bureaucratiques en sciences camérales et administratives, développé la science de l'économie politique en tous sens ; et, suppléant même à l'enseignement universitaire, on a fondé des écoles spéciales des sciences politiques et des sciences sociales ; enfin, par les méthodes les plus scientifiques, on a consulté l'expérience des autres nations, interprété les auteurs, compulsé l'histoire ; tout a été mis à contribution.

A-t-on créé une science de la politique ?

De Hugues Capet jusqu'à la paix de Westphalie, la France, malgré ses fautes et ses désastres, malgré les croisades, la guerre de Cent ans, la Réforme, la Ligue, la Fronde, n'a fait que se fortifier et grandir. Depuis, en dépit de tous ses succès et de toutes ses victoires, elle n'a compté que des échecs politiques, à partir de la paix d'Utrech, jusqu'au traité de Francfort.

Faut-il, si l'on consulte l'histoire, revenir à la politique de nos anciens rois ? — Il n'existe plus de traces de nos antiques franchises et libertés locales qui furent, de leur temps, le principal mode de gouvernement.

Faut-il ne s'arrêter qu'à l'étude des conditions gouvernementales vraiment modernes ? — On ne le fait que trop ; chacun s'y taille sa petite doctrine, qui dans la grande Révolution, qui dans le premier empire ou dans la Restauration, qui dans la monarchie de Juillet, ou dans la seconde république ou dans le deuxième empire. La politique moderne ne nous enseigne que des tentatives avortées, et il ne nous est pas possible d'imiter la politique de nos anciens rois.

Ne faut-il étudier dans le passé que les faits qui peuvent nous être actuellement utiles ; nous initier à la façon dont un Colbert ou un Talleyrand ont réussi, l'un dans ses mesures administratives, l'autre dans ses négociations ? — Mais Colbert a eu affaire au commerce et à l'industrie de son époque qui ne sont pas ceux de la nôtre. Quant à Talleyrand, il négocia avec Alexandre I$^{er}$, Metternich, Pitt, Canning, qui ne sont pas plus Alexandre III, Guillaume II, Gladstone et M. Giolitti, que les circonstances d'alors ne sont celles de nos jours. L'histoire enseignait à M. Thiers comment Talleyrand, écoutant les projets d'Alexandre I$^{er}$ dans l'embrasure d'une fenêtre, frappa sur la vitre et s'écria : pauvre Europe ! pourquoi M. Thiers n'a-t-il pas suivi son exemple à Francfort et n'a-t-il pas démontré au prince de Bismarck que l'annexion de l'Alsace et de la Lorraine coûterait deux et trois millions d'hommes à l'Allemagne, loin de lui en valoir cent mille de plus, et que la « pauvre Europe » payerait les quelques millions de francs, que rapportaient les provinces perdues, par un milliard chaque année en charges militaires et par un autre milliard en armements nouveaux ? Ce n'est pas l'histoire, c'est l'intelligence de la situation qui a fait défaut à l'un et à l'autre, et le premier, malgré sa science d'historien, le second, malgré son talent de diplomate, négocièrent comme des enfants, l'un prenant le plus, l'autre accordant le moins, sans soupçonner ce qu'ils faisaient de la pauvre Europe !

L'étude de l'histoire est nécessaire à la science de la politique ; mais elle est à cette dernière ce que l'histoire de l'architecture est à l'art de l'architecte. Vitruve et Viollet-le-Duc, bien que connaisseurs sans pareils des grandes époques de leur art, furent deux architectes médiocres. Ne nous faisons donc point d'illusion : l'histoire n'apprend pas plus la façon de devenir un homme d'État, que la connaissance des formes d'une colonne ou d'une voûte n'enseigne à les placer au bon endroit.

Faut-il attacher plus d'importance aux sciences économiques, camérales et administratives ?

La première, peine à créée, s'est effondrée : libre-échange, protectionnisme, socialisme, communisme, tout s'y trouve ; les gouvernements sont protectionnistes, les académies restent libre-échangistes, un empereur s'est fait socialiste ; ce n'est point là une science. En attendant que l'économie politique le devienne, la politique s'en sert pour satisfaire les intérêts et les ambitions du moment. Un genre de politique que nous avons oublié de mentionner : celle au jour le jour, qui est à la politique véritable ce que les ombres chinoises sont à la peinture.

Les sciences camérales et administratives semblent offrir des étais plus solides. La première consiste dans la connaissance des formes et formules dont la politique se sert, la seconde, dans celle des échelons et degrés par lesquels passent ses décisions et ses ordres ; formules et formes, échelons et degrés qui ont eu leur raison d'être en leur temps, mais dont une partie est toujours surannée et dont une autre exige toujours une réforme. Soutiens pour la politique, elles en sont aussi des entraves. Leur connaissance constitue une espèce de science dans le genre de la botanique qui enseigne également des formes et formules, échelons et degrés ; mais qui révèle aussi peu le secret de la vie des plantes que les sciences camérales et administratives révèlent celui de la vie des États. Ne consistant que dans un formalisme pur, elles constituent la tyrannie des bureaux ; mais, par la fixité de leurs traditions, elles deviennent aussi, aux époques d'impuissance et de révolutions, l'unique garantie de la stabilité des États. Alors elles forment la politique elle-même ; mais il ne saurait plus être question d'une science de la politique ; la Chine en est là depuis des siècles.

Ainsi, en ne demandant à la politique que ce qui distingue les arts : l'étude des mesures, des proportions et des matières mises en œuvre, tout fait défaut. Des doctrines sans nombre nous enseignent des règles contradictoires ; et, lorsque nous analysons les matériaux : l'histoire et les sciences économique, camérale, administrative, nous aboutissons au même résultat : l'histoire devient un trompe-l'œil, les principes de l'économie politique se changent en ombres chinoises, et les sciences camérale et administrative en formes hiératiques du Céleste empire,

Si la politique n'est pas une science, est-elle du moins un art ?

IV. Dans tous les cas elle n'est pas un art libéral. Ce n'est qu'en passant par des concours et des épreuves qu'on y peut parvenir. Programmes, visites, démarches, comités électoraux, réunions contradictoires, assemblées des électeurs, Chambres et ministères, nulle part on ne passe, fût-on un Richelieu, sans concours et examen préalables. Supposons qu'on arrive et que l'on devienne président d'un gouvernement. On a l'étoffe d'un homme arrivé, a-t-on également l'étoffe d'un homme d'État ? La-dessus recommencent épreuves sur épreuves. On s'imagine fonder un grand ministère, on fait école sur école ; on se figure donner l'essor aux forces du pays, les crises et les grèves surgissent ; on se glorifie de former un gouvernement selon toutes les règles et l'on va, comme de gaîté de cœur, au-devant d'une révolution ; on compte renouveler toutes les vieilles gloires et l'on revient aux anciens désastres.

Et qu'on ne croie pas qu'il soit plus facile de parvenir homme d'État dans une monarchie que dans une république. Les réunions électorales sont remplacées par les antichambres, et les fantaisies des électeurs de toute espèce par les caprices de chefs de tout genre. En outre, dans les États fondés sur les traditions, l'hérédité ou les privilèges décident, à moins que ce ne soit une partie de billard, comme pour ce bon Chamillard, tandis que dans les États, qui ont pour base la volonté populaire, quand ce ne sont pas les passions du moment qui délèguent la puissance, c'est un cheval noir ou, comme à Athènes, la queue coupée d'un chien.

G. Heffter, professeur à l'Université de Berlin, écrivait en 1844 dans son *Droit International de l'Europe*. « De grands » caractères politiques ont été de tout temps fort rares... Mais » de tous les États c'est la France qui en offre le plus grand » nombre, sous Henri IV, Sully, de Mornay, de Sillery et sur- » tout Arnould Dossat, dont l'art brillait par la franchise et » l'honnêteté, seules vertus qui eussent quelque chance de réus- » sir à Rome. Sous Louis XIII, on voit briller le comte de Brienne, » le maréchal de Bassompière, Richelieu, le Père Joseph de la » Tremblay, et comme négociateur le comte d'Estrades. Le » règne de Louis XIV compte Mazarin, Servien, Colbert, de » Torcy ; ce dernier a accompli avec un plein succès ce travail » de Sisyphe qu'on a appelé le congrès d'Utrecht. Le règne » de Louis XV est moins fécond ; ce n'est que plus tard que le » génie diplomatique de la France s'est épuisé en produisant » Talleyrand de Périgord ». En rendant cet éclatant hommage au nombre de grands caractères politiques que la France compte, depuis Henri IV, le professeur de Berlin ne nous dit pas en quoi consiste un grand caractère politique. D'Arnould Dossat, dont la force fut la droiture et la loyauté, à Talleyrand, qui prétendait que la parole était donnée à l'homme pour déguiser sa pensée, les caractères varient à l'infini ; l'un fut pompeux, l'autre modeste ; celui-ci un grand seigneur aux belles façons, celui-là un capucin aux formes humbles et insinuantes ; tantôt ils brillent par l'éclat de leur pensée, tantôt ils sont réservés ou taciturnes ; d'autres fois ils sont honnêtes hommes, excellents pères de famille, ou se signalent par leurs mœurs légères et encourent jusqu'au reproche de vénalité. Il en est comme des caractères d'artistes : de Michel-Ange à Raphaël, de Poussin à Lesueur quelle différence ! et cependant leur caractère d'artiste reste le même.

Les deux plus grands diplomates du siècle, le prince de Bénévent et le prince de Bismarck, ont été des caractères politiques également éminents, et non moins divers par leurs défauts que par leurs qualités. L'un, dès son entrée dans la politique, lutte contre les excès du militarisme, l'autre s'en sert et lui doit tous ses succès. Celui-ci est emporté, brutal, colère, mais il charme et entraine par ses apparences de droiture et de franchise ; celui-là est fin, délicat, réservé, mais il frappe par la justesse de ses observations, la persuasion de sa parole. Le premier ne voit la grandeur de sa patrie que dans la consolidation des nouvelles institutions qu'elle s'est données, le second ne découvre la grandeur de la sienne que dans la victoire, et ce dernier réussit en considérant les généraux comme ses lieutenants, tandis que l'autre ne triomphe que quand son grand chef militaire se trouve abattu. Talleyrand, faible de caractère, servit tous les gouvernements et perdit sa principauté de Bénévent. Bismarck, implacable dans sa volonté, désorganisa tous les partis politiques qui lui faisaient opposition et gagna le titre de duc de Lauenbourg. Mais le diplomate français rendit à Vienne, comme par enchantement, à sa patrie écrasée son rang en Europe et donna au continent entier un demi-siècle de paix ; au lieu que le diplomate allemand, après avoir porté la Prusse à l'apogée de sa puissance par le traité de Francfort, l'abandonne, en quittant le pouvoir, à toutes les dissensions intérieures, rongée par le socialisme, écrasée par les charges militaires, et laisse l'Europe sous la menace d'une guerre terrible. Nous préférons Talleyrand ; il est plus humain. Si, ayant perdu sa fortune, il accepta que l'étranger lui payât les services qu'il rendait à son pays, M. de Bismarck a obtenu de son roi non seulement des titres mais encore des revenus princiers. L'ancien évêque aspirait à la libre expansion commerciale et industrielle du monde, le nouveau grand feudataire inaugura une économie politique agraire, qui souleva l'Amérique contre l'Europe et finit par une guerre de tarifs universelle. Tout diffère entre les deux hommes, les qualités comme les défauts, aussi bien que les moyens employés et le but qu'ils ont atteint. Un seul point les rapproche : l'instinct qu'ils ont eu, au même degré peut-être, des grands intérêts, chacun de son pays et des rapports de ces intérêts avec ceux des autres États. Aucun des deux n'eut l'étoffe d'un véritable homme d'État : l'un, au lieu d'abandonner les gouvernements dès qu'il en voyait les fautes, aurait dû les empêcher d'en commettre ; l'autre, loin d'assujettir les partis à sa volonté en les désorganisant, aurait dû en fortifier l'ascendant au sein d'un empire qui, né à peine, est aussi divisé que les États vieillis dans les luttes politiques.

Concentrés dans un monde spécial qu'on appelle les affaires étrangères, les diplomates, grands et médiocres, traitent des plus vastes intérêts des États, tout en ne s'adressant qu'aux quelques personnes qui les représentent ; leurs ambitions sont des plus vives, leurs formes d'autant plus conciliantes ; et, de leurs visées, qui sont des plus générales, ils décident par une convention, un traité, une signature. La diplomatie est, en quelque sorte, de la peinture à fresque : immortelle dans ses lignes sobres et fortes, elle inscrit chacun de ses traits sur la chaux vive des événements, et chacune de ses erreurs est irrémédiable. L'art de l'homme d'État est plutôt de la sculpture ; à chaque instant il revient sur ses pas, ajoute, retranche, retourne en tout sens son œuvre ; plus que le pinceau du diplomate, ses coups de ciseaux ont du relief parce qu'il taille dans les masses, et si son œuvre est mal venue, il peut la recommencer pour en faire une meilleure.

Aucune expérience, aucune science ne saurait apprendre son art à l'homme d'État. Il voit et discerne en chaque fait spécial, en chaque cas particulier, le côté général, celui par lequel ils touchent à l'intérêt public ; c'est là son don, le caractère de son génie. Peu importe sous quelles formes et dans quelles conditions les faits se présentent, qu'il s'agisse de finances, d'économie sociale, d'administration intérieure, de politique extérieure, c'est toujours le rapport de chacun d'eux avec la puissance et la prospérité publiques qui le frappe. Aucune doctrine, aucun système politique, aucune science économique ou sociale ne saurait le lui enseigner, parce que les conditions de la puissance et de la prospérité publiques changent avec la mobilité des faits. Mais par cela même aussi, il voit en toutes choses le côté par lequel elles sont utiles ou nuisibles à l'intérêt de tous. Dans les formes administratives il sait distinguer celles qui sont surannées et forment des entraves à la bonne gestion des affaires, de celles qui sont utiles et qu'il importe de développer. Il découvre dans les finances le point qui en rend l'ensemble pesant pour l'activité nationale et, en transportant ce point ailleurs, donne un nouvel essor à la richesse publique. En chaque doctrine politique, économique ou sociale, il saisit la partie faible et la partie forte, rejette l'une, s'empare de l'autre et, autant qu'il est dans ses forces, rend la paix à la société, la prospérité au commerce et à l'industrie. Il peut n'être ni diplomate, ni orateur, ni écrivain, ni général, tous ces talents sont même jusqu'à un certain point contraires au sien. Le diplomate négocie, l'orateur persuade, l'écrivain charme et le bon général remporte la victoire ; l'homme d'État n'est que conception et action. Négocier, il n'en a point le temps ; persuader, il ne le peut que par les faits ; charmer, il faut qu'il heurte à chaque instant ; et, loin de vaincre, il ne se révèle dans toute sa puissance qu'en relevant son pays d'une défaite. Et tout cela parce que, voyant en chaque chose le côté qui touche à l'intérêt public, il découvre aussi en chaque homme les aptitudes qui le rendent propre à servir au bien général. Il saura choisir le diplomate le plus apte à conduire une négociation, l'orateur qui défendra le mieux les mesures qu'il projette, l'écrivain qui les fera accueillir du public et le général qui triomphera de l'ennemi. Enfin, tous ses projets, ses actes, ses mesures porteront la même marque uniforme : il satisfera le parti auquel il appartient, mais en froissant le moins possible les autres ; il réprimera les oppositions, mais en en tenant compte le plus qu'il pourra ; il dominera les passions et les ambitions particulières, mais en leur ouvrant un champ d'action conforme à l'intérêt public. Peu importent ses passions et ses ambitions propres, ses rancunes et ses sympathies personnelles, elles lui dicteront sa vie privée ; mais aucune d'elle n'altérera le sens merveilleux qu'il a des conditions de la prospérité et de la puissance nationales, et n'en empêchera la réalisation, sous peine pour lui de cesser aussitôt d'être un homme d'État et de devenir un homme politique ordinaire, ou moins encore, un politicien.

L'art de la politique existe donc, si rares que soient les hom-

mes qui en aient le génie ; il est aussi facile à définir dans ses
caractères que dans ses moyens et son but.

V. Il en est de même de la science de la politique. Elle n'a que
des rapports fort lointains avec les sciences économique, camérale et administrative, ou avec l'histoire politique et par-
lementaire, et toutes les doctrines qui prétendent enseigner les
règles des mesures et des proportions de la bonne politique ; car
nous ne parlons que de celle-ci ; la mauvaise n'est pas un art.
La science de la politique a, n'en déplaise, plus d'analogie avec
la physique et la chimie. Elle consiste tout simplement dans
l'étude des conditions et des formes de l'existence des États,
tout comme la physique et la chimie consistent dans l'étude
des forces et des formes de la nature ; et elle est à l'homme
d'État, au politique et au politicien, ce que la physique et la
chimie sont à l'industriel, au fabricant, à l'entrepreneur. Ces
derniers puisent à pleines mains dans l'une et l'autre science ;
mais la physique, aussi peu que la chimie, se charge de faire
leur fortune. Tel corps combiné avec un autre donnera tel corps
nouveau ; telle force, mise en contact avec telle autre, produira
tels effets inconnus jusqu'ici ; libre à l'industriel, au fabricant,
à l'entrepreneur de se servir de ces révélations ; la science se
contente de constater les faits et d'en formuler les lois. Dès que
le physicien ou le chimiste sort de son laboratoire pour faire
prospérer l'une ou l'autre de ses découvertes dans un but différent de la science même, il devient un industriel, un fabricant, voire un simple ambitieux ou un vulgaire intrigant. Il
en est en tout point de même de la science de la politique. Elle
enseigne, non pas à faire de la politique, à se servir des institutions et à diriger les forces nationales ; mais elle enseigne en
quoi celles-ci consistent. Libre aux politiciens, aux politiques,
aux hommes d'État de profiter de son enseignement ou de ne
pas le faire ; elle n'obéit pas aux passions des premiers, ne connaît point les préjugés des seconds, et avoue franchement qu'elle
ne peut enseigner le génie aux derniers. Il n'existe pour elle ni
bons ni mauvais gouvernements, ni bonnes ni mauvaises doctrines, ni des formes, des traditions bureaucratiques excellentes ou déplorables. La science de la politique ne fait pas plus
partie de la morale que la physique et la chimie, parce qu'elle
n'a prise ni sur la morale sociale, ni sur la morale individuelle (1). Mais comme la physique et la chimie, elle constate les

(1) Voir, INTRODUCTION, la Morale et la Politique.

faits, en signale les conséquences, et en formule, si elle le peut,
les lois. Hors de là, l'auteur qui s'occupe de la science de la
politique, voit le terrain s'effondrer sous ses pas ; il est entraîné dans la lutte des partis, il en partage les illusions et les
faiblesses, comme le savant qui sort de son laboratoire pour se
faire industriel ou commerçant ou spéculateur.

Façon passive d'envisager la science de la politique qui en
est la condition première, et se trouve malheureusement aussi
peu dans nos habitudes que dans nos goûts. Quiconque écrit
cinq lignes dans une feuille publique s'imagine faire preuve
d'homme d'État, et se croit pour le moins un Sully, trouvant
les *Économies royales* une œuvre fort médiocre. Il en résulte
qu'il n'existe guère de science politique, et que les uns courent
avec le même aveuglement après un sauveur que les autres le
redoutent.

# II

## L'ÉTAT ET LE PEUPLE

I. La meilleure définition qui ait été donnée de l'État est celle de Jean Bodin, le vieux député de la bonne ville de Paris aux États-Généraux de Blois, en 1576 : *République*, écrit Bodin, *est un droit gouvernement de plusieurs mesnages et de ce qui leur est commun avec puissance souveraine.*

Le fondateur de la science politique en France ajoute ses commentaires : *Je dis en premier lieu que c'est un droit gouvernement pour la différence qu'il y a entre les républiques et les troupes des voleurs et pirates.*

Il dit en second lieu : *de plusieurs mesnages, vu que tout corps et collège s'anéantit de soi-même s'il n'est réparé par les familles. Encore que le père de famille eust trois cents femmes..., six cents enfans... ou cinq cents esclaves, s'ils sont tous sous la puissance d'un chef de mesnage, ce n'est pas un peuple.*

De plus, il faut, continue Bodin, *qu'il y ait quelque chose de commun et de public, comme le domaine public, le trésor public, le pourpris (1) de la cité, les rues, les murailles, les places, les temples, et autres choses semblables, car ce n'est pas république s'il n'y a rien de public... Il se peut faire aussi que la pluspart des héritages soient communs à tous en général et la moindre partie à chacun en particulier, comme en la division du territoire... Mais en quelque sorte qu'on divise les terres, il ne se peut faire que tous les biens soient communs, comme Platon vouloit en sa première république, jusques aux femmes et enfans, afin de bannir de sa cité ces deux mots* TIEN *et* MIEN *qui estoient, à son avis, les causes de tous les maux et ruines, qui adviennent aux républiques. Or, il ne jugeoit pas que, si cela avoit lieu, la seule marque de république seroit perdue, car il n'y a point de chose publique s'il n'y a quelque chose de propre : et ne se peut imaginer qu'il y ait rien de commun s'il n'y a rien de particulier, non plus que si tous les citoyens*

(1) Enceinte.

*étoient roys, il n'y auroit point de roy ; ni d'harmonie aucune si
les accords divers doucement entremeslés, qui rendent l'harmonie
plaisante, étoient reduits à mesme son.*

Enfin, *les plusieurs mesnages et ce qui leur est commun,* termine le vieux député, doivent être unis avec puissance souveraine, *mais tout ainsi que le navire n'est plus que bois, sans forme
de vaisseau, quand la quille qui soustient les costes, la proue, la
poupe et le tillac sont ostés : aussi la république sans puissanée
souveraine, qui unit les membres et les parties d'icelle, et tous les
mesnages et colleges en un corps n'est plus république... Le droit
gouvernement de trois familles avec puissance souveraine fait aussi
une république comme d'une grande seigneurie. Un grand royaume
n'est autre chose qu'une grande république sous la garde d'un chef
souverain... Un petit roy est autant souverain que le plus grand
monarque de la terre.*

Nous avons perdu ces notions fortes et simples. On les a remplacées par des doctrines plus pompeuses où chacun se taille,
selon le camp où il se trouve, avec les grands mots qu'il a à sa
disposition, une idée vague de cette chose énorme qui s'appelle
un État.

II. La définition de Bodin et ses commentaires sont frappants
de justesse et marquent si bien les conditions d'existence des
États, qu'ils dispenseraient de toute autre explication, s'ils ne
rencontraient une difficulté presque insurmontable, non dans
la forte pensée de nos anciens, — Montchrétien nomme encore,
en 1615, « le droit gouvernement de plusieurs mesnages »,
« la mesnagerie publique », — mais chez nous, les modernes,
et dans nos idées qui sont vagues et incomplètes.

Nous avons, grâce à ces idées, pris l'habitude d'opposer, en
toute question politique, l'État au peuple, ou nous-même et notre parti à la fois à l'État et au peuple ; ou bien, nous nous confondons, nous et notre parti, tantôt avec l'État, tantôt avec le
peuple : l'État qui est l'ordre, le peuple qui est l'anarchie ;
l'un qui est le commandement, l'autre qui est l'obéissance ; le
premier qui est le droit, le second qui est l'obligation ; ou tout
le contraire : le peuple qui est souverain, l'État qui n'est qu'o-
béissance ; le peuple qui est la puissance, l'État qui n'est que
l'abus ; le peuple qui est le droit, l'État qui n'est que l'obligation ; à moins que ce ne soit nous et notre parti qui soyons l'ordre, la puissance, le commandement, le droit, tandis que l'État
n'est que faiblesse et abus, et le peuple impuissance et anarchie.

Ces contradictions ne proviennent que de nos idées étroites, cause principale de nos ambitions malsaines, de nos luttes acharnées, de nos haines implacables, en un mot de l'impuissance de tous.

L'État ou *la ménagerie publique* de Montchrétien, la *respublica* de Bodin, *est le droit gouvernement de plusieurs ménages et de ce qui leur est commun avec puissance souveraine* ! Otez de cette définition *le droit gouvernement*, et il n'y a même plus de voleurs et de pirates, comme le croit Bodin ; car une troupe, quelle qu'elle soit, a besoin d'un droit gouvernement pour se maintenir : une bande de brigands, sans une direction qui leur convienne, ne représente qu'un nombre de malfaiteurs isolés. Otez *les plusieurs ménages*, qu'ils se chiffrent par millions et se nomment un peuple, ou se comptent par unités et s'appellent une peuplade, il n'y aura plus ni peuplade ni peuple, mais des familles distinctes, vivant, comme les fauves avec leurs petits, chacun dans sa tanière. Otez ce qui *leur est commun*, et il n'y a même plus de fauves, car ceux-ci ont du moins une tanière et des petits communs. Otez la *puissance souveraine*, et il n'y a plus rien, ni mâle qui dirige sa femelle et ses petits, ni tanière commune, ni union de plusieurs sous une même direction, ni gouvernement d'aucune sorte.

On a prétendu que les peuples avaient toujours le gouvernement qu'ils méritaient. Ce n'était pas assez dire, *les peuples sont le gouvernement qu'ils ont*. La définition de Bodin ne signifie pas autre chose.

L'État, si puissant qu'il soit, ne saurait inspirer à ses sujets des besoins, des affections qu'ils sont incapables de ressentir ou de concevoir, pas plus qu'il ne peut rendre la vue aux aveugles, l'ouïe aux sourds, la marche aux paralytiques. Si donc les sujets marchent, voient, entendent, éprouvent des affections, conçoivent des idées, ce n'est point parce qu'il existe un État ; mais il existe un État parce qu'il y a des sujets qui marchent, voient, entendent, sentent et pensent. Et l'État existe selon qu'ils marchent, voient, entendent bien ou mal, éprouvent des affections bonnes ou mauvaises, conçoivent des idées justes ou fausses.

Deux Indiens se disputant l'un pour démontrer que l'ombilic de Bouddha est le centre du monde, l'autre pour soutenir que le monde nage, comme une fleur de lotus, sur l'infini des eaux, discuteraient pendant leur vie entière sans parvenir à s'entendre. Il en est de même de nos discussions sur le peuple et l'État.

Si les deux Indiens savaient en quoi consiste véritablement le monde, ils ne se disputeraient point, non plus que nous, si nous savions vraiment en quoi consiste l'État.

Comme nombre, — que l'on compte par individu ainsi qu'on le fait aujourd'hui, ou par ménage (feux), ainsi qu'on faisait autrefois, — le peuple n'est qu'une somme ou une masse. Au point de vue de la communauté d'origine, de l'identité des traditions, de l'uniformité des mœurs, on l'appelle une nation. Considéré dans sa façon de subsister, au point de vue du maintien de l'ordre intérieur et de la sécurité des frontières, on le nomme État.

Si un État, tel que la Russie, commande à des peuples divers, ou, comme l'Autriche, à des nations différentes, ce n'est point que l'État, la nation, le peuple soient choses distinctes, mais c'est parce qu'un même peuple, formant une nation et constituant un État, est parvenu à dominer des nations n'ayant pas les ressources nécessaires pour se maintenir comme État, ou des peuples ne possédant pas une cohésion suffisante pour former des nations. Ce sont là des effets, non des causes, des rapports qui s'établissent entre des peuples insuffisamment développés, et d'autres peuples fortement constitués. Jamais un État, sans peuple ni nation, — il ne serait qu'un territoire, — n'a conquis ni soumis qui que ce fût ; et jamais un peuple, sans une cohésion nationale quelconque et sans apparence d'organisation défensive, n'a été conquis ni soumis. Les trois termes peuple, nation, État, représentent une seule et même chose, mais le sens des expressions change selon le point de vue auquel nous les envisageons. C'est une conséquence naturelle de la faiblesse de notre pensée qui fait que nous ne pouvons considérer un objet par tous ces côtés à la fois ; mais c'est folie de faire de cette faiblesse un principe de certitude et de se laisser entraîner à des luttes qui ne sont que l'expérience douloureuse de nos erreurs.

Deux Indiens se massacrent pour l'ombilic de Bouddha ! Deux Français allant sur le terrain pour une question politique se mettent à leur niveau.

III. En parlant du corps humain ou de la somme des organes qui constituent l'organisme humain, nous entendons la même chose, ainsi l'État et le peuple sont deux expressions synonymes qui se rapportent à un même objet. Et l'État, précisément parce qu'il est formé par le peuple, tout comme le corps est formé par ses organes, constitue un vaste organisme dont chaque partie a ses fonctions, ses divisions et subdivisions propres, aussi nettes dans leur structure, aussi précises dans leur action que les organes du corps humain. Si celui-ci nous paraît merveilleux par l'ordonnancement de toutes ses parties, tandis que le corps politique ne nous semble que luttes et oppositions, c'est que nous sommes parvenus à étudier convenablement le corps humain, grâce à sa petitesse, au lieu que, devant l'autre, qui nous échappe par son étendue, nous nous trouvons comme le barbare devant ce même corps humain : en l'ouvrant il n'y découvre que sang et chairs informes.

Chaque ménage, selon la définition de Bodin, chaque famille est une cellule sociale ayant sa vie propre dans le corps politique. Le père, sa femme, ses enfants qui l'entourent et l'habitation qui les réunit, forment une véritable cellule sociale. Une famille sans enfants est une cellule qui se meurt ; un fils qui abandonne la maison paternelle pour s'établir et se marier, est une nouvelle cellule qui se forme. Ce n'est que par les cellules familiales que les peuples, les États subsistent et vivent.

Des fonctions propres à chaque famille et des relations qui s'établissent entre les familles naissent ensuite ces grands tissus que nous appelons les classes sociales, tout comme des cellules organiques se forment les tissus conjonctif, épithélial, musculaire, nerveux.

Tant que les hommes ne se nourrissent que des produits spontanés de la nature, sans travail commun, sans coordination de leurs efforts, ils se réunissent tout au plus par bandes pour aller au hasard chercher leur nourriture. Lorsque, par une entente meilleure, ils ont acquis des habitudes régulières de travail et font rendre à la terre des produits nombreux, lorsqu'ils se dirigent mutuellement dans leurs efforts, se garantissent réciproquement la sécurité de leur existence et s'instruisent les uns les autres dans leurs obligations et leurs devoirs, alors ils prennent les caractères qui distinguent les peuples et les États civilisés. Les familles se sont divisées, selon leurs fonctions principales et leurs relations, en quatre grandes classes qui sont toujours les mêmes, sous des noms divers et des formes multiples.

LA CLASSE INFÉRIEURE : Esclaves, serfs, ouvriers, manœuvres, domestiques, prolétaires ; les noms changent selon les époques et le développement acquis.

LA CLASSE MOYENNE : Les chevaliers chez les Romains, le citoyen libre dans la cité grecque, les corporations et maîtrises au moyen-âge, le tiers-état à la Renaissance, les petits propriétaires, industriels, commerçants, modernes.

La classe dominante : Les patriciens et les eupatrides de l'antiquité, les seigneurs féodaux au moyen-âge, la noblesse de robe et d'épée à la Renaissance, les autorités politiques, militaires, administratives, financières et industrielles de notre temps.

La classe enseignante : Caste ou non, corps ouvert ou fermé, cette dernière est, comme les autres classes, de tous les temps, et comprend les églises et les universités, les prêtres, les professeurs et maîtres de toute espèce, formant ce vaste réseau en chaque État civilisé qui enveloppe et soutient l'instruction générale.

Dans sa formation, comme dans sa déformation, ses progrès et sa décadence, chacune des classes se modifie dans ses caractères et son rôle, absolument comme les tissus organiques changent de l'enfance à la vieillesse. Vouloir que les classes disparaissent, c'est demander la mort de l'organisme politique. Les nécessités de la vie individuelle et sociale les imposent : depuis la motte de terre qu'on doit soulever pour avoir du pain jusqu'au chef souverain qui représente l'unité de l'État, il en est des peuples, des États, comme de chaque famille : il faut qu'une famille se nourrisse, se dirige, se défende et s'instruise, et ce n'est que parce qu'il faut que chacune le fasse pour pouvoir subsister, que les quatre grandes classes se forment des relations mêmes qui s'établissent entre les familles, selon les aptitudes qui leur sont propres. Ces aptitudes deviennent coutumières, traditionnelles ; et le peuple, l'État, se développe, progresse.

Les classes sociales sont véritablement les grands tissus de l'organisme politique ; on les rencontre partout et à chaque époque, plus ou moins parfaites ou plus ou moins déformées. Elles n'en sont pas les organes.

IV. Les organes du corps politique sont ses divisions territoriales.

Dès leur réunion en peuple et leur constitution en État, les hommes se groupent et se divisent en classes sociales, suivant les relations qui s'établissent entre eux ; mais ils se distinguent, en outre, selon les parties du territoire qu'ils occupent. Les habitants des côtes ont d'autres coutumes, d'autres mœurs que ceux de l'intérieur ; les montagnards diffèrent par leurs besoins, comme par leur travail, des habitants des plaines, et les usages, les habitudes varient chez tous selon la nature du sol, et se modifient encore selon qu'ils restent disséminés dans la campagne ou qu'ils forment de grands centres d'échange ou de production.

Le territoire, habité par un peuple, fait corps avec l'État. La diversité et la multiplicité des ressources qu'il offre s'identifient avec la population et sont aussi persistantes et aussi profondes que celles des différents organes du corps humain.

Ces différences peuvent même être portées au point que des oppositions d'origine et de race se maintiennent pendant des siècles au sein d'un même État. En ce cas le peuple, l'État, quelles que soient les institutions qu'il se donne, est formé d'organes hétérogènes. La vitalité des peuples dépend à la fois de la diversité et de la cohésion des provinces, comme le génie de l'homme se mesure à l'unité et à la variété de ses aptitudes.

Les divisions territoriales sont si bien les organes du corps politique que non seulement ses ressources matérielles, morales et intellectuelles changent avec elles, mais encore que certaines parties peuvent en être détachées sans porter atteinte à la vie de l'ensemble ; tandis que d'autres en sont comme les organes centraux, sans lesquels la vie politique ne subsisterait plus. Sans la France, Paris n'est rien : mais la France sans Paris n'est plus la France.

La qualité d'organes d'un peuple ou d'un État, que possèdent ses divisions territoriales, est un résultat de la force des choses, à tel point que la même organisation reparaît dans la situation respective des États. Un foyer de civilisation se forme, d'autres moins développés dans leur constitution sociale et politique se groupent autour ; et sans cesse les uns agissent et réagissent sur les autres, jusqu'à ce que le foyer premier et avec lui la civilisation entière disparaissent. Après la chute de Rome, il n'y eut plus d'empire romain ; la décadence d'Athènes entraîna celle de la Grèce.

Nous insistons sur ce caractère si curieux des organismes politiques dont les formes se répètent jusque dans le gouvernement des États, en apparence indépendants les uns des autres, et qui n'en appartiennent pas moins à une même civilisation. Les plus grandes fautes, dans la science et l'art politiques, ont toujours été commises parce qu'on a méconnu la nature organique aussi bien de chaque province dans un État, que de chaque État dans l'ensemble d'une civilisation. Pas plus qu'en médecine, une

maladie ou une fièvre, en politique, une guerre ou une révolte
ne change la nature des organes.

V. Les divisions territoriales ont une fixité qui tient de la
constitution même des États ; les divisions politiques ont à la
fois un caractère plus général et plus mobile.

Quels que soient les noms que prennent les partis politiques
et quelles que soient les ambitions qui les divisent, ces partis se
réduisent à deux : l'un, formé par tous ceux qui recherchent
une extension plus grande de leur activité personnelle, l'autre,
qui comprend tous ceux que leurs intérêts ou leurs affections
portent vers une cohésion plus forte de l'entente commune. Les
deux partis font penser à la circulation veineuse et la circulation artérielle du sang.

Les deux tendances sont nécessaires à la vie politique. Elles
sont innées en chaque individu parce que chacun cherche, à la
fois et d'instinct, d'une part, à donner l'expansion la plus grande
à son initiative propre et, d'autre part, puisqu'on vit en société,
une entente plus complète avec autrui. Mais, au lieu de rester
personnelles, ces deux tendances se distinguent et se coordonnent selon les institutions sociales et publiques du moment. Peu
importe la nature de ces institutions, qu'il s'agisse de la famille,
d'associations privées ou du gouvernement : les uns, qui sont à
la tête de ces institutions, aussi bien que tous ceux qui se trouvent satisfaits du rôle qu'ils y jouent, forment le parti gouvernemental, tandis que les autres, dont ces institutions gênent ou
entravent la spontanéité personnelle, sont le parti de l'opposition.

Les deux expressions d'artériel et de veineux, si extraordinaires qu'elles paraissent, sont, grâce à l'image qu'elles renferment,
infiniment plus justes que celles de parti de gouvernement et
parti d'opposition parce qu'au lieu de ne s'arrêter qu'aux apparences, elles expliquent non seulement la vie, mais encore les
progrès politiques des peuples, absolument comme la circulation
du sang explique la vie et la croissance du corps humain.

Les partis de gouvernement et d'opposition n'existent pas
par eux-mêmes. Toute opposition qui parvient au pouvoir se
transforme aussitôt en parti de gouvernement, et le parti gouvernemental qui a été au pouvoir, ayant perdu son rôle et son
action, devient un parti d'opposition, comme tous les autres
partis qui aspirent à une expansion, à une liberté individuelle
plus grandes. Les partis par eux-mêmes sont donc aussi instables que les noms « parti gouvernemental » et « parti d'oppo-

sition qu'on leur donne sont confus. De plus, ces deux épi-
thètes n'expliquent en rien comment un même parti, comme notre ancienne monarchie aristocratique, peut rester des siècles
au pouvoir, sans qu'un instant la vie politique s'arrête et que
les institutions cessent de se développer. Et elles expliquent
encore moins comment, dans les temps modernes, le changement continuel des partis arrivant au pouvoir n'entraîne que
des changements éphémères dans cette même vie politique.

Ceux qui ont en main la direction centrale s'efforcent toujours de fortifier l'entente commune, tandis que les autres, am-
bitionnant une action personnelle plus étendue, s'unissent et
se groupent pour parvenir à modifier la direction centrale. Les
formes importent peu ; c'est une question de science et d'art
politiques : pour la science, seule l'observation directe peut
donner les connaissances nécessaires des aspirations et des besoins des masses ; pour l'art, seul le génie politique peut révé-
ler les mesures qu'il faudrait prendre pour fortifier à la fois le
pouvoir central et accroître l'initiative individuelle. Mais quels
que soient les inspirations ou l'aveuglement et les passions
qui président aux actes politiques, que ce soient des abus de
pouvoir, des coups d'État, des complots ou des révolutions,
le même phénomène social et politique reparaît ; il tient de la
nature humaine. Le parti qui arrive au pouvoir modifie les institutions existantes de façon à les affermir et à donner en même
temps satisfaction aux aspirations individuelles du moment.
Les institutions sont élargies, et la même tendance vers une
initiative personnelle plus grande encore renaît sous une forme
nouvelle. Voilà ce que nous entendons par la circulation artérielle et veineuse des opinions politiques. Elle surgit dès l'origine des peuples, se maintient à travers leur existence entière
et renferme le secret de leurs transformations et de leurs progrès politiques, en même temps qu'elle explique leurs troubles et leurs désordres.

Tout parti qui n'a d'autre but que la satisfaction d'ambitions
personnelles est un parti condamné. Il est incapable de comprendre la direction de l'ensemble qui ne se maintient que par
l'entente commune. Par contre, tout parti qui, parvenu au pouvoir, se figure s'y fortifier par les seules institutions du moment,
est encore un parti qui se perd, parce que sans le concours des
initiatives individuelles, il n'y a ni entente ni institutions communes. Les premiers sont les anémiques, les seconds les apo-
plectiques de la vie politique.

Le courant des opinions politiques, qui résultent des aspirations humaines, tend sans cesse vers une union et une cohésion plus fortes, à mesure que le peuple se donne des institutions publiques, et du même coup il tend vers une indépendance et une initiative individuelle plus grandes, à mesure que ces institutions réagissent sur l'ensemble.

VI. Enfin, les peuples, les États sont si bien des organismes que, semblable à l'organisme qui ne vit que par l'oxygène qu'il inspire et le carbone qu'il expire, un peuple ne subsiste, en chacune de ses cellules familiales, en chacun de ses tissus sociaux, de ses organes territoriaux, et en chacune de ses divisions politiques, que par une cause uniforme qui est la production et la consommation de tous.

Nous écrivions dans nos *Éléments d'économie politique* :

« On distingue en général la production de la consommation, et l'on commence à traiter du premier de ces deux phénomènes, sous prétexte qu'une chose pour être consommée doit préalablement avoir été produite : manière de raisonner dont le moindre tort est de nous empêcher de saisir la portée entière de la question.

« Le physiologiste, lorsqu'il examine les phénomènes de la respiration, ne sépare point l'inspiration de l'expiration, encore qu'il faille que le vide se fasse d'abord dans les poumons pour qu'ils puissent après cela s'emplir ; mais ce vide momentané ne constitue qu'une des phases de la respiration et doit être accompagné, corollaire indispensable, de l'arrivée immédiate d'une quantité d'air nouvelle. L'inspiration et l'expiration s'unissent, se touchent, se confondent ; elles ne peuvent en aucun cas aller l'une sans l'autre ; et, au moment même où le sang s'oxyde dans les poumons, il faut qu'il se désoxyde dans les membres. Il en est de même de la consommation et de la production. Comme la respiration est la condition essentielle de la vie, la solidarité de la consommation et de la production est la condition de l'existence de la société humaine.

« Rien ne se perd, mais aussi rien ne se crée, rien ne naît de rien. Tout ne fait que changer, se transformer ; pour produire ce qu'il y a de plus grossier au monde, nous devons user des matériaux, des forces, et par cela même que [nous les consommons, nous les transformons, nous produisons.

« Peu importe que le mobile de la production soit ou non légitime, que nous changions les valeurs existantes en valeurs plus grandes ou en valeurs moindres, que nous modifiions à notre profit ou à notre perte les formes des choses, le fait indéniable est que nous ne produisons jamais sans consommer, et que nous ne consommons jamais sans produire.

« Nous n'avons pas à étudier ici ces êtres abstraits que l'on nomme le producteur et le consommateur ; ces êtres abstraits n'existent pas. Nous avons à étudier uniquement les manières dont l'homme consomme et produit, dont il produit et consomme.

« Assurément il y a des hommes qui produisent plus que d'autres, qui consomment davantage, ou qui consomment plus qu'ils ne produisent. Cela tient au phénomène de la production des richesses et des misères, et n'infirme en rien la solidarité qui existe entre la production et la consommation. Le désœuvré le plus dissipateur contribue à la production en raison même de ses dissipations, le mendiant le plus misérable y contribue par les aumônes qu'il dépense. La solidarité de la consommation et de la production est un principe absolu. C'est d'elle que dérive la fatalité de la solidarité sociale en matière économique. Si les hommes ne se développent intellectuellement que par l'échange de leurs paroles et de leurs pensées, ils ne se multiplient et ne prospèrent que par la solidarité de leur consommation et de leur production. Chacun consomme et produit non seulement pour soi, mais encore pour autrui ; ainsi la famille se fonde, les nations se forment. Et la famille ne se maintient, les nations ne progressent qu'à mesure que la solidarité entre la consommation et la production de tous se maintient et progresse. Dès que le père cesse de produire pour le jeune enfant ou l'enfant pour le père vieilli, la famille se rompt ; de même les nations se désorganisent dès que leurs différentes classes sociales cessent de consommer et de produire les unes pour les autres. »

De ces caractères de la consommation et de la production il résulte *que la prospérité et la puissance matérielles sont l'objet principal de la politique.*

La politique ne dispose ni de la morale sociale, ni de la morale individuelle, quoi qu'elle se trouve dans l'obligation de les protéger et de les défendre ; mais elle dispose des moyens d'assurer la sécurité du travail, qui est la prospérité publique, et elle dispose des moyens d'action et de coercition, qui sont la puissance publique.

Aussi, de la même manière que le médecin juge de la bonne ou de la mauvaise santé de son client d'après le degré de température où se porte l'oxydation et la désoxydation du sang, de la même manière l'homme d'État qui fait l'histoire, et l'historien qui la raconte, ne doivent, l'un entreprendre de diriger les événements et l'autre de les expliquer, que s'ils se rendent compte avant tout de l'état de la production et de la consommation du peuple. C'est le phénomène le plus général de l'organisme politique, c'est de lui que tous les autres procèdent, et c'est à lui que tous reviennent. Un homme d'État qui ne comprend pas la vie économique du peuple, et ordonne cependant des dépenses, perçoit des recettes, est comme l'historien qui prétend expliquer les faits sans remonter à leurs causes, et chacun d'eux ressemble au médecin qui traiterait un malade sans connaître la nature ni l'intensité du mal.

Une seconde conséquence, d'ordinaire non moins méconnue, qui dérive du rôle de la consommation et de la production dans la vie des États et des peuples, *est le caractère profondément égoïste de la politique.*

On a soutenu qu'il y avait deux morales, l'une propre aux personnes, l'autre aux gouvernements. Il n'y a qu'une morale ; mais il importe de la concevoir dans toute sa grandeur. Le tuteur, qui porte la vertu jusqu'à présenter la joue gauche quand on l'a frappé sur la droite, ou qui abandonne son habit après qu'on lui a pris son manteau, serait un fort méchant homme s'il laissait traiter et dépouiller de la même façon ses pupilles.

Loin de là, la même morale qui nous prescrit de pratiquer pour nous-mêmes l'abnégation et le renoncement à l'égard de nos semblables, nous ordonne de mettre les mêmes vertus en pratique pour protéger de toutes nos forces les intérêts de ceux qui nous sont confiés. Or, la consommation et la production sont la condition principale de la vie des États et des peuples, l'homme politique ne saurait jamais être assez dévoué à leurs intérêts, et doit, par cela même, se montrer d'un égoïsme absolu quand il s'agit de les protéger et de les défendre.

Ces points établis, il est aisé de nous rendre compte de nos folies et de nos sottises en politique. Nous opposons le peuple à l'État alors qu'ils sont la même chose. Nous parlons de classes productrices et de classes consommatrices, de classes travailleuses et de classes exploitant les travailleurs, alors que chacun produit et consomme, consomme et produit selon l'organisme social et politique auquel il appartient. Nous distinguons les intérêts de nos départements les uns des autres et nous protégeons ceux-ci, nous sacrifions ceux-là, quand tous sont des organes également nécessaires à l'existence de l'ensemble. Enfin, nous nous divisons en partis politiques, chacun s'imaginant que la prospérité et la puissance publiques ne sont que de son camp, alors que le tout se réduit à des ambitions personnelles, et tout cela, parce que nous ne savons ni ce que c'est que l'État ni ce que c'est que le peuple. En nous voyant nous démener de la sorte, forger des théories chimériques, exciter les oppositions, prêcher la haine, le désordre, la révolte, nous ne faisons qu'une chose : la douloureuse et fatale expérience de nos idées étroites.

Toute communauté politique renferme sous une forme plus ou moins parfaite les mêmes éléments constitutifs : familles, classes sociales, divisions territoriales, partis politiques, et subit la même condition d'existence par la solidarité de sa production et de sa consommation. Mais inconscient du rôle de ces grands facteurs politiques, chacun se prend soi-même pour mesure et confond son petit horizon avec celui de l'État. Les événements surgissent sans qu'on puisse les prévoir, les institutions se transforment sans qu'on en découvre les raisons, et les peuples, les États, arrivent à l'apogée de leur prospérité ou en tombent, sans qu'on soit capable de s'en rendre compte. Loin de là, chacun jugeant toute chose à son point de vue, les mots mêmes changent de sens, la puissance paraît faiblesse, la prospérité misère, le progrès décadence, la décadence progrès, l'État tyrannie ou droit, le peuple droit ou tyrannie ; et toutes les notions devenant troubles, confuses, les familles se désorganisent, les classes sociales se déforment, les divisions territoriales se désagrègent, les deux grands partis politiques se partagent en coteries et factions, en même temps que la production et la consommation faiblissent et que la population décroît.

Ainsi les États, les peuples disparaissent avec les éléments qui les constituent ; de la même façon que tout être organisé meurt parce que les cellules dont il se compose s'oblitèrent ; ses tissus s'épaississent, ses organes s'épuisent, sa circulation s'arrête et sa respiration s'éteint.

## Le pouvoir souverain et les fonctions publiques

I. La plus grande erreur politique des deux derniers siècles est renfermée dans ces quelques lignes de Montesquieu : « Tout serait » perdu si le même homme ou le même corps de principaux, » des nobles ou du peuple exerçait ces trois pouvoirs : celui de » faire des lois, celui d'exécuter les résolutions publiques et celui » de juger les crimes ou les différends des particuliers. »

On crut Montesquieu sur parole, et, sans se donner la peine de rechercher en quoi consistait en réalité le pouvoir, on échafauda une doctrine, en apparence aussi raffinée que savante, sur la division du pouvoir en législatif, exécutif et judiciaire.

Tout pouvoir, quel qu'il soit, est à la fois législatif, judiciaire et exécutif, fût-ce celui d'un garde-champêtre ; ce n'est un pouvoir qu'à cette condition. Le garde-champêtre interprète les coutumes ou les règlements communaux et se fait pouvoir législatif ; il les applique à un cas particulier et se transforme en pouvoir judiciaire, il exécute la décision prise en vertu de son pouvoir exécutif, ne chasserait-il qu'une vache d'un pré. S'il néglige de remplir l'une ou l'autre attribution de son modeste pouvoir, il s'expose aux réprimandes du maire, lequel est soumis aux observations du sous-préfet, qui, à son tour, dépend du préfet, lequel relève du ministre. Et chacun d'eux exercera son pouvoir dans les mêmes conditions : il interprète, juge et exécute. Pour que l'homme agisse, il faut qu'il interprète l'objet de son action, absolument comme n'importe quel législateur, qu'il juge la façon dont il l'accomplira et exécute sa décision. Sans l'un ou l'autre des trois termes : interprétation, jugement, acte, il ne reste à l'homme de tous ses pouvoirs que des rêves.

Supposons, non pas des centaines de législateurs, des milliers de juges, et des centaines de mille de fonctionnaires, mais seulement trois frères, si intimement liés qu'au lieu d'interpréter, de juger et d'exécuter leurs actes, chacun d'eux, selon son pouvoir propre, prenne la résolution, le premier, d'interpréter l'objet des actes à accomplir, le second, de juger les cas de leur accomplissement, et, le troisième, de commettre les actes. Tous les trois nous apparaîtront comme des fous. On ne taille pas un pouvoir humain en trois.

Aussi bien, malgré l'abus des mots, n'existe-t-il pas une constitution au monde dans laquelle le pouvoir soit réellement divisé en pouvoir législatif, pouvoir exécutif et pouvoir judiciaire ; car il n'est pas une législation qui permette aux corps législatifs de décréter les lois qui leur plaisent, aux magistrats de juger comme il leur convient et aux ministres d'agir selon leurs fantaisies.

On ne divise pas un pouvoir ; diviser un pouvoir c'est le détruire. Mais on divise les fonctions et on délègue le pouvoir nécessaire à leur accomplissement.

Du chef de l'État au garde-champêtre, les fonctions ont été divisées et multipliées à l'infini, et chacun d'eux exerce dans ses fonctions un pouvoir indivisible : il interprète, juge et exécute, sinon il n'agirait point.

Montesquieu et ses successeurs ont été dupes d'une illusion. Ils ont confondu le pouvoir public avec les fonctions publiques, et, ces dernières étant divisibles, ils se sont imaginé que le pouvoir l'était également.

II. Le résultat de leur erreur a été de rechercher la quadrature du cercle en politique sous la forme de l'équilibre des pouvoirs.

Parmi les innombrables constitutions, faites et défaites depuis que Montesquieu a trouvé sa célèbre division, il n'en est pas une qui n'ait eu pour objet cet idéal rêvé par les législateurs : l'équilibre des pouvoirs ! Et, nécessairement, on en a vu sortir : la lutte pour le pouvoir. Le pouvoir étant indivisible, il n'en pouvait être autrement. Les Chambres cassèrent les ministres, les ministres brisèrent les Chambres : tous interprétant les nécessités du moment, jugeant les cas spéciaux et exécutant leurs actes, jusqu'à ce que le peuple, interprétant, jugeant et exécutant à son tour, se mît en révolution ou acclamât des coups d'État. Et si le pouvoir judiciaire prenait part à cette lutte continue, à ces troubles périodiques, si peu que ce fût, les deux autres pouvoirs le menaçaient dans son indépendance ou portaient atteinte à ses prérogatives.

Au lieu de rêver une division impossible des pouvoirs et de rechercher un équilibre illusoire, que ne s'est-on simplement

borné à déterminer exactement la nature des fonctions publiques ;
on aurait évité tous ces déboires.

Il en est de l'équilibre des pouvoirs dans la politique intérieure, comme dans la politique extérieure de l'équilibre des
puissances.

Tant que les États vivent tranquillement l'un à côté de l'autre,
sans que l'un froisse les ambitions ou heurte les intérêts de l'autre, l'équilibre le plus parfait règne entre eux, si petits et si
grands qu'ils soient. Mais aussitôt que la moindre difficulté surgit, l'équilibre se rompt, et les intérêts, les ambitions du plus
fort prévalent. Depuis la paix de Westphalie, où l'on inventa
la théorie de l'équilibre des puissances, il n'y a point de violence, point de guerre, qui n'ait eu lieu au nom de ce prétendu
équilibre ; jusqu'au partage de la Pologne, qui se fit sous ce prétexte. Il en est de même de l'équilibre des pouvoirs.

Aussi longtemps que le chef de l'État, les électeurs, les Chambres, la magistrature, le gouvernement, remplissent leurs fonctions, les uns au contentement des autres, la paix intérieure se
maintient, c'est-à-dire que les pouvoirs publics se trouvent en
équilibre. Mais dès que, par des contrariétés ou des oppositions,
ils entravent mutuellement leur action, ce n'est ni la lettre de
la constitution, ni de vaines théories qui en décideront : ce sera
l'autorité du pouvoir le plus puissant. Des chefs d'État seront
exécutés, exilés ou destitués, les lois constitutionnelles modi-
fiées, les Chambres dissoutes, les ministres renversés, les magistrats révoqués, des coups d'État plébiscités ou des révolutions
accomplies ; de tous les pouvoirs publics il n'en est pas un qui
n'ait déjà succombé dans la lutte. Divisez, subdivisez donc le
pouvoir ; prenez toutes les précautions imaginables ; cherchez
toutes les garanties possibles, l'exercice d'un pouvoir dépend
de la supériorité avec laquelle celui qui en est chargé interprète
la situation, juge les adversaires et exécute ses résolutions, absolument de la même manière qu'un État plus fort impose sa
volonté à un État plus faible. On définit bien, dans les constitutions, ces traités de paix intérieurs, les pouvoirs respectifs ;
mais ce qu'aucune constitution ni aucun rêve d'équilibre ne
saurait prévoir ou conjurer, c'est l'incapacité ou les ambitions
des hommes qui détiennent ces pouvoirs.

De tous les États de l'Europe, c'est l'Angleterre qui donne depuis deux siècles, le spectacle de la plus grande stabilité des
institutions. Si, au lieu de suivre Montesquieu, nous avions réellement imité les Anglais, qui n'ont pas plus de théorie *à priori*

sur leurs droits publics qu'ils ne possèdent de constitution écrite, nous aurions, comme eux, limité les fonctions du pouvoir souverain, sans songer un instant à le diviser, et, comme eux encore, nous aurions, d'époque en époque, déterminé de plus en plus exactement les fonctions des ministres, des Chambres, des électeurs, parvenant, comme eux enfin, à prendre l'habitude de nous gouverner nous-mêmes; et nous ne serions point devenus, malgré toutes nos révolutions, le peuple le plus gouverné du monde.

III. Nous nous en consolons en pensant que c'est le peuple qui exerce le pouvoir souverain.

Seconde erreur, conséquence de la précédente. Il n'existe pas plus de pouvoir souverain populaire qu'il n'existe de pouvoir divisible. Mais, ayant commis la faute de diviser le pouvoir, nous avons vu le pouvoir disparaître, et naïvement nous nous sommes figuré qu'il fallait le retrouver dans la volonté du peuple, divisée à l'infini. Dans le premier cas, nous avons confondu le pouvoir avec les fonctions, dans le second, le pouvoir avec la puissance.

Autre chose est le pouvoir, autre chose la puissance.

La somme des particuliers fait la masse du peuple et constitue l'État. Si, dans cette masse, chacun pouvait agir comme il lui plaît, en d'autres termes, si la volonté d'un chacun était souveraine, il n'y aurait ni ordre ni harmonie, comme dit Bodin, partant point de peuple, point d'État. Dans les démocraties les plus parfaites, aussi bien que dans les monarchies les plus absolues, le peuple ne représente qu'une collection de volontés individuelles. Il n'existe point d'autre volonté que des volontés individuelles. Il en résulte que c'est du peuple qu'émane toute puissance publique : les volontés, sans cesser un instant d'être individuelles, se coordonnent de manière à prendre une direction uniforme, à tendre vers un but commun ; mais ce n'est point à la façon des gouttes d'eau devenant sources et des sources devenant rivières : au sein du peuple, malgré la communauté des tendances et l'identité du but, toutes les volontés restent distinctes, individuelles. Il en résulte, en outre, que, dans l'uniformité de leurs tendances et l'identité de leur but, toutes les volontés se coordonnent forcément en une volonté unique ; il n'y en a point d'autre. C'est la volonté souveraine ! Elle n'est pas la puissance ; la puissance continue à résider dans la masse des

5

volontés particulières ; mais elle est la volonté souveraine qui, par sa nature même, est l'expression des volontés particulières et se transforme en pouvoir souverain, au-dessus duquel il n'y a plus, comme dit Grotius, d'autre volonté humaine. Voilà le pouvoir public souverain ; c'est « l'entéléchie des États », écrit Montchrétien ; « c'est l'âme », traduit Richelieu, qui « anime les États et leur inspire autant de force et de vigueur qu'il y a de perfection » ; « un peuple sans puissance souveraine, nous dit Bodin, est un navire désemparé qui n'est que bois ».

De plus, ce pouvoir est toujours absolu. « C'est autre chose,
» écrit Bossuet, que le pouvoir soit absolu, autre chose qu'il
» soit arbitraire. Il est absolu par rapport à la contrainte, n'y
» ayant aucune puissance capable de forcer le souverain qui,
» en ce sens, est indépendant de toute volonté humaine. Mais
» il ne s'ensuit pas que le gouvernement soit arbitraire. C'est
» qu'il y a des lois dans les empires contre lesquelles tout ce
» qui se fait est nul de droit... Le gouvernement est établi pour
» affranchir tous les hommes de toute oppression et de toute
» violence, rien n'étant, dans le fond, moins libre que l'anar-
» chie, qui ne connaît d'autre droit que celui de la force. » Nous
n'avons fait que donner une forme plus simple à la pensée de
Bodin, de Grotius, de Montchrétien, de Richelieu et de Bossuet,
en disant que l'uniformité des tendances et l'identité du but de
toutes les volontés individuelles constituaient la puissance, et
l'expression qu'elles trouvaient dans une volonté unique, le pouvoir souverain.

C'est à nos anciens qu'il faut revenir pour se former des idées justes et fortes en si difficile matière. Le pouvoir souverain est toujours et nécessairement l'expression la plus haute de l'union et de l'entente du peuple ; il exprime l'accord le plus parfait pos-sible entre les hommes.

Quelle que soit la forme sous laquelle la communauté des volontés s'exprime : croyance religieuse, tradition et coutume similaires, suffrage direct ou indirect, universel ou restreint, volontés individuelles ou majorité ; et quelle que soit la façon suivant laquelle le pouvoir souverain s'exerce : héréditaire ou éligible, unique ou multiple, conseils ou directoires, interpré-tant, jugeant et exécutant les volontés individuelles ; ces façons et formes n'influent pas sur le fond. Pour qu'il y ait pouvoir public et volonté souveraine, il faut qu'il y ait une volonté uni-que.

Peu importe encore, en dernière analyse, que ce soit une favorité qui dispose d'une volonté royale, ou un tribun qui décide de la volonté d'un peuple, ou le membre d'un conseil qui en détermine les résolutions ; qu'au moment d'une révolution ce soit un maître boucher, un tanneur, et en cas de danger public un général victorieux ; la somme des volontés singulières ne s'exprimera jamais que sous la forme de la volonté d'un seul.

Emporté par l'illusion de Montesquieu sur la division des pouvoirs, Benjamin Constant s'écriait : « Voyez comme le pou-
» voir royal peut mettre fin à toute lutte dangereuse et rétablir
» l'harmonie entre les pouvoirs. L'action du pouvoir exécutif
» est-elle dangereuse, le roi destitue les ministres. L'action de
» la Chambre héréditaire devient-elle funeste, le roi lui donne
» une tendance nouvelle en créant de nouveaux pairs. L'action
» de la Chambre élective s'annonce-t-elle comme menaçante,
» le roi fait usage de son *veto*, ou il dissout la chambre élective.
» Enfin, l'action même du pouvoir judiciaire est-elle fâcheuse,
» en tant qu'elle applique à des actions individuelles des peines
» générales trop sévères, le roi tempère cette action par son
» droit de faire grâce ». Cependant, continue Benjamin Constant : « le pouvoir exécutif réside de fait dans les ministres ; le
» pouvoir ministériel est réellement le seul ressort de l'exé-
» cution dans une constitution libre, le roi ne propose rien que
» par l'intermédiaire de ses ministres ; il n'ordonne rien que
» leur signature n'offre à la nation la garantie de leur respon-
» sabilité. » Ainsi le pouvoir souverain serait à la fois le *deus ex machina*, apparaissant toujours à point pour préparer le meilleur dénoûment, et le légendaire roi soliveau, incapable d'ordonner quoi que ce soit sans contre-seing ministériel. Contradiction qui souleva émeutes et révolutions et jeta bas aussi bien les ministres avec leurs signatures que les rois avec leur couronne.

Il n'y a qu'un pouvoir souverain, quelles qu'en soient les formes : il est toujours l'expression de la masse des volontés par-
ticulières, qui sont la puissance ; hors de là, il n'est qu'illusion ou erreur. Il est ferme et stable, fondé sur des volontés fermes et stables ; il est débile, incertain, fondé sur des volontés débiles, incertaines ; dans le premier cas, il peut tomber entre les mains d'un enfant ou d'une femme sans cesser d'être ferme et stable ; dans le second, être exercé par un homme de génie et rester débile, incertain.

Sans le pouvoir souverain un peuple ne constitue pas un État, il ne forme même plus un peuple, mais une collection d'individus sans lien commun.

La division du pouvoir souverain est une utopie, à quelque point de vue que nous l'envisagions. Que ce pouvoir ne consiste que dans le rôle d'un roi de carton devant lequel la masse vient de temps en temps se prosterner, s'il a assez de génie pour comprendre la volonté de cette masse, sa puissance sera sans bornes ; que le roi possède, au contraire, toute l'autorité imaginable qui puisse être confiée à un être humain, il ne sera qu'un jouet entre les mains de ses créatures, s'il ne possède pas les moyens nécessaires pour exercer son autorité, parce que, sous toutes les formes, les fonctions du pouvoir souverain se divisent et son autorité se délègue, d'un roi à une favorite, d'un conseil à un de ses membres, d'une assemblée populaire ou élue à un chef, tribun ou *leader*. Les formes de la délégation sont infinies comme les passions et les volontés humaines ; vouloir en fixer les règles c'est ne rien y comprendre. Au-dessus du pouvoir souverain, il n'y a plus de volonté humaine.

IV. Aucun pouvoir ne se divise, pas plus le pouvoir souverain qu'un autre ; mais tout pouvoir se délègue, une signature suffit. Ah ! si au lieu de prendre à la lettre l'*Esprit des lois*, — qui ne fut que « de l'esprit à propos des lois » et surtout des lois étrangères, — on s'était efforcé de pénétrer un peu davantage notre histoire législative propre, combien d'erreurs et de fautes on se serait épargnées !

A force de parler de la souveraineté nationale, sans en avoir la moindre idée précise, de diviser les pouvoirs sans parvenir à en diviser un seul, de rechercher leur équilibre en ne préparant que leur lutte, de vouloir des garanties sans en découvrir d'autres que la force, nous sommes arrivés, en science politique, à ne plus avoir aucun pouvoir souverain, en dépit de nos constitutions innombrables.

Nous n'avons plus de pouvoir souverain, puisqu'il est divisé ; mais nous avons un président de la République qui est le représentant de ce pouvoir souverain. Il choisit ses ministres, préside leurs conseils, promulgue les lois, signe les traités avec les puissances étrangères, accorde des grâces et, de concert avec le Sénat, dissout les Chambres.

Nous avons des ministres qui ne sont pas davantage le pouvoir souverain, puisqu'il est divisé, mais qui dirigent les affaires, négocient avec les Chambres, traitent avec les pays étrangers et qui sont, en tout cela, vraiment souverains : aucune organisation, aucune loi, aucun arrêté, aucun acte du Président, n'a de valeur sans leur contre-seing.

Nous avons une Chambre qui n'est rien moins que souveraine, puisque chaque loi qu'elle vote doit être ratifiée par le Sénat, promulguée par le Président, contresignée par un ministre, et que la majorité, le plus souvent, dépend d'une minorité infime, laquelle, décidant du nombre, impose ses volontés propres en souveraine, et cependant ce n'est pas cette minorité, c'est la majorité qui est souveraine et qui oblige le Sénat à céder, les présidents de la République à donner leur démission et les ministres à faire place à d'autres.

Nous avons un Sénat qui, tout en étant moins souverain que la Chambre, l'est cependant davantage, car de lui dépend le vote définitif des lois, qu'il amende et modifie à sa guise ; c'est lui qui, de concert avec le Président, dissout la Chambre, et, se transformant en haute cour, juge en souverain des procès politiques.

Enfin, nous avons encore un pouvoir judiciaire souverain en ses décisions, et cependant il y a beau temps qu'il n'est plus question de sa souveraineté.

Il ne reste donc, grâce à l'idée confuse que nous avons de la souveraineté nationale, que le vrai, le grand souverain, le peuple. Lui seul, en dernier ressort, juge ses députés et ses sénateurs, confère ou renouvelle les mandats, et, par eux, dispose de la nomination du Président de la République, des ministres et de toutes les affaires du pays. Il n'y a qu'un mal : pour disposer des affaires, il faut les connaître, et chacun ne peut en juger que par les petits intérêts qu'il comprend, les petites ambitions qu'il éprouve, tandis que tout pouvoir souverain est la coordination de tous les intérêts en un intérêt unique et de toutes les ambitions en une volonté suprême.

« Auparavant, nous dit Bodin, qu'il n'y eût ni cité, ni citoyen, » ni forme aucune de République entre les hommes, chaque » chef de famille était souverain en sa maison ». Espèce de souveraineté qui est la négation même de la souveraineté véritable, qui n'est pas même l'impuissance, l'anarchie, mais qui est l'arbitraire en tout et partout. On peut en faire une doctrine politique. De quoi ne peut-on faire de doctrine ? Ce n'est pas avec des doctrines que subsiste un peuple, que se constitue un État.

Et cependant, tout en ne découvrant le pouvoir vraiment national et souverain nulle part, nous sommes un des peuples les plus puissamment constitués et les plus fortement organisés du monde.

D'où provient et que signifie cette étrange contradiction ?

**V.** *Depuis que la force, la violence, l'ambition, l'avarice, la vengeance,* écrit encore Bodin, *eurent armé les hommes les uns contre les autres, l'issue des guerres et des combats donnoit la victoire aux uns, rendoit les autres esclaves ; et, entre les vainqueurs, celui qui estoit eslu chef et capitaine et sous la conduite duquel les autres avoient eu la victoire, continuoit en la puissance de commander aux uns comme aux fidèles et loyaux sujets, aux autres comme aux esclaves.* Bodin oubliait sa belle définition de l'État. La victoire des uns et la réduction en esclavage des autres eussent été impossibles si, avant le combat, ceux qui sont devenus les fidèles et loyaux sujets ne s'étaient entendus entre eux de manière à se donner un chef commun.

Si faibles qu'aient été les premiers liens entre les hommes, ils devaient commencer par observer la paix entre eux : — avoir un chef justicier, — par s'entendre dans leurs aspirations communes : — obéir à une même direction religieuse, — par se donner une entente suffisante pour se défendre ou attaquer de concert : — avoir un chef militaire. Le premier souverain véritable fut un chef à la fois religieux, justicier et militaire, fonction triple, issue de la nécessité de l'entente des hommes entre eux, qui exprime sous la forme la plus complète la puissance la plus grande possible de l'autorité suprême. C'est la forme de gouvernement propre à tous les peuples primitifs.

Avec le progrès et la civilisation, ces trois fonctions échappent de plus en plus au pouvoir souverain, et deviennent, par division et délégation, de simples pouvoirs publics. Par suite de la diversité des croyances nées du développement même des croyances primitives, le pouvoir souverain perd son caractère religieux ; la multiplicité des coutumes, aussi bien que l'extension de la population, lui enlèvent son caractère justicier ; la nécessité d'organiser des moyens de défense régulière en même temps que l'importance croissante des guerres l'oblige à confier au plus capable le commandement de l'armée. Ainsi la triple fonction du pouvoir souverain, à mesure que les États se fortifient et se civilisent, échappe à la puissance souveraine et, se divisant, se subdivisant, forme l'organisation religieuse, judiciaire et militaire.

En revanche, il est une quatrième fonction qui, d'abord insignifiante, se bornant à la gestion de la maison propre, s'étend et grandit à mesure que les fonctions précédentes se détachent du pouvoir souverain : c'est la fonction administrative.

Cette transformation du pouvoir souverain, nous pouvons la suivre aussi bien dans notre propre histoire que dans celle de tous les autres peuples.

Autrefois, quelques millions d'impôts paraissaient à la France une charge insupportable ; elle paye aujourd'hui des milliards sans se plaindre. La différence de richesse n'y est pour rien. Des villages, que la construction d'une maison d'école ruine aujourd'hui, élevaient alors des cathédrales. Mais autrefois chaque localité, chaque seigneurie s'administrait elle-même, aujourd'hui l'administration est devenue une fonction du pouvoir souverain. Autrefois, « nul n'était tenu de payer un impôt si ce n'était de son plein gré » ; aujourd'hui, personne ne peut s'y refuser. En d'autres termes, le droit d'exiger le payement des impôts est devenu une prérogative souveraine en même temps que celui d'en voter le montant est devenu un droit public.

La chose s'est faite de la façon la plus simple. Philippe-le-Bel, impuissant à continuer, au moyen des seuls revenus de son domaine, la lutte contre les riches villes des Flandres qui s'étaient révoltées contre lui de concert avec leur comte, son vassal, convoqua les premiers États-Généraux afin de leur demander les ressources pour l'ost de Flandre. Le roi, poussé par la nécessité, s'empara du droit de demander l'impôt, et, pour l'obtenir, laissa au pays celui d'en voter le montant. Dans l'origine, la forme ne fut ni nette ni tranchée ; mais, avec le temps, l'administration devenant de plus en plus une fonction souveraine, le vote de l'impôt prit aussi une importance de plus en plus considérable. Ce vote toutefois ne changea en rien de nature ; il est encore de nos jours ce qu'il fut à l'époque de Philippe-le-Bel, quoique la fonction en soit devenue de mieux en mieux ordonnée.

Il prit, surtout en Angleterre, à la suite de révolutions nombreuses, une forme régulière ; ce qui trompa Montesquieu. Voyant la Chambre des communes voter l'impôt et le faire par des lois, il crut sincèrement à une division des pouvoirs en législatif et exécutif, auxquels il ajouta, sans doute, en tenant compte du rôle important des Parlements en France, le pouvoir judiciaire.

Son erreur est excusable ; ce qui l'est moins, c'est qu'on en ait tiré une doctrine, en dépit de tous les faits, et qu'on se soit égaré jusqu'à se figurer que, par cela seul que le peuple payait les impôts et nommait ses députés pour voter des lois, il était souverain ou exerçait sous une forme quelconque le pouvoir souverain.

VI. En matière de science politique, nous en sommes encore à l'époque de Philippe-le-Bel, malgré les milliards que nous payons.

A la veille de la guerre de Cent Ans on opposa le pouvoir royal à celui du peuple, sans comprendre qu'ils étaient la même chose, et les fonctions publiques les unes aux autres, sans concevoir leur solidarité ; sans cette opposition cette guerre n'aurait point duré un siècle. Aujourd'hui nous recherchons un équilibre des pouvoirs sans parvenir à le trouver, et nous attribuons la souveraineté au peuple en même temps qu'au président de la République, et notre état révolutionnaire dure depuis un siècle. Il faudra cependant finir par s'entendre.

Il existe un pouvoir chez nous, vraiment souverain celui-là, par son homogénéité comme par sa force. Sans lui aucun de nos pouvoirs divisés : contribuables et électeurs, Chambre et Sénat, ministres et Président ne se maintiendraient pendant vingt-quatre heures. Pouvoir dont personne ne parle et qui les tient, les domine tous ; qui fait les majorités dans les votes populaires, qui interprète et applique les lois des Chambres, qui dicte leurs leçons aux ministres et soutient l'autorité du chef souverain ; — c'est l'administration.

L'administration est, en notre siècle de révolutions, de coups d'État et de désastres, ce que fut la croyance en la royauté pendant les désastres, les coups d'États et les révolutions de la guerre de Cent Ans.

Lorsqu'en 1870, coup sur coup, les sombres nouvelles se répandirent : la défaite de Sedan, l'armée et l'empereur prisonniers, l'impératrice et son fils en fuite, et que la Chambre, sans mandat, proclama la République et institua le gouvernement de la défense nationale, on annonça cette révolution, la plus rapide et la plus complète que la France ait faite dans son histoire, au directeur d'une de nos grandes administrations, il se tourna tranquillement vers le garçon de bureau et lui dit : Descendez les cachets de la République ! et la France rebondit, plus unie, plus forte, aussi vaillante que jamais : *son administration s'était révélée sa vraie souveraine*.

La raison en est des plus simples. Dans l'administration on ne divise pas les pouvoirs, mais on divise les fonctions, à partir des directeurs généraux dans les ministères jusqu'au dernier facteur du plus petit hameau ; et loin d'organiser la rivalité et la lutte entre eux, sous le fallacieux prétexte d'équilibre, on détermine leurs fonctions de manière à ordonner l'accord, l'harmonie générale par le pouvoir spécial attribué à chacun d'eux, des directeurs aux chefs de bureaux et des commis aux derniers expéditeurs.

Ce fut l'administration qui, en dépit de deux ministères, l'un à Paris, l'autre à Tours, et sans Chambre ni Président de République, leva, après la perte de l'armée officielle, une armée d'enfants, et sauva, sinon la gloire, du moins l'honneur de la France ; ce fut elle qui, tenant tous les liens du pays, maintint l'unité nationale ; ce fut elle qui, prélevant toutes les recettes, faisant toutes les dépenses, improvisa un nouveau matériel de guerre. Ce fut elle enfin qui, lorsque la résistance devint impossible, permit de payer les milliards de la libération du territoire, régla la cession des provinces, réorganisa l'armée, malgré une législation déplorable, et rendit sa force et sa prospérité à la France, malgré les démissions successives de ses présidents et le changement continuel de ses ministères et de ses Chambres.

C'est qu'elle réunit, comme la royauté durant la guerre de Cent Ans, tous les dévouements et les efforts de chacun vers le relèvement national. Aussi, sa puissance est telle qu'il n'y a point de parti politique, pour ineptes que soient ses opinions et absurdes ses rêves, qui ne s'imagine qu'en mettant la main sur l'administration il réaliserait toutes ses ambitions, et que c'est sur elle en somme que se concentrent toutes nos discussions politiques, à partir des comités électoraux jusqu'au sein des Chambres et des conseils de cabinet. Elle est notre reine d'Angleterre à nous, notre empereur d'Allemagne, notre tsar de toutes les Russies, notre vraie souveraine, et elle le restera tant que nous serons convaincus que c'est par la division des pouvoirs, et non par leur organisation, que nous assurerons nos libertés et notre puissance politique.

Emportés par des idées fausses sur la nature du pouvoir souverain, nous avons cru briser avec les traditions de l'ancien régime alors que nous leur avons donné la plus grande force.

Depuis la Terreur jusqu'à la République actuelle, tous les gouvernements se sont efforcés de reprendre et de continuer l'œuvre commencée par Hugues Capet, en tendant de règne en règne, et de ministère en ministère, sans interruption, vers l'accroissement du *pouvoir administratif*.

Montesquieu le confondit avec le pouvoir exécutif, et nous

persévérons dans la même illusion. L'un n'est pas l'autre : le premier ne fait qu'obéir, le second ne fait que commander ; l'autorité de celui-ci est une part du pouvoir souverain, l'autorité de celui-là n'en est qu'une délégation ; c'est le serviteur chargé de tenir la maison, et qui par lui-même ne commande rien.

Mais le maître s'étant mis dans l'impossibilité d'ordonner avec une régularité quelconque, le serviteur, en tenant la maison, est devenu le maître réel.

Sans ce serviteur, ni ordre, ni tenue ; et tout s'en irait vers une désorganisation d'autant plus rapide que nous en avons fait la maison du bon Dieu, où chacun se croit souverain et maître.

Heureusement que, dans l'ignorance de ce qui constitue réellement le pouvoir, il nous est impossible d'ordonner quoi que ce soit de durable en dehors de nos petits intérêts et de nos petites ambitions personnelles. Ignorant, en outre, en quoi consiste réellement le pouvoir administratif, et l'étendue des services qu'il rend, nous nous trouvons dans l'impossibilité, malgré notre division du pouvoir souverain, ou plutôt, à cause de cette division même, d'y faire un changement sérieux quelconque. Aussi, en dépit de nos déclamations creuses et de nos velléités de réformes, nous en restons, sinon « les fidèles et loyaux, » du moins les *très soumis sujets.*

## La constitution réelle et la constitution écrite de l'état.

I. Un coup d'État est une révolution faite par un petit nombre au profit d'un seul ; une révolution est un coup d'État fait par un petit nombre au profit de la masse. C'est le but, non la chose qui diffère.

Mais lorsqu'un seul s'empare du pouvoir au profit de tous, ou lorsque tous se révoltent pour satisfaire les ambitions de quelques-uns, où est le droit ? où est la justice ?

Depuis vingt ans notre constitution est républicaine. Elle est d'une part écrite ; et d'autre part elle existe dans les coutumes et les mœurs, comme toutes les constitutions du monde. Le plus ou moins d'écriture, le plus ou moins de mœurs et de coutumes modifient les formes, non le caractère des constitutions.

Cent électeurs censitaires, mille électeurs au suffrage universel nomment, au premier ou au second degré, par vote uninominal ou au scrutin de liste, leurs mandataires. Ces mandataires, députés ou représentants, forment une ou deux Chambres, dont les majorités décident ou ne décident pas de l'avènement et de la chute des ministères, lesquels sont responsables ou ne le sont pas, et dirigent les affaires du pays sous le contrôle, avec ou sans veto d'un ou de plusieurs chefs de l'État.

Simplifiez ou compliquez tous ces rouages ; augmentez, diminuez le nombre des électeurs ou des mandataires ; changez, transformez les conditions des majorités ; restreignez, doublez les corps repésentatifs ; maintenez ou abolissez les noms et les titres des gouvernements et de l'autorité souveraine, il en sera comme des mots que nous inscrivons en grandes lettres sur nos monuments et que les autres peuples ont noir sur blanc dans leurs catéchismes.

La liberté, l'égalité et la fraternité véritables sont celles qu'on pratique.

II. Notre constitution écrite porte le nom de M. Wallon.

Notre constitution véritable s'appelle France ; la première est la lettre morte, la seconde la lettre vivante.

La meilleure des constitutions serait certainement celle d'une République démocratique et sociale, dans laquelle tout le monde jouirait des mêmes droits, les exercerait avec la même liberté, éprouverait une égale affection pour son prochain, et serait animé d'un même dévouement pour la patrie.

Le tout est de savoir si des hommes, constitués d'une aussi admirable façon, auraient encore besoin d'une constitution.

Les institutions publiques valent ce que valent les hommes qui les mettent en œuvre.

Plus l'écart entre la perfection des formes adoptées et les besoins, les passions, les facultés des citoyens est considérable, plus les troubles de leur état social et politique sont profonds.

On nous reproche le byzantinisme de nos discussions politiques, notre manie des formules abstraites, notre fétichisme des panacées sociales ; et l'on explique l'instabilité de nos institutions, nos crises continuelles, nos révolutions périodiques par ces infirmités de notre esprit national.

Quiconque voudrait gouverner la France d'après les idées de Platon, ou les lois de Cicéron, nous apparaîtrait comme un fou !

Sont-ils plus sages ceux qui prétendent le faire au nom des principes de 1789 ou de 1793, des chartes de 1814 ou de 1830, des coups d'État de Brumaire ou de Décembre ?

Pas plus que les rivières ne retournent à leurs sources, les peuples ne remontent le cours de leur histoire.

Un gouvernement ne fait de la politique qu'autant qu'il tient compte des circonstances où se trouve la nation et non de celles où elle s'est trouvée, des aspirations qu'elle ressent et non de celles qu'elle a ressenties, des besoins qu'elle éprouve et non de ceux qu'elle a éprouvés.

C'est faire de la politique à la manière dont marchent les aveugles, que de vouloir gouverner un pays d'après des événements qui sont rentrés dans les ténèbres du passé.

Depuis deux mille ans la France a toujours été le premier des peuples, lorsqu'elle a eu à sa tête des hommes capables de la comprendre ; et elle n'a été le premier des peuples que tant qu'elle a eu ces hommes.

Les nations fortement constituées sont pareilles à des armées. A vingt lieues de distance, les soldats du premier Empire devinaient la présence de Napoléon, en sentant la précision des ordres qu'on leur donnait, et la justesse des mouvements qu'on leur faisait exécuter ; nous éprouvons de même la force ou la faiblesse de nos gouvernements selon l'impulsion générale, l'activité de l'ensemble.

Politiciens ou hommes d'État, la foule fait ses grands hommes. Si c'est par sottise, leurs erreurs et leurs fautes retombent sur elle, l'abaissant à leur niveau ; si c'est par intelligence, elle profite de leur initiative, s'élevant à leur hauteur. Ces faits dépassent toutes les constitutions imaginables.

Le droit et le juste en ces matières ne résident pas dans la quantité, mais dans la qualité.

Pays de trente-huit millions d'habitants, centralisé comme ne le sont pas les provinces des autres États, nous jouissons de tous les avantages et nous pâtissons de tous les inconvénients de cette centralisation.

Quel est le peuple, qui aurait traversé comme nous une année telle que 1870 : l'armée prisonnière, la capitale deux fois en révolte, le pays, privé de gouvernement régulier, envahi par un million de soldats victorieux ? La volonté d'un seul nous a lancés dans ces aventures, l'incapacité des généraux, les fautes des diplomates, l'effarement du gouvernement n'ont pas su en conjurer les suites, et la France ne s'en est pas moins relevée sans avoir perdu un instant la confiance dans sa force, grâce au sentiment de sa cohésion nationale, et sans avoir douté un moment de son droit, malgré les abus qui en avaient été faits.

C'est cette cohésion et cette centralisation extrêmes, qui font à la fois la force et la faiblesse de toutes nos institutions, quels que soient les noms et les formes que nous leur donnions.

III. L'Angleterre s'est soulevée à deux reprises pour conquérir la garantie des libertés individuelles et maintenir ses franchises locales contre les empiètements de ses rois. Dans le même but, pour la conquête des libertés individuelles et le maintien des franchises locales, les Provinces-Unies des Pays-Bas se sont révoltées contre la domination espagnole, les États de l'Amérique du N... contre les prétentions de l'Angleterre, les Provinces belges contre l'administration hollandaise, et les petits États de l'Italie contre la tyrannie de l'Autriche.

Il en est résulté que les libertés locales sont restées plus grandes dans tous ces pays, les traditions d'administration municipale plus fortes, et les charges du gouvernement central plus restreintes et mieux délimitées. L'esprit les embrasse plus facilement.

Leurs caractéres sont plus nets, leurs formes mieux définies, moins par la lettre que par la tradition et la coutume.

Lorsque, dans ces pays, une majorité appelle un ministère au pouvoir, ce ministère, à moins de circonstances extraordinaires, dure autant que cette majorité. Et si, par suite de l'impuissance du ministère à réaliser les progrès et la prospérité ambitionnés par cette majorité, une autre majorité se forme, elle entraîne l'avènement d'un autre ministère, lequel durera de nouveau autant que cette nouvelle majorité, conformément au jeu régulier, non pas de la lettre, mais des traditions et des coutumes politiques des masses électorales, des Chambres et des ministères.

En France, nous changeons depuis un siècle de ministères avec les mois et les saisons en quelque sorte, sous les régimes autoritaires, comme sous les régimes libéraux, et sans que la majorité électorale se soit transformée d'une manière sensible. Mais lorsque celle-ci change réellement, ce n'est plus une vétille, tel qu'un changement de ministère, qu'elle impose ; c'est tantôt un coup d'État qu'elle acclame par un plébiscite, tantôt le bouleversement de toutes les formes gouvernementales qu'elle approuve par ses votes, brisant les institutions publiques comme les enfants brisent leurs jouets, ce qui, certes, est loin d'être conforme au jeu régulier des libertés constitutionnelles.

On a écrit des livres à remplir des bibliothèques sur les libertés constitutionnelles, on en a écrit d'autres sur nos révolutions successives, et l'on aurait évité de perdre plus de paroles encore qu'on n'a gâché d'encre et de papier, si on avait simplement compris que nos libertés et nos révolutions ne sont pas celles de tout le monde.

Tout a servi à expliquer ces libertés et ces révolutions ; l'esprit de Montesquieu, les sarcasmes de Voltaire, les rêves de Jean-Jacques, jusqu'aux mouches de nos petites marquises, Brutus, Scipion et les Gracques. On n'a négligé qu'une chose — la France.

Il serait aisé, si ce n'était trop élargir le sujet, de montrer comment les causes historiques, les traditions et les facultés nationales, qui ont fait de Paris le centre de la France, et de la France le foyer de la civilisation moderne, sont les mêmes qui nous ont portés, depuis les origines de notre histoire, à coordonner de plus en plus nos efforts entre eux et à obtenir, à la fois, l'indépendance individuelle la plus complète et la centralisation politique et administrative la plus forte qui aient jamais existé.

Notre Révolution, qui a mérité le surnom de grande, s'est étendue sur l'Europe, et a failli, un moment, bouleverser le monde, précisément parce qu'elle était fondée sur ces caractères de notre esprit national, la centralisation de toutes les volontés individuelles.

Sous ce rapport elle se distingue profondément des révolutions des autres États.

Loin de nous révolter contre un gouvernement étranger, envahisseur ou abusif, nous nous sommes soulevés contre notre propre gouvernement, trop faible et trop débonnaire, pour achever l'œuvre séculaire de nos rois et porter la centralisation nationale à tous les extrêmes.

Loin de revendiquer des garanties pour nos franchises provinciales et municipales, nous en avons rompu toutes les barrières jusqu'à détruire leurs circonscriptions géographiques.

Loin de maintenir et de fortifier les distinctions sociales, nous les avons abolies d'un trait, poussant à l'excès le mouvement politique commencé avec les communes au onzième siècle et l'affranchissement des serfs au treizième.

Enfin, les erreurs, les fautes, les exagérations de notre Révolution ont pu prendre tous les noms, se couvrir de toutes les étiquettes imaginables, la cause en est tellement profonde qu'elle est encore aujourd'hui ce qu'elle fut en 1789 : notre manie des formules abstraites.

On confond les sentiments, les instincts, les intérêts de la nation avec les idées, forcément incomplètes, qu'on s'en fait, et on s'enthousiasme pour ces idées, croyant qu'en proclamant leur justesse on transformera ces sentiments, ces instincts, ces intérêts.

Naïvement on s'imagine qu'on changera les causes parce qu'on en reconnaît vaguement quelques effets.

Depuis Montesquieu, ce genre d'illusion est devenu à la mode.

« La liberté existe en Angleterre parce que les pouvoirs y sont divisés !

« L'agriculture est honorée en Chine parce que l'empereur y laboure un champ ! »

Tout Chinois qui ne cultive pas le sien, n'en eût-il pas, sera donc mis au carcan, de même tout Français qui n'observera pas la liberté, l'égalité et la fraternité, sera mis à mort.

La devise de la grande Révolution fut la conclusion logique, rigoureuse de cette façon de penser.

Emportée par des illusions de même espèce, chaque génération nouvelle approuva un coup d'État ou fit une autre révolution.

Une nation de trente-huit millions d'individus, dont chacun, pris isolément, est un être parfaitement intelligent, en est arrivée à ne former qu'une masse d'illusionnés quand il s'agit de l'ensemble.

Grâce à notre indépendance individuelle ainsi qu'à notre centralisation politique et administrative, aucune démarcation n'existe entre le bien général et les intérêts privés, les ambitions particulières et les aspirations de tous, les besoins locaux et les nécessités nationales. Tous ces éléments de la vie d'un peuple se confondent. L'esprit n'en embrasse l'ensemble qu'avec une difficulté extrême et les notions qu'on s'en forme se concentrent forcément en des formules abstraites et sans consistance.

Un fait, un crime, un duel, prennent les proportions d'événements nationaux, selon les passions qu'ils soulèvent ; les événements politiques les plus graves passent inaperçus parce que dans ce moment ils ne lèsent aucun intérêt, ne froissent aucune ambition.

Les grandes questions nationales se transforment en faits particuliers et les intérêts et les ambitions privées se changent en formules de politique générale.

Les majorités, si écrasantes qu'elles soient dans les élections, ne répondent d'une part qu'à des intérêts individuels immédiats ou à des ambitions vagues qui se perdent dans les mots.

Les députés qui représentent ces intérêts et ces ambitions s'efforcent de les réaliser par des lois nécessairement contradictoires ; les majorités parlementaires qui en décident, changent avec le caractère et l'esprit des projets ; les ministères tombent ou arrivent au hasard, et se succèdent sans qu'ils aient le temps d'étudier, même superficiellement, les besoins véritables du pays.

Les échecs extérieurs se compliquent des échecs intérieurs.

Le travail se ralentit, la prospérité diminue, et les législatures se suivent sans modifier la situation.

Insensiblement une majorité, non pas contraire au parti qui se trouve au pouvoir, mais hostile aux institutions établies, se forme.

Ainsi, par suite de notre centralisation politique et administrative et de notre indépendance individuelle, nous confondons nos idées et nos instincts personnels avec les intérêts publics et les nécessités générales, et nous changeons depuis un siècle périodiquement nos institutions pour les mêmes raisons qui font que dans les autres États on change toutes les six ou sept années de ministère.

En dehors des périodes législatives, nous subissons des périodes que nous appellerions volontiers nationales.

En réalité, notre France, en portant à l'extrême les éléments fondamentaux de son existence historique, est devenue plus grande que nature.

Il faudrait la force d'un Hercule pour soulever le poids d'un bloc énorme, que des enfants transporteraient, s'il était en morceaux. Ne pouvant soulever le poids, ni le tailler en pièces, nous nous fabriquons des poids en baudruches avec lesquels nous jonglons à bras tendus.

Notre fétichisme des formes et des formules passées ou abstraites n'a point d'autre sens.

A un moment donné la baudruche éclate, c'est une révolution ou un coup d'État.

De nouvelles institutions sont décrétées par un plébiscite ou par une Chambre constituante.

Les hommes qui les ont conçues, ont, pendant des années, observé les lacunes des institutions précédentes. Ils y conforment les nouvelles : le calme, l'activité, la prospérité reprennent jusqu'à ce que l'épreuve s'étende à toutes les volontés, à tous les intérêts individuels. Dès ce moment les difficultés renaissent, les intérêts locaux, les ambitions personnelles reprennent le dessus, et les nouvelles institutions marchent vers leur chute de la même façon qu'elles ont surgi.

Alors on s'imagine que c'est faute de sens politique, d'indépendance municipale et d'habitude de gouvernement local que notre centralisation pèse d'un tel poids sur nos destinées politiques et que nos révolutions et nos coups d'État se succèdent d'une façon aussi désespérante.

Accordons la plus grande indépendance possible à nos départements, rétablissons même nos anciennes provinces avec leurs parlements. Les départements tendront à centraliser tous les pouvoirs possibles, les provinces à reprendre toutes les franchises imaginables, comme au temps des communes, de la Ligue ou de la Fronde. Il suffit d'observer la conduite du premier conseil municipal venu pour ne plus en douter un seul instant.

C'est le moule dans lequel nous avons été jetés par notre histoire ; nous continuons à en porter l'empreinte indélébile.

L'indépendance individuelle, telle que nous l'avons recherchée dès notre origine, a pour effet nécessaire ou l'anarchie ou la centralisation de tous les pouvoirs publics. Les libertés municipales, départementales ou provinciales ne sont que des entraves à l'émancipation complète des individus.

Ce n'est point faute de sens politique, c'est par l'abus que nous en avons fait que nous n'avons jamais su ou voulu nous servir de nos franchises locales.

Aussi la dernière conséquence de notre centralisation intérieure a été le suffrage universel.

Il fut adopté non pas au nom de prétendus principes, mais par nécessité politique.

Les révolutionnaires de 48 le comprirent aussi bien que l'auteur du 2 décembre.

Une machine à rouages innombrables, pour savamment construite que soit chacune des parties qui concourent au mouvement de l'ensemble, ne peut déployer sa force entière que si chaque partie accomplit son mouvement propre. Tel est le sens du suffrage universel.

Chacun de nous en est une parcelle microscopique ; chacun a ses petites illusions qui l'entraînent et ses petits intérêts qui le mènent. Croire, parce que tous, en émettant leur vote, se prononcent suivant leurs illusions ou leurs intérêts, que les majorités des Chambres représenteront les grands intérêts et les aspirations profondes du pays, c'est supposer qu'une machine sera bien construite parce qu'un ingénieur en a approuvé les plans. Ses fondements sont jetés sur le sable mouvant des opinions individuelles, chaque rouage est instable, la base s'écroule et la chaudière éclate.

Nul ne peut satisfaire à la fois les espérances et les besoins du moindre d'entre nous. Il s'agit de le faire pour onze millions d'électeurs. Le ministre le plus capable ne peut pas même se figurer leur masse. Comprendre ce qu'il faut d'expérience et de science, de tact et de mesure pour y parvenir dans des proportions quelque peu raisonnables, est déjà du génie.

En revanche, le suffrage universel est aussi la centralisation politique et administrative portée à un degré tel qu'il suffirait de savoir le manier pendant vingt-quatre heures pour rendre à la France son autorité et sa puissance irrésistibles.

La France le sent, si elle ne le sait.

Là réside, aujourd'hui encore, comme à la veille de la Révolution, notre plus grande force et notre plus grand danger.

Le suffrage universel, qui n'est point dirigé, dirige. Si les hommes lui font défaut, il cherche un homme ; suit ses caprices jusqu'à ce qu'il voie son impuissance, et le brise pour recommencer ses recherches.

Les révolutions et les coups d'État sont chez nous les revers d'une même médaille. Le suffrage incompris des masses passe de l'un des revers à l'autre, créant l'histoire, avec la régularité d'un balancier qui frappe à son coin la monnaie.

Autrefois, quand la masse n'avait aucune part aux affaires, nos désastres et nos révolutions se terminaient par des chansons. C'était le moyen de s'en consoler.

Avec le suffrage universel nous avons changé de manière. C'est par des chansons que nos désastres et nos révolutions commencent.

Une politique qui, sous le régime du suffrage universel, n'est pas soutenue par une intelligence sérieuse des intérêts constants et universels, ainsi que des aspirations profondes de la nation, ne peut se maintenir que par le sacrifice du bien général à des intérêts particuliers, du sentiment national à des ambitions de partis.

Achetant les journaux, trafiquant des faveurs, excitant les citoyens les uns contre les autres, pesant sur l'administration, l'autorité se perd ; son prestige s'évanouit ; le mécontentement, le malaise, l'incertitude croissent ; et, après les chansons, un échec, une émeute, une révolte, mettent fin aux fautes accumulées ; et la même expérience recommence à nouvelle échéance, sous une autre forme.

# V

## La politique et l'histoire.

I. Il a été montré dans l'Introduction comment la politique dépend, d'une part, de la morale sociale, c'est-à-dire des coutumes, et, d'une autre, de la morale individuelle, c'est-à-dire des mœurs. Les coutumes, fondement de la stabilité des peuples, constituent les faits permanents de leur histoire ; les mœurs, causes de leurs transformations successives, forment les faits accidentels ou passagers. A ces deux ordres de faits se rapportent aussi bien la politique que l'histoire.

L'histoire, cependant, étant l'exposé du passé des peuples, semble devoir s'attacher particulièrement à la narration des faits transitoires. Les faits permanents, coutumiers, propres à tout le monde, entraîneraient l'historien à des recherches souvent impossibles, car on n'en conserve que peu ou point de documents ; on ne raconte pas des faits qui se répètent sans interruption.

Tous les faits transitoires cependant, quelque importants ou remarquables qu'ils paraissent, et quelque nombreux que soient les documents qui nous les font connaître, ne sauraient que fournir matière à une espèce d'étude de textes, de noms et de dates, n'emportant ni évidence ni certitude.

Dans aucune science on ne démontre les faits transitoires, accidentels. Une comète apparaît à l'horizon ; les astronomes en calculent la projection et le mouvement, mesurent l'étendue et l'éclat du noyau, la densité et la longueur de la queue. La comète passe ; ils restent aussi ignorants sur sa nature et son rôle dans le monde sidéral que le paysan qui a été rempli de terreur par son apparition. Demandez-leur au contraire de vous expliquer le lever et le coucher du soleil, le flux et le reflux de la mer, par la gravitation invariable de la terre et de son satellite, ils le feront avec une précision telle que vous comprendrez aussitôt qu'il n'en saurait être autrement.

Il en est de même des historiens. Qu'ils racontent le règne de

Louis XIV, par exemple ; qu'ils citent par le menu tous les grands actes qui s'y sont accomplis, tous les grands hommes qui s'y sont distingués, ils n'en posséderont pas plus la science que le paysan qui ne s'en souvient que par les traditions qu'il conserve des gabelles, dîmes et redevances.

Encore si les historiens, s'arrêtaient là ; mais ignorant les faits constants, coutumiers, qui constituent le lien des événements, ils y suppléent par leurs impressions personnelles, et, au nom des documents, en jugent de la même manière que le paysan par ses traditions. Les uns, selon leurs dispositions, verront dans le même règne et les mêmes documents l'expression de tous les excès de la tyrannie, la ruine de la prospérité publique, le triomphe de tous les préjugés ; les autres, l'apogée de toutes les gloires, la consécration de tous les mérites. Et chacun, si soigneusement qu'il ait étudié les faits transitoires, fera, de l'ensemble, sinon une fable, du moins un plaidoyer en faveur du point de vue auquel il lui aura plu de se placer ; astronomes qui font l'histoire d'une comète sans savoir ni d'où elle vient ni où elle va.

Ces considérations ont une importance singulière ; car le siècle de révolutions que nous venons de traverser n'a eu, en réalité, d'autre origine que l'erreur commise, successivement, par les hommes d'État de concevoir les faits du moment de la même façon que les historiens les faits du passé, sans avoir assez d'art ou suffisamment de science pour distinguer ce qu'ils renfermaient de coutumier et ce qu'ils présentaient de transitoire. Confondant tantôt les aspirations profondes de la nation avec ses passions d'un instant, tantôt leurs ambitions et leurs illusions propres avec les ambitions et les illusions des masses, ils se sont perdus dans le culte des lois écrites, sans parvenir à comprendre la constitution réelle, nous allions dire la loi de gravitation du pays.

Il y a une histoire qui n'est qu'un fait divers plus ou moins pompeux ; il en est une autre, telle que certaines pages de Thucydide ou de Tocqueville, qui est de la science. De même il y a deux politiques, l'une se laissant aller au hasard des circonstances, l'autre se déterminant d'après les grands traits du caractère des nations, et se révélant, pour citer encore des noms, par le génie d'un Henri IV ou d'un Napoléon. Les deux formes dépendent de la différence qui existe entre les faits transitoires et les faits permanents : les premiers que nous croyons diriger, les seconds par lesquels nous sommes dirigés ; ceux-là qui parais-

sent tout de surface, ceux-ci qui semblent tout de profondeur ;
ces derniers cachés, mystérieux, les autres éclatants, tapageurs.

Et cependant tous sont également évidents et palpables, car
ce sont toujours les mêmes faits. Un événement politique ou
historique accidentel, ne renfermant pas une partie coutumière,
serait sans raison d'être ; un fait coutumier, ne se manifestant
pas sous des formes accidentelles, ne serait point un fait politique ou historique. Mais la partie coutumière des faits est infiniment plus difficile à découvrir, parce que, par sa nature, elle
nous est habituelle et nous apparaît comme l'air dans lequel
nous vivons, sans couleur et sans saveur.

Nous ne sommes frappés que par les faits qui ne nous sont
pas coutumiers, nous ne nous divisons, nous ne nous disputons
qu'à leur propos, tandis que personne ne conteste ceux qui font
que, jusque dans nos disputes mêmes, nous parvenons à nous
comprendre. Semblables encore en cela aux historiens qui,
après avoir découvert un fait extraordinaire, l'expliquent par
les idées qu'ils s'en font, alors que, s'ils l'expliquaient par les
idées de l'époque, ils le trouveraient fort naturel. Dans l'un et
l'autre cas nous nous laissons emporter par nos impressions
du moment ; tandis que si nous comprenions les rapports
constants qui coordonnent les faits entre eux, nous serions
comme l'astronome qui explique par une loi le lever et le coucher du soleil, le flux et le reflux de la mer.

II. Les illusions des politiques et des historiens, appréciant
les mêmes faits, les uns pour en décider, les autres pour les ra-
conter, sont, aux deux extrêmes, le passé et l'avenir, l'expression de la même impuissance intellectuelle, si brillants que
soient parfois les discours et les actes des premiers, les narra-
tions et les tableaux des seconds.

Un historien énumère les différentes causes de la Révolution :
« excès de la royauté, privilèges de la noblesse et du clergé,
abus des corporations et maîtrises, idées des philosophes, aspirations des libres-penseurs, inégalité des charges publiques, misères et richesses excessives. Il montre ensuite comment la Constituante décréta l'abolition de ces privilèges, l'égalité devant
la loi, établit la liberté du travail, détruisit les oppositions provinciales et locales et dota la France d'une constitution nouvelle ; progrès immenses qui ne furent interrompus que par la
tyrannie sanglante de la Terreur et le coup d'État criminel de
Brumaire ».

Quelque accréditée que soit encore aujourd'hui l'histoire de la Révolution exposée de la sorte, elle a la même valeur scientifique que « le Courrier de Lyon » ou le premier drame historique venu.

Si les hommes politiques, même Louis XV, si les penseurs et les philosophes, Montesquieu, Voltaire, Rousseau, avaient su que leurs actes et leurs écrits conduiraient la France à la Révolution, ils auraient mis autant de soin à lui éviter la catastrophe qu'ils ont mis d'aveuglement à l'y précipiter. Ces hommes, parmi lesquels nous comptons nos plus grandes gloires, n'ont donc pas vu les faits tels que les historiens les racontent. De même que si les membres de la Constituante, les Mirabeau, les Talleyrand, les Robespierre, avaient pu soupçonner, pour peu que ce fût, que leur politique, mènerait les uns à la guillotine, les autres à l'exil, et la France à Waterloo, ils se seraient bien gardés, de la suivre. Aucun ne se rendit donc compte de la portée des faits et du sens des événements; quant aux historiens, ils en font un drame superbe, selon toutes les règles du *fatum* d'Eschyle, sans comprendre davantage les causes profondes qui amenèrent l'issue fatale.

Nous demandons pardon au lecteur d'y mettre de l'insistance. Il ne s'agit plus de la science de la politique ou de celle de l'histoire, mais de la méthode qu'il importe d'employer aussi bien dans les actes de l'une que dans l'étude de l'autre.

Si l'on nous avait mieux enseigné le passé, bien des problèmes, tel que le problème social, qui nous épouvantent aujourd'hui, n'existeraient point.

Le fait permanent qui distingue le XVIIIᵉ siècle ne se manifeste dans aucune des prétendues causes de la Révolution. Les excès de pouvoir des rois, les privilèges du clergé et de la noblesse, les abus des jurandes et maîtrises, l'inégalité des charges publiques, la misère du peuple et les idées de liberté ont subsisté pendant des siècles; ils se confondent avec les origines de notre histoire.

Loin d'avoir été les causes de la Révolution, ils ont été les causes de tous nos progrès, de notre civilisation entière.

Les idées de liberté, d'égalité, de fraternité remontent jusqu'à l'enseignement le plus primitif des préceptes chrétiens ; de l'anarchie et des misères des IXᵉ et Xᵉ siècles est né le régime patronal, d'où sortirent tous les privilèges de la noblesse et du clergé ; des corporations et de la puissante organisation des métiers surgirent non seulement l'affranchissement des communes, mais encore l'éclat du travail et la perfection des arts et des lettres pendant la Renaissance ; enfin des actes arbitraires des rois naquirent notre unité et notre cohésion nationales, toute la grandeur et la puissance de la France. Ces différentes causes ne sauraient donc être spéciales à la Révolution, puisqu'elles ont agi de même pendant des siècles antérieurs.

L'époque révolutionnaire commence en 1685, avec la révocation de l'édit de Nantes, quand Louis XIV, par un acte arbitraire, croyant cimenter davantage l'entente commune, dépassa sa puissance, et elle finit, non pas en 1789, mais en 1793, avec le despotisme des Jacobins. Quant au fait permanent qui se retrouve partout et en chaque fait accidentel de la vie sociale et politique du siècle, il reparaît toujours le même : royauté, noblesse, clergé, bourgeoisie lui obéissent aussi bien que légistes, philosophes, libres-penseurs.

Les anciennes formes, les antiques coutumes avaient porté tous les fruits dont elles étaient susceptibles : progrès des arts et des lettres, développement des sciences, richesses industrielles et commerciales, gloires militaires et diplomatiques. Mais les peuples ne s'attardent pas plus dans leur histoire, que les hommes dans leur vie. Des progrès mêmes qui avaient été accomplis dans les différentes directions de l'existence nationale surgit insensiblement un besoin irrésistible d'une initiative individuelle plus grande, d'une liberté d'action plus forte. Depuis le cérémonial de cour jusqu'à l'autorité familiale, tout apparut comme des entraves à des progrès nouveaux. Les privilèges de la noblesse et du clergé, dans un état social mieux ordonné, perdirent leur raison d'être ; les libertés provinciales et les franchises locales devinrent autant d'obstacles à l'extension commerciale ; les droits des jurandes et maîtrises, autant d'empêchements au développement industriel ; jusqu'aux institutions judiciaires, conservant leurs formes vieillies, qui semblèrent d'un autre âge.

Ainsi que les arbres, dans leur croissance, font éclater leur écorce, la France dans ses progrès brisa le moule où les siècles l'avaient jetée.

La Bastille cessa d'être le château du roi bien avant qu'on la démolît ; les corporations et maîtrises ne faisaient plus que végéter lorsque parut le décret qui les supprima ; les franchises locales furent mises en question bien avant qu'on y touchât, et les privilèges de la royauté, de la noblesse, du clergé se trouvaient ébranlés dans leurs fondements, avant que la royauté, la noblesse et le clergé y eussent renoncé. La Constituante, en détruisant les dernières formes de la vieille organisation administrative et politique, ne fît qu'achever l'œuvre du siècle entier.

Certes, si l'on ne s'arrête qu'aux faits accidentels, on trouve qu'on prononça dans la grande Assemblée des discours admirables, qu'on y prit des résolutions sublimes, mais force est aussi de constater qu'aucun de ses membres ne se doutait qu'en réalité on désorganisait le pays de fond en comble. En même temps que les anciens droits et privilèges, tous les moyens d'exécuter de vastes projets de réforme se trouvaient anéantis. La police disparut des villes, les impôts cessèrent d'être perçus, les routes d'être entretenues, les communications s'arrêtèrent ; les finances, le commerce, l'industrie marchèrent de crise en crise, et, à mesure que les droits et privilèges coutumiers, qui avaient constitué l'organisation du pays, tombèrent en désuétude ou furent abolis d'autorité, chacun fut refoulé dans son impuissance individuelle : ce fut l'anarchie. Ni une constitution impossible, et encore moins l'uniformité des poids et mesures et une nouvelle division territoriale ne purent l'éviter ; elles ne firent qu'accroître le désordre.

III. La Terreur, à son insu, nous sauva. Avec elle commence une époque nouvelle.

On a dit — le mot a fait éclat — qu'il fallait prendre la Révolution en bloc, sans en réprouver une partie pour en accepter l'autre. Si l'on s'était douté que l'unique mérite de la Terreur était de s'être séparée de la Révolution on aurait mis fin à bien des illusions.

Quel est le fait permanent qui commence avec la Terreur et forme à son tour la base du mouvement social et politique moderne ?

L'égalité devant la loi ? — les droits constitutionnels ? — la liberté de conscience ? — celle du travail ? — le parlementarisme ? Il n'en est pas question sous la Terreur.

En présence de l'anarchie et de l'impuissance à l'intérieur et d'une coalition au dehors que cette anarchie et cette impuissance avaient soulevée, des fanatiques réduisirent tous les progrès ambitionnés par le XVIII<sup>e</sup> siècle en quelques formules très simples et se servirent du seul « droit que reconnaisse l'anarchie, comme le dit si admirablement Bossuet, celui de la force », pour les faire prévaloir. D'autres fanatiques transportèrent les ordres et les moyens d'action des terroristes jusque dans le dernier hameau, et la France reçut, couverte de sang, inondée de larmes, sa première organisation administrative uniforme.

La Terreur succombe à ses excès.

Le Directoire décrète une constitution nouvelle, l'anarchie et l'impuissance reparaissent, jusqu'à ce que Napoléon, le 18 Brumaire, reprenne et continue l'œuvre des Jacobins. Aucun homme de l'ancien régime ne s'y est trompé.

Lui seul, grâce à son merveilleux génie, comprit le fait permanent qui distinguera le régime nouveau : la réorganisation administrative intérieure.

Sous la Terreur, la France avait retrouvé son unité et sa cohésion nationales ; Napoléon lui rendit l'ordre et la paix. La disparition des anciennes coutumes administratives et judiciaires avait entraîné le despotisme de quelques sectaires ; Napoléon concentra le même despotisme dans ses mains. Les franchises locales furen' ·.nplacées par une organisation communale uniforme, les libertés provinciales par une administration départementale identique. Les rapports des sujets et de l'État, et les responsabilités des membres de chaque famille, qui n'avaient eu jusque-là d'autre frein que la coutume d'une part et la Bastille de l'autre, furent réglés par le Code civil ; le Code de commerce fixa les formes des échanges et des transactions, qui n'avaient été déterminés que par les traditions seules des villes, des corporations et maîtrises. La sécurité privée et publique fut rétablie par le Code criminel, et tout un Code de procédure, des règlements administratifs sans nombre, arrêtèrent chaque forme et chaque fonction judiciaire, chaque forme et chaque fonction administrative.

Réforme gigantesque, dans laquelle Napoléon et les auteurs de ses codes furent soutenus par la France entière, par ce qui subsistait encore de ses antiques coutumes et des débris de son ancienne jurisprudence et de son ancienne administration.

A l'extérieur la tâche fut infiniment plus difficile. Là, aucune Terreur n'avait fait table rase des obstacles et des difficultés qui continuaient à s'opposer à l'établissement du régime nouveau.

On a recherché les causes des guerres continuelles de la République et du premier Empire, et, naturellement, on a cru les trouver dans toute une suite de faits accidentels : le meurtre de Louis XVI, la haine des jacobins contre les monarchies, l'annexion de la Belgique, la conquête de la rive gauche du Rhin. Il y avait au fond de tous ces faits une circonstance commune : la nécessité de réorganiser les rapports de la France nouvelle avec les États étrangers, comme les rapports des Français entre eux avaient été réorganisés à l'intérieur. Les gouvernements les mieux intentionnés, les pays les mieux disposés n'y comprirent rien. A chaque mesure administrative, à chaque interprétation de la clause d'un traité, à chaque négociation diplomatique, les mêmes heurts se produisirent. Toute paix ne fut qu'une trève, toute application d'un traité nouveau, la cause d'une coalition nouvelle, et finalement la Sainte-Alliance se figura avoir écrasé, à Leipzig d'abord, à Waterloo ensuite, Napoléon et la France.

Ce fut le contraire : Napoléon et la France triomphèrent. On ne lutte pas contre un fait permanent, fût-ce par une alliance universelle.

IV. Tous les États de l'Europe, emportés par un besoin de progrès analogue à celui qui avait constitué comme la loi intellectuelle du XVIIIe siècle, entrèrent successivement dans la voie que Napoléon leur avaient tracée. Effrayés des forces que la France venait de déployer, ils s'efforcèrent, l'un après l'autre, de se donner une cohésion politique plus ferme par une administration plus uniforme, une législation plus homogène.

Nos hommes politiques du XVIIIe siècle avaient rêvé des libertés et des droits merveilleux et, par les constitutions qu'ils finirent par décréter, ils ne firent que manifester leur impuissance à les réaliser.

On ne réorganise pas les peuples avec des rêves. Les terroristes et l'auteur du 18 Brumaire le comprirent. La France, après avoir retrouvé sa cohésion nationale, reçut une organisation judiciaire et administrative nouvelle. De ce moment seulement la réalisation de toutes les libertés rêvées, de tous les droits revendiqués devint possible.

Pour qu'un homme puisse exercer un droit à l'égard d'un autre, celui-ci doit reconnaître l'obligation de s'y soumettre, et il est nécessaire qu'à défaut de la coutume, une autorité quelconque l'y oblige.

Pour qu'un homme puisse exercer sa liberté d'action, ses voisins et ses proches doivent accepter cette liberté, et il faut, qu'à défaut de la coutume, une autorité encore, quelle qu'elle soit, la garantisse.

Les libertés et les droits ne précèdent point l'entente des hommes entre eux ; ils en découlent.

C'est conformément à cette loi, éternelle comme l'humanité, que la France, après avoir détruit ses anciennes coutumes, s'est donné d'abord une organisation homogène ; et, à sa suite seulement, dans le droit civil, l'égalité de tous, dans le droit public, les libertés générales ; et que tous les États de l'Europe ont réformé leur organisation administrative et judiciaire, étendant en proportion les droits et les libertés de leurs sujets.

Le fait est permanent pour notre siècle entier. Il commence avec la Terreur. Les révolutions, les coups d'État, les guerres se succédèrent, et, à travers tous ces événements reparaît la tendance constante vers une cohésion administrative plus grande, une entente commune plus forte.

Partout, il est vrai, ce n'est point l'extension de l'organisation administrative que l'on demande, ce sont toujours des libertés plus grandes, des droits nouveaux que l'on réclame, sans plus se douter, que ne le firent nos pères en détruisant les coutumes, qu'on ne peut les conquérir que par des réformes administratives.

Il est temps que les mots cessent de nous tromper, comme ils ont égaré les esprits les plus éminents du siècle dernier. La leçon qu'ils reçurent fut terrible ; celle que l'avenir nous réserverait deviendrait plus terrible encore.

Montesquieu, après avoir enseigné sa fameuse division des pouvoirs, écrivait : « on peut lever des tributs plus forts à proportion de la liberté des sujets et l'on est forcé de les modérer à mesure que la servitude augmente ; » plus loin il ajoutait : « une maladie nouvelle s'est répandue sur l'Europe ; elle a saisi nos princes et leur fait entretenir un nombre désordonné de troupes... bientôt, à force d'avoir des soldats, nous n'aurons plus que des soldats et nous serons comme les Tartares ».

Le seigneur de la Brède écrivait ces lignes alors que les franchises et les libertés locales étaient telles qu'un impôt de quelques millions soulevait le pays, et que les armées se chiffraient par quelques milliers d'hommes. Aujourd'hui les armées se comptent par millions, et les impôts s'élèvent à des milliards. Une organisation administrative homogène a doublé les ressources des États, augmenté leurs libertés et accru leurs forces. Montesquieu comprit aussi peu le pouvoir que la liberté et la force des peuples.

L'organisation administrative est le fait permanent de notre époque entière. Il s'est manifesté non seulement dans la réalisation des ambitions nationales par les grandes guerres, qui ont inauguré le commencement et marqué la seconde moitié de ce siècle, mais encore par des révolutions successives ; il éclate jusque dans toutes nos rêveries et nos utopies. Que veut le socialisme sous toutes ses formes, sinon la création d'une administration tellement parfaite que chacun recevrait pour sa part de labeur et de peine sa part aussi de profit et de joie ? l'administration absolue !

Poussé à ce point où l'absurde commence, le fait s'altère et disparaît pour faire place à un fait nouveau, absolument comme les revendications de libertés et de droits sans consistance ont fait place au despotisme de la Terreur et à la réorganisation administrative de Napoléon.

Sans en avoir conscience, on avait détruit les privilèges, les franchises et les libertés locales, qui avaient fait la grandeur et la force de la France, pour se perdre dans l'anarchie ; et, sans en avoir encore une fois conscience, nous attaquons et nous dégradons sans interruption cette même administration, source de tous nos droits et de toutes nos libertés, pour avancer peut-être vers un avenir autrement anarchique et des luttes autrement sanglantes.

Fait mystérieux que les politiques du jour, depuis le moindre meneur de grèves jusqu'à l'empereur d'Allemagne, méconnaissent, de la même manière que Louis XVI et ses ministres, Mirabeau et les Constitutionnels méconnurent le grand mouvement qui les emporta.

Il ne surgit point d'événement qui ne provienne de ce fait nouveau, il ne se décrète point de loi qui n'y ramène, il ne se forme point d'opposition qui n'y prenne sa source, par cela seul que nous continuons à nous laisser aller, nous aussi, à toutes les ambitions passagères, à toutes les impulsions du moment et sans parvenir à nous en rendre compte. La fin sera, non plus une Terreur et un autre Napoléon, mais la dégradation de notre état social et, avec elle, la disparition de notre état politique.

Quant aux historiens futurs, s'ils ne changent de méthode, ils rapporteront les événements de notre époque, comme les historiens contemporains racontent les événements du siècle passé. Croyant toutes les causes alléguées véritables, s'abandonnant à toutes les illusions de notre temps, selon leurs illusions propres, ils expliqueront les faits transitoires par des raisons imaginaires et feront de l'ensemble un exposé non moins dramatique.

Pas plus que la politique, l'histoire n'en deviendra une science.

## LA POLITIQUE ET LES LOIS.

I. Tocqueville écrivait : « La place que doit occuper l'idée de loi dans l'esprit humain était vacante chez les hommes de l'ancien régime ». Nos rois, en effet, exerçaient leur autorité selon les formes que la coutume leur imposait. Où la coutume s'arrêtait, noblesse, clergé, provinces, villes, particuliers, tous reprenaient leur liberté. On se révoltait pour un décime ajouté au prix du sel, et on luttait des siècles pour rétablir l'autorité contestée du roi. Nos ancêtres étaient trempés de tradition et de droiture.

Domat, l'ami de Pascal, disait : la coutume, c'est la loi! La soumission au droit des Romains n'était pour les pays de droit écrit qu'une coutume. Tocqueville, en prétendant que « l'idée de loi doit occuper une place dans l'esprit humain », ne remarque point que l'idée de loi, aussi bien que l'obéissance à la loi, doivent devenir coutumières, sinon il n'y a que soumission à la force.

Les Assemblées Constituante et Législative n'ont fait que créer le désordre et fonder l'anarchie en voulant donner, à coups de lois, les institutions de l'Angleterre et un droit public nouveau à un pays régi par ses coutumes propres.

Ces prétendues lois restèrent abandonnées à l'interprétation et au caprice d'un chacun.

Il a fallu le régime de la Terreur, puis le despotisme de Napoléon, pour apprendre à la France la soumission aux lois.

Les victoires d'abord, puis le retour de l'ordre et de la paix, la satisfaction des besoins et des intérêts, transformèrent la soumission en coutume, laquelle nous est devenue tellement habituelle que les uns, comme Tocqueville, s'imagineront que l'idée de loi doit occuper une place dans l'esprit humain, tandis que les autres croiront que les ordonnances de nos anciens rois et les édits de nos vieux Parlements ont été de véritables lois.

Si l'idée de loi était inhérente à l'esprit humain, comment s'expliqueraient les révoltes et les révolutions de l'histoire ?

Depuis un siècle, chaque génération a fait une révolution ou approuvé un coup d'État. Chaque fois, la nation s'est remise à obéir aux lois et aux institutions nouvelles comme elle avait obéi aux précédentes. Aucune loi ne décrète une vertu, fût-ce celle de l'obéissance ; c'est donc parce que l'obéissance à la loi est devenue coutumière qu'elle renaît toujours avec la même force, à travers tant de changements de lois, de gouvernements et de constitutions.

Toute autorité ainsi que toute loi est ancrée dans la coutume, comme le navire dans le sol ; sinon elle n'est ni autorité, ni loi, et l'État, comme le navire, est emporté à la dérive.

Sur 38 millions de Français, quelques milliers à peine connaissent nos codes et un certain nombre seulement nos règlements. Il n'en est pas un qui les connaisse tous. Et cependant l'ordre règne dans les relations privées, la stabilité se maintient dans les affaires publiques comme si l'immense majorité en avait la science infuse. Grâce au génie de Napoléon et à la prudence des auteurs de nos codes, ceux-ci ont été assimilés le plus possible aux coutumes les plus simples, les plus élémentaires que la tourmente révolutionnaire avait laissées subsister ; et, aujourd'hui encore, le pays continue à obéir à ses coutumes sans en connaître davantage les formules qu'il ne les connaissait auparavant.

Combien de Français savent seulement les termes de notre constitution ? Il y a des députés qui les ignorent. Cette constitution régit pourtant tous nos actes politiques. Elle a son fondement dans une de nos coutumes les plus anciennes, coutume qui remonte jusqu'à l'élection de Hugues Capet par les grands feudataires, s'étendit avec la première convocation des États-Généraux et devint l'objet de lois innombrables dans notre siècle. « Aucun pouvoir n'acquiert le caractère souverain sans l'assentiment de ceux auxquels l'acte se rapporte », disait la coutume. Partant de là, nous avons fait des lois sur les différentes formes de suffrages, pour nous arrêter finalement au suffrage universel. La loi succédant à la coutume a généralisé celle-ci ; elle ne l'a point créée.

Ce trait de notre histoire qui, en somme, est propre à l'exercice de toute souveraineté, explique aussi bien nos révoltes et nos révolutions que toutes les tyrannies que nous avons subies, à l'époque des coutumes comme à l'époque des lois.

II. Ayant perdu les coutumes, d'après lesquelles nous nous gouvernions, nous nous sommes donné celle de nous soumettre à la loi, laquelle n'acquiert son caractère de loi qu'après l'approbation de la majorité des Chambres et sa promulgation par l'autorité souveraine.

Par la suite on en est arrivé à croire qu'il suffisait de soumettre toute chose dans le gouvernement et dans l'administration judiciaire, civile, militaire, aux suffrages des Chambres pour que tout soit pour le mieux dans le meilleur des États possibles.

Nous faisons de la politique au moyen de lois ; peu importent les formes prescrites par cette autre loi qu'on appelle la Constitution ; mais de là à conclure qu'il suffit de faire des lois selon la volonté de la majorité des Chambres ou selon la volonté de la majorité du peuple, pour que ces lois soient bonnes et cette politique excellente, ce n'est comprendre ni la politique, ni les lois.

On ne fait pas plus de bonne politique à coups de lois, qu'on ne fait de bonnes lois à coups de suffrages.

Des lois, qui paraissent au moment de leur promulgation admirables, peuvent avoir été dictées par la plus imprévoyante des politiques ; d'autres, qui semblent fort mauvaises sont parfois inspirées par une politique merveilleusement sage. Cela ne dépend pas de la coutume, puisque la coutume et, à son défaut, la force, nous fait obéir à toutes les lois indistinctement ; cela dépend des mœurs qui échappent à la fois à la politique et aux lois.

En présence des entraves que les privilèges des corporations et maîtrises, aussi bien que les libertés et franchises locales, avaient mises à l'essor industriel et commercial, quel fut l'homme, à partir de Quesnay et de Turgot, qui n'ait pas approuvé la liberté du travail ? On en a fait une doctrine qui a pris le nom de science ; on lui a consacré des lois dont on a fait la plus belle conquête de la Révolution. Et tout le monde applaudit d'autant plus à la législation nouvelle que le commerce et l'industrie prirent un développement plus inattendu.

Les patrons, dont la loi protégeait la liberté de travailler et de faire travailler, accrurent les ressources productives du pays et doublèrent la richesse publique. Mais ils augmentèrent aussi leur fortune personnelle et, pouvant satisfaire leurs ambitions, leurs goûts, leurs plaisirs, ils s'éloignèrent forcément de la classe ouvrière, rivée à son salaire quotidien.

L'entente réciproque, la solidarité commune disparurent, et il se forma une aristocratie nouvelle qui ne conserva même point, comme les aristocraties foncières et féodales, la conscience de sa dépendance vis-à-vis de ses vassaux et serfs, les ouvriers, et de la protection qu'elle leur devait en retour : les ouvriers, ses vassaux et serfs, étant libres et indépendants comme elle.

Par contre, les ouvriers, par suite du même sentiment d'indépendance et de liberté, sentirent croître leurs aspirations ; leurs besoins augmentèrent avec le développement des richesses ; leurs revendications grandirent sans interruption.

Des erreurs de la doctrine et de l'insuffisance des lois sortirent, non seulement des doctrines nouvelles, minant l'ordre social et politique, mais encore des lois sans nombre restreignant de plus en plus la liberté du travail : lois sur les sociétés et les associations, lois sur le travail des enfants et des femmes, lois sur les industries insalubres, lois sur les syndicats et les conseils des prud'hommes, lois pour garantir les ouvriers contre les accidents, les maladies, la vieillesse, et déjà on projette de faire des lois pour fixer les heures du travail, les taux du salaire. De liberté du travail, il n'est plus question.

Et c'est vainement encore qu'on fera des lois pour restreindre cette liberté, pour garantir tantôt le travail des patrons, tantôt celui des ouvriers ; les oppositions qui existent entre eux sont entrées dans les mœurs.

Toute protection accordée au travail des patrons est une restriction aux aspirations des ouvriers ; toute protection accordée à ceux-ci, un dommage causé aux autres ! Leurs oppositions sont entrées dans les mœurs.

En dépit de tous les suffrages des masses et de toutes les lois des Chambres, nous nous trouvons aujourd'hui en face de deux armées hostiles au sein de la nation, sans que nous puissions entrevoir un terme ou une solution à leur lutte.

Ce ne sont ni les votes des députés, ni les suffrages des électeurs, mais les mœurs qui décident de l'effet des lois. Elles tracent le rôle de l'État et fixent les limites de sa puissance et de son autorité.

Ce que nous observons dans les rapports des ouvriers et des patrons vaut pour la nation dans son ensemble. L'État agit, par l'exécution des lois, non seulement sur les conditions individuelles du travail, mais encore sur la production et la consommation générales du pays, par les droits qu'il perçoit, le service qu'il exige, les impôts qu'il prélève. Or, la production et la consommation, étant comme le mouvement expiratoire et inspiratoire de la vie des peuples, ne sont que l'expression de la façon dont chaque individu satisfait ses besoins, suit ses goûts, contente ses

7

affections, obéit en un mot à ses mœurs. Que les lois soient mal conçues ou que leur exécution soit maladroite, les crises deviendront inévitables, la production ne répondra plus à son objet, la consommation n'atteindra plus sa fin. Que de mauvaises récoltes viennent s'y joindre, et ce sera toujours au gouvernement et aux législateurs du moment qu'on s'en prendra, non pas qu'ils soient les auteurs de ces lois, pas plus qu'ils ne sont les auteurs des bonnes et des mauvaises saisons ; mais parce qu'ils ne dirigent pas mieux les affaires qu'ils ont en main et se servent si mal de la puissance législative dont ils disposent. Grands et petits, chacun selon ses mœurs, en souffre ; aux plaintes isolées succèdent les plaintes générales, au malaise privé le mécontentement public, et, comme l'eau s'en va à la rivière, le peuple s'en ira au premier venu qui, par un coup de tête ou par ses violences, promettra de mettre fin aux inquiétudes et aux misères du moment.

Les peuples ne vivent pas plus de leurs lois que de leurs suffrages ; mais ils vivent de leur production et de leur consommation : lesquelles dépendent de leurs besoins de chaque instant.

Par le respect qu'elle exige comme par la force qu'elle commande, la loi touche à la coutume ; elle y puise son autorité ; un peuple incapable de faire de son obéissance à la loi une coutume, est incapable de supporter une loi. Mais un gouvernement impuissant à garantir la production et la consommation du peuple, conformément à ses besoins, perd son caractère de gouvernement, et ne laisse au peuple d'autre ressource que de s'en défaire.

III. Nous parlions plus haut de notre manie des abstractions ; on nous reproche, d'avoir en outre, le fétichisme de nos grands hommes.

Pour contradictoires que semblent ces reproches, ils prouvent combien nous sommes un peuple profondément politique, alors que les partis qui nous divisent le sont si peu.

Quel que soit le parti que le plus grand nombre des suffrages porte au pouvoir, et quelles que soient les institutions du moment, le parti parvenu au pouvoir se sert de ces institutions pour se maintenir ; tandis que les autres partis, froissés dans leurs ambitions ou lésés dans leurs intérêts, brigueront les suffrages jusqu'à ce que, par une coalition ou les fautes du parti au pouvoir, l'un ou l'autre s'empare du gouvernement.

C'est ainsi que le parti le plus libéral finit par décréter les lois les plus arbitraires pour conserver le pouvoir ; et le parti le plus autoritaire par proposer les mesures les plus libérales pour y arriver. Ils se diviseront et se subdiviseront. Les plus débiles s'attacheront à ceux qui soutiendront le mieux leurs intérêts ; les plus forts feront des concessions aux plus faibles, pour s'assurer leur concours. Les gouvernements les plus pacifiques se lanceront dans les guerres pour regagner leur ascendant ; les partis les plus belliqueux, par leurs clameurs, intimideront les masses et maintiendront la paix. Le parti le plus chétif, ne fût-il composé que d'un homme, arrive au pouvoir, s'il sait profiter des circonstances ; le parti le plus puissant, fût-il parvenu par l'unanimité des suffrages, en déchoit par les fautes qu'il commet.

Dans les pays où de fortes coutumes soutiennent l'autorité souveraine, ces dissensions s'arrêtent à de simples questions administratives ; dans les autres, où l'autorité souveraine n'est elle-même qu'une forme administrative, la moindre dissension prend les proportions d'un bouleversement national. Les uns, pour satisfaire leurs ambitions ou leurs intérêts, iront jusqu'au despotisme ; les autres, pour arriver à la même fin, prêcheront l'anarchie. Peu importent les noms qu'ils se donnent ou qu'ils prennent, les institutions qu'ils voudraient établir ou renverser, les lois qu'ils désireraient voir promulguer ou abolir; l'existence politique du peuple ne dépend pas plus de ces noms, que de ces lois et de ces institutions.

La foi dans les doctrines, la confiance dans l'excellence des chefs, la manie des traditions, la passion des principes ne sont que des bagatelles auxquelles s'amusent les impuissants.

La moralité même n'y est pour rien, si dangereux que soient les moyens immoraux, par la corruption qu'ils entraînent.

Au-delà de la politique il y a les coutumes, qui constituent la morale sociale, et les mœurs qui forment la morale individuelle du peuple ; la politique n'a de prise sur elles que par l'intelligence que met l'homme d'État à comprendre ce que les premières lui donnent de force et ce que les secondes exigent de mesures législatives pour en assurer la satisfaction.

*La force de l'homme d'État est d'être toujours dans la vérité des situations* : et c'est justice. Que signifieraient la morale et la responsabilité des hommes s'ils ne devaient point porter le poids entier des coutumes qu'ils adoptent, des mœurs qu'ils observent, et si leur bien-être et leur prospérité pouvaient dépendre de l'esprit d'un parti, d'un gouvernement, ou d'un homme ?

Le grand, l'unique levier de la politique est l'intelligence !

Grâce à elle l'homme d'État peut, comme Archimède, soulever le monde, s'il trouve dans la sévérité des mœurs et la fermeté des coutumes le point d'appui nécessaire.

Qu'est-ce qu'une loi, sinon une série de formules abstraites se rapportant à un certain nombre de faits parfaitement réels ?

Mise en vigueur, la loi entre dans le vif de la réalité, et ses conséquences seront heureuses ou déplorables selon qu'elle répond à cette réalité. En dehors des faits toute loi n'est qu'abstraction.

On a cru échapper à cette difficulté, inhérente aux lois, en supposant qu'il suffisait de les rendre conformes aux vœux du plus grand nombre.

On oubliait que ces vœux, fussent-ils exprimés par l'universalité des citoyens, ne sont encore que des abstractions.

On consulte le peuple pour savoir si les hommes doivent être égaux ; le peuple répond qu'ils le doivent être. On fait une loi qui décrète l'égalité et les hommes restent aussi inégaux qu'auparavant : jeunes et vieux, forts et faibles, bons et méchants.

La croyance qu'une loi est excellente parce qu'elle est appuyée sur un referendum populaire est comme un verre d'eau jeté à la rivière. Mais c'est une ressource : quand on ne sait plus faire de lois on s'en décharge sur la masse, qui en accepte la responsabilité sans en avoir autrement conscience, tout comme la rivière reçoit l'eau qu'on y jette.

Il en résulte, d'une part, la manie des formules, et, d'autre part, le culte d'un homme ; au fond c'est la même chose.

On fait, on refait, on amende les lois, et on tâche de les rendre conformes, sinon à la volonté, du moins aux besoins populaires. Promulguées, elles entrent en contact avec les nécessités du moment ; une à une surgissent les difficultés que leur application soulève. Le désordre, le malaise, le mécontentement naissent, jusqu'à ce que le peuple, dégoûté de ces tentatives, se confie à un homme qui, lui, semble avoir trouvé le mot juste de la situation. Mais cet homme, à son tour, n'est qu'une abstraction, il ne faut pas s'y tromper, car il ne répond, lui aussi, de même que les lois, qu'à des désirs et à des volontés abstraites. Il n'entrera comme chef, comme loi vivante, dans la réalité de la vie du peuple, que le jour où il révélera par ses décrets et ses mesures politiques, le génie ou les sottises dont il est capable.

Ainsi les peuples essentiellement politiques sont ballottés par les illusions de leurs législateurs, comme par leurs illusions propres selon les abstractions qu'ils conçoivent. Seule, ainsi que le lest d'un navire, la coutume de la soumission à la loi du moment les empêche de sombrer avec chaque vague qui les emporte.

IV. De toutes les formes de suffrage, la meilleure est certainement le suffrage universel, uninominal, direct et secret, car il apprend le mieux à connaître les vœux du peuple. Mais de toutes les politiques la plus mauvaise est celle qui s'efforce de satisfaire ces vœux par des lois.

Certains politiciens en concluent que le suffrage universel est une institution déplorable.

Il n'y a de déplorable que l'impuissance dans laquelle on se trouve de faire des lois répondant à la réalité des faits qui donnent naissance aux vœux du peuple.

Sous l'ancien régime le pays exprimait ses désirs et ses plaintes sous la forme des cahiers de doléances des États-Généraux. Il appartenait aux rois et à leur conseil d'en trouver les remèdes. Le nouveau régime n'y a rien changé, si ce n'est que la forme elle-même du gouvernement dépend aujourd'hui de la nature des doléances. Nous avons acquis de cette façon nos libertés publiques, mais nous avons aussi réduit toute législation à ne plus être qu'un tâtonnement.

Chacun ne connaît que ses intérêts propres ; tout au plus connaît-il encore ceux de sa classe ou de sa localité. Dans ces conditions que signifie le vote qu'il émet ? — La satisfaction de ces intérêts par des lois ou des mesures administratives que le mandataire désigné proposera, ou acceptera si elles sont proposées.

De nombreux candidats se présentent. Pour obtenir le plus de suffrages possible, il n'y a qu'un moyen : faire des promesses tellement vastes ou exciter des craintes tellement générales que le plus grand nombre des électeurs soit entraîné.

Qu'a-t-on fait dans les deux cas ? on a soulevé des espérances irréalisables ou suscité des craintes chimériques ; ce qui n'est pas plus de la politique qu'une duperie volontaire ou involontaire que l'on commet pour satisfaire ses intérêts propres.

Que le parti au pouvoir, après les élections, y reste ou fasse place à un autre ; que la majorité des Chambres maintienne le gouvernement pendant des années ou le change tous les mois, cela ne modifie point le système. Les gouvernements et leurs partis, les oppositions et leurs fractions suivront la même ligne de conduite, et, ce qu'il y a de pire, tous s'imagineront qu'il

n'y en a point de meilleure. On étendra ou restreindra le droit
de suffrage ; on fera succéder le scrutin uninominal au scrutin
de liste, ou celui-ci au premier ; on introduira ou on abolira le
suffrage à un ou à plusieurs degrés ; on rendra les votes publics
ou secrets, on modifiera les circonscriptions selon les majorités
et les minorités en présence, et, d'un moyen excellent de gouvernement on en fera un détestable.

Pour obtenir les suffrages, les uns continueront à exagérer
les espérances, les autres les craintes, et, de législature en législature, les lois deviendront de plus en plus mauvaises, n'ayant
d'autre objet que de satisfaire des intérêts particuliers.

République ou royauté, aristocratie ou démocratie, ce n'est
jamais le nombre des suffrages qui donne la force aux gouvernements, la stabilité aux institutions, encore que nous suppo-
sions que chacun connaisse ses intérêts propres et que nul ne
s'abandonne à des ambitions absurdes ou à des utopies fantas-
ques.

Aucune loi, quelque grande que soit la soumission qu'elle rencontre, si elle ne contente que les intérêts d'une seule classe ou
d'un seul parti, ne saurait être l'effet d'une bonne politique ;
parce que les intérêts de toutes les classes et de tous les partis
sont solidaires les uns des autres, au sein d'une nation comme
le sont les membres d'un même organisme. Les lois qui ne sa-
tisfont qu'une fraction du pays sont toujours le produit d'une
politique d'aventure. Pour le moment, les satisfaits se montrent
enchantés, peu à peu les intérêts des autres, que ces lois froissent, réagissent sur l'ensemble, et la prospérité qu'ils avaient
espéré obtenir se change en crise et en mécontentement de
ceux-là mêmes, auxquels on avait tout sacrifié.

Et c'est bonheur si, dans ces circonstances, une situation internationale précaire ou un désastre public donnent, au milieu
du désordre, une certaine cohésion, commandent le sacrifice,
imposent la soumission. Mais la nation, se relèverait-elle par des
victoires éclatantes ou par des alliances aussi fidèles que puissantes, le mal reste le même, ainsi que le malaise social et politique qui en provient.

Le nombre des suffrages ne fait pas plus la bonne politique
et les bonnes lois, que le nombre des admirateurs ne fait la
belle peinture et les beaux tableaux. L'imagerie d'Épinal serait
à ce titre l'idéal de la peinture, et le referendum populaire, celui de la politique.

Les deux peuples, réputés les plus intelligents du monde, les

Athéniens et les Parisiens, accordèrent leurs suffrages, l'un à un général, parce qu'il montait un beau cheval noir, l'autre à un jeune élégant, parce qu'il avait coupé la queue de son chien. Que pouvaient espérer les deux peuples des capacités de tels chefs ? Les causes pour lesquelles ils accordèrent leurs suffrages dans des conditions aussi étranges, subsistèrent avant comme après, Athènes en mourut ; quel sera le sort de Paris ?

V. Il n'y a qu'un moyen pour faire de bonne politique et de bonnes lois, en consultant les suffrages, surtout le suffrage universel, parce qu'il permet mieux que tout autre, ainsi que les anciens cahiers de doléances, de se rendre compte des plaintes des uns, des exigences des autres, des prétentions de ceux-ci, des revendications de ceux-là, — c'est d'en découvrir *la cause*.

Nous disons *la cause*, non pas les causes ; car ces plaintes et ces exigences, ces prétentions et ces revendications, si opposées qu'elles paraissent, ne proviennent toujours que d'une seule et même source, par la simple raison que tous les citoyens étant membres d'une même nation sont solidaires les uns des autres. Les intérêts lésés des uns troublent les intérêts des autres, de même que le corps entier devient malade, lorsqu'un des organes souffre.

Cette façon de concevoir l'objet de la politique et la fin des lois, n'a aucun rapport avec celle qui est à la mode. Les ouvriers se plaignent, aussitôt on fait une loi pour les satisfaire ; les patrons se lamentent, aussitôt on en fait une autre pour les contenter. Les plaintes des ouvriers croissent, nouvelle loi ; les lamentations des patrons augmentent, nouvelle loi ; le jeu peut continuer sans limite et sans issue.

Patrons et ouvriers dépendent les uns des autres ; la situation ne peut qu'empirer tant qu'on ne découvrira pas la cause unique, profonde de leur mécontentement à tous, et que, par une législation bien entendue, on n'enlèvera pas le motif de leurs plaintes.

Ni suffrages, ni institutions ne font découvrir cette cause ; loin de là. La politique des suffrages de même que celle qui est fondée sur le respect des institutions, ne peut qu'égarer les esprits. Les majorités que l'on suppose, impliquent par elles-mêmes l'opposition des minorités, et la politique fondée sur le respect des institutions, par le fait qu'on l'évoque, est la preuve de dissensions existantes.

On déclare bien qu'on fait des lois générales, non des lois

exceptionnelles. Si l'intelligence nécessaire à la découverte de la cause première, commune aux oppositions du moment manque, on ne peut que faire des lois exceptionnelles, favoriser les uns au détriment des autres, et imposer par la force, la volonté des majorités aux minorités. Les oppositions persistent, la même cause agissant toujours ; elles se transforment en haines, les haines en hostilités qui conduisent aux complots, aux conspirations ; des associations et des syndicats de toutes espèces se forment pour se défendre les uns contre les autres, et, dans le moment même où l'on espère éviter le conflit par de nouvelles lois exceptionnelles, une révolution ou un coup d'État éclate, soutenu par le suffrage des masses, aussi fatiguées de l'impuissance de leurs chefs que de leurs propres défaillances.

La découverte de la cause commune de nos intérêts contraires, de nos ambitions opposées, pour autant qu'elle tient de la législation, est à la science du législateur, ce que celle des faits permanents est à la science de l'historien.

On ne légifère pas plus sur un fait transitoire ou accidentel qu'on n'en acquiert la science.

Tout fait passager transformé en cause historique est une erreur, de même, toute loi qui s'en prend à des raisons particulières est une loi exceptionnelle, et se réduit à un acte de violence. Mais quand on ne comprend plus ce qui constitue un événement, ce qui forme un peuple, et qu'on ignore aussi bien la nature des lois que l'objet de la politique, on se laisse aller à tous les besoins du moment, à toutes les raisons accidentelles et on fait des lois abusives, comme on fait de fausse politique et de mauvaise histoire.

## La politique et les congrès.

I. Faire de bonne politique, concevoir de bonnes lois est un objet de l'intelligence, et dépend si peu du nombre des suffrages ou de la forme des institutions, que, de tout temps, on s'est confié à des réunions d'hommes plus ou moins experts pour résoudre des difficultés dont on n'entrevoyait pas la solution.

En politique extérieure, en politique intérieure, le moyen est le même. Aussitôt que surgit une difficulté nationale ou inter-nationale, dont on s'imagine pouvoir triompher autrement que par le fer et le feu, on convoque un congrès, une conférence, on réunit une commission. Particuliers, gouvernements, empereurs, tout le monde s'abandonne à la même espérance, et, naïvement, on se figure que la solution que l'on cherche va être découverte par une réunion plus ou moins officielle et nombreuse. L'échange des lumières ! on fait appel aux noms les plus illustres, aux hommes les plus compétents : les obstacles vont être levés, les difficultés vaincues, et la meilleure solution sera sûrement trouvée !

Le congrès ou la conférence ou la commission se réunit ; les journaux en sont remplis ; ils font l'histoire et le portrait des membres. On nomme des sections et sous-sections, on divise la tâche, on distribue le travail ; des assemblées générales et partielles sont convoquées ; on prononce des discours admirables, l'enthousiasme est porté au comble ; les dîners, les toasts, les réceptions se succèdent ; les distinctions honorifiques et les décorations pleuvent ; et, finalement, avec une croix et un souvenir en plus, on se trouve avec une illusion en moins.

Il s'agissait de trouver une solution inconnue que personne n'avait eu la vue assez perçante pour apercevoir, et tous n'ont fait que s'égarer mutuellement. C'est l'histoire de la plupart des congrès, conférences et commissions.

Parmi les différentes espèces de réunions de ce genre, il n'y en a que deux qui aient une portée sérieuse : la première comprend les congrès qui n'ont pour objet qu'une simple étude et dont le travail consiste en une enquête consciencieuse ; l'autre comprend les congrès qui s'occupent de difficultés résolues d'avance et ont la mission de s'entendre pour l'exécution. Toutes les commissions et conférences, tous les congrès, ayant l'un ou l'autre de ces deux caractères, ont une heureuse issue.

C'est un enfantillage de croire qu'on trouvera par le même procédé la solution de difficultés pour lesquelles l'entente commune ou les moyens font défaut. L'échange des idées, le concours des lumières, les communications des documents, la concentration des forces sont de fort belles choses ; encore faut-il posséder des idées afin de pouvoir les échanger, posséder les lumières nécessaires pour les faire briller, et les moyens indispensables à la concentration des forces.

Qu'un entrepreneur offre des actions pour une bonne ou une mauvaise affaire, les actionnaires pourront lui accorder à leurs risques les fonds nécessaires ; mais s'il les convoquait pour leur proposer de voter d'abord les fonds, s'engageant à trouver ensuite l'affaire, on le mettrait à Charenton.

La plupart des conférences, commissions et congrès, tant à la mode de nos jours, ne sont autre chose qu'une mise de fonds, en attendant la découverte de l'affaire ; mais l'illusion est si grande que personne ne songe à Charenton.

Pendant des milliers d'années les hommes ont vu couler les rivières, tomber les pierres, l'eau monter dans les pompes, et pendant des siècles ils ont délibéré, à commencer par l'Académie d'Athènes jusqu'aux écoles de la Renaissance, sur l'horreur que la nature avait, disait-on, pour le vide, et la tendance des corps lourds à tomber, des corps légers à s'élever vers le ciel ; vint Galilée qui découvrit la pesanteur. *Ce qu'un homme seul est incapable de trouver, aucune assemblée au monde ne saurait l'entrevoir ; ses membres ne peuvent que se fortifier réciproquement dans leurs erreurs.*

Congrès pour la paix universelle ! conférences pour l'arbitrage général ! commissions pour la solution de la question ouvrière, si on savait en quoi consiste réellement la paix, ce qui constitue véritablement l'arbitrage, ce qui forme le fond de la question ouvrière, on se garderait de se donner tant de tourments ; mais que feraient les faiseurs, les naïfs et ceux qui sont malades de discours rentrés ?

Les commissions, conférences et congrès chimériques, pour les appeler par leurs noms, ont toutefois une portée politique réelle qui, à l'occasion, n'est point à dédaigner. On demande à un chef d'État, à un gouvernement, à une Chambre la solution d'une question qui inquiète les esprits. Aussitôt on convoque une commission, une conférence, un congrès selon l'importance de la question. Le public en suit les incidents et débats ; l'affaire s'en va à vau-l'eau, mais on s'occupe moins du chef de l'État, du ministère ou de la Chambre. C'est un truc, non une solution.

Une dernière forme de ce genre de réunions est plus sérieuse et, en même temps, plus difficile à expliquer. On convoque, sous un titre pompeux, grands et petits États à un congrès ; les grands font leurs petites affaires, et — on abandonne la solution aux générations futures ! Cette espèce, non moins inconsistante que les précédentes, a du moins cet avantage que, sous l'apparence extérieure, s'agitent des questions réellement pratiques.

II. Il y a peu de temps la Belgique, devenue souveraine du Congo, convoqua les puissances pour lui venir en aide et s'entendre avec elles pour l'abolition de l'esclavage.

Abolir l'esclavage ! alors qu'il est, non seulement dans la pratique, mais encore dans les mœurs et les coutumes de deux continents entiers et chez des peuples qui ne sont ni de notre race, ni de notre civilisation, cela nous paraissait extravagant. Des États à esclaves, tels que la Turquie, et des roitelets nègres, se firent représenter ; nous ne comprenions plus. Il ne nous restait qu'une espérance : que la conférence nous enseignerait du moins en quoi consistait l'esclavage qu'elle prétendait abolir.

Il y en a de différentes sortes : l'un, qui est un crime, est l'esclavage pratiqué par des chefs sanguinaires, qui ne conservent les vaincus que pour faire de leurs massacres un ornement des fêtes publiques. On entendait si peu, à la conférence de Bruxelles abolir cet esclavage, le plus odieux de tous, que, lors de nos premières difficultés avec le roi du Dahomey, tout le monde nous conseilla de ne pas nous aventurer dans ce guêpier.

Une seconde sorte d'esclavage a été inventée par les Européens eux-mêmes, après la découverte du Nouveau-Monde ; c'est l'esclavage industriel. Il est une infamie. Portugais, Espagnols, Anglais, Français, l'ont pratiqué et protégé jusqu'à ce que les abus en soient devenus tellement révoltants que, finalement, tous ont consenti, les uns après les autres, selon leur intérêt du moment, à l'abolir en Amérique et dans leurs colonies.

Reste l'Afrique où l'esclavage se maintient sous toutes les formes, et où la traite continue plus cruelle que jamais. La conférence eut pour objet de rechercher, au nom de l'humanité, de la civilisation et du progrès, les moyens de mettre fin à cet abominable et honteux trafic. C'était sa mission officielle.

Le Portugal, dès les premières séances, proposa d'établir sur le territoire des traitants arabes des stations fortement occupées, afin d'empêcher cet affreux commerce. Que devenait en ce cas la chasse à l'ivoire, aux bois de caoutchouc, aux mines d'or et de diamants, qui ne pouvait se faire sans l'aide de ces mêmes arabes ? La proposition n'eut point de suite.

Une deuxième proposition porta sur la défense absolue d'importer des armes et des munitions de guerre en Afrique. Mesure encore excellente ; mais que feraient les armuriers de Sheffield, et les gouvernements eux-mêmes de leurs armes vieillies ? La proposition tomba.

La troisième stipulait une défense non moins absolue d'importer des alcools qui, non seulement empoisonnaient les noirs, mais les excitaient à vendre leurs semblables pour se procurer l'eau de feu. Mesure parfaite ; mais que ferait l'Allemagne des produits manqués des grands distillateurs de Hambourg ? Cette troisième proposition eut le sort des autres.

La quatrième eut pour effet de régler les croisières le long des côtes, pour empêcher le transport d'esclaves d'Afrique en Asie. Il en fut comme des canons et cuirasses des croiseurs : à mesure qu'ils sont armés de canons plus puissants, ils sont revêtus de cuirasses plus fortes ; le commerce des esclaves continua sur la côte africaine exactement dans les mêmes proportions ; mais au lieu de navires les négriers se servirent de boutres dont les cargaisons d'esclaves échappent aux croiseurs.

Enfin, pour achever l'énumération des résultats obtenus à la conférence de Bruxelles, toutes les puissances, la Hollande exceptée, autorisèrent la Belgique à percevoir, contrairement à la convention de Berlin, des droits douaniers sur le Congo, — et l'Allemagne, l'Angleterre, la France se partagèrent à quelque chose près l'Afrique. Quant à l'esclavage lui-même, les sociétés de l'Est et de l'Ouest, du Nord et du Sud africains, du Niger, du Congo, du Zambèze, etc., qui poursuivent absolument le même but que les vieux planteurs et les anciennes sociétés des Indes occidentales, elles le rétabliront dans les mêmes formes.

Les révélations de la compagnie Stanley et Barthelot nous en donnent déjà un singulier avant-goût. On changera le nom d'esclave en celui de *travailleur libre, volontaire, porteur*, et le public, qui se contente si facilement de mots, sera satisfait.

Pour que les sociétés de l'Est, de l'Ouest, etc., africains exploitent les richesses du sol, des forêts, des mines et des eaux, il leur faut des ouvriers connaissant le travail. Les nègres l'ignorent, comment le leur apprendre ? Il n'y a qu'un moyen : l'esclavage ; quel que soit le nom qu'on lui donne et les déclarations fallacieuses que l'on fasse. Tout être humain obligé d'accomplir un travail qui n'est ni dans ses mœurs, ni dans ses coutumes, travail, en un mot, qu'il ignore, fait forcément un métier de bête de somme, laquelle ignore aussi le travail qu'on lui demande ; l'un et l'autre sont des condamnés aux travaux forcés, que le fouet pousse ou retient.

A bas donc cette horrible hypocrisie parlant de civilisation, de progrès, de liberté sur la terre d'Afrique, quand l'unique but poursuivi n'est autre que de remplacer le traitant arabe par le trafiquant d'Europe ! « Les sociétés des missions anglaises paient » cent francs par tête d'esclave qui leur est remise. Elles acquiè- » rent ainsi pour cent francs un nègre qui leur coûterait trois ou » quatre cents francs sur la côte. Il est vrai qu'on l'appelle un » néophyte ». Qu'on l'appelle comme on voudra, le nom ne change pas la chose ; tout travailleur ignorant, par son éducation première, le métier qu'il doit exercer, devient de toute nécessité un esclave, un cheval, un chien, n'importe quel animal, dressé à la volonté du maître.

Il n'y a que le cardinal Lavigerie et ses missionnaires qui aient compris leur noble mission. Ils n'ont rien de commun avec la conférence de Bruxelles.

III. Trois lignes du gouvernement turc en disent plus sur cette comédie diplomatique que tout ce que nous pourrions écrire : « tout en adhérant aux mesures destinées à la répression de la » traite des noirs, le représentant du sultan n'admettra point » que la croisade anti-esclavagiste soit généralisée de façon à » atteindre le commerce des blanches circassiennes, qui se pra- » tique encore dans certaines parties de l'Empire ». Ce fut un comble ! Nous exposerons nos missionnaires, notre argent, nos soldats, nos matelots et nos navires pour défendre aux Arabes la traite des noirs et nous permettrons aux Turcomans la traite des plus belles créatures de notre race ?

Pas un diplomate de sang circassien, plus ou moins dégénéré, ne sourcilla. Tous les intérêts étaient satisfaits. La question ne fut pas même soulevée.

La conférence, du reste, eût été incapable de la résoudre. Elle est liée à celle de l'esclavage domestique et tous deux tiennent au degré du développement intellectuel et moral des peuples, à leurs mœurs, à leurs coutumes, à leur religion.

Que deviendrait notre civilisation si vantée, si tout d'un coup la domesticité disparaissait ? Le domestique ne vend pas comme l'ouvrier le produit de son savoir-faire à un patron, mais pour un salaire mensuel ou annuel il met ses actes, son travail et sa personne à la disposition d'un maître : c'est l'esclave antique ; il n'y a qu'une différence : l'esclave antique était acheté, l'esclave moderne est payé.

Un jour, peut-être, la civilisation sera portée au point qu'on n'aura plus besoin de domestiques, et, ainsi que cela se fait déjà dans certaines maisons anglaises, Madame et Mesdemoiselles serviront à table, feront les chambres, les lits, et le soir recevront au salon. Nous n'en sommes pas encore là. Ce degré de civilisation supérieure nous est même incompréhensible. La domesticité restera longtemps encore une forme nécessaire, un fléau de notre état social, disent les Parisiens, et une condition de notre civilisation même.

En Orient, lorsqu'un homme perd, pour une cause ou une autre, ses moyens d'existence, il ne songe pas un instant à se faire domestique ; il se fait brigand ; homme indépendant, toute servitude lui paraîtrait dégradante. L'état social dans l'antiquité fut, sous bien des rapports, semblable, à commencer par l'enlèvement des Sabines qui eut pour objet de procurer des femmes aux ravisseurs, jusqu'à la réduction en esclavage des vaincus. Dans la cité antique, il n'y avait pas plus d'hommes libres disposés à se faire domestiques, qu'il n'en existe de nos jours en Turquie. L'esclavage fut, dès l'origine de la civilisation ancienne jusqu'à sa fin, une institution sociale indispensable, tout comme la domesticité moderne, et l'esclavage domestique parmi tant de peuples et peuplades d'Asie et d'Afrique.

La réduction en esclavage fut un progrès immense sur le massacre des vaincus. A la fin de l'empire romain, le servage remplaça l'esclavage ; ce fut un nouveau et grand progrès ; et du serf émancipé, sans tenure ni métier, est né le domestique de notre civilisation. Il a fallu trois mille ans de progrès et plus pour que cette profonde et lente transformation s'opérât dans les états sociaux successifs. Et encore, chaque fois que nous, les modernes, qui avons fait de la liberté personnelle le principe de toutes nos institutions politiques, nous nous trouvons dans des contrées où les hommes, dans leur indépendance individuelle, ne connaissent ni le servage ni la domesticité, nous revenons forcément à l'esclavage qu'ils pratiquent pour pouvoir y subsister et y vivre.

Quant à la polygamie, elle porte les mêmes caractères. Dans l'origine et chez tous les barbares, la femme est la première sinon la seule esclave de la maison. Selon son aisance le maître en prend plusieurs. L'abus devient coutume, loi, religion. L'ancien testament et le Coran reflètent le même état social.

C'est dans ces grands livres et dans les grandes croyances qu'il faut étudier l'histoire de l'humanité. Les hommes doivent mériter leur civilisation par leur dévouement, leur abnégation, leur soumission les uns aux autres, et, s'ils en sont incapables, c'est par leurs excès, leurs violences et leurs crimes qu'ils déchoient de la civilisation qu'ils ont atteinte.

Que pouvait changer cette pauvre conférence de Bruxelles à cette grande loi morale de l'humanité? Elle ne la comprenait même point, sinon elle se serait rangée derrière le cardinal Lavigerie et ses missionnaires. Aussi ne fit-elle que suivre les Allemands dans leur jeune ardeur coloniale : elle adopta la théorie superbe de l'*Hinterland*, le système de conversion à coups de fusils et de civilisation à tonneaux d'alcool. Les formes diplomatiques furent admirablement observées, et les plus puissants s'entendirent pour partager l'Afrique comme un gâteau de Savoie.

La conférence de Bruxelles restera un exemple mémorable de cette espèce de conférences, de commissions ou de congrès que nous appellerons abusifs. Les trafiquants d'Europe succéderont aux traitants arabes, et se conduiront d'une façon pire en remplaçant l'esclavage domestique, qui est du moins une forme primitive de civilisation, — car l'étranger, le soumis, le vaincu se relève en entrant dans la famille, — par l'esclavage industriel qui est une dégradation.

IV. Une dernière espèce de congrès, de conférences ou commissions est à la fois abusive comme la précédente et chimérique comme les conférences pour la paix universelle, la solution de la question ouvrière, etc.

Nous prendrons un exemple des plus simples et en apparence des plus pratiques : la question monétaire. L'exemple est d'autant plus intéressant qu'il montre l'abîme qui sépare les commissions, conférences, congrès sérieux de ceux qui ne sont que des illusions ou, moins encore, des trompe-l'œil.

L'Italie, la Suisse, la Belgique ont conclu avec la France une union monétaire. Les questions à régler avaient été d'une difficulté extrême : les rapports de l'or et de l'argent devaient être déterminés, les alliages, les poids, les mesures, les échanges, la frappe devaient être fixés. Le tout fut fait comme par enchantement. Depuis un siècle toutes les solutions étaient acquises. La Grèce se joignit à l'union monétaire latine, et l'Autriche, sans y accéder, en adopta, sans négociation aucune, les principes et les règles.

Survient un petit fait en apparence insignifiant. Jusque-là, à travers des baisses et des hausses sans importance, on avait considéré l'or comme valant, à poids égal, 15 fois plus que l'argent ; sa valeur devient 16 fois plus considérable, puis 17, 18, 19, 20. On nomma des commissions, on convoqua conférences sur conférences, on créa des associations et des journaux pour relever la valeur de l'argent ; rien ne servit. Les pièces d'argent en cours étaient devenues de la fausse monnaie n'ayant plus que les deux tiers de leur valeur légale.

Au sein de la conférence, la plus importante qui se soit réunie à cette occasion, dans laquelle la plupart des gouvernements étaient représentés, on accusa l'Angleterre et sa politique de cet état de choses. L'Angleterre n'admet chez elle que l'or comme monnaie légale et permet à ses colonies de conserver l'étalon d'argent ; celles-ci lui versent, par suite, bon an mal an, trois cent millions d'argent environ en intérêts sous toutes les formes. La métropole ne sait qu'en faire et doit s'en débarrasser à tout prix ; de là la baisse sur le marché de Londres.

On accusa l'Allemagne qui, après sa fameuse indemnité de guerre, voulant *faire grand* en matière financière, adopta, comme l'Angleterre, l'étalon d'or et vendit son argent démonétisé.

On accusa l'Amérique et ses mines d'argent du Nevada qui, pendant quelques années, avaient produit plusieurs centaines de millions de trop.

Et Allemands, Anglais, Américains accusèrent la France et l'union monétaire latine laquelle, de crainte d'être inondée par l'argent allemand, anglais et américain, avait arrêté chez elle la frappe libre de l'argent.

C'était une question de bourse et de vie. On inventa les systèmes du monométallisme et du bimétallisme ; les économistes mêmes se divisèrent, et tous les organes officieux et officiels de gouvernements prirent part à la lutte. Si l'Angleterre consentait à donner chez elle un cours légal à l'argent ! s'écriaient les uns ; si tout le monde avait le courage d'imiter l'Allemagne !

répondaient les autres, tout serait sauvé. Mais, en réalité, dans l'un et l'autre cas, le seul résultat obtenu serait la fortune de quelques spéculateurs à la hausse ou à la baisse.

Ici encore on prétendait régler une question dont on ignorait à la fois le sens et la portée.

Il eût été cependant si facile de se demander ce que c'était que l'or et l'argent? on les avait sous la main. A leur défaut, on aurait pu s'adresser aux simples gros sous ; ils en donnaient l'explication entière.

Les États de l'union monétaire latine, en abolissant la frappe libre de l'argent, n'accomplirent qu'un acte de légitime défense. En continuant à recevoir l'argent démonétisé des autres États, ils auraient fini par devenir des pays d'argent comme la Chine ou les Indes. Ils ne furent pas plus la cause de la crise qu'ils ne sont la cause de la maladie des porcs, parce qu'ils en défendent l'importation.

L'Angleterre adopta son système monétaire au commencement du siècle, sans causer la moindre crise monétaire.

Les mines d'Amérique ont produit, en certaines années, pendant la même période, des quantités d'argent plus considérables, et la valeur de l'argent, loin de baisser, a haussé sur le marché.

Quant à l'Allemagne, si elle a vendu de son argent, elle s'est empressée de conserver ses vieux thalers sur la plainte de ses provinces, qui les voyaient disparaître sans recevoir de l'or en retour.

Parmi les causes attribuées à la crise, il n'y en a pas une qui supporte l'examen, surtout lorsqu'on songe que la plupart des colonies n'ont qu'une circulation monétaire infime et que deux grands États, l'Autriche et la Russie, s'ils pouvaient se défaire de leur papier-monnaie, absorberaient dix fois plus d'argent que l'Amérique, l'Angleterre et l'Allemagne n'en ont jeté sur le marché.

Arrivons aux gros sous. Pourquoi possédons-nous une si abominable monnaie? Il semble que c'est parce qu'il y a des objets de si minime valeur qu'on ne peut les acheter avec de l'argent ou de l'or : une livre de pain, un plat de légumes. Si tout le monde ne mangeait que des gâteaux et des primeurs dont les moindres auraient la valeur d'une pièce de cinquante centimes, il est évident que nous ne nous servirions plus de gros sous et que ceux-ci perdraient leur valeur comme monnaie. Or, les sous, par rapport à l'argent, sont ce que l'argent est par rapport à l'or ; et, de même que les sous perdraient de leur valeur si l'on n'achetait que des objets pouvant être payés avec de l'argent, celui-ci a perdu la

sienne parce qu'on payait en or les marchandises qu'on achetait auparavant avec de l'argent. Et on le fit, non pas parce que
ces marchandises étaient devenues plus chères, au contraire,
elles étaient devenues meilleur marché; mais parce qu'on les produisait en plus grandes masses et qu'on les vendait en plus grande
quantité. Le maraîcher et le boulanger, en vendant leurs marchandises au prix des sous, n'achètent pas l'un, son établissement,
l'autre, son champ, avec des sous; ainsi tout le petit commerce,
toute la petite industrie n'achetèrent plus leurs marchandises et
leurs matières premières au prix de l'argent, parce que le grand
commerce et la grande industrie les leur procuraient en plus
grande quantité et à meilleur compte au prix de l'or. De la sorte,
l'argent perdit son office dans les échanges; il prit, tout comme
les sous, le rôle d'une simple monnaie d'appoint, et la crise monétaire devint l'expression rigoureuse de la transformation qui
s'était opérée dans la production et dans la consommation générales. De jour en jour, la petite industrie et le petit commerce
disparaissent devant les progrès de la grande industrie et du
grand commerce, et, à mesure, l'argent, qui est le moyen d'é-
change de la petite industrie et du petit commerce, perd sa valeur.

Cette question, en apparence si simple, de la valeur relative
de l'or et de l'argent, et qui n'est, en réalité, qu'une des formes
innombrables de la question ouvrière et de la question sociale,
était absolument insoluble pour n'importe quelle conférence.
Tous les États auraient pris la résolution d'adopter un simple
ou un double étalon commun, l'argent n'en aurait pas moins
perdu sa valeur comme moyen d'échange avec l'affaissement
du petit commerce et de la petite industrie.

En Amérique, on remplace la circulation par trop difficultueuse de l'argent, lorsqu'il s'agit de fortes sommes, par des certificats de dépôt, afin d'en maintenir quand même la valeur. En
Angleterre, les *councils bills* remplissent le même office. En
France, la Banque et l'État s'efforcent vainement de mettre en
circulation l'argent qui encombre leurs caves; sans cesse, il y revient, ayant perdu en partie la raison de son emploi.

On demandait à la conférence de rendre sa valeur à l'argent,
alors qu'elle était aussi impuissante à empêcher le développement continu du grand commerce et de la grande industrie qu'à
rendre leur prospérité perdue au petit commerce et à la petite industrie; ce fut son côté chimérique. Le côté abusif eût été
toute résolution qu'elle aurait prise. Si les États s'étaient enten-

dus pour reconnaître la même valeur officielle à l'argent, cette valeur n'en restait pas moins nominale ; chacun d'eux se serait efforcé d'endosser aux autres son trop plein d'argent, et la crise aurait pris fin par un *krach* à la première opposition de l'un d'eux. S'ils s'étaient, au contraire, entendus pour adopter l'unique étalon d'or, aussitôt la valeur de l'or doublait, et le *krach* du métal blanc était complet. On ne fit rien, et c'est ce qu'on fit de plus sage.

V. En somme, les congrès, les conférences ou commissions, dont les membres ne sont pas d'accord à l'avance sur le but à atteindre et ne possèdent point les moyens pour réussir, ne sont que des utopies ou des mystifications, quels que soient leur nom, leur objet et leur forme.

En revanche, ces réunions sont d'une utilité d'autant plus grande que leur objet est plus précis et l'entente plus complète. Ce sont les bienfaits de ces dernières qui ont jeté les esprits dans les égarements des congrès, des conférences et des commissions utopistes.

A moins que ce ne soit une autre cause infiniment plus grave.

Devenus individuellement incapables de résoudre les grandes questions qui troublent la situation sociale, politique, internationale, nous nous précipitons dans des projets impossibles, avec d'autant plus d'aveuglement que nous en ignorons davantage les difficultés.

Non seulement les congrès, les conférences et commissions, mais encore toutes nos associations, tous nos syndicats sont ainsi devenus de véritables plaies pour notre état politique. L'organisation, non pas de l'entente commune, mais de la lutte des uns contre les autres : commissions d'une coterie politique contre les commissions d'autres coteries politiques ; congrès internationaux des ouvriers contre le capital ; congrès des grands industriels contre les petits, et ainsi de suite. Le but de tous est également chimérique : ce n'est point en excitant les uns contre les autres qu'on arrive à une entente meilleure. Aussi toutes les résolutions qu'on peut prendre dans ces réunions sont-elles également abusives et n'aboutissent-elles qu'à l'organisation systématique des oppositions latentes de notre état social et politique. Ne comprenant pas les conditions de l'existence des États, nous faisons tout au monde pour la troubler, qu'il s'agisse de classes sociales ou de partis politiques, d'intérêts nationaux ou internationaux, qu'il s'agisse même d'union d'États et de prétendues alliances pour la paix : ce sont des alliances pour la guerre en dépit de tous les sophismes.

Tout État, toute classe sociale, tout parti politique, incapables de parvenir à s'entendre avec les classes, les partis, les États, qui leur sont opposés par intérêts ou par ambition, poursuivent un but également abusif, car toutes les communautés sociales, politiques ou économiques étant un organisme ou une partie d'un organisme, en s'unissant pour combattre les oppositions qu'elles rencontrent, entreprennent une œuvre néfaste et renouvellent la fable de la révolte des membres contre l'estomac. Les difficultés dont elles ne peuvent triompher surexcitent de plus en plus les intérêts et les passions ; et les krachs, les crises, les violences, les guerres, en sont la conséquence finale ; voilà pour le côté général.

Le côté particulier est également simple.

Il y a des questions, et elles sont heureusement encore en grand nombre, dont un seul homme pourrait aisément réaliser une solution qu'il aurait trouvée. Mais au lieu de chercher l'homme de la chose, *the right man for the right thing*, comme disent les Anglais, on réunit des commissions de trente, quarante, soixante membres ; on rassemble des congrès de centaines de délégués ou des conférences non moins nombreuses, qui, discutant, disputant, ne découvrent rien ; au contraire, embrouillent la question au point de la rendre inintelligible.

« L'homme, dit Gœthe, ne comprend que l'esprit qui lui ressemble ». Les commissions, les conférences, les congrès composés toujours en majorité de médiocrités qui se comprennent fort bien entre elles, feront toujours prévaloir leur avis ; si tant est qu'elles parviennent à en émettre.

Il y a des assemblées dans lesquelles l'opinion la plus sage, la plus juste détonne comme un paradoxe, voire comme une insulte au bon sens du grand nombre ; que peut-on en attendre ?

La science de la politique doit se contenter de constater le fait. L'art de la politique consiste à concevoir les questions, si difficiles qu'elles soient, dans leur portée entière. C'est la moitié de la solution ; trouver l'homme de la chose, est l'autre moitié.

# VIII

## LA QUESTION OUVRIÈRE.

I. Autre est la question sociale, autre la question ouvrière. La première est propre à tous les États de la civilisation moderne ; la seconde, aux grandes villes et aux centres industriels. Celle-ci s'est manifestée de tout temps : au Moyen Age, sous l'ancien régime, de nos jours, d'une façon passagère, à chaque crise de la production, à chaque chômage du travail. L'autre a surgi et s'est développée régulièrement avec les progrès politiques et intellectuels de tous les peuples. Les petits paysans, les petits bourgeois, les domestiques et les ouvriers mécontents, les employés subalternes forment les éléments de la question sociale ; le taux des salaires, les heures de travail, les époques de chômage et de crises sont les éléments de la question ouvrière. Les démagogues et les utopistes les confondent ou les méconnaissent.

Tant que la noblesse a rempli son rôle d'initiatrice du progrès, de gardienne de la prospérité et de la sécurité publiques, son action prédominante a été justifiée dans l'histoire. Mais lorsque la noblesse méconnut sa mission, et que cette sécurité et cette prospérité furent compromises, les droits qu'elle s'était acquis se transformèrent en abus, et ses privilèges en un non-sens historique.

A son tour, la bourgeoisie actuelle, comme la noblesse d'autrefois, ne suffirait-elle plus à sa tâche ? Parvenus par le travail, l'industrie, le commerce, la science, les États européens succombent sous leurs charges financières ; les crises industrielles et commerciales se succèdent ; chez tous, l'agriculture est en détresse ; la science officielle, l'instruction publique, est partout sophistiquée de la même manière, et, loin de garantir la sécurité, les armements prennent des proportions de plus en plus menaçantes.

Le côté le plus grave de la question sociale n'est ni dans la situation des classes inférieures, ni dans les ambitions des démagogues ou les idées creuses des utopistes ; mais dans cette autre question : la bourgeoisie des États modernes, semblable à la noblesse de l'ancien régime, se serait-elle survécu à elle-même ?

Indistinctement, tous les peuples européens marchent vers la démocratie ; le suffrage des masses devient de plus en plus une nécessité pour leur maintien, et si ce mouvement prend le nom de démocratique et social, c'est uniquement parce que la bourgeoisie n'a su nulle part se fortifier dans la direction des affaires dont elle s'était emparée.

Telle est la nature de la question sociale. En voici les conséquences : dans l'antiquité, où les esclaves représentaient, non pas nos classes populaires, mais les domestiques et les ouvriers étrangers à bon marché, le mouvement social fut semblable à celui de la société moderne. Les classes moyennes finirent, en Grèce comme à Rome, par remplacer ou par absorber les familles aristocratiques et patriciennes, et, devenues dirigeantes, elles furent annihilées ou absorbées à leur tour par la masse du peuple.

Alors les débris des classes dirigeantes, par des demi-mesures, des promesses illusoires, maintinrent les classes inférieures jusqu'à ce que celles-ci, lasses de déceptions, en firent table rase pour retomber aussitôt sous le même régime et recommencer les mêmes révoltes, qui ne s'arrêtèrent qu'avec l'épuisement général. — Ce fut la fin des petites républiques grecques.

A Rome, la conséquence fut différente : on vit une suite de Césars-tribuns qui se saisirent du pouvoir et maintinrent les masses par une garde prétorienne, quitte à leur jeter de temps à autre la fortune d'un riche en pâture, pour les nourrir, et un chrétien aux bêtes, pour les amuser. — Ce fut la fin de la grande République romaine.

L'histoire ne nous offre point d'autre solution de la question sociale : l'imbécillité alexandrine, ou la dégradation romaine ; à moins que, par une réforme complète de l'instruction publique, ce levier qui manquait à l'antiquité, les États modernes ne parviennent à entrer dans une voie plus heureuse.

Malgré l'état déplorable de notre instruction, c'est encore nous qui, de nos jours, souffrons le moins de la question sociale. Grâce à nos révolutions successives, toutes les barrières sociales ont été rompues les unes après les autres. Le suffrage universel, le morcellement de la propriété, l'avancement à l'ancienneté ou au choix dans toutes les carrières, ont fait perdre à la question sociale son caractère aigu. Si chaque soldat porte son bâton de maréchal dans sa giberne, chaque citoyen peut avoir aussi dans une de ses poches un portefeuille de ministre, et dans l'autre un bilan de millionnaire. Nous avons poussé à l'excès notre esprit de sociabilité, au point de ne plus conserver de notre ancien état social que les fondements les plus primitifs.

Mais si la question sociale a perdu son caractère aigu, *la question ouvrière a pris chez nous une importance d'autant plus grande par cela même que notre ouvrier, dans la gêne, se trouve d'autant plus malheureux que son sentiment de l'égalité est devenu plus vif.*

C'est par ce seul côté que la question sociale touche à la question ouvrière.

II. Dans sa forme actuelle, la question ouvrière date de la proclamation de la liberté du travail. Au siècle dernier, des privilèges, droits, péages de toute sorte, empêchaient à la fois l'expansion industrielle et la facilité des relations commerciales. En proclamant le nouveau principe, on n'oublia qu'une chose : la nécessité du travail, sa fatalité brutale. La question ouvrière, dans sa forme moderne, est née de là.

Les anciens avaient observé que des mouvements du soleil provenait le changement des saisons, et de ceux de la lune le beau et le mauvais temps ; ils généralisèrent leurs observations et firent des astres les régulateurs des destinées terrestres. De même, après avoir remarqué les résultats qui dérivèrent de l'abolition des privilèges, droits et entraves de l'ancien régime, on attribua à la liberté du travail tous les progrès matériels, industriels et commerciaux. Alors, comme les dieux moteurs des astres étaient devenus les maîtres de l'heur et du malheur des hommes, les possesseurs de richesses, seuls libres de disposer de leur travail, apparurent comme des dispensateurs du bien-être privé et public. Et finalement, de même que des astrologues avaient fait croire par leurs prédictions au peuple qu'ils étaient des sorciers qu'il fallait brûler en place de Grève, les ouvriers de nos jours, en cas de crise ou de manque de travail, incendient les fabriques et attentent à la vie de ces autres sorciers, les possesseurs de richesses.

Le parallèle est complet ; rien n'y manque, si ce n'est que les astrologues, avec les progrès de la science, sont devenus des astronomes, tandis que les économistes, avec le développement de leurs théories, sont devenus des alchimistes politiques.

Les alchimistes s'étaient figuré que, par la découverte de formules cabalistiques et de combinaisons ténébreuses, ils parviendraient à transformer le plomb en or ; ainsi certains économistes ont fini par croire que des formules et des combinaisons non moins mystérieuses — crédit gratuit, coopération, participation, socialisation — changeraient la misère du grand nombre en richesse de tous.

Les siècles se succèdent, l'erreur est de tous les temps. Elle change de langage et d'objet; les causes en restent les mêmes. Celles-ci étaient à l'époque de Nostradamus et de Paracelse ce qu'elles sont encore aujourd'hui : elles résident dans l'impuissance de découvrir les causes véritables ; et l'on est forcé de s'attacher à des analogies ou à des faits secondaires. Le travail est un phénomène général et ses effets sont infiniment trop vastes pour qu'une de ses formes particulières : crédit gratuit, coopération, participation, etc..., puisse y suppléer.

III. On a cru, toutefois, découvrir deux solutions de la question ouvrière. Toutes deux ont été mises en pratique : la première par le puissant ex-chancelier d'Allemagne, la seconde, par les syndicats des ouvriers anglais.

L'ex-chancelier fit voter coup sur coup par le Reichstag allemand, après de longs et pénibles débats, des lois d'assurances pour les classes ouvrières contre les accidents, la maladie, la vieillesse, et de vastes organisations furent étendues, pour chaque espèce de métier, à des contrées entières. Le résultat fut que, sans le maintien des « états de siège », sans une législation qui défend toute réunion, toute publication révolutionnaires, et sans des mesures de police draconniennes, l'Allemagne se serait peut-être trouvée en pleine anarchie.

Le chancelier, en touchant maladroitement à la question ouvrière, ne fit que soulever la question sociale.

Il y a quelque analogie entre ce qui est arrivé à nos paysans au dernier siècle et ce qui se passe actuellement au sein des basses classes allemandes. Le servage dont nos paysans s'étaient débarrassés, les propriétés qu'ils avaient acquises, les jetèrent dans la révolution au seul décret de la confiscation des biens du clergé et des émigrés ; mais les excès de la Terreur les ayant dégoûtés de la République, ils firent la force de l'Empire, débordant sur l'Europe pour maintenir leurs acquisitions. Ainsi, de nos jours, non seulement les ouvriers, mais tous les sujets allemands des classes inférieures, quittant en triomphateurs la France abattue, après avoir conquis des provinces et des milliards, éprouvèrent des aspirations qui leur avaient été inconnues et auxquelles l'ex-chancelier par sa législation maladroite n'a fait que donner une sanction officielle, sans satisfaire en rien les grandes aspirations de gloire et de prospérité qu'il avait lui-même soulevées.

Encore, si, en décrétant les assurances obligatoires, le prince avait maintenu haut et ferme, en dépit de la crise, la pratique du libre-échange, l'état du pays aurait pu, avec le temps, se calmer. Mais en passant au protectionnisme et à la guerre de tarifs avec les nations voisines, il a rendu la situation sans issue.

Ce n'est pas un général se mettant à la tête de la démocratie française qui bouleversera de nouveau le monde, comme le grand chancelier en a menacé le Reichstag — *non bis in idem* — mais ce sera la première Chambre allemande, fût-ce le Landstag de Berlin, qui, poussée par la force des choses, décrètera la déchéance des « magnats agraires et industriels » d'outre-Rhin.

Si M. de Bismarck avait tant soit peu compris la différence qui existe entre la question sociale et la question ouvrière, loin de prendre en 1871 l'Alsace et la Lorraine, et de nous imposer une indemnité de cinq milliards, il aurait insisté sur la déclaration royale que l'Allemagne n'avait fait la guerre qu'à l'Empire, non à la France; et nous aurait offert, en échange de l'honneur de notre alliance, un traité d'union douanière. C'eût été non seulement la solution de la question ouvrière au-delà du Rhin, mais encore la couronne de Charlemagne sur la tête de son empereur.

Il est même incompréhensible que le grand diplomate, lui qui durant son stage à Francfort avait si parfaitement compris l'importance des unions douanières, et les avait si bien défendues contre l'Autriche, n'ait point songé à cette solution.

Les mêmes causes qui, en 1852, éloignaient l'Allemagne de l'Autriche, la rapprochaient en 1871 de nous : la grande différence des salaires dans les deux pays.

Notre centralisation industrielle et commerciale, nos vastes colonies qui manquent de population, nos milliards restés disponibles, tout, jusqu'à la contrefaçon de l'industrie allemande, aurait achevé de faire de la France, avec l'union douanière, une terre conquise.

Le Palatinat et Iéna, deux souvenirs, et la révolte de la Commune, nous sauvèrent du danger. Le grand ministre, oubliant les vues limpides du diplomate, eut peur d'une nation dont il croyait avoir à se venger, et qui lui parut insensée. Il ne comprit plus la situation.

Ce que c'est qu'une fausse politique ! Il remplaça la couronne de Charlemagne par toutes les drogues de l'infirmerie sociale : coups de fusils et de pistolets, dynamite et complots, états de siège petits et grands, lois contre les socialistes, lois contre les accidents, les maladies, la vieillesse, rien n'y manqua ; il alla jusqu'à conclure des triples et quadruples alliances pour mettre en quarantaine la prétendue patrie des révolutionnaires. Un bon médecin n'aurait eu que faire de ces drogues ; on les appelle symptomatiques : dans l'impuissance de guérir le mal, on s'en prend aux apparences.

IV. La solution trouvée par les ouvriers anglais, se distingue du tout au tout, de celle qui fut imposée par l'ex-chancelier allemand.

Abandonnant aussi bien le côté social que le côté politique de la question, les ouvriers anglais ont organisé, après des efforts inimaginables, leurs puissants syndicats.

Le mouvement commença au siècle dernier, où les grèves furent non moins nombreuses que dans le nôtre, et se rattachaient à l'organisation des anciens compagnonnages. La grande industrie, en éloignant de plus en plus les compagnons du maître, porta naturellement les ouvriers à resserrer leurs liens entre eux. Pendant la lutte de l'Angleterre avec Napoléon Ier, leur situation devint navrante. Au retour de la paix, ils se donnèrent leur organisation actuelle ; les grèves, les révoltes contre les entrepreneurs et chefs industriels se multiplièrent et aboutirent au mouvement des chartistes. Le mouvement fut étouffé : mais le Parlement ordonna des enquêtes qui resteront comme des témoignages impérissables des recherches et des études minutieuses, ainsi que des efforts faits par des hommes qu'animait un esprit d'impartialité admirable. Peu à peu la législation fut transformée, des lois sur le travail des enfants, sur l'inspection des fabriques, sur les habitations ouvrières, furent promulguées ; enfin parut, le 29 juin 1871, la loi qui accorda aux syndicats ouvriers tous les droits civils. La loi ne fit que ratifier les faits accomplis. Les syndicats avaient acquis une organisation telle que la plupart dédaignèrent de profiter des nouveaux droits.

La journée de travail qui était de seize et de dix-huit heures fut réduite à douze et dix heures ; les salaires avaient doublé et

triplé : le bien-être, la santé physique et morale, s'étaient amé-
liorés dans une large mesure.

L'organisation des syndicats ouvriers anglais est intéressante
à plus d'un égard. Chaque syndicat ne comprend que les ouvriers
d'un même métier, et s'étend sur le pays entier. Dans chaque
localité où le métier est exercé existe une section dont la direction est confiée à l'assemblée locale et à son secrétaire.

Les membres des diverses sections choisissent parmi les commissaires et les présidents, le comité central exécutif, dont le
secrétaire est nommé pour dix ans. Ce secrétaire est la cheville
de l'organisation entière ; il reçoit un traitement, se trouve en
relation avec les diverses sections, adresse ses rapports au comité exécutif, lequel décide souverainement et en dernier ressort. On dirait le plan emprunté à la conquête jacobine de notre révolution. Voici par où il s'en distingue : les membres versent un droit d'entrée ainsi qu'une cotisation hebdomadaire; en
cas d'urgence le comité a, en outre, le droit d'imposer une
taxe supplémentaire. Les sections reçoivent et administrent les
fonds qui appartiennent néanmoins au syndicat tout entier.
Chaque ouvrier du métier, qui désire faire partie du syndicat,
doit faire déclarer par deux membres qu'il est bon ouvrier ; le
mauvais ouvrier étant exclu. Le syndicat exige en retour des
entrepreneurs et chefs d'industrie, qu'ils ne prennent qu'un
nombre fixe d'apprentis, s'arrêtent à un salaire minimum et à
une durée de travail maximum ; ils jugent en outre de la façon
dont ils traitent ses membres. Tout chef industriel qui refuse
de se soumettre à ces demandes est mis en interdit. L'ouvrier
et sa famille reçoivent en cas de maladie ou de chômage des
secours, et, en cas de grève particulière, des subventions de la
part des comités locaux. Dans les grèves générales, le comité
exécutif entre en œuvre, et s'adresse aux syndicats des autres
industries, pour en recevoir des fonds, jusqu'à ce que les chefs
se soumettent à ses exigences.

Le secrétaire exécutif tient une liste de tous les membres ;
les membres des sections lui font parvenir régulièrement celle
des emplois vacants ou des membres inoccupés de la section. Si
le travail se ralentit, on n'admet pas de réduction de salaire,
mais une diminution des heures de travail ; et, si le moyen est
insuffisant, les ouvriers reçoivent des avances pour se rendre
aux colonies.

Telles sont les grandes lignes de cette organisation, d'autant

plus puissante que l'ouvrier témoigne à son syndicat un dévouement et une obéissance sans bornes.

Aussi l'autorité et l'action des syndicats se sont-elles étendues à un tel point que les chefs d'industrie n'apparaissent plus
en quelque sorte que comme les entrepreneurs de leurs ouvriers.

Ceux-ci leur fixent leur gain, leur dictent les conditions et
les formes du travail, les améliorations, les augmentations qu'ils
exigent et, avec les sommes considérables dont les syndicats
disposent, deviennent, en apparence, les maîtres de la production. Ce serait cependant une grande illusion de croire qu'ils le
deviennent réellement.

Si les ouvriers anglais sont parvenus à améliorer leur situation d'une façon remarquable et à obtenir des résultats merveilleux, ces progrès ne sont rien en comparaison des progrès faits
par l'industrie et le commerce de l'Angleterre pendant la même
période. Les capitaux immenses dont le pays dispose sont tombés à 2 1/2 0/0 d'intérêt, son commerce s'est étendu sur le monde
entier, et son industrie est devenue l'initiatrice des progrès industriels des États civilisés.

Aujourd'hui que tous ces résultats ont été obtenus et que
les progrès se sont étendus à tous les pays, il en est résulté la
surproduction et l'avilissement des prix sous la forme d'une
crise générale s'étendant à l'industrie, au commerce, à l'agriculture de tous les États. Les ouvriers ont beau se syndiquer
et les patrons se contre-syndiquer, le beau temps des grèves
est aussi bien passé pour les uns que celui des entreprises gran-
dioses pour les autres.

*En réalité, les ouvriers des syndicats anglais ont formé une
aristocratie ouvrière : la misère de la masse de la population n'a
cessé de croître, et si, par leurs exigences, ils sont parvenus à mettre momentanément un terme à la question ouvrière, celle-ci s'est
transformée en question sociale le jour où la bourgeoisie anglaise
a cessé de réaliser des progrès qui fussent en proportion avec les
exigences des ouvriers.* Ces derniers l'ont admirablement compris et sont arrivés à faire de leurs aspirations, tout comme en
Allemagne et en France, une question sociale et politique.


V. Il importe d'étudier d'autant plus sérieusement les différentes formes de la question ouvrière.

Tant que par les grèves, ou, pour parler plus scientifiquement,
tant que, par une organisation mieux entendue de leurs forces,
les ouvriers parviennent à augmenter leurs salaires et à dimi-

nuer leurs labeurs, il y a une question ouvrière ; de même qu'il y a une question industrielle et commerciale tant que les patrons peuvent produire mieux et plus, et vendre dans des conditions plus heureuses.

La question ouvrière et la question industrielle et commerciale se confondent en réalité. Mais dès que les patrons, fussent-ils même syndiqués, sous la forme la plus absolue, dans l'État propriétaire et producteur de toutes choses, sont incapables de produire mieux et de vendre davantage, il n'y a plus de question ouvrière ni de question industrielle et commerciale, mais la question sociale surgit sous toutes ses formes et avec tous ses dangers.

Les crises ouvrières et les crises industrielles et commerciales sont un même phénomène et, à travers des retours en quelque sorte périodiques, entraînent toujours la même solution : une reprise des affaires et un progrès dans la prospérité générale.

Les crises sociales sont des phénomènes infiniment plus profonds. Elles surgissent dès la formation des peuples, persistent durant leur histoire entière et amènent leur disparition si on n'en trouve pas la solution. Dès l'origine de la civilisation moderne, elles prirent la forme de l'affranchissement des communes et de l'abolition du servage ; sous l'ancien régime, elles se continuèrent par la lutte entre la bourgeoisie et la noblesse. A notre époque, elles sont avant tout le symptôme d'un état moral dont la caractéristique est moins l'incendie de quelques monuments ou la fusillade de quelques malheureux, que la perte des traditions sociales, l'abaissement des intelligences et la dégradation des caractères. Leur côté le plus grave n'est pas la situation des classes inférieures, mais bien celles des classes dirigeantes.

Dans cet immense engrenage, formé de rouages infinis, qu'on appelle la vie d'une nation, les aspirations des classes inférieures ne constituent qu'un élément isolé.

Comment se fait-il qu'il y ait des époques où toutes les entreprises sont heureuses : mesures politiques et administratives, affaires commerciales et industrielles, luttes et guerres extérieures ? C'est que partout la direction se trouve entre les mains d'hommes d'initiative et d'action, peu importe d'où ils sortent ; que ce soit de la noblesse, de la bourgeoisie ou du peuple !

Il y a d'autres époques, au contraire, où chaque effort est une souffrance, chaque tentative un échec ; c'est qu'à la tête de toutes les entreprises militaires, politiques, administratives, économiques se trouvent des incapables ou des faiseurs.

Quand les hommes travaillent et se soutiennent mutuellement, en pensée et en acte, chacun arrive à son rang et à sa place. Mais lorsque les idées perdent leur consistance, les sentiments leur direction commune, alors le voisin se méfie du voisin, l'ami de l'ami, l'ouvrier de son patron, le soldat de son officier, et de l'impuissance générale naît l'anarchie intellectuelle et morale, d'où, finalement, surgit à son tour la haine de tous contre tous. A ce point de vue, la question sociale ne se transforme plus en crise, mais prend le nom de dissolution ou de décadence nationale.

Mais jusque dans la disparition des États, la question ouvrière reste distincte de la question sociale, et sa solution est toujours la même : l'activité industrielle et commerciale croissante de la nation. Elle ne saurait en recevoir d'autre : pas plus qu'avec des moyens mystérieux on ne transformera du plomb en or, on ne change par des combinaisons artificielles la misère en richesse ; comme pour l'or, il faut en découvrir la mine.

Quant à la solution de la question sociale, à part celle de la Grèce et de Rome, on n'en a trouvé jusqu'ici aucune.

Pour les uns, ce sont les partis révolutionnaires et le suffrage universel qui en sont la cause ; pour les autres, c'est l'abus des institutions parlementaires ou l'oubli des doctrines chrétiennes, etc. ; on oublie la cause véritable : l'incapacité politique de tous ceux qui font ces sortes de raisonnements.

Ainsi que le font les enfants et les infirmes de la pensée, on accuse autrui des erreurs et des fautes qu'on a soi-même commises.

Si la nation a oublié ses anciennes croyances, pourquoi ceux qui en avaient la direction les lui ont-ils laissé perdre ?

Si les libertés constitutionnelles et parlementaires sont méconnues, pourquoi ceux qui en étaient les représentants ont-ils conduit le peuple à tant de révolutions successives ?

Si le parti radical et révolutionnaire est le grand danger, pourquoi ceux qui représentent les opinions modérées lui ont-ils laissé prendre un tel ascendant ?

Si le parti monarchique, par son opposition, empêche le triomphe des opinions modérées, pourquoi répondent-elles si peu aux aspirations des masses ?

Et si c'est le suffrage universel qui est la cause de l'impuissance de tous, pourquoi ne sait-on pas mieux manier ce suffrage ?

La réponse à toutes ces questions serait la solution du problème social.

C'est un effet de l'éternelle sottise humaine que d'exiger des autres plus d'intelligence qu'on n'en a soi-même, et lorsque par hasard une pensée plus juste se manifeste, on ne la comprend qu'à la condition qu'elle s'impose. Aussi sommes-nous non moins éloignés de concevoir une solution de la question sociale qu'une solution de la question ouvrière.

Cette dernière qui, momentanément, est la plus importante chez nous, est cependant susceptible d'une solution effective. Elle est intimement liée à notre situation financière et à la crise industrielle et commerciale que nous traversons.

## LA QUESTION SOCIALE.

I. Le 5 février 1890, le jeune empereur allemand adressa deux rescrits, l'un, à son chancelier, l'autre, à ses deux ministres des travaux publics et du commerce.

Dans le premier il priait le prince de Bismarck « d'inviter les » Puissances à entrer en pourparlers avec l'Allemagne dans le » but d'aboutir à une entente internationale sur la possibilité de » donner satisfaction aux besoins et aux désirs manifestés par les » ouvriers », dans le second il engageait ses ministres « à com- » pléter la législation sur les assurances ouvrières et à reviser la » législation sur l'industrie en ce qui concerne la situation des » ouvriers de fabriques ».

Le 15 mars, la conférence internationale s'est réunie à Berlin ; le 19, elle avait terminé ses travaux.

En parcourant son protocole final, on croirait lire, sous une forme extraordinaire, le sermon d'un bon curé de village : *Il est fort mauvais,* mes chères ouailles, *que les personnes du sexe fé- minin travaillent sous terre,* le bon Dieu ne les a point créées pour cela, et il est non *moins mauvais que les enfants au-dessous de quatorze ans le fassent* ; leur âge si tendre, leurs membres si délicats en font, en vérité, une cruauté devant le Seigneur. Vous commettez en outre, et vous le savez, un grand péché en *ne respectant pas le dimanche;* c'est un scandale devant le Créateur qui, lui-même, s'est reposé le septième jour. Et dire que non seulement vous et vos femmes vous travaillez le dimanche, mais que vous faites encore travailler, en ce jour sanctifié, *vos en- fants de l'un et de l'autre sexe, sans qu'ils aient même achevé leurs études primaires.* Croyez-vous que le bon Dieu ne vous en deman- dera pas un compte sévère ? Et tous ces péchés, vous les com- mettez *sans fixer même à ces pauvres petits de limites à la durée de leurs efforts.* Vous ont-ils été donnés pour que vous en fassiez des bêtes de somme ; mais, que dis-je, vous êtes plus cruels pour vos enfants que pour vos bêtes : à celles-ci du moins vous accordez un repos salutaire, tandis que vous attelez au labeur *vos mal-heureux enfants, non seulement de jour mais encore de nuit*. Vous allez plus loin encore, dans votre sordide âpreté au gain, vous ne vous inquiétez même pas *s'ils sont occupés dans un travail salubre ou insalubre*. Où vous conduiront tous ces crimes envers vous-mêmes et envers les vôtres ? Vous ne respectez pas mieux la santé et les forces de vos propres épouses. Ainsi que vos enfants, vous faites travailler *leur mère et de jour et de nuit* ; alors que non seulement la charité, mais encore les plus grands savants, du monde affirment que vous dépassez toutes les bornes en les *obligeant à un travail effectif de plus de onze heures*. Mais que vous importent Dieu, la charité et la science ? Encore si vous *laissiez se reposer et se remettre la malheureuse mère qui vient de vous donner*, dans les larmes et les douleurs, *un enfant*, vous prou-veriez du moins qu'il vous reste quelque pitié au cœur. Non ! vous n'écoutez ni les conseils de Dieu, ni les avis des hommes, ni la charité, ni la pitié ! » ....

Nous défions qui que ce soit de trouver davantage dans le protocole de la conférence de Berlin, sauf la division par arti-cles. Il y a même beaucoup moins que dans le sermon du brave curé, sermon qui dure depuis la venue du Christ et parle au moins de Dieu et de l'éternité.

Est-ce pour leur plaisir que les ouvriers font travailler leurs enfants ? est-ce pour leur amusement qu'ils descendent avec leurs filles dans les mines ou exposent leur vie dans les industries insalubres ? est-ce une fête pour leurs pauvres femmes, à peine relevées de couches, de se remettre à leur rude labeur ? ou bien, est-ce pour satisfaire leur faim et leur soif que tous agissent ainsi ?

Interdire les plaisirs, les amusements, cela se comprend ; mais interdire le travail et lui prescrire ses heures et ses limites, sans indiquer le moyen de remplacer le morceau de pain qu'il donne, n'est qu'une dérision amère.

Les rescrits et la conférence avaient soulevé toutes les espé-rances ; ils aboutirent à toutes les déceptions. Les ouvriers qui en ont lu les résultats, s'ils n'ont haussé les épaules, ont serré les poings et grincé des dents. Depuis, il n'y eut point de jours sans grèves ou congrès d'ouvriers, en Angleterre, en France, en Allemagne, en Autriche, en Italie, en Belgique, en Hollande, partout, excepté en Russie, qui n'avait pas été convoquée à la conférence.

En réalité, cette conférence a répondu aux rescrits du jeune empereur comme si les classes travailleuses étaient une population dans la lune.

Quand nous parlons de classes travailleuses, nous entendons aussi bien les ouvriers que les patrons, les employés que les entrepreneurs, tous ceux, en un mot, qui travaillent pour subvenir aux besoins de leur existence. Nul ne le fait pour son plaisir. Ce n'est pas plus une distraction pour le bourgeois de fonder un établissement nouveau, dont il ignore la réussite, que ce n'en est une pour l'ouvrier qui ira lui demander un gagne-pain ; et ce n'est pas davantage un amusement de créer une industrie insalubre, d'ouvrir une mine ou de trouver un débouché nouveau que d'y chercher du travail. On ne le fait que parce que c'est une nécessité aussi bien pour les uns que pour les autres, une condition d'existence, commune à tous. Promulguez des lois de réglementation du travail tant qu'il vous plaira, vous ne diminuerez pas d'un iota ces nécessités implacables. Que les filles et leurs mères vivent comme des bourgeoises, leurs privations seront d'autant plus cruelles qu'elles n'en auront pas les rentes ; que les ouvriers et les patrons se conduisent comme des millionnaires, leurs misères n'en seront que plus profondes. Ce ne sont pas les règlements, ni les lois qui produisent du pain et du charbon, des vêtements, des meubles, des habitations.

Le jour où la conférence de Berlin publia son protocole, la question ouvrière fit un pas immense vers sa solution, qui est loin d'être celle qu'on rêvait.

II. Encore si elle s'était donné la peine de réfuter la fameuse doctrine de Karl Marx, qui a pénétré les esprits et se réflète dans tous les congrès ouvriers. Le révolutionnaire allemand a démontré que toutes les misères provenaient de la libre concurrence que les économistes regardaient comme la source de toutes les prospérités.

La doctrine de Karl Marx a donné aux revendications des classes ouvrières une précision, une netteté, qui ne laissent plus rien à désirer. Ce n'est pas tant aux riches qu'elles en veulent ; qu'est-ce que ça leur fait, les riches, — il y en a dans leur parti ; — c'est à la production capitaliste et aux effets de la concurrence produisant d'une part des richesses et d'une autre des misères excessives; c'est à notre société qui, depuis un siècle, proclame la liberté, l'égalité, la fraternité, sans qu'il n'y ait ni

liberté, ni égalité, ni fraternité. Ce qu'elles voudraient, c'est un
état social organisé de manière à ce que chacun apportàt le
produit du travail dont il peut disposer à la caisse commune,
produit qui reviendrait à tous suivant les besoins d'un chacun.
Libre concurrence tant qu'il plaira, mais point de mise à part ;
c'est le capital ! « le vampire qui vit du sang de l'ouvrier ».
Toutes les revendications des classes ouvrières se résument dans
la formule marxiste.

Tant que les campagnes ne se mettront point de la partie,
tout ira relativement bien. Nous aurons des armées pour empêcher les ouvriers des centres industriels de se jeter sur le « vampire ». Mais déjà l'Église, qui tient surtout les campagnes, s'é-
branle ; elle est née des Esséniens, point de mise à part ! Que la
presse se mette de la partie ; — à leur dernier congrès les ouvriers allemands, ont résolu de faire les fonds nécessaires pour
répandre par des journaux la doctrine dans les campagnes, —
enfin que le mouvement devienne international, — pas un congrès ne se réunit sans que les ouvriers de tous les États ne le
réclament, — qu'arrivera-t-il de notre état social avec tous ses
progrès en dépit de ses armées, de ses empereurs, de ses chan-
celiers et de ses conférences ? — plus d'ouvriers descendant
dans les mines, plus de chaleur ni de force motrice !

Et cependant ce ne sont là que des craintes chimériques. Les
revendications des classes ouvrières sont et resteront un rêve,
tout comme celui des conférenciers de Berlin.

Il suffit, pour s'en convaincre, d'envisager le côté moral de
la question.

Tant qu'il y aura des hommes, les uns auront des besoins
vifs en même temps que les talents et les forces pour les satisfaire, ce seront les riches ; les autres ressentiront des besoins
non moins pressants, mais sans posséder ni les forces ni les talents pour les contenter, ce seront les pauvres. Entre les deux
se trouvent les sages, qui savent modérer leurs besoins selon
leurs moyens, et les heureux, qui, sans effort, éprouvent juste
les besoins que leurs moyens permettent de satisfaire. Les sages et les heureux forment l'exception, tandis que les riches
et les pauvres constituent la masse. Qu'importe donc la répartition des richesses et les lois qui règlent le travail ; elles ne
seront jamais que des effets, non des causes. Ceux qui possède-
ront les moyens de satisfaire leurs besoins seront les riches,
ceux qui ne les posséderont point les pauvres. L'illusion du prophète de la démocratie socialiste a été de croire que le capital

était une force par lui-même. C'est l'homme, mobile et moteur à la fois, qui est le capital véritable et dispose, selon les besoins qu'il éprouve et les talents qu'il possède, aussi bien des moyens d'échange et de production que de toutes les institutions et de toutes les lois de la vie sociale et politique. Que l'on jette donc capitaux, lois et institutions par la fenêtre, on ne changera pas plus un cheveu à la constitution physique de l'homme, qu'une larme à sa constitution morale ; il n'y aura pas moins des riches et des pauvres.

La chimère socialiste consiste à se figurer que les hommes peuvent être des sages ou des heureux à leur guise, et qu'il suffit de prononcer les mots magiques de « démocratie sociale », pour que, aussitôt, les uns n'éprouvent plus les besoins qu'ils ressentaient, et que les autres jouissent de talents et de forces qu'ils ne possédaient point ; — qu'il n'y ait plus ni riches ni pauvres. Le temps de la cabalistique est passé ; on ne croit plus aux sorciers ; mais celui de la sophistique est venu : on croit aux sophistes.

De plus, ce qui est vrai pour chaque homme en particulier, l'est encore pour toutes les associations que les hommes peuvent former entre eux. En vue de satisfaire un besoin supérieur et commun ils se groupent en associations diverses, où chacun des associés sacrifie quelques-uns de ses besoins personnels pour parvenir à satisfaire le besoin supérieur commun. Quel qu'il soit : prière, soulagement des pauvres, instruction, luxe, richesse, puissance, il faut que les associés acquièrent le moyen de le satisfaire. Couvents, ordres religieux, syndicats d'ouvriers, syndicats de patrons, sociétés commerciales et industrielles, la règle est la même pour tous : chaque besoin exige les talents et les forces nécessaires pour le contenter. Certaines de ces associations seront donc riches, d'autres seront pauvres, selon la nature des besoins, des talents et des forces qu'elles mettront en œuvre. Or, dans la démocratie sociale, en la considérant comme une vaste association dont chaque membre éprouve le même besoin de détruire les iniquités de notre état social, ce besoin, une fois l'état social détruit, n'existera fatalement plus. Mais nul n'aura acquis par là le moyen d'être un sage, de modérer ses désirs en proportion de ses ressources, et encore moins d'être un heureux, de n'éprouver que les besoins dont il possède les moyens de contentement.

Supposez des millions d'hommes dans le cerveau desquels passerait l'hallucination qu'ils auront des ailes pour voler quand

les oiseaux n'en auront plus, et vous aurez l'image des classes
ouvrières et de leurs revendications.

La démocratie socialiste, communiste, révolutionnaire, possi-
biliste, anarchiste, peu importe la loque qu'on ajoute à l'épouvantail, n'est qu'une illusion. L'état social actuel n'en a rien à
redouter par la raison bien simple qu'elle n'existe que grâce à
ce même état social. Que les ouvriers se mettent en grève, on
en fera venir d'autres ; que les grèves se généralisent on appellera des Chinois, — il en a déjà été question dans le nord de
la Prusse ; — que les campagnes s'en mêlent et que l'armée devienne incertaine, on dissoudra l'armée et l'on créera des gar-
des prétoriennes ; que l'Église et les empereurs prennent la tête
du mouvement, rien ne servira. Quand l'Église reconnaîtra la
nécessité de transformer ses ailes célestes en ailes terrestres,
quand les empereurs sentiront cuire leurs épaules où les ailes
devraient pousser, tout rentrera dans l'ordre.

Les dangers de la question sociale n'existent point dans les
revendications des classes ouvrières, malgré les terreurs qu'elles
inspirent, ces dangers sont ailleurs.

III. Les progrès dans les sciences, les arts et les lettres des XVIe
et XVIIe siècles ont donné aux esprits une facilité de jugement
et une indépendance intellectuelle que n'avaient point soupçon-
nées les siècles antérieurs ; les progrès, en outre, dans le commerce, l'industrie, le maniement des finances, soutenus par
celui des sciences, ont éveillé un besoin d'initiative individuelle
qui est devenu irrésistible. La libre-pensée rompit avec les traditions de l'ancien régime ; la Révolution brisa les castes et les
corporations, anéantit les privilèges et les franchises locales.
Les autres États suivirent la France et proclamèrent successivement et l'indépendance intellectuelle et la liberté individuelle ;
traits caractéristiques de l'état social de la civilisation actuelle.
Il en est résulté, toutes les barrières étant rompues, que l'initiative personnelle, profitant de l'expérience acquise, exploitant
les progrès accomplis et associant librement toutes les forces et
toutes les ressources, ne connut plus de bornes. On dompta l'O-
céan, on franchit l'espace, et, sur l'initiative de quelques explorateurs, les États finirent par se partager des continents. Point
de jour qui n'amène de nouvelles entreprises : on relie les mers,
on perce les chaînes de montagnes, on se parle d'un Océan à
l'autre, on pénètre au plus profond des entrailles du sol ; mais
point de jour non plus ne se passe sans qu'un métier ou une in-

dustrie, jusque-là particulière et locale, ne disparaisse ou ne se transforme en une de ces vastes associations de production, dans lesquelles, par un retour forcé, les initiatives individuelles se perdent complètement. A leur tête se trouve quelque directeur dressé à sa besogne par des écoles spéciales, et aux extrémités, deux masses, celle des ouvriers qui dirigent et alimentent les machines, et celle des actionnaires non moins nombreux qui versent leurs fonds, et en touchent les dividendes. Ceux-ci ne comptent que comme chiffres, ceux-là sont de simples numéros, et le premier ne représente qu'un diplôme ; c'est le grand commerce et la grande industrie.

Simultanément, les obligations des États s'accrurent autant pour maintenir la prospérité au dedans que pour protéger les intérêts au dehors ; les budgets, les emprunts, les dettes publiques se chiffrèrent par milliards. Les États les perçurent et les dépensèrent ; mais ces sommes fabuleuses sont fournies, estimées, réglées par la haute finance, qui se développa de pair avec le grand commerce et la grande industrie, étant née des mêmes causes.

Dans l'ancienne organisation sociale le compagnon tenait au maître, le maître à la corporation, les corporations les unes aux autres, et toutes à la prospérité de l'industrie et du commerce de la cité ; ce fut une hiérarchie souvent sévère et rude, toujours difficile à franchir. En proclamant l'indépendance individuelle nous avons changé tout cela, sans pouvoir échapper toutefois à la nécessité d'une entente des uns avec les autres pour le travail comme pour les échanges. Mais au lieu d'une entente morale et intellectuelle volontaire, rétablissant sous une autre forme l'ancienne hiérarchie sociale, nous avons dans notre soif de liberté, limité de plus en plus la dépendance des uns des autres aux seules relations indispensables à l'existence d'un chacun, selon ses ressources et ses moyens d'action.

Aussi les relations sociales sont-elles devenues de moins en moins intimes et cordiales, tandis que les rapports économiques ont acquis une mobilité et une facilité d'autant plus grandes. C'est à tel point que tout l'état social moderne semble pour ainsi dire se résumer dans nos rapports de production et d'échange. Il en est surgi, d'une part, le progrès vertigineux du grand commerce, de la grande industrie, de la haute finance, et, d'une autre, un affaissement croissant du rôle de l'ouvrier d'abord, du petit commerce, de la petite industrie, de la petite banque ensuite. L'un des mouvements a été exactement parallèle à l'autre.

On sait l'influence exercée par la division extrême du travail, par la découverte des grands moteurs, par l'invention des machines sur l'abaissement du niveau des classes ouvrières. Leur labeur devient de plus en plus simple, uniforme, pour ne pas dire abrutissant. Ce que l'on sait moins, c'est la disparition insensible du petit commerce, de la petite industrie et de la petite finance. Ils subsistent encore, luttent péniblement, mais les maisons qui les représentent s'affaissent l'une après l'autre : leurs frais généraux sont trop considérables, leur production trop coûteuse, leurs ressources trop minimes.

C'est l'ensemble de notre état économique, et non les revendications des ouvriers, qui constitue la question sociale.

Déjà l'immense majorité des ouvriers ne peut aspirer au patronat ; celui-ci, par ses gigantesques entreprises, s'est éloigné d'eux autant que des petits métiers. C'est un côté de la question, voici l'autre :

On se rappelle la crise sur les chemins de fer américains et la faillite de la maison Baring de Londres. La banque de France s'est vue obligée d'avancer soixante-quinze millions en or à la Banque d'Angleterre, et les deux crises se sont étendues à toutes les Bourses d'Europe. Lorsque succomba le Comptoir d'Escompte et que l'entreprise du canal de Panama échoua, ni la Banque ni la Bourse de Londres, ni aucune des Bourses de l'Amérique et de l'Europe ne s'en est émue, et cependant la perte fut au delà du quadruple. Les sociétés des chemins de fer américains et la maison Baring tenaient à la haute finance et entraînèrent dans leur crise la haute finance des autres États ; au contraire, la chute du Comptoir d'Escompte et du canal de Panama ne compromettait que les petites économies et les petites bourses de France. Elles souffrirent sans pouvoir se plaindre ni réagir, tandis que les grandes Bourses et la haute finance s'entendirent, et, après une crise passagère, les chemins de fer américains aussi bien que la Banque de Londres se relevèrent comme par enchantement.

Si les classes ouvrières et les classes intermédiaires ne peuvent s'élever à la haute finance, au grand commerce, à la grande industrie, elles n'en expient pas moins les erreurs et les fausses spéculations.

Poursuivons : le poids des charges croissantes des États et des dettes publiques, qui augmentent sans interruption, est encore porté, sinon par les classes ouvrières, du moins par les classes intermédiaires. On parle bien d'établir des impôts pro-

gressifs sur les revenus, des impôts sur les successions. On ne
songe pas que les revenus et les successions du grand commerce,
de la grande industrie et de la haute finance ne consistent pas
en des fortunes proprement dites, mais en des valeurs d'État,
en des actions de grandes sociétés industrielles, en des obligations de vastes entreprises dont toute la prospérité dépend précisément du travail des classes ouvrières et des classes intermédiaires. Prenez ces revenus, mettez la main sur ces successions
et vous absorberez les grands courants qui alimentent tous les
progrès industriels, commerciaux et financiers. Ces fortunes
réunies payeraient à peine une année de nos impôts, tandis que
la misère qui résulterait de leur séquestration serait effroyable.
Plus de grande industrie, plus de grand commerce, plus de haute
finance, alors que le petit commerce, la petite industrie, la petite banque sont absolument hors d'état d'y suppléer.

Le progrès industriel, commercial et financier, c'est-à-dire le
double mouvement du développement des classes riches et de
l'affaissement des classes pauvres, agit avec une intensité, une
régularité telles, qu'il éclate dans toutes les mesures que nous
imaginons pour en conjurer les dangers.

IV.  Que n'a-t-on fait, que n'est-on prêt à faire pour contenter
les classes ouvrières ?

Le prince de Bismarck, au moment de sa toute-puissance, fonda
le socialisme d'État et créa ces vastes assurances obligatoires
contre les accidents, les maladies, la vieillesse. Inspiré par la
crainte, hélas, trop réelle des coups de fusils et des bombes de
dynamite, il ne détourna l'attention de ceux qui étaient mécontents et de lui et de son empereur, que pour les jeter avec d'autant plus de force dans la haine des classes.

On s'assure contre le feu et l'eau, les sinistres de terre et de
mer, qui ne dépendent pas de la volonté humaine ; mais l'homme ne s'assure pas contre lui-même. Il doit expier une à une
ses illusions et ses fautes. Il faut qu'il mérite une vieillesse aisée, apprenne à se garder des maladies, aussi bien que des
dangers qu'il se crée lui-même ; se figurer que, par des assurances, ces nécessités vont disparaître, est à la fois un enfantillage et une utopie qui ne méritent pas même le nom de socialisme d'État. Ou bien les secours qu'on accordera aux infirmes,
aux malades, aux vieillards ne seront qu'illusoires, le mécontentement, après les espérances qu'on aura fait naître, ne fera
que croître ; ou bien on fournira les secours indispensables ; alors

qui paiera les milliards que coûtera la subsistance de tous les infirmes, malades et vieillards des classes ouvrières ? Pour ces dernières, si minimes que soit la part qu'on leur impose, elle ne sera qu'une privation nouvelle ; pour le grand commerce, la grande industrie, la haute finance, leurs revenus n'y suffiraient point ; ce sont eux cependant qui profitent le plus du travail des autres classes. C'est donc sur la masse des contribuables, sur les classes moyennes, le petit commerce, la petite industrie, que pèsera le plus gros de la charge, sur ceux qui ne retirent nul profit pour leur compte du travail des masses ouvrières, et qui, loin de participer aux bénéfices de la grande industrie, du grand commerce et de la haute finance, succombent sous la concurrence qui leur est faite grâce au travail de ces mêmes classes ouvrières.

On ne déplace point de la sorte les responsabilités humaines ; c'est tenter la Providence. Les assurances du prince de Bismarck sont la première étape des deux grandes armées, non plus des ouvriers et des patrons, mais des pauvres et des riches, mises en branle et se préparant à la grande bataille qu'elles se livreront un jour, implacables.

La seconde étape est formée par les sociétés en participation aux bénéfices. Recommandées par tous les économistes sans distinction, dans l'espérance que l'ouvrier, en participant, en dehors de son salaire, aux bénéfices du patron, s'attachera davantage à son travail et l'accomplira plus consciencieusement, les sociétés en participation aux bénéfices ne sont, elles aussi, qu'une illusion. Il n'y a que la grande industrie, le grand commerce, la grande banque qui puissent donner des bénéfices assurés, encore faut-il que leur situation soit prospère ; le petit commerce, la petite industrie, la petite banque vivent à peine de leurs bénéfices propres. De plus, les quelques ouvriers et employés qui leur restent les quitteront dans l'espérance d'un gain plus élevé, hausseront davantage encore les salaires, et leur ruine ne fera que s'accentuer.

La participation aux bénéfices n'est, en réalité, qu'une prime payée aux grandes entreprises qui se trouvent dans une situation de production vraiment heureuse ; elle est un désastre pour toutes les autres, et surtout pour la petite production et les petites entreprises. On ne déplace pas plus les gains nécessaires du travail qu'on ne déplace les responsabilités humaines.

La troisième et dernière étape est fournie par les sociétés coopératives de consommation. Peu développées en France, elles ont pris en Allemagne et en Angleterre une extension considérable. Quel avantage pour le travailleur, s'est-on écrié, pour le petit ouvrier, le petit fonctionnaire, de pouvoir se procurer, en s'adressant directement aux grands producteurs, la nourriture, les vêtements, les meubles et tous les objets indispensables à l'existence ! Il y a des villes aujourd'hui, en Allemagne et en Angleterre, où il n'existe plus, d'une part, que des ouvriers et des pauvres, et d'autre part que des rentiers et des fonctionnaires. Plus de petit commerce, plus de petite industrie, plus de petite banque, les intermédiaires ont disparu. De vastes dépôts achetés au meilleur marché possible et dont les bénéfices s'en vont ailleurs et rien que des pauvres, en somme, dont les revenus, les salaires, les secours dépendent d'autrui. Ces villes présentent, en petit, l'image de l'avenir économique et social de la société moderne.

Les efforts mêmes tentés pour soulager les classes ouvrières hâtent et précipitent le mouvement de notre désorganisation économique.

A mesure que la grande industrie, le grand commerce et la haute banque se développent, les classes moyennes s'affaissent. C'est comme une loi fatidique qui nous pousse à la fois vers un progrès matériel constant et une ruine inévitable.

La démocratie révolutionnaire représente de nos jours ce que le mécontentement des ouvriers dans les grands centres industriels a été de tout temps. Quelques violences et illusions en plus ne changent rien à la chose. Là n'est pas le danger, il est plus loin et plus profond. Il est dans la lutte qui se prépare et à laquelle nous travaillons avec autant de légèreté que d'aveuglement ; lutte terrible et sans rémission cette fois, qui ne sera ni un sophisme ni une utopie, mais qui sera réelle comme tout ce qui vit et souffre ; lutte, non pas de l'ouvrier contre le patron, du prolétariat contre le capital et de tous les déclassés contre les institutions établies, mais de tous ceux qui se trouvent dans les grands courants de la production moderne, contre tous ceux qui se trouvent en dehors, des riches contre les pauvres, des pauvres contre les riches ; lutte sans trêve et sans merci, et dont la démocratie sociale, avec ses apparences d'épouvantail, n'est que le symptôme précurseur.

V. Nos ancêtres comprenaient mieux que nous le rôle du petit commerce et de la petite industrie. Montchrétien écrivait en 1615 : « Tout commerce est du dedans ou du dehors, c'est-à-

» dire se fait dans le pays entre ses naturels habitants et quel-
» ques fois avec des estrangers, qui viennent pour apporter ou
» remporter des marchandises, ou bien avec d'autres nations
» chez elles-mesmes. L'un est plus sûr, plus commun, plus
» constant et universellement plus utile. L'autre est plus grand,
» plus fameux, plus hasardeux et à perte et à profit. Tous deux
» sont bons quand ils sont réglés et réglés comme il faut. L'un
» ordinairement se fait de particulier à particulier ; l'autre plus
» à propos et plus fortement en société et pour la société. L'un
» est bon pour conserver l'Estat en estat, l'autre meilleur pour
» l'accroître. L'un nourrit la diligence, l'autre augmente la har-
» diesse. L'un lie les citoyens entre eux-mesmes et les concilie,
» l'autre allie diverses nations. L'un fait aimer le prince aux
». siens, l'autre le fait craindre et redouter aux estrangers. L'un
» le tient toujours prêt à se défendre, l'autre plus propre à as-
» saillir. Bref, tous deux sont nécessaires et s'entrepressent tel-
» lement la main qu'ils se fortifient l'un l'autre, s'accomodent
» de leurs moyens, fournissent à leurs desseins et assurent leurs
» entreprises. » Un demi-siècle plus tard Colbert écrivait à d'A-
guesseau : « Il n'y a rien de plus avantageux à l'Etat que de fa-
» voriser, augmenter et soulager le grand commerce du dehors
» et le petit commerce du dedans. »

Nous avons remplacé ces fortes notions « qui n'avaient que
faire de preuves » pour nos hommes du XVIIe siècle, par des
illusions ou des sophismes. La question sociale n'a point d'autre raison, et la déchéance de la civilisation moderne n'aura
point d'autre cause.

Un État ne développe sa prospérité matérielle qu'à la condition que les hommes coordonnent de mieux en mieux leurs efforts et créent des associations de toute espèce, autant pour
accroître leur production que pour faciliter leurs échanges.
L'industrie, le commerce grandissent au dedans, et, finalement,
la nation porte son industrie et son commerce au dehors. C'est
l'origine du grand commerce et de la grande industrie, qui
exige pour leur expansion comme pour leur sécurité, des forces
plus considérables. De vastes centres de production et d'échange
se forment ; tout paraît puissance, éclat, bien-être, jusqu'au moment où la grande industrie et le grand commerce du dehors
tournent leur activité vers le dedans. La richesse s'accroît encore, l'aisance augmente, mais elle change de caractère : ce
n'est plus au prix des ressources et des gains rapportés de l'é-
tranger, c'est au prix des profits faits sur la petite industrie et

le petit commerce de l'intérieur. Succombant devant l'immensité des ressources des grandes classes de production les classes moyennes disparaissent, l'intimité de leurs relations se perd, et peu à peu les mêmes relations d'étrangers à étrangers qui ont fait la prospérité du grand commerce et de la grande industrie au dehors, s'établissent au dedans. Ce n'est ni par la production, ni par les échanges que se forment et se maintiennent les liens sociaux ; les nations les plus ennemies, les États les plus hostiles, commercent entre eux. Alors le même phénomène se produit à l'intérieur. Insensiblement la nation se sépare en deux parties distinctes, l'une exploitant l'autre ; leurs oppositions et leurs haines augmentent en proportion.

Déjà les ouvriers des différents États de l'Europe, se tendent les mains, et, oubliant leur patrie, projettent une alliance universelle contre l'ennemi commun, le capital. Les haines sont devenues plus violentes contre une partie de leurs concitoyens que contre les nations ennemies. Le fait est là brutal, cruel, et nous donne à prévoir ce que deviendra un jour l'opposition des pauvres et des riches, quand les classes intermédiaires auront disparu.

La Grèce, après être arrivée comme nous, à un éclat et à une prospérité sans exemple, a vu disparaître, comme nous aussi, ses classes moyennes, et, malgré ses millions d'esclaves, elle a succombé à ces mêmes dissensions vers lesquelles nous marchons avec un aveuglement qui tient du fatum antique.

« Dans chaque cité le riche et le pauvre étaient deux enne-
» mis. Entre eux nulle relation, nul service, nul travail qui les
» unît. Le pauvre ne pouvait acquérir la richesse qu'en dé-
» pouillant le riche ; le riche ne pouvait défendre son bien que
» par une extrême habileté ou par la force. Ils se regardaient
» d'un œil haineux ; c'était dans chaque ville une double cons-
» piration, les pauvres conspiraient par cupidité, les riches
» par peur. Aristote dit que les riches prononçaient ce serment :
» Je jure d'être toujours l'ennemi du peuple et de lui faire tout
» le mal que je pourrai. Il n'est pas possible de dire lequel des
» deux partis commit le plus de cruautés et de crimes. Les
» haines effacèrent dans les cœurs tout sentiment d'humanité.
» Il y eut à Milet une guerre entre les riches et les pauvres,
» ceux-ci eurent d'abord le dessus et forcèrent les riches à
» s'enfuir de la ville ; mais ensuite, regrettant de n'avoir pas
» pu les égorger, ils prirent leurs enfants, les rassemblèrent dans
» des granges et les firent broyer sous les pieds des bœufs. Les

» riches rentrèrent ensuite dans la ville et redevinrent les maî-
» tres. Ils prirent les enfants des pauvres, les enduisirent de
» poix et les brûlèrent tout vifs (1) ».

La lutte fut générale dans la Grèce et dans ses colonies. Partout éclata le même esprit de vengeance et d'atrocité froide. Le partage des terres et l'abolition des dettes furent continuels, les assassinats, les massacres furent de règle, jusqu'au jour où la banqueroute économique et sociale se doubla de la banqueroute politique.

VI. C'est avec les classes moyennes que les civilisations se forment, et c'est avec elles aussi qu'elles disparaissent.

Or, tout dans notre état social écrase de plus en plus ces classes : non seulement la science, qui cependant ne dépend que d'elles, par ses doctrines illusoires sur l'indépendance et l'initiative individuelles ; non seulement la grande industrie, le grand commerce et la haute finance, qui ne se soutiennent et ne vivent que par elles ; non seulement les classes ouvrières qu'elles ont formées et qu'on ne peut soulager qu'à leurs dépens ; mais encore les États par la masse des charges dont ils les accablent ; et jusqu'aux rapports mêmes qui s'établissent entre les États par les traités de commerce et les tarifs qu'ils font. S'ils sont libre-échangistes, la concurrence avec la grande industrie et le grand commerce du dehors ruine, au profit de l'étranger, le petit commerce et la petite industrie du dedans et, s'ils sont protectionnistes, c'est la grande industrie et le grand commerce intérieurs qui les ruinent de même. De quelque côté que l'on se tourne : crise monétaire, progrès des sciences, emprunts publics, expansion coloniale, traités internationaux, les classes moyennes en font tous les frais sans en retirer aucun profit.

« A l'heure actuelle 46,229 candidats des deux sexes, tous munis de diplômes et de certificats réglementaires, tous pourvus de nombreuses et pressantes recommandations sollicitent un emploi dans les seuls services de la Préfecture de la Seine, et il n'y a que 1,460 places à donner » ; voilà le sort des classes moyennes. Le jour viendra, sans rémission, où les classes ouvrières, dont les revendications déjà nous accablent, et les classes moyennes ne formeront plus qu'une seule et même classe, celle des pauvres, et ce jour nous verrons renaître les horreurs de la décadence grecque et romaine.

(1) FUSTEL DE COULANGES, *La Cité antique*.

Il y a deux solutions. La première se trouve en dehors du domaine de la politique ; nous l'avons indiquée dans notre *Morale sociale* ; « il faut que les classes qui se prétendent morales se moralisent, que les classes qui se disent intruites s'instruisent ».

La seconde solution est du domaine de la politique. Elle ne consiste qu'en une série de palliatifs.

Le plus important semble être de faire retomber sur le grand commerce, la grande industrie, la haute finance non seulement leurs fausses spéculations, et toutes les charges nécessaires au soulagement des classes ouvrières dont elles seules profitent, mais encore la plus grande part des contributions publiques, par des impôts progressifs sur les revenus et les successions. C'est la solution ordinaire et c'est aussi la plus dangereuse. Loin de résoudre la moindre difficulté ces mesures ne feraient que l'aggraver. La grande industrie, le grand commerce et la haute finance ne sont que des formes de notre production ; modifier ces formes sans transformer dans les mêmes proportions la consommation entière, c'est-à-dire les besoins de tous, serait créer la misère universelle et aboutir d'un coup à la fin qu'on veut précisément éviter. Ils sont des effets de la nature de notre science et de notre travail ; on ne modifie pas les causes par leurs effets.

Il faut que le grand commerce, la grande industrie, la haute banque continuent à se développer et restent le plus libres possible dans leur expansion ; mais leurs efforts doivent devenir de plus en plus internationaux et coloniaux, c'est à la fois une condition de notre puissance au dehors et de notre prospérité au-dedans.

Il faut que nos tarifs douaniers soient établis de façon à protéger en toute circonstance le petit commerce et la petite industrie au dedans, et à faciliter le plus possible l'extension au dehors du grand commerce et de la grande industrie.

Il faut que nos impôts soient transformés de manière à devenir ce qu'ils sont par leur nature même : une participation et non une entrave à la production.

Il faut que notre dette énorme disparaisse par un amortissement annuel de quatre à cinq cents millions.

Il faut, au lieu de vastes assurances, de sociétés en participation et sociétés de consommation, faire de bonnes lois sur les responsabilités, aussi bien pour les accidents, les maladies, la vieillesse, que pour les syndicats, les monopoles et les entreprises véreuses.

Il faut, enfin, modifier complètement notre instruction publique. Elle est obligatoire et universelle, elle doit le rester ; jamais elle ne le sera assez ; mais au lieu d'être *générale*, ce qui est son caractère à partir des études primaires jusqu'à l'agrégation universitaire, elle doit devenir *spéciale* du premier au dernier échelon.

Si, d'aujourd'hui à une génération, les États de la civilisation moderne ne parviennent pas à réaliser ces réformes, chacun suivant sa situation, ils pourront inscrire hardiment sur les poteaux de leurs frontières : *lasciate ogni speranza voi ch'entrate.*

# X

## La crise industrielle et commerciale

I. Toutes les suppositions ont été faites pour expliquer la crise que traversent, depuis 1877, l'industrie et le commerce : la concurrence des ouvriers étrangers ; les traités de commerce et la clause de la nation la plus favorisée ; le libre-échange et la protection ; le régime des chemins de fer et la cherté des transports ; la dépréciation de l'argent ; l'accroissement du budget ; les déficits et les charges militaires. Pas un phénomène qui concourt à la production ou l'entrave, n'a été oublié, la crise cependant persiste, aussi inexpliquée que si l'on ne s'en était pas occupé.

Elle est générale ; les petits et les grands États, l'Europe et l'Amérique la subissent, et, suivant les circonstances, elle prend des formes diverses. Ici, c'est l'agriculture qui en souffre ; plus loin, c'est le petit commerce et la petite industrie ; ailleurs, c'est au contraire le grand commerce et la grande industrie. De plus, sous ses formes multiples, elle se complique partout de grèves faites par les classes ouvrières.

Posée en ces termes, la question prend toute son envergure. La crise apparaît, non sous la forme d'un accident passager, mais comme un effet de causes si profondes, qu'elles échappent aussi bien à l'économiste qui s'efforce de les étudier qu'aux gouvernements qui prétendent y remédier.

Certes, toutes les raisons qu'on s'est plu à supposer ont exercé et continuent à exercer leur action propre ; mais considérées en elles-mêmes, ces causes sont si peu les véritables, qu'il suffit de les envisager à des époques de prospérité industrielle et commerciale, pour qu'elles expliquent la prospérité industrielle et commerciale de la même façon qu'elles expliquent la crise.

La concurrence étrangère devient, en ce cas, un stimulant à mieux faire ; les ouvriers étrangers, un moyen nécessaire pour accroître la production nationale ; les traités de commerce, — que ce soit la protection ou le libre-échange qu'on pratique, — les sources mêmes de l'essor industriel et commercial, et la clause de la nation la plus favorisée, la garantie la plus certaine qu'aucun tarif arbitraire ne troublera le marché extérieur ; la cherté des transports se transforme en une conséquence nécessaire de l'augmentation de la richesse générale, de même que la dépréciation de l'argent, monnaie de petite valeur, à l'encontre de la hausse de l'or, monnaie des grands échanges. Quant à l'accroissement des budgets, aux déficits, aux charges militaires et aux plaintes qui en résultent, ils sont de toutes les époques, qu'il y ait crise ou prospérité ; il ne s'est pas réuni une assemblée, depuis les États-Généraux de 1302, qui n'ait émis à ce sujet les mêmes doléances.

Les progrès accomplis depuis le commencement du siècle ont forcément eu pour résultat, dans tous les États, de faire augmenter le nombre des mesures administratives, la facilité des moyens de communication, par suite, d'étendre la prospérité publique au dedans et au dehors, et d'accroître les budgets dans les mêmes proportions que la richesse nationale augmentait.

Des erreurs, des fautes ont pu être commises ; mais la cause de l'augmentation continue des budgets n'en reste pas moins l'expression du progrès industriel et commercial ininterrompu. Les deux mouvements furent parallèles et solidaires l'un de l'autre.

Si, depuis que la crise a éclaté, les budgets pèsent de plus en plus sur l'industrie et le commerce, et si les déficits sur les prévisions annuelles en sont la conséquence fatale, ce sont là des effets, non des causes, de la crise.

Rien ne le démontre mieux que la situation des États-Unis de l'Amérique du Nord, dont les finances se trouvent dans un état de prospérité inouïe, qui comptent les bonis par milliards, au point que ceux-ci forment un danger national ; la crise industrielle et commerciale y sévit cependant comme dans les États les plus surchargés de l'Europe, et dont les déficits budgétaires sont les plus constants.

Nous pouvons faire la même observation pour les excès du militarisme. Il épuise, certes, un grand nombre de forces, les forces vives des nations ; *mais il suffit de songer au licenciement de toutes ces armées formidables pour comprendre que, loin de mettre fin à la crise, il ne ferait qu'en doubler l'intensité. Le tout n'est point d'avoir des travailleurs en grand nombre, mais d'être à même de leur donner un emploi utile.* Or, c'est ce qui fait précisément défaut ; les petits États européens, aussi bien que les grands États américains, qui ne supportent que des

charges militaires relativement insignifiantes, traversent à ce
point de vue la même crise que les grandes puissances militaires
de l'Europe.

Le rôle attribué à la perturbation monétaire et à la dépréciation de l'argent repose sur la même illusion. Comment, lorsque
des États tels que l'Autriche et la Russie ne se servent que de
papier-monnaie et que dans toutes les colonies du monde la
circulation monétaire reste des plus défectueuses, les quelques
centaines de millions d'argent vendues par l'Allemagne et quelques autres centaines produites par les mines du Nevada auraient-
elles occasionné une baisse d'un quart sur les milliards d'argent
qui se trouvent en circulation dans le monde? L'affirmative est
un enfantillage ; mais cet enfantillage est poussé à l'absurde lorsqu'on prétend expliquer ainsi la crise industrielle et commerciale. Elle règne aussi bien dans les États qui ont de l'argent
en abondance, comme l'Amérique du Nord et la France, que
dans ceux qui en manquent, comme l'Autriche et la Russie.

Ce caractère distingue la crise actuelle de toutes les crises
passagères et locales. Depuis qu'elle a commencé, elle est générale ; elle échappe aux raisons particulières qu'on en peut
donner, et nous porte forcément à rechercher une cause aussi
universelle qu'elle l'est elle-même.

II. Ce qui fait universellement toute industrie et tout commerce, c'est le travail ; c'est dans une transformation des conditions uniformes du travail qu'il faut découvrir l'explication de
l'étendue, ainsi que de la persistance de la crise.

En effet, il suffit de suivre les pas de géant que la découverte
de la vapeur et de l'électricité, les inventions successives dans
la mécanique, la physique, la chimie, et l'établissement d'innombrables écoles spéciales et techniques, ont fait faire depuis
la première moitié de ce siècle à l'activité humaine, pour se convaincre qu'un moment devait fatalement arriver où la grande
industrie et le grand commerce, soutenus par toutes les forces
de la nature et de la science, domineraient le petit commerce et
la petite industrie, confiés aux seules mains humaines et à des
ressources toujours personnelles et locales.

Tant que le petit commerce et la petite industrie continuaient
à se maintenir, à se développer même, malgré les progrès immenses de leurs deux puissantes rivales, le ciel de la production
resta serein, le progrès semblait indéfini. Mais dès que la première petite industrie dut faire place à une grande, et que, suc-

cessivement, toutes les petites industries finirent par pâtir de l'envahissement des produits fabriqués en masse, par des moyens plus simples, à meilleur compte, les nuages s'amoncelèrent. Ce ne fut cependant pas encore la crise.

Celle-ci éclata le jour où la grande industrie et le grand commerce éprouvèrent le choc en retour de l'orage qui s'était amassé.

La grande industrie, le grand commerce, travaillent en définitive, de quelque façon que ce soit, pour la consommation, laquelle se fait et se fera toujours par les petites industries et le petit commerce. Mais du moment que ceux-ci se trouvèrent atteints par la concurrence que leur faisaient la grande industrie et le grand commerce, leurs forces d'absorption diminuèrent et la crise éclata avec toutes ses conséquences : surproduction et avilissement des prix, perturbation monétaire, dénonciation et revision des traités de commerce. Les théories achevèrent d'égarer les esprits. *On s'imagina trouver dans une protection à outrance, ou un libre-échange sans entrave, la solution d'une crise qui, en réalité, n'était pas une crise, mais une révolution dans les formes de la production, conséquence même des progrès qu'on y avait réalisés.*

La fin en est facile à prévoir. Le petit commerce et la petite industrie seront de plus en plus écrasés, et, à mesure que le grand commerce et la grande industrie s'appauvriront à leur tour, faute de débouchés, il ne subsistera que quelques vastes associations de production et de consommation, suppléant à la faiblesse de tous, grâce à leur situation spéciale et privilégiée.

Karl Marx a crié le danger par dessus les toits ; il en a accusé le capital, et a excité à la révolte les classes ouvrières. Ce serait porter au comble la misère et la détresse générales.

*Les grands coupables sont les progrès des sciences, les forces de la nature et du génie humain, condition de toute prospérité imaginable.* On ne se révolte point contre la force des choses ; le tout est d'apprendre à compter avec elle, en profitant des leçons qu'elle nous donne.

Il y aura toujours, quoi qu'on fasse, du petit commerce et de la petite industrie, par le fait seul que la consommation des produits de la grande industrie et du grand commerce se fait par le détail. Tout le secret de la prospérité publique, dans l'état des rapports actuels de production et de consommation, est de parvenir à rendre au petit commerce et à la petite industrie leur prospérité relative en ne continuant pas à nous abandonner, en aveugles, à une révolution dans le travail général, dont nous ne savons mesurer ni les causes ni la portée.

III. La crise varie dans ses formes et dans son intensité suivant les pays. C'est au point de vue des intérêts de la France qu'il importe avant tout d'examiner les raisons particulières qui, en dehors de la crise générale, ne laissent point que de l'aggraver chez nous.

Un mot résume notre situation. A différentes reprises le ministère du commerce a été trouvé trop insignifiant pour ses titulaires et, afin d'en accroître le prestige, il a été question d'y adjoindre ou les douanes, ou les postes et télégraphes. Tout cela s'est dit et a été proposé dans la patrie même de Colbert !

De tous les ministères, le plus important est celui du commerce. C'est sous sa direction que le pays produit et consomme, c'est par son organe qu'il inspire et expire. Tâchons donc d'avoir des ministres du commerce capables. Parmi les nombreuses causes particulières qui pèsent sur notre état économique, il n'en est pas une qui ait des effets plus désastreux que l'incapacité des ministres et des Chambres en matières commerciales et industrielles.

Passons aux causes secondaires.

Que n'a-t-on pas dit, que n'a-t-on pas écrit contre la concurrence allemande ? jusqu'à se dégrader par les délations les plus indignes, les excitations les plus haineuses.

Lorsque nous accusons les Allemands de nous voler nos modèles, d'étudier nos formes, de vivre de notre contrefaçon, nous ne nous doutons pas que ces récriminations sont vieilles comme notre histoire.

Les Allemands ont déjà fait la même chose au treizième siècle. Nos ouvriers, nos architectes, construisirent leurs cathédrales, ce qui ne les a pas empêchés d'appeler notre grande architecture le style allemand.

Encore au dix-huitième siècle, ils agissaient de même. Nos archives sont remplies d'accusations d'ouvriers débauchés, de modèles et d'inventions secrètement achetés, de ministres et d'ambassadeurs compromis dans ces tripotages.

Après les guerres de la Révolution et de l'Empire, il y a eu une seconde Renaissance, dans laquelle nous nous sommes inspirés du goût et du style de la première. Et les Allemands sont revenus prendre nos formes et nos modèles pour les appeler *altdeutsch* « vieil allemand », absolument comme au treizième siècle.

On ne vole pas le génie d'un peuple.

La question change de nature lorsque nous attribuons la concurrence désastreuse que nous fait l'industrie allemande sur notre propre marché, à la fameuse clause du traité de Francfort accordant à l'Allemagne le traitement de la nation la plus favorisée. Mais il ne faut pas oublier que nous avons obtenu la même clause, dont nous n'avons en rien su profiter.

Le lendemain de la conclusion de la paix, l'Allemagne s'empressa de dénoncer ses traités de commerce, et de diriger exclusivement son tarif général contre nos exportations. De 300 millions celles-ci tombèrent à 150, tandis que de 150 millions les importations d'Allemagne en France s'élevèrent à 300. Le coup fut rude.

Battus sur le champ de bataille, nous le fûmes encore sur le terrain industriel et commercial.

Il eût été cependant si facile d'éviter cette seconde défaite. Ayant refusé à l'Allemagne, par un aveuglement incompréhensible, de renouveler l'ancien traité de commerce, qui nous avait été si profitable, nous avons repris les traités avec les autres puissances, sans nous douter des avantages que chacun de ces traités faisait à l'Allemagne, grâce à la clause de la nation la plus favorisée, et sans compensation aucune.

Nous n'avions que deux issues : imiter l'exemple de l'Allemagne, dénoncer tous nos traités de commerce pour diriger notre tarif général particulièrement contre ses exportations ; ou bien, renouveler nos traités de commerce avec les autres pays, en obtenant d'eux que les exportations allemandes fussent frappées des mêmes droits prohibitifs que l'Allemagne imposait aux nôtres.

Nous n'avons eu ni le courage de prendre cette dernière mesure, ni l'intelligence de nous résoudre à la première.

Les résultats ne se sont pas fait attendre : la crise générale s'est doublée chez nous des erreurs de notre politique commerciale, et nous nous sommes jetés de plus en plus, alors qu'il était trop tard, dans toutes les illusions du protectionnisme.

IV. Nous avons débattu et promulgué de nouveaux tarifs, faits au hasard des compétitions et des influences particulières et locales qui, chez nous, compliquent plus que partout ailleurs la crise générale ; nous y reviendrons.

Il est des plaintes qui, pour le moment, se rattachent plus directement à la crise. Ce sont celles dont certains journaux ne cessent de se faire l'écho contre la concurrence que des ouvriers étrangers viennent faire à nos propres ouvriers.

Nous avons plus d'un million d'étrangers, en France, et, parmi eux, combien d'ouvriers qui tous travaillent à meilleur marché que les nôtres, font baisser les salaires, et accaparent des industries, des entreprises entières.

Quand ils retournent dans leur pays d'origine, ils ont appris à parler notre langue, y portent nos formes et nos façons de travailler, et, en cas de guerre, deviennent des aides précieux, autant par les renseignements qu'ils peuvent fournir aux états-majors ennemis, que par la sûreté avec laquelle ils peuvent servir de guides ou d'éclaireurs.

Nous ne nous cachons aucun des dangers qu'entraîne le séjour constant d'un nombre aussi considérable d'ouvriers étrangers chez nous ; quatre, cinq corps d'armée ennemis que nous entretenons à nos dépens et à nos frais ! Envisagée à ce point de vue, la situation est tellement grave qu'il semble qu'il n'y ait point d'hésitation possible.

Peu de nos ouvriers se rendent à l'étranger par la raison qui fait qu'un grand nombre nous en arrivent : l'élévation de nos salaires.

En Belgique et en Italie, les ouvriers français sont traités comme les ouvriers nationaux ; de même en Allemagne, où ils payaient autrefois une espèce de capitation sous la forme d'un impôt de classe, cet impôt a été aboli pour nos ouvriers comme pour les travailleurs allemands.

Il y a plus : les ouvriers français qui séjournent dans ces pays jouissent, en général, d'une situation privilégiée, comme contremaîtres ou chefs ouvriers embauchés le plus souvent sur notre propre territoire par des industriels étrangers.

Tout paraît donc, dans cette question, à notre désavantage. D'une part, nos meilleurs ouvriers sont attirés à l'étranger par l'espérance d'une situation plus lucrative ; d'autre part, des milliers d'ouvriers sans instruction nous arrivent pour accaparer notre travail propre.

Il semble que le patriotisme le plus élémentaire nous commande de prendre des mesures sérieuses.

Et, cependant, il faut y réfléchir à deux fois. Ces mesures présentent, à leur tour, un danger plus grave peut-être que tous ceux que nous voudrions conjurer.

Ne nous arrêtons pas aux représailles dont pourraient user les États étrangers : nous n'y ferions que gagner ; nos ouvriers ordinaires ne s'y rendent pas, et nos bons ouvriers ne nous quitteraient pas aussi facilement.

Mais il est un autre danger qui mérite d'être pris en sérieuse considération. Parmi les ouvriers qui nous viennent du dehors, le plus grand nombre sont de simples manœuvres, des moissonneurs, défricheurs, balayeurs, terrassiers. Les travaux qu'ils accomplissent, sont en quelque sorte la matière première du travail qu'ils font à des prix beaucoup moins élevés que nos ouvriers, intellectuellement plus développés et éprouvant des besoins plus multiples.

En mettant des entraves, un impôt de capitation ou des mesures de police, au séjour en France de cette espèce d'ouvriers, nous produirons le renchérissement de la main-d'œuvre élémentaire, grossière, de la matière première même du travail, et toutes nos autres industries, quels que soient les noms qu'elles portent, en souffriraient forcément.

La concurrence avec l'étranger nous deviendrait de plus en plus difficile, et finalement, au lieu des ouvriers, ce seraient les marchandises étrangères qui inonderaient nos marchés, malgré toutes les mesures protectrices que nous pourrions prendre.

Plus la matière première, dans un pays, est à bon marché, que ce soit grâce au travail de l'homme ou par les avantages du sol, plus ce pays peut développer ses richesses naturelles et son génie industriel.

Il ne saurait donc être question, quels que soient les dangers qui pourraient en résulter, d'empêcher la concurrence des ouvriers étrangers avec les nôtres. Ce serait porter atteinte à la prospérité industrielle de notre pays dont le sol est déjà par lui-même plus pauvre en matières naturelles que celui de nos voisins, Anglais, Allemands ou Belges.

Ainsi les ouvriers étrangers compliquent notre crise intérieure, en même temps qu'ils la soulagent : sans eux nos grandes industries finiraient par succomber sous le poids de la concurrence des industries similaires de l'étranger.

Déjà nous sommes obligés de payer 95 millions de primes à l'industrie sucrière, industrie dont nous avons été cependant les inventeurs, pour qu'elle puisse soutenir la concurrence avec les sucres allemands.

Nos distilleries, nos brasseries, nos filatures, nos papeteries, se trouvent dans le même état d'infériorité ; sauf la métallurgie, aucune n'a acquis chez nous le grand développement que ces

industries ont pris depuis vingt ou trente ans, soit dans les autres États de l'Europe, soit en Amérique.

En vain nous nous imaginons qu'un moyen aussi artificiel que
le protectionnisme nous permettra de nous relever de l'état
d'infériorité dans lequel nous sommes. A l'abri de cette espèce
de muraille de Chine, nous ne ferons que persister dans nos
errements, et, loin de progresser, notre grande industrie décli-
nera de plus en plus.

Il en est sous ce rapport de l'industrie en général comme de
l'horlogerie. L'Amérique en fit une grande industrie, aussitôt
éclata la crise dans le Jura, la Suisse, le Schwarzwald. Appli-
quez les droits les plus exorbitants, jusqu'à la prohibition :
l'horlogerie, comme petite industrie, n'en aura pas moins vécu,
et, à moins de placer un douanier dans chaque poche de chaque
voyageur, vous n'empêcherez pas l'introduction des montres
étrangères.

Il en est de même pour l'agriculture. Toutes nos plaintes,
toutes nos doléances, se résument dans le fait qu'en Amérique
et en Russie l'agriculture devient une grande industrie, tandis
que — en exceptant quelques fermes qu'on peut compter sur le
bout des doigts — elle conserve partout sur notre vieux continent son ancien caractère d'industrie locale.

Il en est du progrès comme du flot montant ; il faut se résoudre à le suivre, ou y périr. Quant aux droits protecteurs qu'on
lui oppose, ils sont comme ces forteresses de sable que les enfants élèvent sur la plage ; le flot arrive — elles n'existent plus.

La crise générale provient de la prédominance croissante de
la grande industrie et du grand commerce sur leurs aînés, les
industries et les commerces locaux. Et, si la plupart de nos grandes industries se sont laissé devancer par leurs concurrentes
étrangères, il en est résulté que notre petit commerce et nos
petites industries ont été moins écrasés qu'ailleurs. C'est une
fiche de consolation. Leurs gains modestes et leurs petites épargnes ont été emportés par nos emprunts successifs, où perdus
dans des entreprises fabuleuses, comme celle du Panama.

V. Ce qui achève enfin de rendre notre situation inextricable
c'est la somme énorme de notre dette publique, dont personne
ne peut concevoir, même approximativement, la masse. Na-
guère elle rapportait 4 à 4 $\frac{1}{2}$ 0/0, et toutes les épargnes, toutes
les économies, ont afflué vers elle, poussées, en quelque sorte,
par la crise industrielle et commerciale elle-même. Il en est ré-

sulté, après nos premiers emprunts patriotiques qui épuisèrent
les petites épargnes du pays, et les derniers, qui ne représentent plus que des spéculations de la grande banque, la facilité
surprenante avec laquelle tous les emprunts intermédiaires ont
été contractés.

En temps de crise surtout, l'industrie est chanceuse, le commerce aléatoire. Il est si doux, si commode, de vivre des rentes
fournies par le travail d'autrui ! Mais dans la même mesure les
entreprises deviennent plus rares, le travail plus difficile.

Le jeu de la Bourse, enfin, la hausse et la baisse des rentes,
permettent si aisément aux uns d'acquérir la fortune des autres ! Ceux qui sont ruinés disparaissent, et le jeu continue sans
que la fortune de la France s'accroisse. Il n'y a que quelques
déclassés ou misérables en plus.

Notre dette, c'est le Prussien chez nous ; c'est notre déficit
en permanence, c'est l'impuissance dans le présent, la banqueroute dans l'avenir.

Quant aux rentes que nous nous payons les uns aux autres
par l'intermédiaire de l'État, elles sont la rançon que nous continuons à solder à l'étranger. Elles sont une entrave à l'essor
commercial et industriel, une cause de la prolongation de la
crise, l'objet de toutes les rancunes de nos classes ouvrières :
leurs revendications et leurs violences croissent avec elles.

Si, jusqu'ici, l'amortissement n'a été qu'un rêve, ce rêve peut,
aux premiers jours, devenir un cauchemar.

Comme une pieuvre immense, la dette étouffe le pays, et
suce le sang et le travail de la France.

Pendant que l'État paye 5 et 4 0/0, au taux d'émission, de
l'argent qui lui a été prêté, l'agriculture ne rapporte que 1 1/2 0/0,
lorsque les fermes ne sont pas abandonnées ; et combien de nos
grandes industries donnent encore 4 0/0 quand un si grand
nombre travaillent à perte ?

Bon an, mal an, l'État paye 1 0/0 d'intérêt en plus que la
production du pays ne donne.

Il est impossible d'imaginer un moyen plus sûr de nous ruiner systématiquement.

Un Louis XV a pu dire : Après nous le déluge ! Il n'est pas
permis à un gouvernement républicain de le faire. Le roi parlait au nom de sa dynastie, et les événements ne lui ont que trop
donné raison ; un gouvernement républicain représente la nation.

Ce n'est pas en persistant dans la voie des déficits et des emprunts à jet continu que nous sortirons de la crise. Loin de là,

elle s'aggravera de plus en plus, alors que les autres États trouveront peut-être les moyens d'en sortir.

VI. En dernier lieu, parmi les causes qui, chez nous, augmentent la crise générale et lui donnent un caractère particulier, il faut compter nos tarifs de chemins de fer.

La France paie annuellement trois milliards pour que l'État puisse remplir la double fonction d'assurer la sécurité des frontières et de faciliter les relations intérieures.

Les Compagnies de chemins de fer remplissent, en partie, cette dernière fonction ; en retour, l'État leur garantit des intérêts, en même temps que les contribuables leur paient des dividendes et des bénéfices. C'est ce qu'on appelle, en théorie, la liberté du travail ; et, en pratique, brûler la chandelle par les deux bouts.

Un exemple entre mille : les fabricants des draps de Sedan achètent les laines australiennes à Londres, d'où ils les font transporter à Anvers, et de là, à travers la Belgique entière, dans les Ardennes. Ce transport en zigzags leur revient à meilleur compte que celui en ligne droite de Londres au Havre et du Havre à Sedan. Le Havre reste un petit port à côté de celui d'Anvers, les bilans des compagnies de chemins de fer se soldent par des déficits pour l'État, et les fabricants de Sedan voient vendre dans la ville même et à leur barbe, des draps allemands et anglais à meilleur marché qu'ils ne peuvent les produire. Ce n'est plus là brûler la chandelle par les deux bouts, mais la couper en morceaux et la brûler par tous les bouts à la fois ; feu d'artifice, amusement des enfants ; mais qu'il éclaire singulièrement notre situation industrielle et commerciale !

Nous avons abaissé nos tarifs de chemin de fer pour le transport des personnes, comme pour la grande vitesse. Ce fut une mesure excellente. Nous n'avons pas touché aux tarifs de la petite vitesse qui seuls importent à la prospérité générale et qui sont en moyenne beaucoup plus élevés que ceux des pays voisins, que les lignes soient exploitées par l'État, comme en Allemagne et en Belgique, ou par des ducs et lords industriels, comme en Angleterre.

On a imaginé le rachat.

Malheureusement, si le gouvernement de Juillet a mal compris ses devoirs et fonctions publiques en abandonnant l'exploitation des voies de communications à des sociétés privées, l'Empire, qui lui a succédé, les a plus mal compris encore en abandonnant la garde des frontières. Le rachat du territoire envahi nous a coûté des sommes telles que nous ne pouvons plus songer à celui de nos voies de communications. Ce ne serait plus brûler la chandelle par tous les bouts, mais la jeter au feu pour la faire flamber d'une pièce. L'Empire a flambé, et nous nous trouvons aujourd'hui devant les cendres de notre ancienne prospérité, pleurant nos plus chaudes larmes, accusant le monde entier, excepté nous-mêmes, et ne sachant à quel saint nous vouer pour faire renaître le phénix.

En résumé, le protectionnisme exagéré, obtenu par notre grande agriculture, notre grande industrie et notre grand commerce, nos salaires élevés, notre dette énorme et la cherté de nos transports à petite vitesse, sont les causes principales qui aggravent chez nous le malaise général qui résulte de la prédominance croissante de la grande production sur la petite et de l'affaissement de cette dernière.

A ces causes, il faut ajouter notre régime fiscal et les caractères de notre instruction publique.

## LES FINANCES PUBLIQUES.

I. Pas d'impôts, pas d'emprunts nouveaux !

Là-dessus on jeta bas ministère sur ministère, espérant arriver, sinon à équilibrer le budget, du moins à s'emparer du pouvoir.

Parvenu au pouvoir, on fit quelques réductions apparentes ou réelles ; le déficit reparut implacable, et, à défaut de réductions, on augmenta la dette flottante jusqu'à ce qu'on revint à proposer des impôts ou un emprunt nouveaux : nouvelle culbute, et le refrain de recommencer.

Que si un marchand s'avisait d'établir le budget de ses recettes et de ses dépenses pour l'année à venir, cela prouverait-il qu'il fait de bonnes affaires ? Non ; pas plus que cela ne prouverait qu'il en fait de mauvaises, s'il exige de ses clients un prix plus élevé pour certaines marchandises, ou s'il emprunte de l'argent pour donner plus d'extension à son commerce. C'est à des raisonnements de la sorte que se réduit la chanson : pas d'impôts, pas d'emprunts nouveaux !

Le fait est que nous ne savons plus ce que c'est qu'un budget, un impôt, un emprunt.

Il y a deux espèces de budgets : l'un par lequel le gouvernement et les Chambres établissent les prévisions des recettes et des dépenses de l'État pour l'année à venir ; l'autre, par lequel le pays solde ses dépenses et ses recettes véritables. Le premier, tout le monde le connaît ; voté, Dieu sait comme, il est promulgué, chacun sait comment. Le second, tout le monde l'ignore, bien que chacun, pour son compte, sache parfaitement ce qui en est.

L'accord de ces deux budgets constitue la situation financière. Augmentez les recettes par des impôts nouveaux, diminuez les dépenses par des économies pour équilibrer le premier budget, dès que le second ne répond pas exactement aux prévisions, l'État continue à faire de mauvaises affaires.

Augmentez, au contraire, les dépenses, diminuez les recettes ; du moment que le budget général y répondra, l'État fera de brillantes affaires. Comme il y a fagots et fagots, il y a budget et budget. C'est pour l'avoir méconnu que nous avons créé notre situation financière.

Nos illusions ont commencé le lendemain de nos désastres, comme si nous devions compléter la ruine de notre gloire militaire par celle de notre prospérité publique.

Nous avons cependant payé, comme par enchantement, une indemnité de guerre sans exemple dans l'histoire, et, par une série de coups de baguette, qui tiennent de la féerie, nous avons réussi, par de nouveaux emprunts, à payer nos propres indemnités de guerre, à refaire notre matériel militaire, à construire un nouveau système de forteresses et tout un réseau de chemins de fer stratégiques. Et tous ces emprunts ont été couverts 15, 20, 30, 45 fois : notre prospérité semblait inépuisable.

Ce que nous y avons gagné, c'est le vertige des jeux de Bourse et des dettes publiques de 40 milliards, représentant le tiers de la fortune totale de la France.

Nos fautes ont commencé avec les emprunts de la libération du territoire : ce fut la gloire de M. Thiers, et une opération financière admirable !

Pour éviter tout échec, pour échapper aux difficultés de crédit et maintenir la facilité des affaires, nous nous sommes surtout servis des fonds français placés à l'étranger ; nul ne s'est douté qu'en employant de préférence les fonds placés à l'extérieur, nous en perdions aussi les ressources, et que nous augmentions en même temps et dans les mêmes proportions nos charges publiques. En réalité la perte a été double.

Nous avons perdu les revenus des capitaux placés au dehors, et, en même temps, les producteurs continuent à payer annuellement à peu près la même somme aux propriétaires de ces capitaux devenus rentiers de l'État.

Il n'y avait qu'un moyen de payer nos désastres : c'était de prendre les trois milliards en or et les deux milliards en argent qui forment notre richesse monétaire et de les mettre à dos d'ânes pour les envoyer aux Prussiens. Mais, pour ce faire, il aurait fallu que nous fussions tous des hommes sérieux et décidés à renoncer à tout tripotage dans les affaires, à toute émission de valeurs fictives ; il aurait fallu que depuis le premier fonctionnaire de l'État, jusqu'au moindre travailleur, tout produit fût réel, tout échange loyal ; l'État, le garant de l'honnêteté de tous, et tous garants de l'honnêteté de l'État. En ce cas, la perte restait simple, et, en quelques années, nos trois milliards en or et nos deux milliards en argent, après avoir causé à l'Allemagne une crise monétaire effroyable, nous revenaient battant neufs.

Pour quiconque se souvient que, au milieu même de nos désastres et avant la conclusion de la paix, nos billets de 100 francs faisaient une prime de 5 francs à l'étranger, il ne saurait y avoir un instant de doute.

En réalité, nous avons payé cinq milliards de fonds français placés à l'étranger, pour le plaisir d'appeler M. Thiers « libérateur », et — il nous reste toujours les cinq milliards à payer, car de la dette contractée nous n'avons pas soldé un centime, si ce n'est en la monnaie de singe de notre fameux fonds d'amortissement.

L'opération avait donc merveilleusement réussi ! et nous avons continué à faire coup sur coup emprunt sur emprunt. Les émissions, à peine lancées, furent couvertes quarante et cinquante fois, et nos budgets se soldèrent, bon an, mal an, par 50, 80, 200 millions de boni : la chose tenait du prodige.

Nous ne comprenions pas plus ces bonis que nous n'avions compris les emprunts.

En 1877, éclata la crise commerciale et industrielle ; les bonis persistèrent, et nous votâmes six milliards pour l'achèvement de nos chemins de fer, 700 millions pour l'établissement de l'instruction universelle et obligatoire ; les bonis continuèrent.

En 1881, ils s'élevèrent encore à 150 millions, mais l'emprunt de 3 1/2 0/0 amortissable ne fut plus classé et resta entre les mains des banquiers. Les épargnes intérieures et extérieures de la France se trouvaient épuisées. Personne n'avait vu que les bonis successifs avaient été, non pas le résultat de la prospérité industrielle et commerciale, du budget général du pays, mais des capitaux empruntés et dépensés en travaux improductifs.

L'argent jeté dans ces travaux revenait à l'État, par les pores infinis d'un budget de près de quatre milliards d'impôts comme poussé par une presse hydraulique.

L'emprunt de 1881 n'étant pas classé et n'ayant servi qu'à solder des arriérés, les déficits succédèrent aux déficits. On absorba les caisses d'épargne, on porta la dette flottante à un chiffre inquiétant : les déficits persistèrent. On fit un nouvel emprunt toujours couvert un nombre énorme de fois : les déficits continuèrent. La presse hydraulique marchait à vide, et l'on s'écria : plus d'impôts, plus d'emprunts nouveaux !

Ce fut une nouvelle faute.

On n'avait pas compris la cause véritable de nos bonis, on ne comprit pas davantage celle de nos déficits.

II. De même qu'il y a deux espèces de budgets, il y a deux espèces d'emprunts et deux espèces d'impôts.

Il y a des impôts adroits et d'autres maladroits, ainsi qu'il y a des emprunts qui sont l'un ou l'autre.

Nous avons défini les impôts : une participation de l'État aux produits. Il nous semblait, qu'il était aussi impossible de percevoir un impôt de celui qui ne produirait rien que de récolter des raves là où on n'en a pas semé. Il est vrai que nous imposons, par exemple, les portes et les fenêtres, qui ne produisent absolument rien, mais derrière ces fenêtres et ces portes, il y a des gens qui travaillent et qui ont besoin de ces fenêtres pour voir clair et de ces portes pour sortir, ne serait-ce que pour vendre les objets qu'ils ont produits et porter chez le percepteur la part qu'il leur réclame, sous prétexte qu'ils ont une porte pour sortir et des fenêtres pour voir clair.

Il est vrai encore que nous avons près de 40 milliards de dettes publiques, et que ces 40 milliards de dettes nous donnent un nombre incalculable de rentiers qui peuvent vivre fort à leur aise tout en ne travaillant guère et en ne produisant pas davantage. Ils paient cependant des impôts sous toutes les formes, y compris les portes et les fenêtres ; mais ils n'en paient point sur leurs rentes.

Un impôt sur les rentes, assure-t-on, ferait baisser les valeurs publiques, porterait atteinte au crédit de l'État et achèverait de ruiner le pays.

Point de doute : l'effet serait certain. Mais pourquoi ne peut-on imposer les rentes sans ruiner le crédit public ?

Précisément parce que les rentes ne produisent rien par elles-mêmes.

Il se peut cependant qu'à force d'avoir de ces belles et bonnes rentes, qui ne produisent rien par elles-mêmes, le rentier mène la vie la plus commode et se donne tous les plaisirs et tous les luxes sans produire quoi que ce soit.

Ce sont d'autres producteurs qui paient pour lui.

Cela paraît d'une iniquité criante.

Admettons que notre rentier ait 100,000 francs de revenu, et que, sans en employer un centime à une production quelconque, il les dépense, comme il vide un verre, rubis sur l'ongle.

L'État lui demande, pour qu'il puisse se donner cette fête en toute sécurité, mettons 10,000 francs : c'est peu.

Il les paiera, mais ne dépensera plus que 90,000 francs, et, en réalité, ce n'est pas lui, mais les fournisseurs, les producteurs qui recevront 10,000 francs de moins et l'État 10,000 francs en plus. Qui a payé l'impôt ? — Le rentier, pour la forme, le producteur pour le fond. — On a voulu récolter des raves dans un champ où il n'y en avait pas, et on est allé les prendre dans le champ du voisin.

Quoi qu'on fasse, il n'y a pas à sortir de là ; pour qu'un impôt soit payé, il faut qu'il soit produit, et tout système d'impôts, quels que soient leur nom et leur forme, représente la participation de l'État à la production du pays.

Or, combien y a-t-il d'impôts qui représentent vraiment la participation de l'État à la production ?

Combien ne sont que des entraves, des obstacles ?

Ceux-ci sont les impôts maladroits ; ceux-là, les impôts adroits.

Quant au résultat, on pouvait le prévoir, alors qu'après nos désastres nous avons accru nos impôts avec la même incurie que nous avons contracté nos emprunts.

Le calcul est facile à faire.

En 1869, notre budget était de 1 milliard 800 millions ; nos importations dépassaient 4 milliards, et nos exportations s'élevaient, à quelques millions près, au même chiffre : 3,994 millions de francs.

En retour de cette prospérité que le pays avait donnée par son travail à l'Empire, celui-ci lui attira l'année terrible. Nous l'avons payée, et nous continuons à la payer annuellement un milliard environ, dont notre budget s'est accru de ce chef.

Mais en même temps nos importations ont augmenté, nos exportations ont diminué exactement de la somme prélevée sur la nation par l'accroissement des impôts ; 4,234,367,000 francs à l'importation, 3,300,230,000 francs à l'exportation ; 934,133,000 francs de différence.

En raison de ce que nous payons davantage à l'État, nous avons plus importé et moins exporté ; notre production a diminué de la même somme : *les impôts sont une participation aux produits.*

La participation de l'État aux produits est fatale, inévitable.

Elle est heureuse lorsque, avec cette participation, la production ainsi que les exportations augmentent.

Elle est désastreuse, lorsque la production diminue et que ce sont au contraire les importations qui croissent.

En réalité, nous payons un milliard d'impôts de trop, suite fatale de la guerre ; mais ce milliard aurait pu, par un système fiscal mieux entendu, exciter et faciliter la production, comme certains impôts le font, tandis qu'en prenant l'argent aux contribuables sous toutes les formes qui nous permettaient d'y atteindre, loin de donner au pays un nouvel essor, nous n'avons fait qu'étouffer sa bonne volonté.

Semblables à ces pur-sang de race, vieillis dans les succès, nous portons dans le concours, sur le marché du monde, une charge trop pesante. Nos déficits continus en sont la conséquence nécessaire. Nos produits propres étant trop grevés et les importations moins chères, celles-ci présentent plus d'avantages, en même temps que nos exportations devenues trop coûteuses diminuent. Dans ces conditions, nos prévisions budgétaires se soldent forcément par des déficits. Il en est comme du premier industriel venu qui, obligé de payer ses ouvriers trop cher, achèterait d'autrui, à meilleur marché, non seulement les objets dont il a besoin, mais encore ceux qu'il doit produire. Les économies ne lui serviront de rien. Tant qu'il continuera à acheter plus et à vendre moins, ses déficits persisteront, tout comme ceux de l'État.

Nous sommes entrés dans un cercle vicieux. On crie bien, et sur tous les tons : pas d'impôts nouveaux ! les déficits persistent et, finalement, on se résout à des emprunts nouveaux.

III. Malheureusement, le phénomène que nous signalons pour les impôts se répète dans les emprunts.

Les intérêts représentent, comme les impôts, une participation aux produits. 100 francs enfermés dans un coffre-fort ne rapporteront pas un centime d'intérêt. Il faut qu'ils soient dépensés et employés à une production pour qu'à la fin de l'année ils puissent valoir 105 francs.

Le Koran défend de recevoir des intérêts ; là dessus les Orientaux dilapident gaiement leur fortune en empruntant, avec une légèreté égale, à l'usurier juif ou au banquier franc. Incapables de comprendre que les intérêts ne représentent qu'une participation aux produits, ils empruntent sans réflexion aux taux les plus exorbitants, et c'est ainsi que, le plus inconsciemment du monde, s'en vont, les particuliers à la ruine, les États à la banqueroute. La vache, le cheval, le lopin de terre, la maison, passent insensiblement entre les mains du juif ; les douanes, les domaines, les tabacs, les chemins de fer, entre les mains du financier étranger.

Le petit comme le grand malade de l'Orient souffrent du même mal, mal qui semble aussi irrémédiable que les versets du Koran sont absolus : l'infirmité de ne pouvoir comprendre ce que c'est qu'un emprunt et ses intérêts.

A force d'avoir emprunté, serions-nous tombés au même niveau ?

Le gouvernement a besoin d'argent : aussitôt les millions, les milliards, sortent des banques de Paris, arrivent de la province, affluent de l'étranger. Le commerce souffre, l'industrie se plaint, les classes ouvrières sont mécontentes ; d'où vient cet argent qui n'avait d'emploi nulle part ?

Agirions-nous à l'égard de notre propre pays comme l'usurier juif et le banquier franc envers les malheureux Turcs ?

Si, d'une part, nous sommes enchantés de la confiance témoignée au gouvernement ; nous voyons, d'une autre, la crise industrielle et commerciale s'accroître de ces sommes énormes écartées de leur direction naturelle : la production immédiate, utile, nécessaire. Nous voyons notre importation augmenter et notre exportation diminuer, les salaires des ouvriers baisser, et, en même temps, la gêne leur paraître d'autant plus pénible que bourgeois et patrons paraissent manier les millions et les milliards à la pelle ! Nous trouvons nos impôts trop nombreux, nos charges trop pesantes ; nous réclamons la protection pour notre agriculture épuisée, la protection pour nos industries qui faiblissent, et, lorsque le gouvernement nous demande 1, 2, 5 milliards, nous lui en offrons 10, 20, 40 ! C'est de la démence !

Nos ouvriers sont-ils les plus satisfaits du continent, l'agriculture, l'industrie, les plus florissantes ? En ce cas, les sommes offertes au gouvernement représentent notre superflu, et notre situation est vraiment prospère.

Notre travail nous paraît-il, au contraire, trop pénible, l'industrie trop difficultueuse, le commerce trop chanceux, et offrons-nous l'argent à l'État pour en recevoir des intérêts plus élevés ? En ce cas, c'est notre ruine que nous préparons de gaieté de cœur !

Notre aveuglement a été, sous ce rapport, porté à un degré tel que les auteurs de notre situation financière ont pu supposer sérieusement que les époques de crises étaient d'excellents moments pour contracter des emprunts.

Comment, nos budgets se soldent par des déficits réguliers et, ne pouvant les couvrir par des impôts nouveaux, nous les laissons s'accumuler sous des noms divers : compte de liquidation, compte des chemins de fer, compte des caisses d'épargne, bons du trésor...., jusqu'à ce que toute cette dette flottante devienne un danger, et que nous la consolidions par un nouvel emprunt. L'année suivante, les intérêts à servir n'en seront que plus considérables, le déficit plus certain, et les impôts plus accablants.

Tel est notre régime financier ; les meilleurs ministres n'y peuvent rien changer.

A force d'avoir fait des emprunts, sans que notre production, notre industrie et notre commerce se soient relevés, il s'est formé une classe de gens qui n'ont d'autre fonction que de prêter à l'État : c'est la haute banque.

Voici comment la machine fonctionne : un emprunt est émis ; la haute finance est chargée de l'émission ; trente, quarante, cinquante centimes par coupon représentent sa prime, et si elle parvient à faire primer encore l'émission, elle aura, sans débourser un centime, dès l'origine 2 ou 3 pour cent de bénéfice sur le tout. Un ministre a tenté d'échapper à cet abus ; non seulement l'émission a été compromise, mais encore le ministre a dû passer sous les fourches caudines.

Mais voici un emprunt qui a réussi. Dix, vingt, cent millions, ou plus, selon son importance, sont perçus de ce chef par la haute finance. Le reste est ensuite employé par l'État à combler les déficits accumulés, à changer le matériel de guerre, à construire des chemins de fer électoraux, à tout, excepté à une production nouvelle et plus grande du pays.

Le résultat en est que l'argent employé à des dépenses improductives, loin de rester dans le commerce et l'industrie, revient en peu de temps aux banques. Les déficits continuent, un nouvel emprunt devient inévitable ; on spécule sur une émission probable, attendant tranquillement l'émission définitive qui apportera la prime et le reste.

Les primes et les intérêts payés pour le premier emprunt sont repayés pour chaque emprunt nouveau ; la somme repasse par l'État et revient à la haute banque qui, à chaque coup, perçoit une nouvelle prime et des rentes nouvelles.

L'argent sans emploi portera même la rente au pair et au

delà, jusqu'à ce qu'un nouvel emprunt soit contracté ; il faut bien qu'il rapporte quelque chose.

Le commerce et l'industrie marchent de crise en crise ; les budgets se soldent par des déficits successifs, et les capitaux, les richesses de la haute banque croissent à mesure.

Cela pourra durer longtemps de la sorte, jusqu'au moment où, les importations dépassant de plus en plus les exportations, l'argent finira par ne plus venir aux banquiers et par rester à l'étranger.

Ce sera la banqueroute.

Lorsque la Turquie fait de mauvaises affaires, elle se contente de ruiner ses créanciers étrangers ; nous, nous avons trouvé le secret de marcher à notre perte par l'abus que nous faisons de nos propres richesses.

## L'INSTRUCTION PUBLIQUE

I. La question ouvrière trouve sa solution dans la reprise des affaires.

La question sociale a des causes plus profondes. Issue de la transformation intellectuelle et morale des classes travailleuses elle n'offre, comme pour tous les peuples vieillis dans l'histoire, d'autre issue que la décadence romaine ou la désorganisation grecque ; à moins que nous ne trouvions dans l'instruction publique, le moyen de donner des assises nouvelles et plus solides à notre état social.

Malheureusement, loin de concevoir l'enseignement public comme un moyen d'instruction générale, nous l'avons, poussés par la fatalité mystérieuse qui nous emporte vers notre dissolution, développée, jusqu'à l'exagération, dans· le sens même de notre dégradation sociale.

Lorsqu'en 1870, le roi de Prusse fut félicité de ses victoires, il aurait répondu : « C'est à nos maîtres d'école que revient le mérite. »

Depuis cette fatale époque, aucun pays de l'Europe n'a fait autant de sacrifices pour son instruction publique, que la France.

En 1837, 2.040.455 élèves fréquentaient les écoles primaires ; ils occupaient 38.465 maîtres et maîtresses, et les dépenses, à la charge de l'État, des départements et des communes, étaient de 9.072.646 francs, c'est-à-dire de 4 fr. 43 en moyenne, par élève.

En 1884, nous avons eu 4.918.549 élèves, qui suivaient l'enseignement primaire donné par 100.000 maîtres et maîtresses, et les dépenses atteignaient la somme de 111.633.481 francs ; soit 22 fr. 70 par élève.

On a reproché à la République cet accroissement de dépenses ; on lui a reproché l'instruction rendue obligatoire. Quels reproches ne lui a-t-on pas faits ? excepté ceux qu'on aurait dû lui faire.

En 1877, un prêtre allemand, chassé, pendant le Kulturkampf, par le prince de Bismarck d'une petite ville du Rhin, se réfugia en France, et donna, pour vivre, des leçons successivement dans deux collèges d'une ville du Midi et d'une autre du Nord. Sur notre question : Quelle différence il trouvait entre les enfants français et les enfants allemands ? Il répondit : « Vos enfants de six à douze ans ont des facilités extraordinaires, ils sont affectueux, confiants, généreux ; à côté d'eux, les nôtres paraissent des crétins. En revanche, les efforts que nous faisons en Allemagne pour faire de nos enfants des hommes capables, sont compensés par ceux que vous faites, dans votre système d'instruction, pour comprimer les facultés de vos enfants si doués. » La réponse était rude, était-elle imméritée ?

Malgré les réformes de ces dernières années, malgré les modifications apportées aux programmes et aux examens, les organes les plus autorisés de l'Université se plaignent que le niveau des études ait baissé, que les élèves soient mal préparés et les résultats de notre instruction supérieure de plus en plus médiocres ; en même temps que les médecins et les pères de famille reprochent à ces études, si notoirement incomplètes, le surmenage auquel elles conduisent, l'affaiblissement de la santé et de la vigueur des enfants, le chiffre croissant des infirmités et des maladies de débilité.

Les enfants, peut-être les mieux doués du monde, sont donc amenés, par 16 à 18 années d'études, à ne plus suffire à leur tâche, à ne plus répondre, ni au physique, ni au moral, à l'espérance de leurs maîtres et de leurs parents, ni à l'avenir intellectuel de la patrie.

Nous avons dépensé des millions pour refaire notre instruction publique, nous avons quintuplé les frais de l'enseignement du moindre de nos enfants, et tout cela, pour aboutir à cette constatation : le niveau des études a baissé, les élèves sont de plus en plus mal préparés, les résultats de l'instruction supérieure sont de plus en plus médiocres, la santé des enfants est compromise.

Dans notre ardeur de réorganisation, nous avons donné aux sciences et aux langues étrangères une importance plus grande qu'autrefois, aboli les vers et le discours latins, changé les heures d'étude, etc.., que n'avons-nous pas fait, dans le désir de bien faire ?

Mais les hommes qui ont élaboré les nouveaux programmes se sont imaginé que tous nos enfants devaient posséder leurs aptitudes et leurs facilités, leur mémoire, leur ardeur au travail, et ils ont, dans toutes les réformes, dépassé le but, s'ils ne l'ont méconnu.

Des travaux, inutiles, peut-être, mais qui n'occasionnaient ni fatigues intellectuelles, ni efforts démesurés, tels que les vers et le discours latins, ont été remplacés par des études scientifiques hors de proportion, qui exigent une tension continuelle de l'intelligence, et entraînent souvent le dégoût, parfois le désespoir de l'enfant. L'étude des langues étrangères a été développée ; mais on continue à y suivre les méthodes de l'enseignement des langues mortes, et on en fait un casse-tête chinois, sans aucun profit pour la jeunesse.

Enfin, ces études, forcées en tous sens, ont été rendues à un tel point uniformes, qu'un jour un ministre a pu tirer sa montre et dire : « Il est neuf heures en ce moment ; tous les enfants de tous les lycées de France traduisent tels auteurs ».

Comme si l'enfant provençal ou gascon devait avoir au même âge et à la même heure les mêmes dispositions et les mêmes aptitudes que l'enfant normand, breton ou ardennais ; comme si l'instruction, pour être intelligente, ne devait point différer, sinon avec les moyens de chaque enfant, du moins avec le caractère général de leur esprit.

Ainsi, dans notre ardeur à faire trop vite et trop bien, nous avons méconnu, sous toutes les formes, les exigences les plus élémentaires d'une instruction publique bien entendue, et nous avons abouti à justifier, à la fois, les plaintes de l'Université, les reproches des parents, et l'observation du professeur allemand, qui comparait les efforts que nous faisions pour comprimer nos enfants à ceux de ses compatriotes pour faire des leurs des hommes intelligents. Nous trouverions-nous vraiment en présence d'une désorganisation systématique de l'intelligence de la jeunesse française ?

II. Commençons par examiner le programme de l'enseignement primaire.

Le désir de tout bon père de famille est que son enfant, en sortant de l'école primaire, sache lire, écrire, calculer ; qu'on lui ait inspiré la haine du mensonge, le culte de la franchise et de la loyauté, et, par-dessus tout, l'amour de la patrie. Le reste, la vie et des études ultérieures le lui apprendront infiniment mieux que toutes les écoles primaires du monde.

Ce n'est pas l'avis du programme prescrit par l'arrêté du 27 juillet 1882 : *L'étude primaire ne consiste pas,* — nous transcrivons littéralement, — *dans le seul apprentissage de ces premiers instruments de communication : la lecture, l'écriture et le calcul. Le maître doit conduire les élèves, en procédant du connu à l'inconnu, à découvrir les conséquences d'un principe, les applications d'une règle ; ou, inversement, les principes et les règles qu'ils ont déjà inconsciemment appliqués. Il doit les exercer à dégager l'idée abstraite, à comparer, à généraliser, à raisonner, sans le secours d'exemples matériels. Enseignement essentiellement pratique et intuitif...*

Intuitif ! on dirait la traduction du programme d'un maître d'école prussien, qui doit, non seulement apprendre à lire, écrire et calculer à l'enfant poméranien, mais encore à penser et à réfléchir. Nos gamins n'ont que faire de ce galimatias ; le plus souvent, ils *intuitent* mieux et plus rapidement que leurs maîtres. — Pas une page du programme qui ne suggère de semblables réflexions.

Ce que les Allemands entendent par « leçon de choses » est encore un enseignement excellent pour l'enfant poméranien ; il faut lui apprendre à exprimer sa pensée, à dire ce que c'est qu'une chaise, une table, un fleuve, un arbre : exercice parfaitement inutile pour les nôtres, car leur vivacité d'esprit ne leur représente que trop bien les objets qui les intéressent, les entraînent, les dissipent.

Aussi les auteurs du programme ont-ils cru devoir, au cours élémentaire, déjà, remplacer les leçons de choses par — « l'analyse grammaticale », que les Allemands ont eu le bon sens de ne jamais essayer ; « la décomposition de la proposition en ses termes essentiels », ce qui constitue la logique entière ; « l'histoire nationale jusqu'à la guerre de Cent ans ; la géographie locale et générale ; les saisons, les principaux phénomènes atmosphériques, les accidents du sol, etc..., les éléments essentiels des sciences physiques et naturelles... », et tout cela doit être enseigné, au cours élémentaire, à des enfants de 7 à 9 ans, qui apprennent à lire et à écrire ! C'est à croire qu'on rêve ! Voyez cependant pages 17 à 20 du programme.

Nous ne sommes qu'au commencement de cette intelligente interprétation des leçons de choses. L'article 6 porte : « Instruction civique, droit usuel, notions d'économie politique ».

Comment, lorsque ces mêmes Allemands, que nous prétendons imiter, reprochent à nos savants d'être en arrière d'un demi-siècle en matière de science économique, nous voulons inoculer à nos enfants les débris de cette science fossile ! Et cela, lorsque ce même programme prescrit, à l'article 7 : « l'étude des principes de numération parlée et écrite, des quatre règles appliquées, intuitivement, d'abord à des nombres de 1 à 10 ; puis de 1 à 20 ; puis de 1 à 100 ». Un enfant qui ne sait compter, pas même *intuitivement*, selon l'article 7, apprendra donc, selon l'article 6, les notions de l'économie politique !

En vérité, si jamais étranger, — nous ne disons pas un Allemand, mais un étranger quelconque — lit notre programme, il croira qu'il a été rédigé à Charenton.

Ses auteurs étaient cependant des hommes de bonne volonté, et n'exigèrent certainement de telles études qu'en vue du progrès de nos enfants ; mais ils ne songaient qu'à nos enfants parisiens, si précoces, si déliés d'intelligence. Ce n'est que pour eux que le programme a été fait.

Une preuve suffit : les leçons « de dessin et de moulage » y sont ordonnées « avec une méthode de graduation minutieuse pendant 5 années consécutives », absolument comme si nos cinq millions d'enfants devaient tous devenir des ouvriers sculpteurs ou fondeurs, des brodeuses ou des modistes, à Paris.

Tout le programme, du commencement à la fin, est inspiré du même esprit. Pas une étude, pas un exercice ne se trouve à sa place : on dirait qu'on n'a voulu produire le tout que pour un monde d'enfants phénomènes et plaire à la galerie des utopistes et des rêveurs.

Que l'on convoque vingt de nos bons maîtres d'école : en quelques jours ils composeront un programme qui sera un chef-d'œuvre de pédagogie à côté du programme de 1882.

Inutile d'aller plus loin et d'examiner les innombrables manuels qui ont été écrits et publiés pour inoculer à nos enfants tout cet admirable enseignement de *civisme*, de *droit* et *d'économie politique* ; pas une phrase qui ne soit un sophisme, pas un mot qui ne soit une erreur ! Apprenons à nos enfants à lire, écrire, calculer ; à être bons et loyaux les uns pour les autres, à aimer leur pays. Tout le reste, à leur âge, n'est que fantasmagorie. Donnons en outre à nos écoles, dès les classes primaires, un caractère professionnel, selon les régions et les localités ; que chacun de nos enfants soit élevé et instruit pour le milieu dans lequel il doit vivre, et les fonctions qu'il doit remplir.

L'exagération et l'uniformité dans l'instruction sont le fléau, non le levier du progrès intellectuel.

III. Passons à l'enseignement secondaire : la scène grandit, les décors changent, le spectacle reste le même.

Si le programme des écoles primaires est absurde, il est encore une œuvre de bon sens à côté des programmes de l'enseignement secondaire. Je ne me souviens pas d'avoir jamais entendu charlatan forain débiter sa réclame avec une exagération pareille à celle du simple exposé d'un plan d'études des lycées : « programme de l'enseignement secondaire classique ; imprimerie et librairie classiques. » Tout est classique, du plus pur classique ! Ouvrez et lisez tranquillement, sans parti pris, cette interminable énumération de sciences et de sous-sciences, de littératures et de sous-littératures, comprenant plus de trois mille ans de progrès, d'inventions, de découvertes et de chefs-d'œuvre, et, vous obtiendrez la conviction que si votre jeune homme sort de là, à l'âge de 16 à 17 ans, sachant tout ce qu'on lui aura enseigné, Pascal n'aurait été auprès de lui qu'un sot.

En fait, votre enfant sortira de là ayant épuisé à peu près toutes ses facultés intellectuelles, la mémoire surchargée et accablée d'un fatras de mots et de savoir sans consistance, heureux s'il lui reste assez de discernement pour comprendre qu'il a perdu beaucoup de peines et beaucoup de temps.

Il aura appris à interpréter « le Faust de Gœthe » ou « l'Hamlet de Shakespeare » et quand vous le prierez de vous traduire un passage du « Times » ou un article d'une gazette allemande, il n'y comprendra mot. Il interprétera de même, toujours d'après le programme, Sophocle et Démosthène, l' « Iliade » et Platon, fier si dans 99 cas sur 100 il est de force à traduire péniblement avec un dictionnaire quelques lignes de grec.

Pour le latin, cela va mieux : Cicéron, Virgile, Lucrèce, Horace, Tacite, tous les grands noms sont sur la liste. Dès la sixième, la moitié du temps des études leur est consacrée. Aussi l'enfant aura-t-il 50 chances sur 100 de parvenir à la fin à lire un peu proprement, je ne dis pas tous ces grands auteurs, mais le latin facile des auteurs élémentaires.

Passons : « en Mathématiques, le jeune homme revisera en philosophie les cours d'arithmétique, d'algèbre et de géométrie : trois longues pages d'énumération de calcul et d'opérations mathématiques », — et si après cela il est encore capable de résoudre une règle de trois et de faire un calcul d'intérêt composé, vous pouvez vous féliciter de son savoir.

Poursuivons : Physique et Chimie, Géologie et Cosmographie ; Zoologie et Botanique, Anatomie et Physiologie animale et végétale..., aucune science de la terre et du ciel ne manque, depuis celle du téléphone et de la galvanoplastie jusqu'aux notions stellaires, depuis l'étude des fonctions animales et végétales de nutrition et de relation, jusqu'aux conceptions sur « la matière et la vie! »

Vous croyez l'enfant suffisamment accablé? Son abrutissement va seulement commencer. Deux sciences, et des plus élémentaires, la géographie et l'histoire l'inaugurent, et une troisième, la philosophie, l'achèvera. Mais aussi, quelle merveille que la méthode employée! Je transcris :

« Classe de seconde (quinze ans). — Géographie (1 heure).

GÉOGRAPHIE GÉNÉRALE. L'atmosphère, vents alizés et vents variables, moussons, cyclones. — Distribution de la pluie.

Lignes isothermes, climats, végétaux.

*La mer* : Marées, courants. Le fond des mers. Régions polaires.

*Les continents* : Comparaison des principaux traits de la géographie physique dans les cinq parties du monde. — Montagnes, plateaux et plaines, fleuves. — Notions élémentaires sur la division des races humaines.

*Afrique. — Asie. — Océanie. — Amérique* : Relief du sol, fleuves, lacs, régions naturelles. — Populations, émigrations, langues et religions. — Principaux États. — Colonies européennes, sauf de la France. — Géographie économique : productions les plus importantes de l'agriculture, des sciences, de l'industrie. — Commerce : principaux ports. — Voies de communication par terre et par mer.

Insister sur l'Égypte, l'empire des Indes, l'Indo-Chine, la Chine et le Japon, les États-Unis, le Brésil, les colonies britanniques et néerlandaises.

Relations commerciales des cinq parties du monde.

Grandes lignes de navigation à vapeur et de télégraphie électriques ».

Vit-on jamais marchand d'orviétan attirer les badauds par un boniment pareil?

Et, je répète que ce n'est que le commencement. L'année suivante (seize ans), le jeune homme apprendra la géographie physique, passe, mais la géographie politique! administrative! économique! de la France et de toutes ses colonies! La science entière d'un excellent préfet, et d'un parfait gouverneur colonial.

Ce n'est rien : il faut transformer le futur préfet ou sous-pré-

fet en un politicien de premier ordre. C'est plus difficile : le programme s'y prend de loin. Histoire ancienne (sixième) ; celle
de la Grèce (cinquième) ; celle de Rome (quatrième) ; histoire
de l'Europe, et particulièrement de la France, les années suivantes. On pouvait, dans ce dernier ordre d'idées, choisir deux
voies : la première, l'*histoire générale* des États européens, ou
bien l'*histoire seule* de la France dans ses rapports avec celle des
autres États. Dans le premier cas, le jeune homme n'apprenait
rien ou peu de l'histoire de la France ; dans le second, on ne
lui enseignait rien de l'histoire particulière des autres États. Ce
fut naturellement le second système qu'on a choisi : — De 395
à 1270 (troisième) ; de 1270 à 1610 (seconde) ; de 1610 à 1789
(rhétorique) ; enfin, histoire contemporaine, 1789 à 1875 (philosophie) ; plus de trace ou à peu près des États étrangers ; en
revanche : Déclaration des Droits de l'homme ; Code civil,
Napoléon et Louis XVIII ; révolutions de 1830 et 1848 ; Deux-
Décembre et ses conséquences ; paix de Francfort et insurrection
de la Commune ; question d'Orient, et canal de Suez, etc..., trois
grandes pages d'énumération ! Pour les naïfs, tout cela est fort
judicieux, parce que c'est l'histoire nationale ; pour les gens
raisonnables, tout cela est absurde.

Enseigner à un jeune homme qui n'a appris l'histoire de la
Grèce et de Rome que comme enfant, en sixième, et à peu près
rien de l'histoire des États étrangers modernes, c'est décider, de
parti pris, qu'il ne se forme que des idées fausses sur l'histoire
de France, ne se pénètre que du côté politique des événements,
et, selon les opinions de son professeur, prenne parti pour ou
contre la Révolution, pour ou contre l'Empire, pour ou contre
la Monarchie de Juillet, pour ou contre tout et rien, raisonne
sur les faits, sans en comprendre la portée véritable et devienne,
suivant ses petites préférences, un politicien de choix.

On se plaint de l'incapacité des gouvernements, de l'incohé-
rence des Chambres, de l'incurie des administrations : tout le
monde continue à se conduire suivant la politique apprise au
collège !

Au moment où le professeur allemand nous disait que nous
faisions de nos enfants si capables des hommes au cerveau étroit,
nous étions loin de soupçonner combien les faits lui donnaient
raison.

Il restait cependant un moyen de combattre ce déplorable enseignement et d'en conjurer les dangers : c'était d'enseigner du
moins à nos enfants à concevoir des idées justes, de leur ap-

prendre les conditions de la vérité, les règles de tout raisonnement, de toute pensée exacte.

Pendant le Moyen Age, comme sous l'ancien régime, et mêm pendant la première moitié de ce siècle, les études de philosophie ont commencé par l'enseignement de la logique ; il n'y a certes pas homme hors de France, qui s'imagine que nous puissions commencer autrement.

Mais c'est bien vieux jeu : la logique ! A quoi bon ? Il faut que dans la patrie de Descartes et de Pascal la jeunesse apprenne avant tout ce que c'est que la psychologie expérimentale de M. Stuart-Mill, et l'association des idées de M. Herbert Spencer. Ce n'est que lorsque la pensée sera bien pénétrée du galimatias de ces deux remarquables sophistes qu'on essayera de lui inoculer quelques notions de logique ; et quelle logique ! une *olla podrida* d'Aristote et de Port-Royal, de Hegel et de Stuart-Mill, à laquelle le jeune homme finit par ne plus comprendre goutte.

Suivent des apparences de morale et de métaphysique, et *quelques notions sommaires* sur les principales doctrines philosophiques.

Voilà le couronnement de nos études ! Si, en sortant de là, vous demandez au jeune homme ce qu'il pense de la philosophie, il vous répondra, superbe : de la fumisterie !

Il ne reste de vivant en lui que le politicien, préfet, sous-préfet, député ou ministre futur.

Sans aspirations élevées, sans direction précise, sans soutien intellectuel ni moral, il avancera vers son but avec l'assurance d'un Tartarin sur les Alpes : toute sa science est truquée.


IV. Le truc principal consiste dans le concours. Depuis la quatrième, chaque professeur choisit, dans sa classe, les sujets intellectuellement les mieux doués, les plus souples comme caractère, et qui témoignent quelque goût pour sa branche. Il les soigne, les distingue, les encourage ; néglige forcément les autres, qui se rangent parmi les cancres, les fruits secs ; les premiers deviennent les bêtes à concours, les bœufs, disent les Chinois qui pratiquent le même système.

Le résultat en est que les meilleurs sujets, qui se sont particulièrement consacrés à une science, aussi bien que les plus mauvais, qui n'en ont mûri aucune, ont également besoin de « colles » et de « piston » pour passer le double baccalauréat.

Ce n'est pas une petite affaire ; plus d'un en a pris le vertige : la consécration de huit années de travail et d'études absurdes !

Devant les professeurs inconnus des facultés supérieures, qui le plus souvent **ignorent** absolument les transformations successives de l'enseignement secondaire depuis qu'ils en sont sortis, il s'agit de passer un premier et un second examen, dans lequel l'examinateur peut demander que le candidat lui dessine l'appareil digestif d'une moule, quand il y a quatre-vingts mille questions de même importance dans les seules sciences naturelles ; où il arrive qu'un premier prix de concours en latin est refusé pour cette langue et les meilleurs élèves des premiers lycées de Paris échouent pour la philosophie, alors que les derniers des classes sont reçus.

Si on tirait les bacheliers, comme les soldats, au sort, l'armée de notre gent instruite et savante ne serait pas plus mal composée.

Toute la jeunesse d'un pays de 38 millions d'habitants est instruite, non pas pour savoir, mais pour répondre à des questions probables, possibles, et même impossibles, et dont les maîtres les plus savants en méthode, les « colleurs » poussaient déjà, du temps du discours latin, l'art à une perfection telle qu'avec 150 phrases apprises par cœur, ils arrivaient à faire faire à leurs élèves, une harangue cicéronienne, sur n'importe quel sujet, sans qu'il fût nécessaire à ces derniers de connaître, pour peu que ce fût, la langue latine. C'était l'idéal du genre, et c'est encore celui de notre instruction secondaire.

Et ne croyez pas qu'en passant des classes de lettres aux classes de sciences, la méthode change !

Toutes les chinoiseries du programme des études qui n'ont de classique que la prétention, disparaissent pour être remplacées par des mathématiques, et encore des mathématiques, et toujours des mathématiques : mécanique, physique, cosmologie mathématiques ; on enseigne même une méthode des mathématiques !

Les mathématiques donnent, assure-t-on, des habitudes de précision à l'esprit, l'amour de la netteté dans l'expression, la passion de l'exactitude... Or, tout le monde sait qu'il n'y a pas d'esprits plus chimériques et de gens plus rêveurs que les mathématiciens.

Les mathématiques ne sont pas une méthode du tout. Elles

sont une des nombreuses formes d'exprimer notre pensée, comme le dessin, l'écriture, le langage... Leurs définitions suivent les règles de la logique la plus vulgaire, leurs raisonnements, inductions, déductions, démonstrations et preuves sont sujets aux mêmes conditions de vérité que tous les raisonnements, inductions, déductions, démonstrations et preuves possibles. La pensée ne change ni de nature, ni de lois, qu'elle calcule ou raisonne : les choses seules dont elle s'occupe diffèrent.

Or, en donnant à un malheureux enfant la conviction que, par l'étude des mathématiques, l'esprit acquiert plus de précision et plus de netteté, l'effet le plus naturel qu'on en obtiennne, est qu'il s'imagine, quand il saura ce que c'est qu'un logarithme, posséder la science infuse.

Encore, si l'abus des mathématiques s'arrêtait là ; mais le même enfant, à qui l'on fait croire qu'il possède véritablement la méthode pour découvrir le vrai et le juste en toutes choses, ne pensera plus que par abstractions, et raisonnera comme tous les esprits faux, incapables de concevoir les faits tels qu'ils sont, et les hommes et les choses tels qu'ils existent en réalité.

Supposons que la moyenne la plus basse de la durée de la vie humaine soit de vingt-cinq ans, admettons encore que la moyenne la moins élevée de la population de la France ait été, depuis la fin du neuvième siècle, de 15 millions d'habitants : il en résulte que, depuis mille ans, quarante générations de 15 millions d'habitants se sont succédé en France ; soit 600 millions d'hommes, sur lesquels il y a eu un Pascal. Tout petit Français aura donc, au plus bas, 600 millions de chances contre une, pour ne pas devenir un Pascal. Qu'est-ce que cela prouve ?

Voilà l'abus des mathématiques !

Aussi ne reste-t-il à l'élève des sciences, comme à celui des lettres, d'autre issue que la « colle » et le « piston » pour arriver à répondre aux quatre-vingt mille questions probables, possibles et impossibles, du baccalauréat ès-sciences.

Pauvres garçons ! Après le baccalauréat, leur jeunesse est finie ; à moins qu'on n'entende par là les excès et les débauches, dans lesquels un certain nombre d'entre eux se précipitent, s'imaginant pouvoir enfin respirer et vivre librement.

Pour les autres, c'est la carrière qui commence. On appelle cela, par une vieille habitude de langage : les études supérieures. Le système des examens et des concours reprend et continue de plus belle, entraînant, comme une maladie éternelle, les emplâtres indispensables de « colle » et de « piston ».

Quant à la carrière, le monde de facultés et d'écoles spéciales qui y conduisent, il est à son tour surfait ou faussé, comme l'esprit des jeunes gens que ces facultés et ces écoles reçoivent, comme l'enseignement secondaire qui y mène, comme l'enseignement primaire par lequel le tout commence.

La Sorbonne répond si peu à son but véritable, qu'on a cru devoir fonder à côté d'elle, non seulement une École normale supérieure, mais encore une École pratique des hautes études, — on ne pouvait en faire une critique plus sanglante ; elle dispense de toute autre.

Le niveau scientifique de l'École de Droit est un des plus faibles des grandes facultés de l'Europe, à tel point que, pour y suppléer, on a cru devoir créer une École des sciences politiques.

La Faculté de médecine, pour se donner plus de prestige, a construit un palais gigantesque. L'enseignement théorique, à l'exception de quelques branches est peu suivi ; l'étudiant qui prépare les concours n'y va pas. Quant à l'enseignement pratique, il n'existe réellement que pour les travaux de dissection ; les avoir organisés dans un esprit nouveau est le plus beau titre de gloire de M. le professeur Farabeuf.

École polytechnique, École centrale : établissements superbes, où l'on porte la prétendue méthode des mathématiques à un degré capable d'occasionner des maladies mentales, et dont les suites sont que le manque d'hommes d'initiative et d'action, d'ingénieurs pratiques, est, avec notre situation financière, la cause principale de la crise commerciale et industrielle. Aussi, de même que pour la Sorbonne et les Écoles de droit et de médecine, a-t-on fini par créer, en supplément, une école nouvelle, l'École de hautes études commerciales où l'on fait surtout — je le donnerais en mille — des cours de droit !

Pauvre France ! comme tu cherches à travers ces infructueuses tentatives, comme on sent tes efforts ! tu n'épargnes ni peine ni argent, poussant même tes exigences jusqu'à faire de tes enfants des martyrs du travail, des examens, des concours.

En vain, chaque institution nouvelle se transforme en une critique des anciennes, sans en devenir par elle-même meilleure. Partout la volonté est bonne, mais l'erreur est partout la même : faire mieux sans savoir comment. Chaque enfant de province est instruit comme s'il devait devenir un ouvrier de Paris ; chaque élève de nos lycées, comme s'il fallait en faire un politicien, député ou ministre ; et chaque diplômé ès-sciences ou ès-lettres, comme s'il n'avait d'autre issue au monde que l'Institut.

Si le roi de Prusse a pu dire qu'il devait ses victoires à ses maîtres d'école, nous pouvons répondre que c'est à notre système d'instruction qu'il faut attribuer nos revers.

# XIII

## L'APPAUVRISSEMENT DES CLASSES MOYENNES.

I. Qui n'a cherché une solution de la question ouvrière : pape, empereurs, gouvernements, congrès, conférences, commissions, patrons et ouvriers, économistes et visionnaires ? Chacun en a trouvé une : le pape, le retour aux croyances ; les empereurs, la soumission à leur autorité ; les congrès, conférences et commissions, la confiance dans leurs bonnes intentions et dans leurs belles paroles ; les patrons, la protection à outrance du travail national ; les ouvriers, les grèves partielles et générales ou la révolte universelle ; les économistes, la foi dans les principes de la science ; les visionnaires, la réglementation absolue du travail et de ses profits.

Tous, indistinctement, aboutissent à la conclusion qu'il faut développer, modifier, transformer, l'instruction publique !

Président de la 13ᵉ commission locale pour la protection des enfants employés dans l'industrie, nous écrivions, dans un rapport adressé au Préfet de Police, en 1890 : « La commission a été vivement frappée, d'une part, du nombre croissant de patrons qui ne prennent plus d'apprentis, parce que la charge leur paraît trop lourde ; d'autre part, de la quantité de jeunes apprentis qui, dès qu'ils ont l'espoir de gagner quelque chose, abandonnent l'atelier avant d'avoir achevé leur instruction. De cet état déplorable de choses, ainsi que tant de commissions locales l'ont fait observer, il résulte que le dernier lien qui unisse l'ouvrier et le patron, c'est-à-dire l'apprentissage, se rompt en même temps que le patronage, par suite l'avenir de l'ouvrier, est menacé, faute d'une instruction complète ».

Dans notre rapport de l'année suivante, communiqué à toutes les commissions locales, aux membres du Conseil général et aux sénateurs faisant partie de la commission de la loi sur le travail des femmes et des enfants dans l'industrie, nous revenions, en insistant davantage, sur le même danger :

« En parcourant les nombreux rapports, faits avec tant de

soin, par les commissions locales, on est frappé de trois ordres
de plaintes qui se répètent d'une manière constante et s'accusent d'année en année davantage.

« Les plaintes principales sont relatives à l'*insuffisance de
l'enseignement des apprentis et aux nombreux abus qui sont les
conséquences du refus des patrons de recevoir des apprentis* à cause
de la hâte avec laquelle ces derniers quittent les ateliers après
une instruction incomplète, poussés, tantôt par leurs parents,
tantôt par eux-mêmes, tantôt par les ouvriers, à gagner le
plus tôt possible un salaire quelconque pour satisfaire leurs
goûts ou subvenir à leur existence, alléger les charges de leur
famille, ou diminuer la concurrence que leur travail non rétribué fait à celui de l'ouvrier salarié.

« Des reproches non moins vifs sont adressés aux patrons
qui, tout en acceptant des apprentis, se soucient si peu de leur
instruction qu'ils leur font accomplir des besognes ou des travaux qui ne sont que perte de temps et de peine pour les enfants, et sans rapport avec le métier auquel il se destinent, ou
bien les abandonnent complètement à eux-mêmes, sans nourriture suffisante, sans logement convenable.

« État de choses déplorable, qui justifie la crainte exprimée
par toutes les sociétés de patronage indistinctement, non moins
que par les commissions locales, de voir l'avenir de la prospérité industrielle de la ville (de Paris) sérieusement menacé par
la diminution croissante du nombre des apprentis, la dégradation
insensible de leur instruction et la situation de plus en plus
précaire dans laquelle ils se trouvent.

« Aucune fondation ou entreprise particulière ne saurait enrayer ces effets regrettables ni en conjurer les dangers. Ces
effets ont un caractère général, et ces dangers se manifestent
dans toutes les industries parisiennes.

« Le mal est profond, car si nous voyons d'un côté diminuer
à la fois le nombre des apprentis et faiblir le degré de leur instruction, nous observons d'un autre côté que la quantité de demandes de places dans l'enseignement et dans l'administration
augmente en proportion. Six à sept mille instituteurs et institutrices se trouvent sur le pavé de Paris, et, pour 1,500 places
dont dispose la Ville, plus de 50,000 candidats, tous ayant des titres, tous dûment recommandés, se présentent.

« L'action du gouvernement, les encouragements et facilités de
toute espèce donnés par lui dans la dernière de ces directions
et négligés absolument dans l'autre, les bourses et subsides pro-

digués dans l'instruction publique à tous ses degrés et refusés systématiquement au développement des apprentis dans les ateliers, peuvent expliquer ces faits et faire comprendre comment, alors que l'apprentissage tend à faiblir ou à disparaître, les demandes de places rétribuées croissent à mesure. Situation à laquelle il faut parvenir à mettre un terme, car elle est sans autre issue que la ruine industrielle et sociale de Paris.

« Ce n'est encore qu'une face de la question. Le deuxième ordre de plaintes que nous rencontrons dans les rapports annuels des commissions locales concerne *le travail des enfants dans les manufactures*. Nous n'entendons parler ni des heures de travail imposées aux enfants, ni de leur travail de nuit ou de leur emploi dans les industries insalubres — il appartient à l'Inspection d'y veiller ; — mais nous tenons à signaler les effets de l'usage des machines, l'extension prise dans certains quartiers par les grandes industries et la division extrême du travail qui prévaut dans toute fabrication étendue, lesquels, sous ces formes diverses, rendent l'apprentissage ou éphémère ou inutile, et laissent en même temps, — les parents étant employés la journée entière dans les fabriques ou usines, — les enfants abandonnés à eux-mêmes dès leur sortie des écoles ou des ateliers. Toutes causes qui contribuent à la dégradation lente de cette autre partie de la jeunesse de nos classes ouvrières ».

Dans l'art militaire, lorsqu'il s'agit de mouvoir de grandes masses de façon à ce que tous les corps de l'armée, sans se gêner les uns les autres, arrivent au même moment, chaque corps à sa place, sur le champ de bataille, les états-majors déterminent un point initial d'après lequel ils calculent les distances, disposent les marches et envoient les ordres. L'entrée de l'enfant dans l'industrie est le point initial de la stratégie politique qui dirige ces masses immenses qui sont les nations. C'est pour l'avoir négligé que nous nous trouvons aujourd'hui en face de toutes les difficultés de la question sociale.

II. Illuminés par la foi dans la liberté du travail, doctrinaires et législateurs ont méconnu depuis un siècle le travail de tous ceux qui ne font qu'apprendre à travailler. Avec une hardiesse qui ne fut pas même de la témérité, mais de l'aveuglement, toutes les forces actives du travail se jetèrent dans la grande industrie et dans le grand commerce, sans s'apercevoir de la profondeur du précipice vers lequel avançaient les masses travailleuses : l'appauvrissement continu de la petite industrie et du petit commerce. De génération en génération, leur travail déclinait en quantité et en qualité, à mesure que la grande industrie, le grand commerce en prenaient la place, et les petits patrons ne voulurent plus former d'apprentis, la charge étant de venue trop lourde ; les apprentis n'ambitionnèrent plus le patronage, la misère les talonnant à gagner le plus tôt possible un salaire quelconque. Les états-majors de la politique, pour reprendre notre image, incapables de chercher le point initial, avaient méconnu les distances et désorganisé les marches ; l'artillerie, plus rapide, a passé sur le corps de l'infanterie, et l'armée entière avance, dans un désordre complet, vers une défaite certaine.

L'apprentissage dans les métiers est comme la tradition dans l'histoire. Cette dernière se transmet de père en fils et de famille à famille, comme le premier se transmet du maître à l'apprenti et de patron à patron. Lorsque la tradition se perd au sein des familles, c'est aux dépens du caractère national ; lorsque l'apprentissage s'arrête au sein des métiers, c'est la fin de la prospérité publique. Il y a plus, la ruine des traditions dans une classe sociale entraîne la ruine des traditions des autres classes, de même la disparition de l'apprentissage dans un seul métier est une perte pour tous les métiers. C'est un effet fatal de la solidarité sociale, autrement réelle et implacable que toutes les théories absurdes qu'on s'est plu à inventer en son nom.

Nous avons écrit, à propos de la question sociale, que la caractéristique en était moins l'incendie de quelques monuments ou la fusillade de quelques malheureux que la perte des traditions sociales, l'abaissement des caractères, l'affaissement des intelligences.

Revenons au point initial, à la disparition de l'apprentissage. La petite industrie et le petit commerce, par la concurrence avec leurs puissants rivaux, la grande industrie et le grand commerce, voient leurs ressources diminuer et leur avenir se perdre. Ceux qui conservent encore une certaine aisance font donner à leurs enfants l'instruction nécessaire pour qu'ils changent de profession et parviennent, soit dans la grande industrie ou le grand commerce, soit dans quelque administration publique ou dans les carrières libérales. Les facilités offertes par l'instruction, les encouragements donnés par le gouvernement et quelques exemples de succès entraînent un grand nombre ; peu arrivent jusqu'au but.

La plupart deviennent petits employés dans les grands établissements privés, fonctionnaires subalternes dans les administrations publiques, maîtres d'écoles, petits professeurs, et restent dans la gêne où se trouvaient leurs parents. Ils en ont reçu
l'éducation ; habitués aux privations, ils continuent vaillamment le travail, formant avec la petite agriculture et tous ceux
qui persévèrent dans la petite industrie et le petit commerce,
la grande classe moyenne de la nation.

Il n'en est pas de même de ceux qui arrivent à la richesse,
aux honneurs. S'ils ont eu les moyens intellectuels pour y parvenir, ils n'ont pas acquis, ce que l'éducation seule et non l'instruction développe, les qualités morales nécessaires à l'exercice
de leurs nouvelles fonctions sociales. Elevés dans les privations,
leurs besoins, comme leur ambition sont insatiables, leur
égoïsme sans frein : gagner toujours ! parvenir sans cesse ! Tous
ceux qui en dépendent, ouvriers ou employés, restent les mar-
che-pieds de leur fortune ou les victimes de leurs ambitions.
Enfin, n'ayant pas reçu par éducation, nous dirions volontiers
par apprentissage, les qualités morales propres à leur situation
élevée, ils deviennent de moins en moins délicats dans le choix
des moyens, leur moralité s'altère ainsi que leur caractère, et
ils ne valent plus que par leur instinct des affaires ou par leur
esprit d'intrigue. Dans la génération suivante le mal s'accuse.
Les enfants ne peuvent recevoir de leurs parents une éducation
qu'eux-mêmes n'ont pas eue ; mais, par un effet de la richesse
ou de la position que leurs parents ont acquises, les enfants ne
cherchent plus que la satisfaction de leurs goûts, de leurs plaisirs. Les caractères se dégradent de plus en plus, et la troisième
génération finit d'ordinaire à l'hôpital ou dans une maison de
santé, pendant que d'autres, parvenues de la même façon, rem-
placent les premières.

Il faut à l'homme, sans interruption, l'apprentissage. L'enfant
élevé dans une tribu de sauvages devient un sauvage ; né dans
la classe d'une nation civilisée, il devient de même, par une initiation lente, un membre de cette classe. Entré dans une autre,
il se déclasse, tout comme le sauvage qui arrive en pays civilisé.
L'instruction peut donner à l'un et à l'autre toutes les formes
extérieures du milieu dans lequel ils sont entrés : les formes
intérieures, qui ne s'acquièrent que par l'éducation, leur feront
toujours défaut ; et ce ne sont pas des précepteurs ou des gou-
vernantes, le plus souvent déchus de leur milieu propre, qui
les leur donneront. La richesse, comme la pauvreté, dégrade.

C'est le côté terrible des révolutions, qu'elles soient lentes ou soudaines, paisibles ou violentes. Toute classe nouvelle qui, par une révolution, s'élève au rang de classe dirigeante, sans conserver les traditions de ses qualités familiales, est une classe perdue, sa valeur morale s'effondre, les caractères s'avachissent, et, au milieu du luxe, à la tête des affaires, au sommet de la science, il ne se trouve que des dégradés.

Il faut à l'homme l'éducation, autant pour l'exercice du moindre métier, que pour la direction de milliers d'hommes, pour la gestion de millions d'affaires. Ni l'instruction, ni le savoir-faire ne suffisent. L'homme est d'une pièce, ce n'est qu'à ce titre qu'il possède et conserve un caractère.

III. Sans la classe moyenne qui, pendant des siècles, a suppléé à la déchéance des classes supérieures, lesquelles succombaient sous le poids de leurs devoirs et de leurs charges, il y a longtemps que nous aurions disparu aussi bien comme État que comme nation.

Sans la classe moyenne, sans ses vertus natives, jamais nous ne nous serions relevés des désordres et de l'anarchie qu'avait entraînés la déchéance de la noblesse féodale.

Or, à notre époque, il se passe un phénomène fort différent au point de vue social et politique, et qui constitue le trait propre à l'état actuel de la classe moyenne. Autrefois ses membres parvenaient à la direction des affaires par les qualités morales qu'ils avaient acquises, la puissance de leur volonté, l'énergie de leurs caractères ; aujourd'hui ils y arrivent poussés par la nécessité de vivre et grâce aux facilités que leur offre, non plus l'éducation familiale, mais l'instruction publique.

Les administrations privées et publiques, les carrières libérales et les hautes fonctions de l'enseignement n'offrent qu'un certain nombre de places auxquelles ceux qui s'y trouvent appelés par leur éducation, leurs goûts, leurs talents, devraient arriver aussi naturellement que l'apprenti cordonnier devient cordonnier, l'apprenti orfèvre devient orfèvre. Mais les avantages de position et d'avenir de ces places font qu'un plus grand nombre de candidats, — nom plus pompeux que celui d'apprenti, — se présentent. On a donc institué des examens, des concours, créé des diplômes de toute espèce, absolument comme pour parvenir à la maîtrise sous l'ancien régime. C'était, au point de vue de la liberté du travail, un non-sens. On y est retombé, préférant assurer l'ordre, la stabilité au travail des classes instruites que de l'abandonner à l'arbitraire et à l'anarchie, ainsi qu'on l'a fait pour le travail des autres classes.

Le résultat a été que, d'année en année, les candidats se multiplièrent. Pour que les plus aptes seuls parvinssent on doubla les examens, on chargea les concours. Ce fut en vain ; lorsque les classes moyennes ne trouvent plus d'autre issue que précisément les examens et les concours, on a beau en aggraver les conditions, elles ne seront qu'un obstacle illusoire. Plus vigoureuses au physique que les classes raffinées des couches supérieures, elles supportent mieux les fatigues d'une tension intellectuelle continue; elles sont poussées en outre par la nécessité d'avoir, non plus un métier, mais une carrière. Conséquemment les cours d'enseignement, aussi bien que les méthodes, sont portés à l'extrême, multipliés à l'infini, en même temps que les conditions des examens et des concours. Ainsi par la force des choses, a été amenée la dégradation de l'instruction publique.

Comme de petits enfants qui mettent leurs jouets en pièces, nous avons fini par nous figurer qu'en détaillant par le menu toutes les sciences dans les études, nous découvririons le secret du génie. Les lycées renchérirent les uns sur les autres dans leurs réclames et programmes, tandis que les facultés multiplièrent les examens d'entrée et de sortie, à mesure que leurs sujets devenaient plus médiocres, et les concours du premier au dernier échelon achevèrent l'écrasement intellectuel. Combien d'hommes de génie la France compte-t-elle en ce siècle ? Quatre ou cinq, et chacun d'eux a suivi sa voie propre.

En revanche, ce qui distingue notre classe instruite tout entière est une fatigue intellectuelle portée au point que lorsque nous disons, par exemple, le peuple, ce n'est pas au peuple, lorsque nous disons État, ce n'est pas à l'État que nous pensons ; non, mais on se souvient de quelques phrases apprises dans les auteurs qui se sont servis de ces expressions, et on continue à les concevoir dans le même sens. De la sorte nous en sommes encore, en science politique, à la division des pouvoirs de Montesquieu ; en science sociale, aux saillies de Voltaire et aux paradoxes de Jean-Jacques ; en économie d'État, au principe de Quesnay, et, en dépit de tous nos progrès dans les sciences physiques et mécaniques, nous ne parvenons pas même à comprendre que le développement de ces dernières se concilie avec un niveau intellectuel et moral assez bas.

Encore ne parlons-nous que de ceux qui, sortant de la classe moyenne, parviennent à force de persévérance d'examens, et de concours aux charges les plus élevées dans l'enseignement et les administrations. Que deviennent tous ceux qui échouent ?

Déclassés intellectuellement et moralement par leurs études mêmes, éprouvant des besoins que leur imagination surexcitée leur suggère, ils se jettent pour satisfaire ces besoins dans la littérature, le journalisme, la politique : littérature dont la dépravation a indigné les plus indifférents ; journalisme auquel il faudrait une législation spéciale pour lui rendre quelque autorité ; politique enfin, qui nous donne les meneurs de toutes les haines et de toutes les rancunes des classes ouvrières.

« Les patrons ne veulent plus former d'apprentis, les apprentis ne veulent plus achever leur apprentissage ; » c'est-à-dire les enfants des patrons, qui en ont les ressources ou en trouvent les moyens, entrent dans les lycées, les écoles spéciales, les facultés, et, n'ayant pas fait l'apprentissage moral des situations auxquelles ils s'élèvent, ils contribuent à la déchéance des classes supérieures ; mais les enfants, qui, par suite de la misère même de leurs parents, ne veulent ou ne peuvent plus achever leur apprentissage, que deviennent-ils ?

IV. On se met l'esprit à la torture pour trouver la cause du mécontentement croissant des classes ouvrières. En vain leurs salaires doublent et triplent ; en vain leurs heures de travail diminuent ; en vain on fonde des sociétés et des syndicats de toute espèce, on crée des législations exceptionnelles de tout genre pour les protéger, pas un jour leurs grèves ne s'arrêtent et leurs revendications ne se calment !

Chaque mesure que l'on projette ou que l'on prend, aggrave par le côté financier ou économique qu'elle renferme, la situation de la classe moyenne, et réagit sur les classes ouvrières, en augmentant leur malaise et leurs aspirations révolutionnaires.

L'enfant qui ne veut ou ne peut pas achever son apprentissage, tombe dans la classe ouvrière proprement dite, et devient un manœuvre plus ou moins bien dressé. Il n'en a pas moins été élevé dans une famille de la classe moyenne ; il en a éprouvé les privations, mais il en a connu aussi les satisfactions ; il a compris le rôle de son père : petit patron ; il en a partagé l'esprit d'indépendance et ressenti le sentiment de dignité. Devenu simple ouvrier par nécessité ou dans l'espoir d'un gain plus rapide, dégoûté peut-être de l'obéissance même indispensable à l'achèvement de son apprentissage, il conserve les besoins, les sentiments, les idées dans lesquels il a été élevé et les communique à ses camarades ; ceux-ci les communiquent à d'autres, et, comme une traînée de poudre, la conscience de leur sujétion sans espérance, de leur labeur sans fin, de leur salaire sans garantie, se répand dans la masse.

La question ouvrière ne s'est transformée en une question sociale que parce que les besoins, les sentiments, les idées des classes moyennes ont pénétré la classe ouvrière.

Faites de tout ouvrier mécontent un petit patron, il y aura encore, en temps de crise industrielle, une question ouvrière ; il n'y aura plus de question sociale.

Tout ouvrier indigné de son sort, mécontent de son salaire, révolutionnaire, anarchiste, est un déchu de la classe moyenne. Les classes supérieures, quand elles déchoient, descendent plus bas : elles tombent dans la mendicité.

Et tout cela, ne nous le cachons pas, est ce que nous appelons le progrès.

Il n'existe point de meilleure preuve de notre affaissement intellectuel.

Nous applaudissons à chaque découverte mécanique, à toute division nouvelle du travail ; l'éclat, l'extension de la grande industrie et du grand commerce nous semblent l'expression matérielle de tous les progrès imaginables ; mais là s'arrête notre puissance de conception. L'avènement, par l'instruction, des enfants de classe moyenne nous apparaît comme le plus enviable de tous les progrès ; déjà nous ne comprenons plus. La disparition du petit commerce et de la petite industrie soulève tous nos regrets ; la décadence des lettres et des arts, l'avilissement du journalisme, les excitations des prêcheurs de révoltes et de grèves, les intrigues, les débauches, les spéculations véreuses des hautes classes trouvent en nous des juges indignés ; et cependant ce ne sont encore que des effets du même progrès. Les colères et les misères des classes ouvrières, leurs congrès et leurs conjurations nous remplissent de terreur, et c'est toujours le même progrès sous toutes ses faces ; jusqu'aux illusions qui nous égarent, les doctrines qui nous aveuglent, tout en provient.

La fin en sera la disparition complète de la classe moyenne. Dans l'antiquité, à chaque génération la classe des riches se dégradait davantage, à chaque génération la classe des pauvres devenait plus hostile, plus haineuse. Dans la civilisation moderne, les révolutions, les coups d'États et les troubles continuels des populations de l'Amérique du Sud commencent déjà à nous offrir le même spectacle lugubre de la disparition des classes moyennes.

Il n'y a qu'un moyen entre les mains de l'État pour en conjurer le danger. Il n'a d'influence directe ni sur les coutumes ni sur les mœurs, mais par l'action constante qu'il exerce sur la production et la consommation générales, au moyen de ses tarifs, impôts, emprunts, de même que par l'instruction publique et l'organisation administrative, comme par les lois et les règlements, il peut, du moins, parvenir à ne point précipiter pour sa part la désorganisation politique et sociale définitive.

Au point de vue de la science et de l'art politiques, il n'existe point d'autre solution de la question sociale que le relèvement graduel, par tous ces puissants moyens, des classes moyennes, car elles seules, par leur expansion et leur prospérité, peuvent mettre un terme aux misères des classes inférieures.

## LA MISÈRE DES CLASSES INFÉRIEURES

I. Sous l'ancien régime, il y avait, dans chaque ville, un nombre déterminé de patrons. Chacun d'entre eux, fabricant et vendeur à la fois, était obligé de fournir des produits d'une qualité éprouvée, de crainte que, par une fabrication frauduleuse, il ne ruinât ses concurrents ; chacun d'entre eux était tenu de livrer les marchandises à des prix convenus, afin d'éviter qu'il ne fît affluer à son comptoir les clients de ses confrères. De même, chaque commerce était limité, autant dans la variété des marchandises que dans l'étendue du marché. La création d'une nouvelle industrie, l'établissement d'un commerce nouveau, en dehors des coutumes et des droits établis, étaient entourés des plus grandes difficultés, par l'action des différentes corporations ; de même que, pour parvenir au patronage, l'ouvrier fabricant ou l'employé commerçant — s'il n'était déjà fils de maître, ou n'épousait fille de maître — avait à triompher des obstacles que lu opposaient les maîtrises. Il fallait, pour prendre rang parmi ces privilégiés, tout comme pour prendre rang dans la noblesse, que déjà, par la famille, on s'y rattachât, ou bien, comme pour entrer dans la noblesse encore, qu'on achetât, deniers comptants, le privilège du roi.

Les derniers ministres de Louis XVI s'efforcèrent de briser cette organisation hiérarchique ; ils décrétèrent la liberté du commerce et la liberté du travail. La Révolution compléta leur œuvre que Napoléon rendit définitive.

Au retour du calme, après les agitations et les guerres de la Révolution et de l'Empire, toutes les barrières étaient rompues ; le commerce et le travail prirent un essor inattendu. Étonné par le développement continu et la production incessante du génie industriel et commercial, on les attribua aux principes nouveaux ; mais on n'observa pas que le commerce se sépara insensiblement de la production, en raison même de la liberté dont il jouissait et que, par l'action de ce mouvement apparemment grandiose, le commerce devint de plus en plus puissant, dominant de jour en jour davantage le travail qui, peu à peu, lui était asservi.

Alors on s'en prit à la tyrannie du capital, sans voir que le phénomène était dans la force des choses.

L'observation est de la plus grave importance, car ce n'est que parce qu'on ne l'a point comprise qu'on a attribué au capital une portée économique qui dut paraître d'autant plus impitoyable et cruelle qu'on la confondait précisément avec la force des choses.

Pour en acquérir la preuve éclatante, il suffit d'étudier avec soin l'une ou l'autre des grandes industries. Toutes présentent les mêmes phénomènes.

Nous choisirons l'industrie du meuble, dont il vient de paraître une monographie de grand intérêt : les Ébénistes du faubourg St-Antoine (1).

Tandis que Paris fait étalage dans ses quartiers de l'Ouest de tant de goût et de luxe, il cache dans ceux de l'Est ses souffrances et ses misères ; d'un côté s'est formée la ville éclatante des plaisirs et des arts, dont le parc Monceau, par son élégance, peut être considéré comme le centre, et d'un autre la ville du labeur et des privations, dont le faubourg St-Antoine, par son activité fiévreuse, est en quelque sorte le foyer.

C'est une vraie ville, en effet, que ce faubourg St-Antoine, la Ville du Meuble, peuplée de 200.000 habitants qui sont attachés, producteurs et vendeurs, à la même industrie, ville entourée de ses faubourgs propres, lesquels s'étendent, d'une part, jusqu'au delà de l'enceinte fortifiée, dans la banlieue, jusqu'à St-Mandé, plus loin encore ; d'autre part, jusqu'au sein même des quartiers les plus riches de la capitale. Grand commerce et grande industrie, petit commerce et petite industrie, commerce infime, industrie infime, nous y trouvons toutes les formes de la production et des échanges. Le visiteur, qui s'attarde dans la Ville du Meuble, qui en parcourt les boulevards et les ruelles, pénétrant dans les magasins, plus luxueux, et dans les ateliers, plus misérables, selon qu'ils s'espacent au loin, — comme les habitations de plaisance et les masures sordides des environs des grandes cités, — voit se dresser devant lui les deux immenses problèmes qui effrayent la société moderne, la question ou-

(1) P. DU MAROUSSEM, *la Question ouvrière, les Ébénistes du faubourg St-Antoine*, Paris (libr. Rousseau), 1892, 1 vol. in-8°.

vrière et la question sociale, sous des formes d'autant plus nettes et précises, que le caractère de la ville est lui-même plus
net et précis.

« De la pauvreté extrême des uns et richesse excessive des
autres naissent les troubles, séditions et guerres civiles », écrivait déjà Montchrétien, s'adressant à Louis XIII ; aucune ville au
monde n'a, depuis lors, fait autant d'émeutes ni participé à autant de révolutions que la Ville du Meuble. Un demi-siècle plus
tard Colbert écrivait à d'Aguesseau : « Rien n'est plus profitable à
l'Etat que de soulager, favoriser, augmenter le petit commerce » ;
aucune partie de la capitale, ni même du pays tout entier, ne
témoigne d'une manière plus saisissante des tristes conséquences
qu'engendre la ruine du petit commerce et de la petite industrie.
Enfin la Révolution décréta la liberté du travail et du commerce,
et aucune ville encore ne démontre mieux que la Ville du Meuble, qu'il existe une force supérieure contre laquelle liberté, richesses sont aussi vaines qu'émeutes et grèves, force toute-puis-
sante dont les énergies sont irréductibles et dont les effets sont
plus terribles que ceux des révolutions ; force qui domine toute
théorie ; cause première des progrès et de la splendeur des peuples, cause profonde des tourmentes dans lesquelles on les voit
s'abîmer ; cette force dont les effets nous trompent, bien que
nous les voyions de toutes parts étalés sous nos yeux, se nomme
la misère.

Les hommes politiques et les penseurs de cabinet croient
résoudre la question sociale ou la diriger : la misère absorbe en
elle la question sociale tout entière, et contre elle viennent se
briser les efforts des hommes d'État, les plans des philosophes,
parce qu'elle réduit tous leurs projets à n'être que des illusions,
éclairant d'un jour cruel la vanité des revendications à la jouissance pour tous des libertés et des richesses, et montrant ses
victimes innombrables qui n'ont aucun espoir, même lointain,
de voir luire à leurs yeux une parcelle quelconque de ces richesses, ni le temps de se passionner pour ces libertés, talonnées
qu'elles sont, au jour le jour, par la nécessité d'apaiser la faim,
de lutter contre le froid, de conserver un abri.

Nous nous figurons que les aumônes, les asiles, les hôpitaux,
l'assistance publique — et les prisons, au besoin — peuvent
suffire à endiguer la misère ; tandis que le progrès, le bien-être,
le luxe, nous apparaissent comme le fruit de l'activité et de l'intelligence. Ces établissements, de bienfaisance ou de répression,
de même que ces progrès, ce bien-être, ce luxe, ne subsistent

que par la seule puissance de la misère qui les fait être.

Telles sont les considérations que présente à notre esprit la lecture des *Ébénistes du faubourg St-Antoine,* dont l'auteur, M. du Maroussem, nous conduit au long des grandes avenues, comme dans les recoins les plus misérables de la Ville du Meuble.

Cette ville, comme l'Enfer du poète florentin, se présente à nous sous l'aspect d'une triple zone : la première est occupée par une industrie brillante d'éclat et de luxe, en apparence du moins ; la deuxième zone est celle du meuble courant, sans prétention, médiocre ; la troisième est la zone du meuble de misère ; et « nous songeons involontairement, en avançant dans cette lecture, aux vers du poète qui, descendant de plus en plus bas, s'enfonçait dans le spectacle de misères de plus en plus grandes ».

Mais il y a une différence entre le poète et notre économiste. Dante, descendant dans son enfer, voit les cercles se rétrécir, tandis que, en suivant M. du Maroussem, nous voyons les zones, à mesure qu'elles sont plus basses, devenir plus larges et s'étendre ; et la force du poète qui a jeté d'en haut les réprouvés dans l'abîme, faire place à la force également implacable qui agit de bas en haut, jusqu'au sommet de notre gouffre social : la misère.

II. Sous l'ancien régime, le meuble parisien avait conquis une réputation européenne ; la célébrité de plusieurs patrons du métier, de Boule et de quelques-uns de ses successeurs, leur a survécu jusqu'à nos jours ; les gouvernements étrangers disputaient à la France ouvriers et patrons ; et le roi de Prusse en venait à offrir à l'inventeur du vernis Martin... un grade dans ses armées. Sous le nouveau régime, avec l'expansion commerciale, ces illustres maisons furent remplacées par des maisons nouvelles qui acquirent non moins de renommée, fournissant aux classes riches de tous pays les meubles de grand luxe ; mais, dans ces maisons nouvelles, le chef, absorbé par l'étendue qu'a prise la partie commerciale du métier, ne met déjà plus la main au meuble qui portera son nom. Il a, dans un quartier riche, un magasin somptueux avec un caissier, un secrétaire, des commis, et, dans un quartier industriel, des ateliers où les ouvriers sont dirigés par un contremaître. Il expédie vers l'Orient et l'Occident des produits dont la valeur est rehaussée parce qu'ils portent la marque de sa maison, toilettes, tables, buffets d'un prix qui peut monter jusqu'à dix, vingt, trente mille francs, œuvres qui font la gloire de nos expositions où elles attirent, sur celui de qui elles portent le nom, distinctions et honneurs.

Que ce patron nouveau genre gagne, à ce métier, quarante, cinquante, cent mille francs par an, on vantera la puissance du capital ; qu'il se ruine au contraire dans son entreprise, on n'en criera pas moins contre l'exploitation du travail. Ce sont là des considérations superficielles. Pour que le patron, enrichi de la sorte, jouisse de ses profits, il faut que ces derniers rentrent dans la circulation, de même que sa fortune y doit rentrer s'il la perd. Le rôle nouveau que notre patron joue dans le métier, rôle devenu essentiellement commercial, engendre des conséquences plus graves.

La première de ces conséquences est la disparition lente, mais certaine, de l'art du meuble. A la tête de cette industrie, l'une de celles qui ont toujours le mieux marqué le caractère et le génie d'une époque, se trouvent des hommes, hommes de goût assurément, mais qui sont avant tout des commerçants non moins incapables que leurs clients de concevoir un style nouveau. Ils présentent aux acheteurs des dessins ou des modèles de tous les chefs-d'œuvre créés par l'antique corporation, à commencer par les œuvres des « huchiers » du moyen âge. Le client choisit, le chef établit le prix et transmet la commande à son contre-maître.

Le contre-maître transmet la commande à ses ouvriers : nous touchons à la seconde conséquence de la transformation qui s'est opérée.

Une telle distance sépare, et à tous les points de vue, le chef de la maison — qui n'a jamais, sinon pe ut-être dans sa jeunesse, mis la main à la fabrication d'un meuble quelconque — de ses ouvriers, que les rapports directs entre lui et les artisans, on peut dire les artistes, qui vont exécuter la commande d'un meuble de grand style, ne seraient que l'occasion de difficultés et de discussions sans fin. Le contre-maître, lui, ayant fait ses preuves, choisit les ouvriers, connaissances ou amis, de qui il a pu apprécier l'adresse et le bon travail. Ce sont ses ouvriers ; si des difficultés surgissent entre lui et le chef de la maison, il passe, avec eux, de l'atelier dans un autre, parfois même à l'étranger s'il y trouve des conditions meilleures.

Le contre-maître communique les dessins que le chef lui a remis, et que celui-ci a le plus souvent achetés au dehors, par « livraisons », à celui de ses ouvriers qu'il juge apte à les exécuter. Ces dessins, il les modifie parfois selon les ordres du client, à moins qu'il ne charge de ce soin l'ouvrier lui-même. De toutes façons, c'est l'ouvrier qui devient le véritable auteur de l'œuvre entière. Ainsi s'opère, dans le même métier, la séparation complète du commerçant, qui est encore le chef, et du travailleur.

Suivons ce dernier. Nous avons dit que c'est un ouvrier d'élite, autant par le sentiment qu'il a de son art que pour l'habileté qu'il a acquise. Il habite dans un faubourg éloigné du quartier où demeure le patron commerçant, sur les hauteurs de Charonne. « Plus d'escalier monumental, dit M. du Maroussem, mais une rampe raide et obscure ; tout au quatrième, à la dernière halte, deux pièces à l'aspect propre et décent d'un appartement de toute petite bourgeoisie. On ne se trouve plus chez le patron décoré pour ses succès d'exposition, mais chez le travailleur oublié du jury ». Il est marié, a deux enfants, et gagne, s'il travaille à la pièce, 6 fr. 50, s'il travaille à la journée, 8 francs — à 80 centimes l'heure — par jour.

Proudhon et Louis Blanc, Karl Marx et ses disciples n'auraient jamais écrit une ligne, que des hommes, travaillant dans de pareilles conditions, auraient été conduits inévitablement à la révolte. Honnêtes, probes, laborieux, ils s'en prennent directement à ce qu'ils voient ; non pas au patron, ils ne le connaissent guère que de nom, mais à ce phénomène étrange : un homme incapable de confectionner un meuble quelconque, loin de pouvoir en faire une œuvre d'art, n'en retire pas moins les bénéfices matériels et moraux, l'argent et les honneurs, alors qu'eux ils restent inconnus, payés au temps ou à la tâche, comme on paye un cocher de fiacre à la course ou à l'heure.

A cette injustice évidente, dont ils ne comprennent pas mieux la cause profonde que ne l'ont comprise les théoriciens, doctrinaires ou révolutionnaires, ils ne peuvent concevoir d'autre remède que le socialisme collectiviste. Quoi qu'ils fassent, ils ne gagnent, au maximum, que 8 francs par journée de dix heures ; encore a-t-il fallu grèves sur grèves pour les obtenir. Ils restent ignorés dans leurs mansardes. Tout avenir est fermé hermétiquement devant eux et devant les leurs. Et ils concluent, non sans logique, que le travail commercial du patron, le travail dirigeant du contre-maître, et leur travail à eux, le seul vraiment producteur, doivent être mis en commun, de manière que bénéfices, honneurs et distinctions soient équitablement répartis.

Dans la Ville du Meuble comme dans toutes les industries, le socialisme collectiviste est le premier fruit que produisent la misère et l'insuffisance du salaire.

13

Et cependant tous nos ouvriers socialistes collectivistes forment encore une aristocratie ouvrière. En réalité, ils tendent directement, par leurs revendications en apparence si légitimes, au rétablissement — sous d'autres noms et d'autres formes — de tous les privilèges des corporations et maîtrises détruites par la Révolution.

Supposons, en effet, que les chefs de maison, les contre-maîtres et les ouvriers du meuble de grand luxe se constituent en un syndicat, dont tous les membres se partageraient équitablement bénéfices, honneurs et distinctions. Il faudra nécessairement les protéger contre l'importation de meubles du même genre, produits à meilleur compte, non seulement dans les pays étrangers où la vie est moins chère, mais encore en province où il en est de même, sinon bénéfices, aussi bien qu'honneurs et distinctions, disparaîtront rapidement. Protégé de la sorte contre toute concurrence du dehors, le nouveau syndicat redeviendra l'ancienne corporation. Cela ne suffira point ; il faudra le protéger en outre contre les ouvriers qui, se croyant capables de travailler aussi bien, voudront entrer dans le syndicat et participer à ses avantages, sans en avoir, au préalable, justifié le droit, et contre ceux également qui, paresseux et inhabiles, trouveront avantageux de tirer profit de l'ouvrier syndiqué, travailleur, exercé et artiste. Les examens, le concours, le chef-d'œuvre, les garanties, toutes les exigences de l'ancienne maîtrise reparaîtront et la maîtrise elle-même, et bientôt reparaîtront excès et abus. Pour peu que les familles soient nombreuses, fils aîné ou fille ayant épousé fils aîné d'ouvrier syndiqué, pourront seuls entrer dans l'association, sinon bénéfices, honneurs, et distinctions s'éparpilleront à nouveau avec l'accroissement des familles.

Par l'extension du système aux autres métiers, privilèges et monopoles renaîtront de toutes parts, comme sous l'ancien régime ; et avec l'augmentation de la population renaîtront misères et doléances ; il n'est socialisation ni protection capables d'y porter remède.


III. Descendons dans la deuxième zone, celle du meuble courant. La clientèle y est beaucoup plus nombreuse, et le commerce aussi bien que la production y prennent des proportions beaucoup plus considérables. Par suite, on voit encore grandir l'opposition entre la richesse des commerçants heureux et la misère des travailleurs : en même temps qu'on voit s'accentuer l'impuissance du capital et des théories qui l'entourent, du socialisme et de ses revendications, à y remédier.

Il est impossible d'entasser dans l'atelier les meubles fabriqués pour la vente, si l'on ne veut pas les abîmer et leur faire perdre leur valeur. On les range donc soigneusement en magasin. Cette nécessité a suffi pour qu'avec l'extension de la production et des relations commerciales on ait cherché, non seulement à réunir dans les magasins le plus grand choix possible de meubles, afin de les varier au goût des clients, mais encore à établir les magasins dans les rues et sur les boulevards les plus fréquentés, où ils occupent des locaux de plus en plus chers. L'atelier, au contraire, situé d'abord dans l'arrière-cour, a été relégué dans les ruelles désertes et les faubourgs éloignés où les terrains sont moins coûteux. Au fur et à mesure que cette transformation s'est accentuée, le patron fabricant et vendeur, dernier débris de l'ancienne corporation du métier, a rencontré de plus grandes difficultés à se maintenir ; car, d'une part, le magasin établi dans un quartier fréquenté attirait à lui la clientèle, d'autre part l'atelier, relégué au loin, dans un local plus vaste et moins cher, produisait plus facilement et à meilleur compte.

Dans l'industrie du meuble de haut luxe, il existe une solidarité, très lâche assurément mais encore réelle, entre le chef et les travailleurs de la grande maison, elle disparaît entre le marchand et le fabricant du meuble courant: l'un ne donne ses soins qu'à la vente, l'autre ne les donne qu'à la production.

Cette situation a engendré tout d'abord le fait suivant: le marchand, disposant de la clientèle, est devenu l'arbitre de la production du fabricant et de ses ouvriers, pour la même cause et de la même manière que le chef de la maison de meubles de haut luxe est devenu l'arbitre du travail et du salaire de son contre-maître et de ses ouvriers.

Il en dériva ensuite que ce ne fut plus seulement une seule famille, mais que deux familles durent subsister des gains faits sur les mêmes produits. Le marchand est obligé de les vendre à un prix d'autant plus élevé que le loyer de son magasin est plus considérable. Et les frais généraux ayant doublé, un mobilier vendu 600 francs par le producteur est revendu 1.200 francs et plus par le marchand.

C'est ainsi que, par la force même de ce mouvement d'expansion et de liberté, surgit le grand magasin. Établi dans les centres les plus populeux et dans des locaux somptueux et vastes, le grand magasin diminue ses frais généraux en raison du grand

nombre de produits qu'il réunit et qui attirent de toutes parts
les chalands, autant par le bon marché que par leur diversité
qui facilite le choix. Alors le petit commerçant, pour se soutenir, a été obligé d'imposer des prix moindres, dont le grand magasin a profité aussitôt pour diminuer les siens encore. Et, placés de la sorte entre le marteau et l'enclume, petits fabricants,
façonniers, ouvriers, se sont jetés dans les grèves commencées
par les ouvriers des meubles de grand luxe, afin d'obtenir que
le taux syndical du salaire fût fixé à quatre-vingts centimes
l'heure. A ce prix, la maison de luxe, qui a sa clientèle parmi
les plus grandes fortunes, a pu se maintenir ; mais ni les grands
ni les petits magasins ne l'ont pu, ni les petits patrons, façonniers, ouvriers, qui n'ont d'autre clientèle que les bourses modestes. Et c'est ainsi que nécessairement les salaires sont retom-
bés à la moitié du taux syndical, plus bas encore, à vingt et à
quinze centimes l'heure.

Pour gagner davantage, on divisa le travail selon les aptitudes
et les ressources de chacun. Celui-ci ne fit que des tables, celui-
là que des toilettes ; un autre ne fit que des sièges, et un autre
que des armoires ; chacun produisant dans ces conditions, par
un effet bien connu de la division du travail, et plus vite et plus
facilement. Cela ne suffit point : ce travail subdivisé, on le sub-
divisa encore. Voici des patrons et des ouvriers qui ne font que
le gros œuvre, d'autres n'exécutent que les sculptures, d'autres
ne font que donner au meuble le fini.

De cette simplification extrême de la tâche sortit la grande fabrique ; et l'extension commerciale s'accrut encore de l'intensité croissante des progrès mécaniques. On inventa des machines de plus en plus ingénieuses et puissantes pour scier, rabo-
ter, plaquer, tourner, canneler, et la lutte entre les deux géants
de la transformation économique moderne commença dans la
Ville du Meuble comme partout ailleurs. La grande fabrique, à
chacun de ses puissants coups de piston, meurtrissait petits patrons et façonniers, et le grand magasin, à chaque nouveau
coup de réclame, broyait petits marchands et revendeurs, l'un
et l'autre tirant des ressources sans cesse croissantes du fond
même des misères qu'ils produisaient.

En Angleterre, en Amérique, c'est la grande fabrique qui a
triomphé ; en France, c'est le grand magasin ; toujours pour la
même cause : l'expansion incessante du commerce et du travail.

En Angleterre, en Amérique, où l'industrie du meuble ne
s'était ni concentrée, ni divisée au même degré qu'en France,

les travailleurs sont accourus à la fabrique, attirés par un salaire plus élevé, abandonnant patrons et marchands. En France, petits patrons et façonniers, étant en trop grand nombre, ont continué à travailler ; mais, à force de s'imposer des privations, à des prix tellement bas que la fabrique, en dépit de ses machines, n'a pu y atteindre, et tous, grande fabrique, petits marchands et fabricants ont succombé à la fortune du grand magasin.

Il est si difficile à l'économiste méditant dans son cabinet et confondant la liberté du commerce avec la liberté du travail, — le travail est une implacable nécessité, — de ne pas voir en tout cela une source de prospérité croissante ! « Plus on produit et vend à meilleur compte, dit-il, moins la vie est chère. » C'est la définition de la prospérité ! c'est aussi la définition de la misère : celui qui est réduit à produire ou à vendre au meilleur compte possible est réduit à ne plus vivre que de l'eau qui coule et de l'air qu'il respire.

Nous avons visité l'ouvrier du meuble de haut luxe : suivons le fournisseur d'un meuble courant de grand magasin. Il vient d'apporter, dans une petite voiture à bras, douze de ces petites toilettes en acajou et marbre blanc. Ne nous arrêtons ni aux difficultés qu'on va lui faire au sujet de la confection de l'une ou l'autre de ses toilettes, ni au timbre de quittance qu'on exigera de lui contrairement à la loi, ni aux 3 et 5 p. 100 qu'on retiendra pour le paiement au comptant. Les douze toilettes, au prix convenu de 13 fr. 50 pièce, sont reçues et payées 12 fr. 50. La matière première et les fournitures employées dans chacune d'elles ont coûté 9 fr. 25 ; reste 3 fr. 25. Un petit patron, avec un ouvrier et un apprenti, en fabriquent trois par jour, en travaillant de douze à treize heures ; total du gain, 9 fr. 75. Le patron est marié, a quatre enfants, doit payer son loyer, l'impôt, la patente, le chauffage, le vêtement, la nourriture pour l'apprenti et les siens ; il doit fournir les établis, les instruments, la colle, et *donne trois francs de salaire à son ouvrier*, ne retenant que 25 centimes pour ses frais. C'est à peu près la misère noire pour lui et sa famille : sans des merveilles d'économie, et sans des merveilles d'énergie dans la privation, le petit atelier ne pourrait se soutenir.

Que le patron ébéniste fabrique une autre espèce de meuble, qu'il le livre à un autre magasin, que nous visitions d'autres patrons, d'autres ouvriers en chambre, les façonniers, ou d'autres ouvriers chez d'autres petits patrons, tous fabriqueront le meuble courant : leur gain ne sera pas moins courant, et la situation partout la même.

Dans cet émiettement de la production, l'antique et grand métier disparaît par la spécialisation excessive, de la même façon et pour la même cause que l'extension commerciale fait disparaître le meuble d'art.

Et, pour la même cause encore, ni grèves, ni révoltes, ni associations, de quelque nature qu'elles soient, ni socialisme, quelle qu'en soit la formule, ne sauraient le relever. Les grèves ! Pour les pouvoir faire, il faut avant tout que patrons, ouvriers, apprentis, femmes et enfants puissent vivre. Socialisme ! Le grand magasin en est si loin par son commerce énorme qui dépend de tous les métiers, par la diversité de ses marchandises qui viennent de toutes les parties du monde ! La socialisation est devenue aussi irréalisable que les grèves sont devenues impossibles. Du fond de leur misère les intéressés ne voient qu'une issue : la destruction du grand magasin, de la grande fabrique, et, s'il le faut, des grandes fortunes, rêve qui ne peut être réalisé que par un gouvernement issu de leurs suffrages et qui soit assez fort, personnel et arbitraire pour faire table rase. On cherche la cause de la forme que la crise sociale a prise récemment, d'une manière si brusque et inattendue, sous le nom de boulangisme : elle est là.

IV. Descendons dans la troisième zone, la zone de l'anarchie.

Pour qu'un parti politique, révolutionnaire et anarchiste se forme, il faut qu'auparavant l'anarchie ait éclaté dans les moyens d'existence des gens dont ce parti se composera. Quelle discipline sociale attendre d'hommes qui ne savent comment ils vivront le lendemain ?

Si l'on produit des meubles de grand luxe, on produit aussi des meubles de faux luxe ; et si l'on peut les fabriquer dans de bonnes conditions, on peut aussi les fabriquer dans des conditions mauvaises ; si l'on achète les matières premières et loue des ateliers, on peut aussi se réfugier dans des bouges, acheter des matières détestables, et au besoin ne pas les payer ; si l'on achète et vend dans les formes légales, on peut aussi acheter et vendre d'une manière frauduleuse ; enfin, si aucun de ces moyens ne suffit, on peut vivre de la prostitution, du vol et du crime, pour satisfaire, nous ne disons pas, hélas ! les passions, mais les nécessités de l'existence.

Combien l'on est douloureusement frappé de l'augmentation

constante des chiffres donnés par la statistique criminelle, du développement persistant de la prostitution et des métiers interlopes ! L'on s'en console en se glorifiant de l'accroissement non moins constant du chiffre des affaires, des succès merveilleux de nos expositions, qui, en se succédant, doublent, triplent leurs dimensions, et viennent à réaliser les plus grandes ambitions industrielles, commerciales et même politiques.

Les cercles parallèles, quelles que soient les distances qui les séparent, enferment le même espace. Les forces de l'homme sont limitées ; ni ses muscles, ni ses os, ni ses organes, ni son intelligence ne se multiplient : si les uns produisent et vendent de plus en plus, les autres vendent et produisent de moins en moins, fatalement et proportionnellement.

Le petit patron, avec son unique ouvrier, son unique apprenti, sa femme et ses quatre enfants, n'est point parvenu à vendre ses toilettes au grand magasin. Il y a trop de toilettes ! ou bien, les affaires ne marchent pas ! Il faut vivre cependant. Un char-à-bannier se chargera de transporter dans sa voiture, de petit magasin en petit magasin, le produit du travail de la semaine passée, unique ressource pour avoir du pain la semaine à venir. Le gain du fabricant, déjà réduit au chiffre le plus bas, sera réduit encore du salaire et du pourboire qu'il faudra payer au char-à-bannier. Mais il y a trop de toilettes ! les affaires ne marchent pas ! Comme le grand, les petits magasins refusent de prendre la marchandise. Il ne reste qu'une ressource, l'exposer sur la voie publique et la vendre, la vendre à tout prix, à tout venant ! De ce moment commencent les conflits avec la loi.

Nous allons assister à la création, pour la vente du meuble, de deux institutions qui sont devenues régulières : l'hôtel Drouot et la « trôle » ; la première dans la ville riche, la seconde dans la ville pauvre. A l'hôtel Drouot, des centaines de salons, chambres à coucher, salles à manger, journellement rejetés du marché, comme nous venons de le dire, sont introduits dans les inventaires de successions et de faillites. Des patrons avec leurs ouvriers finissent même par ne plus travailler que pour cet étrange système de vente, malgré ses prix dérisoires, car, dans ces conditions, la vente est plus assurée qu'auprès des grands et petits magasins. On supplée à l'insuffisance des prix en employant des matières premières de rebut, et par mille manières de trucs et tromperies dans la fabrication.

A la « trôle » nous voyons mieux et pis. Là arrivent les meubles fabriqués par le pauvre pour le pauvre, et aussi toutes les

camelotes imaginables, jusqu'à la contrefaçon grimaçante du
meuble de haut luxe. Le marché se tient le samedi, au grand
air, par vent et pluie, et nous y voyons échouer finalement les
toilettes de notre petit patron. Il les apporte lui-même, avec son
ouvrier, son apprenti, sa femme, ses enfants, car le char-à-bannier a épuisé les dernières ressources. De toutes parts arrivent
des malheureux qui se trouvent dans la même situation. Point
ou peu d'acheteurs. Quelques commissionnaires se promènent
au milieu de cette détresse, et y trouvent encore le moyen
de ramasser fortune ! Ce moyen est simple : ils n'achètent qu'à
la tombée de la nuit, au moment de la clôture du marché, offrant ou plutôt imposant leurs prix aux meurt-de-faim.

Et dire que dans cette exploitation extrême qui, sans la liberté
du commerce, serait un crime, et qui, au nom de la liberté du
travail, n'est qu'une atroce illusion, il se trouve encore des
hommes qui n'ont d'autre emploi que de fabriquer pour un pareil marché ! Ce sont les *trôleurs*. Ah ! il y a bien dans la misère
du génie, comme il y en a dans la fondation des grands magasins et des puissantes fabriques.

Le trôleur, loin d'avoir un magasin, n'a plus même d'atelier ;
tout au plus peut-il en louer un en commun avec un autre
trôleur. S'il n'est pas marié, il suppléera à l'insuffisance de son
gain par tous les métiers qu'il est possible de faire dans la
grande ville sans apprentissage d'aucune sorte. S'il est marié, sa
femme suivra son exemple. Quant aux enfants, mal nourris et
plus mal élevés, ils se traîneront sur le pavé de Paris, dans la
boue des vices, et, s'ils ne meurent de privations, deviendront
toutes sortes de gredins.

Trouvez les mesures publiques, l'organisation sociale qui pourront remédier à un tel état de choses ! Quelle organisation sociale
établir entre tous ces déchus, autant au physique qu'au moral,
et les recéleurs, mastroquets, commissionnaires, qui les exploitent jusque dans l'abîme de leur dépravation et de leur dénûment ? Seul le communisme, doublé de l'anarchie et de la terreur, où chacun prend ce qui lui plaît et partout où il lui convient,
est susceptible de satisfaire pareil monde. Abrutis et terrorisés
aussi bien par les privations qu'ils endurent que par les aigrefins
qui les exploitent, les misérables ne sauraient voir la fin de leurs
maux que dans la terreur qu'ils exerceront à leur tour.

Quelques hommes d'action, qui ont pris cette désolation à
cœur, ont proposé de construire à la trôle un somptueux monu-
ment semblable aux Halles ; d'autres, au contraire, ayant cure

de sauvegarder la réputation de la Ville du Meuble, demandent l'interdiction de ce singulier marché. Rangés dans une halle aux grandes voûtes, sous les rayons brillants des vitraux, les meubles de la trôle n'en seront pas meilleurs, et les trôleurs n'en seront pas moins misérables. Renvoyez au contraire les trôleurs, s'ils sont Parisiens, à l'Assistance publique ; s'ils sont étrangers, aux lieux d'où ils sont venus : les forces de l'Assistance publique, qui déjà ne suffisent pas à la tâche, y suffiront moins encore ; les provinces ou les pays étrangers que les malheureux n'ont quittés que poussés par le manque de travail et la misère n'en deviendront pas plus prospères, et tous les misérables de Paris, faux riches et vrais pauvres, ne pouvant plus se meubler à vil prix, n'acquerront pas davantage les moyens d'acheter des meubles plus chers.

Car ce tableau de la production et de la vente du meuble se répète dans les autres industries et les autres commerces : vêtements, chaussures, modes, transports, denrées alimentaires, épicerie, quincaillerie, mercerie, trafic même de l'argent. Partout nous rencontrons quelques maisons particulières de grand luxe pour les privilégiés de la fortune ; de grandes institutions, banques, magasins, halles, fabriques pour la consommation de la classe bourgeoise, et, au dernier échelon, les prêteurs à la semaine, revendeurs, recéleurs, marchandes des quatre saisons qui débitent, au grand air ou dans des bouges, au monde de la misère.

Abolissez la trôle, vous augmenterez en proportion directe les privations dans les bas-fonds des autres métiers. Construisez, au contraire, pour lui servir d'abri, un palais superbe, fournissez aux trôleurs des rentes, par le canal de l'Assistance publique, les ressources devront être puisées dans d'autres bourses. Admettons que ce soit dans celles des riches : ceux-ci achèteront moins aux grandes maisons et aux grands magasins, qui emploieront moins de fabricants, d'ouvriers ; et, dans des proportions toujours mathématiques, ces derniers retomberont dans la trôle. Renvoyez en province, expulsez du territoire tous ces malheureux, et la province, l'étranger fourniront, sous leur action, à meilleur compte les meubles que l'ouvrier parisien sera devenu incapable de produire au même prix. Déjà, dans ces dernières années, l'importation des meubles a triplé pour la France, elle a sextuplé pour Paris. Continuez, au contraire, à conserver, à protéger même les trôleurs, vous expédierez plus de meubles en province et au dehors, mais vous y ruinerez aussi davantage l'industrie qui y subsiste, et des misérables en plus grand nombre accourront, afin d'y trouver un gagne-pain, vers Paris, où ils augmenteront le nombre et les souffrances des enfants de misère. Ainsi la zone inférieure va s'élargissant sans cesse dans son mouvement fatal.

La misère soutient et nourrit la misère, plus que ne le fait la fortune. C'est de son énergie qu'est faite la puissance du capital, c'est de son ingéniosité que naissent les ressources de la division du travail, et c'est de l'exploitation presque illimitée dont elle est susceptible que se forment le luxe et la richesse des nations. Que ces richesses diminuent, que la division du travail s'arrête, la misère est là, implacable, au dedans, au dehors, envahissant peu à peu la nation entière. C'est ainsi que, par une loi inéluctable, finissent les civilisations.

V. Un économiste anglais, Malthus, après avoir observé que la population avait la tendance de croître dans une proportion beaucoup plus rapide que les ressources nécessaires à sa subsistance, en a conclu que l'équilibre se rétablissait par les guerres, la misère, le vice et l'abstention du mariage. Cette conclusion ne laisserait rien à désirer si l'homme n'était qu'une machine à production et à reproduction et capable d'être réglé comme une machine. Nos beaux esprits du XVIII<sup>e</sup> siècle goûtaient ce genre de spéculation.

Un des peuples les plus riches du monde, la France, diminue en population ; un autre, un des plus pauvres, la Russie, accroît rapidement la sienne. En Amérique, les familles des classes opulentes de l'Est s'éteignent ; dans l'Ouest, les familles des trappeurs, dénuées de ressources, se multiplient avec une fécondité surprenante. A Paris, ce sont les familles des quartiers aisés qui comptent le moins d'enfants, tandis que ce sont les familles des faubourgs misérables qui en comptent le plus. Ce sont les peuples les plus riches qui font le plus la guerre, c'est dans leur sein qu'on trouve le plus de vices, et c'est parmi leurs classes riches qu'on s'abstient le plus du mariage. Quant à la pauvreté, loin d'être un obstacle à l'accroissement de la population, elle la favorise.

Revenons à la Ville du Meuble. Déjà les ouvriers parisiens ne peuvent plus supporter les misères de la deuxième et de la troisième zones. On n'y trouve guère que des Flamands, Wallons, Allemands, Luxembourgeois, Piémontais. Élevés dans des climats plus rudes, habitués à des privations plus grandes, façonnés à des mœurs plus simples, ceux-ci ont encore le ressort nécessaire pour endurer les misères de la grande ville, où ils conservent, jusque dans l'atmosphère viciée et dans ces logements insalubres, une puissance de travail, une patience aux privations et un esprit d'économie que nos travailleurs, élevés dans des habitudes qui sont relativement des habitudes de dépense, et souffrant de besoins plus complexes, ont complètement perdus.

Dans la troisième zone, chez les trôleurs, il y a surtout des Piémontais, qui, fidèlement attachés à leur pénible labeur, en supportent les privations. Observons les conséquences. Voici une famille, où le père et la mère conservent encore assez de raison et de force pour ne se permettre aucun des plaisirs, aucune des distractions de la grande ville ; distractions auxquelles, dans leur condition, le vice et le crime peuvent seuls donner les moyens d'atteindre : ils ne ressentiront que les deux grands instincts de la nature qui portent à se nourrir et à se reproduire. Se nourrir, ils y parviennent *en ne s'accordant pas un morceau de viande par an* ; s'aimer, se reproduire, ils le font : c'est leur unique satisfaction, leur seul bonheur. Malheureusement, l'air dans lequel ils vivent n'est plus celui de leurs montagnes, et le bouge qu'ils habitent ne vaut pas la hutte du pays. Sur les quatre enfants de l'une de ces familles de Piémontais, l'aîné est rachitique et bossu ; un autre, une fille, a des convulsions. Voilà la loi de Malthus. Mais les deux autres enfants ont hérité de la forte race de père et mère ; et vaillamment, à leur exemple, ils travaillent, sachant, à leur exemple aussi, se priver et peiner. Le garçon parvient à entrer dans les écoles professionnelles ; puis il devient ouvrier dans le meuble de luxe, contre-maître ; la fille, ouvrière de modes, est devenue chef d'atelier. S'ils conservent leurs vertus natives, le salaire de 80 centimes l'heure est la fortune. Et tant que leur race se maintiendra pure et forte, d'une génération à l'autre, la famille pourra s'élever — les exemples sont nombreux — et parvenir finalement aux richesses, d'où elle prétendra au premier rang ; répétant l'histoire même des grands peuples qui, d'un dénûment extrême, s'élèvent à la civilisation et à la prospérité. Sans le don de privation, nul travail constant, nulle abnégation, aucun dévouement réciproque, nulle réalisation aussi d'ambitions lointaines et grandes.

D'autre part, à tout moment de leur histoire, à chaque degré de leur état social, les peuples, les races, les familles peuvent, perdant ce don précieux, se dégrader et disparaître.

Les classes riches, opulentes, déchoient à mesure qu'elles acquièrent la facilité de satisfaire leurs plaisirs. La facilité devient habitude, l'habitude se transforme en vice, et le vice, n'importe où et sous quelque forme qu'il se présente, corrompt l'homme, au moral d'abord, au physique ensuite. Ainsi les familles aisées s'éteignent et les peuples riches diminuent en population, non seulement parce que des enfants nombreux deviennent une charge trop pesante qui entrave les plaisirs et réduit la part de fortune d'un chacun, mais encore parce que la fertilité naturelle disparaît de la race.

Par ce mouvement qui fait la classe riche se tasser sur elle-même, la richesse devient de jour en jour davantage le privilège de quelques-uns, mais un privilège qui fait ployer les classes moyennes sous son poids, et bientôt s'affaisser. Pressées par le besoin et les difficultés de parvenir, les classes moyennes restreignent également le nombre de leurs enfants, et, pour assurer l'accroissement de leur fortune, pèsent à leur tour sur les classes inférieures. Les passions sont surexcitées ; les haines, les jalousies surgissent, jusqu'au moment où, dans leur mouvement de descente, ces sentiments se répandent sur les classes ouvrières. De ce jour les salaires, quels qu'ils soient, ne suffisent plus, tout travail devient pénible. L'énervement physique, la dépravation morale apparaissent de toutes parts. La communauté des traditions, l'entente réciproque, qui avaient fait la puissance et la grandeur de la nation, disparaissent devant la lutte de tous contre tous, qui est le retour à l'anarchie et l'expression de la décrépitude.

Telle est l'histoire des peuples. Condamnés par la loi primordiale de l'humanité à travailler pour vivre et à se propager pour subsister, ils sont obligés à un développement continu. Du moment où une famille, une race, une nation s'arrête dans ses progrès, elle tombe en décadence et ne tarde pas à disparaître. Le principe de Malthus ne signifie qu'une chose : le travail est une peine, la reproduction est une joie ; pour jouir de l'une, il faut l'avoir su mériter en supportant l'autre.

Nous avons rappelé plus haut les abus que les privilèges des corporations et maîtrises avaient entraînés sous l'ancien régime. Les coutumes et statuts qui les régissaient remontent cependant jusqu'aux origines de notre histoire ; ils se confondent avec les sources de notre civilisation. Tant que la nation, par l'organisation de la production et le règlement de la répartition des produits, continua à se développer d'une manière harmonieuse, chacun trouva, selon les circonstances et selon ses moyens, sa place dans la prospérité générale. Il y eut bien des troubles partiels, mais il n'y eut point de privilèges corrupteurs pour ceux qui y participaient, écrasants pour les autres. La nation, dans son ensemble, grandissait d'une manière continue en nombre et richesse. Ce n'est que du jour où cette progression et cette expansion s'arrêtèrent que ces mêmes coutumes et règlements se changèrent en privilèges, dont le poids funeste s'appesantit d'année en année. Éclata la Révolution, qui décréta la liberté du commerce et la liberté du travail : la nation prit un nouvel essor dans l'accroissement autant de sa production que de sa population, jusqu'au moment où le mouvement s'arrêta, et les privilèges se sont reconstitués sous une forme différente, mais avec une action identique à l'action de leurs aînés, et les plaintes contre les privilégiés ont surgi de nouveau ; elles grandissent de jour en jour.

En vain le grand commerce, la grande industrie réclament-ils la protection contre leurs rivaux de l'étranger : ceux-ci restent privilégiés, soit par l'abondance des matières premières, soit par l'énergie plus grande et les mœurs plus simples des travailleurs ; en vain le petit commerce et la petite industrie exigent-ils à leur tour la protection, d'une part contre les grands commerçants et les grandes industries, d'autre part contre les revendications des travailleurs, les lois protectrices se transformeront par leur action même en privilèges qui entraveront l'avenir et l'expansion des classes ouvrières, et celles-ci, à leur tour, par grèves et révoltes, prétendent et prétendront chaque jour davantage imposer au législateur des lois qui les protègent contre l'exploitation de la classe supérieure et de la classe moyenne. En vain, enfin, écrasera-t-on les révoltes, fusillera-t-on les émeutiers, décrétera-t-on des lois protectrices contre l'exploitation des uns par les autres, la vie et l'action sociales ne s'arrêteront pas. L'homme doit travailler pour vivre ; l'humanité pour subsister doit se propager !

La réduction du taux des salaires au minimum, nécessaire à l'existence de l'ouvrier, a été proclamée la loi d'airain des salaires. Illusion de socialiste ! Il est une loi d'airain qui régit l'humanité : la loi de la misère. Toute société qui en est sortie y retombe dès qu'elle cesse de se multiplier, de grandir et de se développer.

Fondez toutes les assurances possibles contre les accidents, les maladies, la vieillesse, les riches ne pourront y suffire ; vous exigerez les ressources nécessaires des classes moyennes, qui, en proportion, augmenteront le nombre des misérables. Créez tous les syndicats imaginables, toutes les coopératives possibles de production et de consommation, étendez le partage des bénéfices à tous les échelons du commerce et de l'industrie, les ressources n'en resteront pas moins exactement les mêmes pour les mêmes besoins. Socialisez le travail dans tous les métiers, réalisez la théorie des trois-huit, donnez un franc de salaire par heure : la population des basses classes grandira à la faveur d'une aisance momentanée, et la misère réapparaîtra plus lourde, plus noire. Faites du respect de la liberté du commerce et de la liberté du travail non plus une doctrine, mais un dogme, en l'enseignant aux enfants avant même qu'ils sachent lire, vous ne détruirez pas une des innombrables souffrances qui résultent de la lutte de tous contre tous, conséquence fatale de cette liberté même. Enfin reconnaissez la vanité de tous ces efforts, le danger de toutes ces utopies, et soyez assez forts pour imposer la liberté telle que vous l'entendrez, les réformes telles que vous les jugerez convenables : vous ne donnerez pas aux classes riches une moralité plus grande, vous n'empêcherez pas les classes moyennes de s'appauvrir par les charges que vous leur imposerez, et tout ce que vous obtiendrez des familles pauvres sera que, pour satisfaire aux nécessités de leur existence, elles diminueront le nombre de leurs enfants, ou que, pour fuir la misère, elles émigreront à l'étranger. Et ni la diminution de la population, ni l'émigration, ni l'appauvrissement des classes moyennes, ni la disparition des classes riches, ne mettront un terme à la sinistre poussée de la misère. Les causes pour lesquelles la population d'un État diminue, celle d'un autre État émigre, pour lesquelles les classes moyennes s'appauvrissent, et les classes riches se dégradent, continueront à faire sentir leur action morbide de toutes parts.

Il ne peut y avoir d'autre solution à ce douloureux problème que le progrès ininterrompu de la nation entière dans toutes les directions sociales et toutes les formes politiques de son existence. Toute société qui cesse de se développer matériellement, moralement, intellectuellement, redevient la proie de la misère, de la misère sous toutes ses formes : dans les classes riches, la déchéance physique et morale ; dans les classes moyennes, un épuisement et un appauvrissement graduels ; dans les classes inférieures, l'impuissance à triompher de leurs privations. L'étranger, plus vigoureux et plus sobre, remplace l'ouvrier national dans les tâches les plus pénibles ; les enfants, héritant de sa force, entrent dans les classes supérieures, la population se maintient ;

mais l'étranger n'apporte ni les mêmes affections, ni les mêmes traditions, et c'est au dedans, à mesure que l'ancien peuple se meurt d'inanition, que se forme un nouveau peuple, dépourvu des forces vitales qui avaient fait grandir celui qu'il tend à remplacer, n'ayant plus cette cohésion et cette union que des siècles avaient contribué à faire. Que si, au contraire, on s'efforce de repousser l'étranger, tout en restant incapable de se régnérer soi-même, les difficultés intérieures augmentent, la lutte de tous contre tous s'accuse, les relations extérieures se tendent, et une guerre termine l'existence d'une nation qui, dans ses richesses mêmes, ne sait plus vivre et prospérer.

Voilà la loi d'airain telle que la dicte l'histoire. Tout peuple qui s'arrête dans la voie du progrès est condamné à disparaître.

## Revision des tarifs douaniers

I. Entre 1840 et 1848 se sont passés deux événements des plus importants du siècle : l'Angleterre est devenue libre-échangiste et la Prusse a conclu l'union douanière allemande. Nos hommes d'État en comprirent si peu la gravité qu'ils rompirent les négociations d'une union douanière avec la Belgique, refusèrent celles de la Suisse et du Luxembourg et devinrent plus protectionnistes que jamais.

Le *Zollverein* prussien prépara la formation de l'empire allemand, et le libre-échange fut la source de l'immense extension commerciale de l'Angleterre.

En politique, les hommes d'État français s'abandonnèrent, pendant la même période, à un aveuglement en tout semblable. La monarchie de Juillet succomba à une révolution, tandis que l'Angleterre sortait triomphante du mouvement chartiste et que la Prusse dominait les émeutes de Berlin et de Francfort.

Il est une justice de l'histoire, non celle qui s'étale avec complaisance dans les écrits des historiens et qui n'est que le reflet de leurs opinions personnelles ; mais une autre, implacable, qui dérive de la responsabilité des actes des hommes et constitue la vie des peuples.

L'époque de la naissance des chemins de fer, du développement de la navigation à vapeur, de l'introduction des machines dans les grandes industries fut une occasion merveilleuse pour conclure des unions douanières ou pratiquer le libre-échange. La Prusse étendit son influence en Allemagne avec la puissance pour ainsi dire des grands moteurs nouveaux, et, avec la rapidité de ces moteurs, l'Angleterre s'empara du commerce du monde. Les deux pays recueillirent les bienfaits de la supériorité de leurs hommes d'État.

Mais la justice de l'histoire est entière. Les hommes d'État, en Angleterre aussi bien qu'en Allemagne, continuèrent à s'abandonner aveuglément aux impulsions qui leur avaient été données par leurs prédécesseurs, et Londres vit fonder les *trade-unions*, Berlin créa le socialisme d'État.

Cette question, si insignifiante en apparence, des tarifs douaniers mène l'histoire des peuples ; tantôt heureuse, tantôt désastreuse, selon les circonstances du moment, elle se complique, à chaque pas, d'effets nouveaux jusqu'à ce que, finalement, elle se transforme en ce sombre problème de l'avenir économique de la société moderne.

En comprenons-nous mieux aujourd'hui le sens et la portée que nos pères, en 1840, ne saisirent ceux de la naissance des chemins de fer et de la transformation industrielle ? Nous continuons à nous passionner pour les affaires électorales, les rapports de l'Église et de l'État, les formes du pouvoir souverain, la liberté ou la sujétion de l'enseignement, absolument comme si rien ne s'était passé en Europe. Politique d'outre-tombe dont le spectre effraie les naïfs et sert aux adroits à les conduire : tandis que la réalité, sous la forme de la justice de l'histoire, nous accable de ses crises et de ses dangers.

II. Pour traiter la question des tarifs douaniers, on ne remontera jamais assez haut, on ne portera jamais les prévisions trop loin.

Il y a un article dans le traité de Francfort, très connu sous le nom de l'article 11, qui stipule le traitement de la nation la plus favorisée pour le vainqueur comme pour le vaincu ; et qui résume à lui seul l'histoire économique et sociale de l'Europe depuis l'année terrible.

Le vainqueur, profitant de l'article 11, dénonça ses traités de commerce, dirigea ses tarifs douaniers spécialement contre le vaincu, et se fit franchement protectionniste, imitant les États-Unis et la Russie.

De grands et puissants syndicats, protégés contre la concurrence du dehors, se formèrent ; les propriétaires des mines s'entendirent et vendirent leurs charbons aux plus hauts prix possibles ; les propriétaires des hauts fourneaux se concertèrent et augmentèrent les prix de la fonte ; les propriétaires de toutes les grandes industries, laminoirs, papeteries, filatures, etc., suivirent d'un commun accord l'exemple des autres, et tous finirent par obtenir à l'intérieur pour leurs produits des prix doubles de ceux qu'ils obtenaient à l'étranger. C'était une prime d'une nouvelle espèce que la grande industrie allemande se faisait payer, non point par l'État, mais, dans les bas-fonds obscurs des échanges quotidiens, par ses acheteurs du petit commerce et de la petite industrie de l'intérieur. De son côté, la grande agriculture protégée de même, haussa ses prix à un degré tel que dans les provinces de l'Est, en Silésie, surgit le typhus de la faim, et que dans celles de l'Ouest, les plus riches, comme en Westphalie, la viande de bœuf devint un objet de luxe.

Lentement, sourdement, en raison directe de la protection accordée à la grande industrie et à la grande agriculture, le socialisme démocratique et révolutionnaire se fortifia et grandit.

L'expérience fut rude. Les trois millions de suffrages socialistes des dernières élections du Reichstag, causèrent la chute du prince diplomate, signataire du traité de Francfort, qui s'était mêlé de faire de l'économie politique, et le gouvernement allemand revint du système des tarifs protecteurs à celui des traités de commerce.

Il a conclu, avec l'Autriche, l'Italie, la Belgique, la Suisse, des traités en toute forme ; mais pendant les négociations à chaque clause débattue, l'art. 11 du traité de Francfort apparut comme le spectre de Banco. C'étaient autant de franchises, autant de droits qu'on accordait à la France vaincue, à l'ennemi héréditaire, à l'adversaire de la triple alliance, à l'auteur de la crise financière et économique de l'Italie, et qui menace de donner, par ses droits protecteurs, la même crise à l'Allemagne.

L'annexion de l'Alsace-Lorraine maintient, quoiqu'on fasse, l'état de guerre dans l'Europe politique et militaire ; et l'art. 11, quoiqu'on fasse encore, maintiendra le même état de guerre dans l'Europe sociale et économique. Ce furent deux fautes dignes l'une de l'autre : sœurs jumelles issues du même emportement coupable, qui sont nées, vivent et mourront ensemble.

A la suite de la guerre nous avons compris la puissance de l'organisation militaire allemande et nous l'avons imitée. Il nous a fallu un peu plus de temps pour comprendre la portée de l'art. 11, et, à notre tour, comme l'Allemagne, nous dénonçons nos traités de commerce, nous faisons un tarif général protecteur, même doublement protecteur contre amis et ennemis. Mais comme l'Allemagne aussi, nous porterons au comble le malaise de nos classes ouvrières, le mécontentement des classes moyennes, et, comme l'Allemagne encore, nous reviendrons aux traités de commerce, alors qu'elle-même pour sortir de sa situation actuelle, reviendra aux tarifs protecteurs.

Il y a bien des rêveurs qui s'imaginent qu'une union douanière de l'Europe centrale romprait cet enchaînement néfaste. Sans la France, à cause de l'article 11, cette union est impossible, et avec elle, ce serait le blocus continental de triste mémoire.

Il en est de ces rêves comme de ceux d'un désarmement général qui amènerait la guerre universelle.

Jusque dans nos chimères, l'annexion de l'Alsace-Lorraine et l'article 11 du traité de Francfort nous poursuivent.

III. Il n'y a point d'issue de ce côté par la raison que le libre-échange et le protectionnisme, dont nous venons d'esquisser l'histoire depuis 1870, ne sont, eux aussi, fondés sur de faux principes, et ne sont que des chimères.

Les droits douaniers sont des impôts aussi bien que les contributions que nous appelons indirectes. Ils ne s'en distinguent que parce qu'ils sont perçus aux frontières à l'entrée ou à la sortie des marchandises, et que les autres sont perçus à l'intérieur sur la production ou la consommation des mêmes marchandises.

Les économistes, ne voyant dans les droits douaniers que leur caractère extérieur, ont créé les deux fameuses doctrines : croyant au libre-échange lorsque aucun droit ne frappait une marchandise à son entrée, et à la protection quand des droits rendaient cette entrée plus ou moins difficile ; sans se douter, ni les uns ni les autres, que ces droits ne sont que des contributions comme les impôts de toute espèce.

Pour qu'il y eût libre-échange réel entre deux pays, il faudrait que dans chacun, la production fût grevée des mêmes charges. Je ne suis pas libre de vendre 100 kilog. de blé qui me coûtent 20 francs à produire, grâce aux impôts intérieurs, alors que l'étranger, qui ne paie pas les mêmes impôts, peut les livrer à un prix proportionnellement moins cher. Il est en réalité protégé contre moi par ses impôts intérieurs. D'une autre part, pour qu'il y ait une protection efficace, réelle, la même pour tout le monde, il ne suffit pas qu'on mette des droits compensateurs sur l'importation des 100 kilog. de blé de l'étranger, il faut encore qu'à l'intérieur la production de mes 100 kilog de blé ne soit pas grevée de charges supérieures à celles que portent les produits que j'achète en échange de mes 100 kilog. de blé ; car si ces produits sont moins grevés que les miens, il en sera comme si je n'étais point protégé du tout. Ainsi la protection contre la concurrence du dehors suppose le libre-échange intérieur, et le libre-échange extérieur suppose la protection intérieure. De la sorte, la portée intérieure et la portée extérieure des droits de douanes se compliquent et s'étendent à l'ensemble de la constitution fiscale et économique des États, car, pour chaque espèce de production, la même situation se répète.

Il existe, en outre, des primes d'importation et des primes d'exportation, les acquits à caution, les drawbacks, les admissions temporaires qui, sous leurs formes multiples, rendent la question encore plus complexe. Les primes accordées, sous quelque forme que ce soit, facilitent à qui les reçoit la concurrence sur le marché intérieur ou sur le marché extérieur, mais haussent aussi les frais de production des contribuables qui doivent payer ces primes.

Il n'y a point de libre-échange qui ne soit une protection pour les uns ; il n'y a point de protection qui ne soit un libre-échange pour les autres. Les primes de toute sorte en sont la preuve et en sont un abus. Partout et toujours les échanges sont solidaires ; ce qui est un avantage ou un gain pour celui-ci, est une perte ou un dommage pour celui-là. Ce n'est ni du libre-échange, ni de la protection qu'il s'agit, mais de l'activité et de la prospérité nationales.

Laissons donc ces théories abstraites ; elles ne sont en définitive que discussions de mots. Il suffit de se servir des expressions de producteur ou de consommateur pour légitimer l'une et l'autre doctrine. Pour le consommateur, en effet, tout libre-échange n'est que profit : chacun achetant toutes choses au plus bas prix possible, et, tout le monde étant consommateur, c'est profit pour tout le monde. Par contre, tout producteur, s'il n'est assuré de ses frais de production, ne produit rien ; il faut donc le protéger pour qu'il produise dans les meilleures conditions possibles, et comme tout le monde est aussi plus ou moins producteur, la protection de tous n'est que bénéfice universel. S'attachant aveuglément aux mots, on oublie que tout consommateur, pour pouvoir consommer, doit produire, et que tout producteur, pour pouvoir produire, doit consommer. Ce qui bouleverse à tel point les deux doctrines que toutes deux, selon qu'elles sont entendues et pratiquées, peuvent ruiner aussi bien les producteurs que les consommateurs. Un consommateur, si peu que lui coûte l'achat des produits dont il a besoin, ne les achète point s'il ne peut produire de quoi les payer ; et un producteur, si cher qu'il puisse vendre les siens, ne les vend pas si les consommateurs ne produisent de quoi les acquérir. La situation de l'un est identique à celle de l'autre, loin de lui être contraire.

Les deux théories sont aussi vaines que les principes sur les-

quels elles sont fondées et ne font que nous égarer en nous faisant
prendre des mots pour des faits.

IV. Malheureusement, on s'est attaché aux mots parce que
les faits, dans une question aussi élémentaire en apparence que
celle des droits douaniers, présentent des difficultés presque
insurmontables.

Selon la nature des impôts, qu'ils soient perçus à la frontière
ou à l'intérieur, non seulement la protection se transforme en
libre-échange et celui-ci en protection, mais encore, selon la
fertilité naturelle du sol ou selon sa richesse en matières premières, les États se trouvent portés à rechercher à la fois et
le libre-échange et la protection. Si nous pratiquons le libre-
échange pour les produits agricoles, bientôt les produits des
terres vierges d'Amérique, des terres noires de Russie, inonde-
ront nos marchés au point que nous verrons reparaître sur notre
vieille terre européenne ces vastes latifundia qui contribuèrent si
puissamment à la chute de Rome, alors que les grains d'Égypte
et d'Afrique abondèrent sur les marchés d'Italie. Il faut donc
nous protéger. A quoi cependant cette protection peut-elle nous
servir à nous ? Notre sol, moins riche en matières premières, en
mines, en houille, nous oblige à les demander à l'étranger et à
leur accorder l'entrée en franchise, sinon la protection que
nous accordons à l'agriculture finirait par devenir elle-même
inutile, débordés que nous serions par le progrès industriel des
autres États. Ceux-ci, par contre, seront protectionnistes et libre-
échangistes, à l'encontre de nos nécessités économiques propres. Ils empêcheront la sortie de leurs matières premières afin
de les exploiter eux-mêmes et de ne point perdre les ressources
et les richesses qu'elles donnent, en même temps que, leur sol
étant plus fertile, ils demanderont le libre-échange pour leurs
produits agricoles. Ces deux tendances, imposées par la nature
des choses, sont inconciliables.

Aux différences fiscales et aux oppositions naturelles viennent encore s'ajouter les oppositions politiques : les États mena-
cés par des voisins ambitieux ou ambitieux eux-mêmes, supportent des charges militaires qui rendent aussi difficile la répartition
des charges fiscales intérieures et extérieures, que l'entente avec
les autres États pour l'échange des produits, même si les charges financières étaient les mêmes et la fertilité, ou la richesse
du sol identiques. Un État qui entretient une armée d'un million d'hommes vis-à-vis d'un autre qui n'en a point, doit forcé-

ment succomber dans la concurrence avec ce dernier, la main-d'œuvre de celui-ci étant moindre et sa force de production d'autant plus considérable qu'il perd moins de forces de travail et a moins de bouches improductives à nourrir.

Enfin, pour mettre le comble à ces oppositions : un État peut, tout en manquant de matières premières, en ayant un sol moins fertile, une force militaire proportionnellement plus grande et en payant des salaires plus élevés, être libre-échangiste en produisant grâce à ses efforts et à son génie, des œuvres soit d'art, soit d'industrie, avec lesquelles aucune autre nation ne saura concourir. Il n'aura donc aucune concurrence à redouter, mais n'en deviendra pas moins protectionniste dès que la moindre contrefaçon troublera la facilité de ses échanges. En retour des droits douaniers qu'il abandonnera, il exigera des garanties de toute espèce pour la sécurité de la propriété industrielle et artistique, pour les marques de fabriques, les brevets et les découvertes.

En somme, la nécessité des faits nous ramène dans le cercle vicieux où nous ont conduits les théories. Nous sommes dans le cas de cet alpiniste qui, revenant fatigué d'une excursion, écrivit dans l'album de sa voisine d'hôtel : quel dommage que ces montagnes ne soient pas des plaines, on pourrait les voir en voiture ! Si tous les États avaient la même situation politique, si tous payaient les mêmes impôts, si tous possédaient les mêmes ressources intellectuelles et les mêmes richesses naturelles, on n'éprouverait aucune de toutes ces difficultés ; mais il n'y aurait point d'États, pas plus qu'il y aurait de montagnes si elles étaient des plaines.

V. Encore si les faits les mieux constatés, les chiffres les plus évidents pouvaient nous donner en ces matières un point d'appui, une évidence, une certitude quelconque. L'administration des douanes publie, annuellement, les tableaux du commerce d'exportation et du commerce d'importation. La différence des chiffres constitue la balance commerciale. Elle est dite favorable, lorsque les chiffres de l'exportation dominent, parce qu'il semble qu'on ait plus vendu qu'acheté ; elle est dite, au contraire, défavorable, lorsque ceux de l'importation sont les plus élevés ; on a plus acheté, assure-t-on, que vendu.

Les économistes trouvent ce raisonnement, quelque logique qu'il paraisse, absurde : aucun pays ne peut importer plus qu'il n'exporte, ni exporter plus qu'il n'importe, parce que les produits exportés paient les produits importés ; nul pays ne livre ni n'achète pour rien ses marchandises. Raisonnement non moins évident et tout aussi illusoire. Un pays qui exporte ses matières premières diminue ses richesses naturelles, un autre qui n'exporte que des matières fabriquées augmente la valeur des siennes, si bien équilibrée que puisse être la balance de leurs ventes et achats. Ils sont comme deux marchands dont l'un vivrait de son fonds et l'autre de ses bénéfices.

De plus, les pays dont le commerce et l'industrie paraissent les plus florissantes présentent en général les balances commerciales les plus défavorables. Ils importent pour des milliards au delà de ce qu'ils exportent. Ce serait, suivant les économistes, un non-sens, et suivant les chiffres des douanes, une ruine manifeste.

Une commission spéciale dresse avec une rigueur parfaite le tableau des valeurs moyennes de nos importations et de nos exportations : mais elle n'adopte pour les unes comme pour les autres que les valeurs de France. Le marchand français ne vend cependant pas plus au même prix un article de Paris à Buenos-Ayres qu'il n'y achète du bois de quinquina au prix de Paris. En d'autres termes, les chiffres des tableaux de notre balance commerciale supposent que nous exportons les choses au plus bas prix — au prix de production, — et que nous achetons au plus haut prix, — au prix de vente, — les marchandises que nous importons ; tandis qu'il est de l'essence du commerce de faire exactement l'inverse, c'est-à-dire d'acheter au plus bas et de vendre au plus haut.

Si nous faisions nous-mêmes nos exportations et nos importations, si tous les bénéfices du fret, du transport, des assurances, du change et de la différence des prix d'achat et de vente à l'étranger nous revenaient, il faudrait, pour nous donner une idée exacte de notre balance commerciale, augmenter de 35 à 50 0/0 le chiffre de nos exportations et diminuer dans les mêmes proportions celui de nos importations. Il en est ainsi pour l'Angleterre qui, seule entre tous les États, fait par elle-même presque toutes ses exportations et ses importations.

Encore n'arriverions-nous pas à nous faire une idée certaine de notre prospérité commerciale réelle, sans porter en compte la différence des impôts et des charges intérieures. L'Allemagne, par exemple, a augmenté dans ces dernières années ses exportations d'un milliard, tout en diminuant ses importations par ses droits protecteurs. Et loin d'en profiter, ce sont les États étrangers qui en ont bénéficié, parce que cet accroissement de l'exportation n'a eu lieu que grâce à la différence des prix payés à l'intérieur. Nous exportons pour des millions de sucres, et cette exportation, loin de représenter un gain, ne représente qu'une perte, parce que nous payons en France un prix double le même sucre que nous vendons en Angleterre. L'Allemagne, que nous avons imitée, a augmenté de cette façon son exportation entière.

Telles sont, en résumé, notre science théorique et notre expérience économique en matière de tarifs douaniers et de traités de commerce.

VI. Elles sont les mêmes dans les autres États, nos rivaux. Depuis un demi-siècle, tous se sont abandonnés tantôt au libre-échange, tantôt à la protection, selon les crises extérieures ou les perturbations intérieures, jusqu'à ce que la question ouvrière et la question sociale aient surgi, et que l'art. 11 soit devenu l'expression, non plus de l'entente, mais de la lutte économique internationale.

Poussés à bout, nous avons fini par inventer un système nouveau, celui du double tarif : tarif maximum pour tous les États en général, et tarif minimum pour ceux qui nous offriront des avantages en retour de l'abandon du tarif maximum.

C'est la conséquence dernière et logique du traité de Francfort : à la guerre politique et aux armements continus, succède la lutte dans les relations industrielles et commerciales, la guerre des tarifs.

Aucune nation n'a les mêmes besoins et les mêmes ressources qu'une autre ; toutes observent, sinon de fait, du moins virtuellement, un tarif maximum et un tarif minimum. Nous avons établi les nôtres, les autres nations établiront les leurs, mais comme les besoins et les ressources diffèrent, certaines marchandises que nous exportons seront classées au tarif maximum chez elles, tandis que d'autres que nous importons le seront au tarif minimum, ce qui sera absolument le contraire de la réciprocité.

Les échanges internationaux sont fondés, non sur l'identité, mais sur la diversité des produits ; où commencera, où finira, dans ces conditions, la réciprocité ? Nous adopterons le tarif minimum pour certains articles que nous importons si d'autres nations le font de même pour des articles que nous exportons, sinon des deux parts on adoptera le tarif maximum sur les deux espèces de marchandises. Or, par ses tarifs, chaque nation s'efforce de se donner les plus grands avantages possibles ; selon la conduite des autres nations nous hausserons ou nous baisserons nos tarifs, et selon la nôtre elles baisseront ou elles augmenteront les leurs ; ce sera, non pas l'entente, mais la lutte continuelle, et, brochant sur le tout, l'art. 11 du traité de Francfort : le traitement de la nation la plus favorisée pour la France et pour l'Allemagne dans tout accord conclu par l'une des deux puissances avec l'Autriche, l'Angleterre, la Belgique, la Suisse, la Russie.

On ne saurait imaginer une situation moins raisonnable. Nous la maintiendrons, comme les armements, quand même ! car le traité de Francfort est là.

L'Europe ne retrouvera la paix politique, financière et commerciale que le jour où elle effacera de son histoire les résultats de sa conduite pendant l'année terrible.

On ne modifie pas plus par un traité de paix que par des tarifs ou des théories économiques la constitution historique et économique des peuples.

VII. Les États et leurs gouvernements pourvoient aux charges administratives, judiciaires, diplomatiques, militaires avec le produit des impôts qu'ils perçoivent soit à la frontière, soit à l'intérieur. S'ils ne prélèvent que peu ou point de droits à la frontière, les États sont dits libre-échangistes ; ils sont au contraire, assure-t-on, protectionnistes, lorsqu'ils perçoivent à la frontière, une somme considérable de leurs impôts.

Les tarifs des douanes et des traités de commerce n'en sont pas moins des impôts comme les autres impôts. Et, de même qu'un impôt intérieur pèse sur certaines classes de contribuables, de préférence à d'autres, les tarifs des douanes et des traités de commerce grèvent certaines marchandises et en affranchissent d'autres. Mais comme dans l'ensemble du système fiscal on cherche à frapper, dans la mesure de leurs ressources, tous les contribuables indistinctement, on s'efforce naturellement à transformer les tarifs des douanes et des traités de commerce en impôts complémentaires des impôts intérieurs.

Si la plupart des États rendent, par exemple, les droits intérieurs perçus sur une marchandise à son exportation, c'est que, par là, ils espèrent accroître la production nationale. Tous les impôts, quels qu'ils soient, frappent les produits d'une façon directe ou indirecte. Une marchandise qui entre en franchise de droits, et pour laquelle les taxes ont été restituées à l'exportation par l'État étranger, est un produit qui paie par excellence l'impôt d'une manière *indirecte*. Dans les deux États, on suppose que son importation en franchise augmente le rendement des autres impôts. Une marchandise, au contraire, qui, des deux parts, est également sujette à l'impôt, est un produit soumis, plus que tout autre, à un impôt *direct*.

Dans quels cas vaut-il mieux contribuer au paiement de l'impôt de l'État étranger ? Dans quels cas est-il préférable de faire le contraire ?

Mais de toute façon, l'État protège tantôt le producteur indigène ou le producteur étranger, tantôt le consommateur ou le producteur national ; de toute façon encore il perçoit des impôts, soit à l'intérieur soit aux frontières, et de toute façon enfin ces impôts doivent être produits, que ce soit au dehors, que ce soit au dedans.

C'est la loi de tous les échanges internationaux. La conséquence qui en dérive est non moins simple : quelles que soient les franchises qu'un État accorde, ou quels que soient les droits douaniers qu'il exige, du moment que la prospérité sociale en même temps que la production économique s'accroissent, l'État deviendra de plus en plus riche et puissant. En revanche, il deviendra de plus en plus faible, misérable, en dépit de tous ses efforts, si les franchises qu'il accorde, comme les droits qu'il exige, diminuent le bien-être social et la production. Dans le premier cas, le libre-échange, aussi bien que la protection, sont excellents, dans le second ils sont déplorables.

*Tout impôt est une part dans le produit, et les États sont d'autant plus prospères que, par leurs impôts, ils facilitent et protègent davantage la production nationale, et ils le sont d'autant moins que par ces mêmes impôts ils l'entravent ou la dépriment.*

Le plus grand économiste d'État de tous les temps, Colbert, écrivait : « Rien n'est plus avantageux à l'État que de favoriser, augmenter, soulager le grand commerce du dehors et le petit commerce du dedans ».

Colbert prit l'expression de commerce dans son sens général ; nous avons l'habitude de distinguer le commerce de l'industrie, quoique l'industrie ne subsiste que par l'achat de ses matières premières et la vente de ses produits. Entendue dans sa portée entière, la règle de Colbert enseigne les conditions fondamentales de la prospérité des États, et transforme la loi générale du rôle de l'État dans la production nationale en règle pratique.

La grande industrie et le grand commerce ne prospèrent que par la vente de leurs produits au petit commerce et à la petite industrie, aussi bien au dedans qu'au dehors, c'est-à-dire qu'ils ne prospèrent que par la consommation de leurs produits qui se fait toujours par les masses. Confinés dans le marché intérieur, ils tendront, grâce à leurs machines et leurs moteurs puissants, et à leurs frais généraux moins élevés, à remplacer de plus en plus la petite industrie et le petit commerce, et tariront avec chacun de leurs progrès la source même de leur prospérité ; la capacité de production et par suite aussi la capacité d'achat des masses. Que peut la grande production nationale ou étrangère, si la petite production nationale ou étrangère n'en consomme les produits ? Par cela seul que la grande production est la grande production et possède à son service toutes les forces de la science et de la nature, ses débouchés sont le marché du monde et non le marché national.

La petite production, il est vrai, est plus coûteuse. Les ressources et les forces du petit commerce, de la petite industrie, de la petite agriculture sont moindres, leurs frais généraux plus considérables. Mais leurs représentants forment la masse de la nation ; ces frais correspondent à la vie de la famille, ces ressources et ces forces si faibles sont l'expression des moyens d'action du grand nombre, et leur coût est le prix par lequel se paie le bien-être général.

Quelques centaines de grands propriétaires, grands industriels, puissants armateurs, et des millions de manœuvres et de domestiques ne forment pas une nation : ce n'est qu'un assemblage de riches et de pauvres. Mais un peuple qui ne compte que de petits industriels, de petits agriculteurs et de petits commerçants, peut devenir, si chacun entend son métier, la première nation du monde. Athènes et Rome constituées de cette dernière façon à leur origine, devinrent un rassemblement de riches et de pauvres à leur fin, et, depuis que nous avons oublié le principe de Colbert, nous marchons dans la même voie. Non seulement les questions ouvrières et sociales et les crises industrielles et commerciales, mais encore les caractères de la grande production et de la petite production, tout, jusqu'à l'histoire des autres peuples, le démontre.

Nous avons tout fait et nous continuerons à tout faire pour protéger le grand commerce et la grande industrie ; quant à la

protection du petit commerce et de la petite industrie, les expressions mêmes nous manquent pour dire ce qu'ils sont.

Qu'est-ce qui les distingue ? ils existent dans les mêmes métiers, parfois dans une seule branche d'un même métier, dans
la même classe d'un même commerce.

Tout grand commerce, toute grande industrie, quels que
soient leur objet et leur forme, portent ce caractère essentiel
qu'ils sont tellement étendus que leurs chefs se trouvent dans
l'impossibilité de connaître tout le personnel qu'ils emploient
et d'avoir des relations directes avec lui. Tandis que dans tout
petit commerce et petite industrie les relations entre patrons
et subordonnés sont constantes, et la connaissance qu'ils ont les
uns des autres est intime. De cette distinction élémentaire, il résulte que les riches producteurs, grands industriels, grands
commerçants ayant leurs intérêts au loin et souvent contraires,
et se trouvant sans rapport avec leur entourage le plus immédiat ne sauraient constituer un état social ferme et stable. Dans
la petite industrie et le petit commerce, au contraire, plus les
ressources et les forces sont faibles, plus l'accès en est facile,
plus ils se soutiennent réciproquement et se complètent dans
leur travail ; et, plus les rapports entre ouvriers et patrons sont
intimes, plus leur solidarité grandit, l'un profitant de l'autre,
jusqu'à former ces puissantes industries locales qui font la prospérité des villes et défient par la perfection de leurs œuvres toute
concurrence du dehors. Cette masse solidement constituée, autant au point de vue économique qu'au point de vue social,
forme la base de l'existence nationale. Tout ce qui n'est point
eux n'est qu'exception ou sujétion.

Il faut donc avant tout protéger la petite industrie et le petit
commerce intérieur.

Du temps de Colbert la chose était facile : le grand commerce
du dehors se faisait au moyen des produits de la petite industrie du dedans. Ce fut une des nombreuses causes des progrès
de l'époque, sinon la principale.

Depuis, la grande industrie a pris en partie la place de la petite et les difficultés sont devenues pour ainsi dire insurmontables. Car, au point de vue de la concurrence étrangère et de
la prospérité relative des États, la grande agriculture représente la fertilité du sol, la grande industrie l'exploitation des
matières premières, le grand commerce l'échange de tous les
produits indistinctement, et, en tous sens, le développement de
la petite agriculture, de la petite industrie et du petit commerce

dépend de celui de leurs puissants rivaux. Un grand commerce
mal dirigé, une grande industrie mal outillée, une grande agriculture laissant les terres en friche, retombent de tout leur
poids sur la prospérité générale. Il faut donc de toute façon les
protéger également, mais les protéger *au dehors.*

La règle de Colbert, jusque là ne présente pas de difficultés ;
celles-ci commencent avec l'application qu'on en fait. La protection directe ou indirecte, le libre échange avec ou sans primes,
sont comme une épée à double tranchant, également aiguisée
des deux côtés.

Il est deux industries, l'une aussi nécessaire à l'existence que
l'autre à la sécurité du pays, ce sont l'agriculture et la métallurgie. La France étant moins riche en mines, et son vieux sol,
cultivé depuis deux ou trois mille ans, plus appauvri, son agriculture et sa métallurgie ne peuvent affronter par leurs exportations le marché du dehors, à moins qu'elles ne soient soutenues par des primes comme pour les sucres, ou par des acquits
à caution, comme pour les fers. De plus, impuissantes à concourir au dehors avec les États qui, à développement industriel et agricole égal, disposent ou de terres plus fertiles ou de
mines plus abondantes, ces deux grandes industries doivent
être protégées sur le marché intérieur par des droits douaniers
de toute espèce, sinon en peu d'années, leur ruine entraînerait la
perte de l'indépendance économique et de la sécurité nationale.

Notre agriculture, qui produit à elle seule à peu près autant
que toutes nos industries réunies, est donc protégée, non seulement par 95 millions de francs que les contribuables paient
aux exportateurs des sucres de betteraves, mais encore par des
droits douaniers sur les céréales, les porcs, les bestiaux, les fa-
rines, la viande, etc. En raison directe renchérissent les prix de
toutes les denrées alimentaires, la vie devient plus coûteuse,
les salaires s'élèvent et les frais de production augmentent. Les
petits paysans, qui forment la grande majorité et ne produisent
que ce qui est nécessaire à leur subsistance, à celle de leur famille et au paiement des impôts intérieurs, et les petits fermiers
qui produisent en outre de quoi payer la rente au propriétaire,
ne gagnent cependant rien à ces primes et à ces droits protecteurs. Au contraire, payant des prix d'autant plus élevés les vêtements, les instruments, la main-d'œuvre, loin de retirer de la
protection un avantage, ils ne font qu'en souffrir. Les primes
et les droits seraient-ils abolis, que les petits fermiers et les
petits paysans produiraient les mêmes quantités et acquer-

raient à des prix moindres les objets nécessaires à leur consommation. Les bénéfices de la protection ne reviennent donc qu'à la grande culture. Celle-ci voit ses fermages assurés, ses rentes augmentent, la crise agricole disparaît ; mais c'est pour peser d'autant plus lourdement sur la petite culture et rendre la. crise sociale plus imminente. La fin de tels agissements est connue : lors de la grande Révolution, ce fut la séquestration des biens du clergé et des émigrés ; dans l'antiquité, le partage des terres à chaque génération, la dévastation de la grande propriété et le massacre des riches.

La grande agriculture profitera donc des droits protecteurs pour parvenir à force de travail, d'efforts, d'étude, à soutenir la concurrence avec l'étranger, ou elle paiera, à son tour, comme la petite culture en ce moment, par ses souffrances et ses misères, chaque centime perçu injustement.

Il en est exactement de même de l'industrie métallurgique. Si, malgré l'infériorité de ses mines et grâce à l'entrée en franchise de ses matières premières, elle ne parvient pas à lutter avec la métallurgie du dehors, il faut nous résoudre à sa ruine ou à celle du pays.

Par les droits protecteurs les fers bruts et les aciers augmentent de prix, la production des petites industries du fer devient d'autant plus coûteuse, leurs produits ne peuvent plus concourir sur le marché intérieur avec les produits similaires de l'étranger ; il faut les protéger de même. La protection devient générale ; c'est une muraille de Chine qui s'élève et dont on fait payer la construction à l'agriculture et à toutes les autres industries.

Grâce aux primes d'exportation la grande métallurgie pourra bien encore concourir, même avec éclat, sur le marché extérieur. Succès qui sont des victoires à la Pyrrhus, et qui sont soldés par un appauvrissement mathématiquement proportionnel de la richesse publique, car c'est elle qui paie ces primes, comme elle paie les droits protecteurs.

Toute protection qui est autre chose que des *béquilles*, suivant une expression encore de Colbert, *pour soutenir momentanément une grande industrie dans la concurrence avec l'étranger*, est, quoi qu'on fasse, une ruine. Peu importe que l'industrie soit comme l'agriculture, indispensable à l'existence, ou, comme la métallurgie, nécessaire à la sécurité du pays.

Accordez aux grandes industries, quelles qu'elles soient, pour l'importation de leurs matières premières et l'exportation de leurs produits, une franchise pleine et entière et les plus grandes facilités de transport possibles, fournissez-leur, par la réforme de l'instruction publique, non des savants, mais des ingénieurs pratiques, initiés chacun à sa branche spéciale, et des agents connaissant à fond nos ressources coloniales ou les exigences du marché étranger, des contre-maîtres de choix, instruits dans les écoles professionnelles, des ouvriers d'élite formés dans les écoles d'atelier, que l'État même y ajoute des récompenses de toute sorte, il faut que les grandes industries s'élèvent et se maintiennent à la hauteur de la concurrence du dehors, sinon toute protection se transforme en des privilèges qui retombent lourdement sur les petites industries et épuisent les ressources de tous, car avec elles s'éteint la prospérité si chèrement achetée de la grande industrie.

La règle de Colbert est absolue. « Augmentez, favorisez, soulagez le grand commerce et la grande industrie au dehors, et la petite industrie, le petit commerce au dedans ».

La protection du petit commerce et de la petite industrie au dedans est la condition de la stabilité, de la force et du développement de l'État, tandis que la protection du grand commerce et de la grande industrie au dehors est celle de sa fortune et de ses richesses croissantes : les ressources intérieures doublées des ressources extérieures.

VIII. Or, l'État peut, suivant les expressions de Colbert, « favoriser, augmenter, soulager », autant par la façon dont il répartit les impôts intérieurs que par la manière dont il établit ses impôts extérieurs, les droits de douanes :

1º En accordant à la grande industrie l'entrée en franchise de ses matières premières et le dégrèvement des impôts intérieurs qui frappent les produits destinés à l'exportation ;

2º En accordant au grand commerce, qui importe des marchandises étrangères pour les réexporter en d'autres pays, l'exemption de tous droits de quai, d'octroi de mer, de douanes, chargement et déchargement, de même que l'exemption de tout impôt intérieur sur les bénéfices qui en résultent.

3º Toute grande industrie, tout grand commerce, qui, par des primes ou des encouragements, peuvent, *dans un temps déterminé*, parvenir à concourir sur le marché extérieur dans les conditions susdites, recevra ces primes ou ces encouragements pour *ce temps déterminé*.

Toute grande industrie, tout grand commerce incapables de

parvenir à lutter dans *un temps déterminé* avec les produits similaires de l'étranger seront, au contraire, insensiblement et irrévocablement abandonnés. Ils ne sont qu'une cause de ruine pour le petit commerce et la petite industrie, pour la masse des producteurs et consommateurs. Et l'entrée sera accordée aux produits de la grande industrie et du grand commerce similaires de l'étranger, à la condition du paiement de droits compensateurs des impôts intérieurs ;

4° Par une réforme complète de l'impôt des patentes, toute grande industrie, tout grand commerce seront frappés *de droits proportionnels au chiffre de la vente de leurs produits à l'intérieur, et progressifs avec le nombre de rayons ou des branches industrielles exploitées.* Le libre-échange régulier, sans privilège ni abus, condition de la prospérité générale, ne saurait être établi entre le petit commerce et la petite industrie dans sa concurrence avec le grand commerce et la grande industrie qu'à cette condition. Même poids et même mesure pour tout le monde !

5° Tout petit commerce, toute petite industrie qui, par suite d'un progrès dans l'outillage ou dans les transports, deviennent susceptibles d'être transformés en un grand commerce ou en une grande industrie, seront insensiblement assimilés à un grand commerce ou à une grande industrie en vue de la concurrence sur le marché étranger ;

6° Les produits importés de la petite industrie et du petit commerce étrangers, seront, au contraire, frappés de droits protecteurs et, si besoin est, de droits prohibitifs, du moment que par leurs caractères ils sont susceptibles d'être fabriqués à l'intérieur selon les aptitudes de la population et les ressources du territoire.

Nous pourrions ajouter des commentaires innombrables à ces six applications qui dérivent de la règle de Colbert. Ils nous semblent par eux-mêmes tellement évidents, pour quiconque conçoit la solidarité qui existe à la fois entre les impôts extérieurs et les impôts intérieurs, entre la grande industrie et la petite industrie, le grand commerce et le petit commerce, qu'il est inutile d'y insister.

Ce n'est qu'à la condition de les observer et de les pratiquer, soit dans nos tarifs, soit dans nos traités de commerce, qui ne sont que des tarifs plus constants et réguliers, que nous mettrons la grande industrie et le grand commerce à même de contenter les classes ouvrières, que nous ouvrirons à ces dernières un champ d'action et une liberté d'initative plus grands par la protection, qui, à vrai dire, n'est que le libre-échange intérieur accordé à la petite industrie et au petit commerce, en même temps que nous éviterons, autant qu'il sera au pouvoir de l'État, les dangers de la question sociale, conséquences inévitables de notre état économique actuel.

Hors de ces mesures, nous continuerons à nous conduire dans ces graves questions, comme des gens dont la vue est confuse, troublée, et qui, en cherchant leur voie, tombent par dessus le moindre obstacle. A l'aventure tout produit imposable est imposé, à l'aventure on opère les dégrèvements, que les impôts soient extérieurs ou intérieurs. Et, pour suppléer à l'insuffisance de la vue, on se confie aux clameurs électorales : les plus bruyants sont écoutés, la grande industrie, le grand commerce, la haute finance, la grande agriculture s'imposent ; les plus faibles sont méconnus : on sacrifie la petite culture, le petit commerce, la petite industrie, la petite banque, jusqu'au moment où, affolé par les erreurs et les fautes commises, épouvanté par le mécontentement général, on fasse exactement le contraire : on surexcite les revendications des faibles, on étouffe les demandes les plus légitimes des puissants. Cela peut être de l'économie politique selon toutes les théories, aussi bien que selon les vœux de tous les électeurs, ce n'est point de l'économie d'État. Celle-ci n'admet qu'un principe, la règle de Colbert : favorisez, augmentez, soulagez le grand commerce du dehors et le petit commerce du dedans ; et ne reconnaît qu'une loi : les nations sont d'autant plus prospères que, par les impôts intérieurs et extérieurs, leur production est facilitée, elles le sont d'autant moins que, par ces mêmes impôts, leur production est entravée.

## RÉFORME DES IMPOTS

I. Tout, dans notre système d'impôts extérieurs — tarifs douaniers simples, doubles, conventionnels — tend à l'épuisement insensible, mais fatal, de la petite industrie, de la petite agriculture et du petit commerce ; tout, dans notre système d'impôts intérieurs — contributions directes et indirectes — aboutit à leur complet écrasement.

Après l'abolition des privilèges de l'ancien régime et des formes administratives qui s'y rattachaient, il a fallu refaire l'administration générale, aussi bien que l'instruction publique, donner une forme homogène à la législation civile et criminelle, et, pour y arriver, réorganiser le système des impôts.

Au commencement du siècle, la fortune de la France était de 30 à 40 milliards, son budget s'élevait à quelques centaines de millions ; la banqueroute avait fait table rase de la dette. Quelques-unes des anciennes contributions, mieux ordonnées sous la forme d'impôts généraux, continuèrent à frapper la production nationale, mais elles furent trop faibles pour en empêcher l'essor. De petites industries locales se transformèrent en grandes institutions de production, la fortune du pays quadrupla, sa fortune mobilière décupla, son commerce extérieur s'éleva à sept et huit milliards. Mais le budget aussi s'éleva à quatre milliards, et les dettes publiques à quarante, alors que le système fiscal resta tel qu'il était au commencement du siècle.

Nous sommes devenus des hommes, au point de vue du progrès matériel, et nous continuons à porter, pour la part qui en revient à l'État, les vêtements de l'enfance.

La nation a augmenté en population, et le commerce et l'industrie n'ont cessé de se développer sous l'action du même régime fiscal. Mais le régime restant immuable, sans se transformer autrement que par l'accroissement continu des recettes et des dépenses, le moment devait arriver fatalement, et il est arrivé, où, ce régime créé dans d'autres circonstances et pour un état de production différent, engendra des difficultés, des obstacles par son immobilité même.

Si bien que, de nos jours, la population, au lieu de croître, diminue ou reste stationnaire : que le grand commerce et la grande industrie, loin de réclamer le libre-échange, demandent la protection ; et que les emprunts sont devenus périodiques.

Chacune de nos législatures commence par le programme : pas d'emprunts, pas d'impôts nouveaux ! et toutes finissent par accorder des emprunts ou augmenter les impôts.

Plus les impôts pèsent sur la production, plus la nation s'oppose à des charges nouvelles ; et plus ces charges grandissent, plus la nation devient impuissante à les supporter.

Les utopistes, ainsi que tous ceux qui ne voient que la surface des choses, s'imaginent qu'on pourrait sortir de ce cercle vicieux par un impôt sur les revenus ou sur les héritages.

L'impôt sur les riches, sous l'une ou sous l'autre des deux formes, est un excellent impôt, à deux conditions : la première, qu'il soit très minime, la seconde, que la constitution du pays soit censitaire.

Quand tous les droits politiques sont fondés sur la fortune, il est juste que les riches, entre les mains desquels se trouvent, non seulement la politique, mais encore les lois par lesquelles ils agissent sur la production nationale, paient aussi une grande partie des frais. Dans les pays démocratiques, l'impôt sur les riches est, au contraire, le plus dangereux des impôts. D'abord, il introduit dans l'État une distinction légale entre les riches et les pauvres, à l'encontre de l'esprit des institutions ; il ôte aux riches jusqu'au moyen de contribuer par leur fortune même à la production générale, les lois et la politique n'étant plus dans leurs mains ; enfin, il offre la ressource la plus facile pour bouleverser tout gouvernement établi, si démocratique et progressif qu'il soit, car il y aura toujours des ambitieux qui proposeront de charger davantage encore les riches et de dégrever d'autant les pauvres, jusqu'à ce qu'il n'y ait plus ni riches ni pauvres. Bien des esprits rêvent ce nivellement universel ; ils ne songent pas que ce serait le dénûment absolu.

L'impôt sur les riches, quelque forme qu'il prenne, doit toujours être très minime, sinon il se transforme, contrairement à la théorie de bien des économistes, en une charge de plus en plus accablante pour la nation entière.

L'impôt, en général, frappe en apparence le produit actuel : le revenu, l'héritage, la propriété bâtie et non bâtie, les marchandises, valeurs et effets du moment, apparence qui trompe tout le monde. En réalité, l'impôt n'est jamais payé que par le produit futur ; la meilleure preuve en est dans nos prévisions budgétaires : si la marchandise n'est pas fabriquée, si le revenu n'est point perçu, si l'héritage n'est point fait, si la propriété bâtie ou non bâtie est abandonnée, si les valeurs et effets ne sont point créés, plus de perception d'impôts, à moins que celle-ci ne se transforme en abus. Or, il en est des richesses de l'État comme de celles des contribuables. Toutes sont des effets, des formes et des conditions de la production. Nul riche ne vit en habitant son coffre-fort, mangeant son or, buvant son argent ; pour subsister, il doit les dépenser ; en ce sens, la richesse devient une cause de production, et appartient, à son tour, à la nature et aux formes de la production. Ah ! si les riches produisaient par eux-mêmes, l'impôt sur les revenus et les héritages serait parfait ; mais comme ils ne concourent à la production que par leurs dépenses, ce sont les travailleurs qui en reçoivent les sommes, qui produisent réellement. *Il en résulte que l'impôt, n'étant jamais prélevé que sur les produits, ce seront toujours les travailleurs qui paieront l'impôt prélevé sur les riches.* Prenez tous les revenus et héritages des riches de Paris, pour le paiement de tous les impôts et charges de l'État et de la ville, ce sera bien sur les riches qu'on les percevra, mais l'illusion ne durera qu'un instant : l'État et la ville continueront à solder leurs dépenses comme auparavant ; mais les ouvriers, les petits commerçants, les petits industriels ne recevront plus les dépenses des riches, ce seront eux, en vérité, qui paieront ces mêmes impôts par leurs privations, leurs misères. Ce ne sera que le commencement de la ruine : les dépenses des riches allant aux caisses publiques et ne descendant plus dans les masses, aucune nouvelle richesse ne se formera ; l'État continuera à entretenir ses armées, sa police, ses gendarmes, ses magistrats et ses fonctionnaires, mais la circulation naturelle des valeurs se trouvera rompue. Après avoir pris les revenus, l'État, pour subsister, finira par toucher au capital des riches. Les Grecs et les Romains s'imaginèrent aussi, la veille de leur chute, qu'il fallait imposer les riches de plus en plus ; ils se ruinèrent de fond en comble.

Tout impôt, pour être payé, doit être produit, de même que toute richesse. Or, la formation des richesses dépend de la nature de la production et de la nature des échanges. Cette production prendra certaines formes déterminées selon les besoins, les ressources, l'intelligence acquise ; et ces échanges formeront des courants tellement déterminés encore, que quelques millions de circulation monétaire serviront à des milliards d'affaires. Dans ces courants, on verra des remous, des chutes, des tourbillons, des mares, des calmes : ici les échanges faibliront, là ce sera la production, plus loin ce seront les échanges ou la production ; ou tous deux prendront une activité fébrile, et les valeurs fiduciaires s'accumuleront, ou bien ce seront l'argent et l'or monnayés, pour rentrer aussitôt, sous une forme plus lente ou plus rapide, dans le courant général. Toute richesse ne vaut que par les revenus qu'on en tire, et tout revenu ne vaut que par la dépense qu'on en fait. Vouloir commander ce mouvement incessant par des impôts, alors que ces impôts n'en sont qu'une forme fort secondaire, c'est entreprendre l'impossible, c'est vouloir l'absurde, s'imaginer qu'en soufflant en l'air on changera la direction des vents. Mais on peut, ainsi que les Grecs et les Romains, élever une digue contre les courants de la circulation des valeurs, c'est l'impôt sur les riches. Aussitôt les richesses nouvelles cesseront de se former, car leurs revenus et leurs dépenses n'iront plus à la production et aux échanges, mais aux seules dépenses de l'État, et il n'y aura plus que des misérables, commandités par un certain nombre de fonctionnaires et de soldats qui maintiendront l'ordre public — en supposant qu'ils parviennent à le maintenir entre eux.

Tout impôt, pour être payé, doit être produit, quels que soient le nom et la forme que nous lui donnions : contributions directes ou indirectes, impôt sur la consommation ou sur la production, droits d'entrée ou de sortie, et quels que soient encore nos raisonnements sur leur incidence et leur péréquation. Tout impôt frappe le produit, et il est une participation bonne ou mauvaise, intelligente ou inintelligente, au produit, ainsi que les salaires, les intérêts, la rente. Quant à la règle de proportion, elle est aussi simple que la nature de l'impôt lui-même : tout impôt étant une participation au produit, doit être conforme, le plus possible, à la production ; autrement il n'est qu'une entrave.

II. Ayant méconnu ce caractère si simple des impôts, nous sommes arrivés, à mesure que les besoins de l'État se sont accrus, à multiplier nos charges fiscales à l'infini ; nous avons maintenu des contributions de l'ancien régime, et créé, sous d'autres noms, des contributions nouvelles, faisant triple et quadruple emploi avec celles d'autrefois ; nous avons soumis au fisc toute chose saisissable, perçu l'impôt sur toute chose imposable, sans tenir compte des conséquences qui en dériveront : crise monétaire et crises financières, question ouvrière et question sociale, emprunts continus, dettes croissantes, et, pour les combattre, nous n'avons que des théories illusoires.

Il suffit d'examiner les quelques impôts qui nous restent de l'ancien régime pour se convaincre de l'état actuel de notre science en matière fiscale.

Ainsi la façon dont nous continuons à traiter la propriété non bâtie tient encore des époques les plus reculées de notre histoire et remonte même plus haut, jusqu'à l'origine de l'agriculture. On considérait alors la terre comme le plus précieux des moyens de production.

Le préjugé eut sa raison d'être ; la terre, dans sa fertilité primitive, rendait des trésors pour un travail insignifiant. Dans la suite les moyens de production se perfectionnèrent, la population augmenta, et les uns, devenus riches, laissèrent aux autres pour des redevances, des dîmes, des tailles, des corvées, le soin d'exploiter le merveilleux instrument. A mesure que la richesse des premiers augmenta, la misère des seconds s'accrut. La terre ayant perdu sa fertilité première après quelques générations, ce fut, non sur les dîmes, les tailles, les rentes, qu'on préleva les moyens de lui restituer ses matières perdues, mais sur les ressources de la gent taillable et corvéable à merci ; et de plus, ce qui ne fut pas moins dur, on abandonna la terre à elle-même pendant une année au moins sur trois. L'air, la lumière, les détritus des plantes suppléèrent, comme aux temps primitifs, à l'incurie des hommes. Les jacqueries, le brigandage des campagnes, les émeutes et les famines interrompirent de temps en temps ce déplorable régime sans éteindre le préjugé.

Toute terre exploitée pendant 18 à 20 ans perd sa fertilité, cesse d'être un instrument de production, et notre sol cultivé depuis trois mille ans serait encore un moyen de richesse ?

Ce qui constitue les instruments de l'agriculture, ce sont ses ustensiles aratoires, ses chariots, ses machines ; quant à la terre, elle ne représente dans sa fertilité actuelle que la somme des engrais qui lui ont été confiés, la somme des matières premières qui y ont été enfouies, et qui sont pour le cultivateur ce que les laines brutes sont pour le filateur ou les minerais pour le métallurgiste.

La propriété non bâtie ne vaut que comme matière première,

et cependant, par une aberration étrange, qui ne s'explique que
par un préjugé séculaire, nous traitons dans notre système fiscal, les matières premières de l'industrie avec une magnanimité
sans pareille, tandis que toutes les sévérités sont réservées au
sol exploité par l'agriculture.

Le minerai qui passe la frontière ne paie aucun droit ; le cha-
riot de fumier, il est vrai, n'en paie pas davantage ; mais enfoui
dans le sol, tout change : il paie comme si c'était de la dentelle
de Bruxelles ou des cigares de la Havane.

Conduite financière coupable, et dont nous aurions depuis
longtemps subi les conséquences désastreuses si les autres États
de l'Europe n'obéissaient pas au même préjugé. Il a fallu le rap-
prochement, grâce à la vapeur, de pays à terres vierges pour
nous en faire sentir les dangers ; encore que leur concurrence ne
nous ait fait ouvrir les yeux qu'à demi.

L'agriculteur français a vu arriver le moment où il ne trouve
plus dans la terre que le moyen de vivre et de payer l'impôt, où
tout surcroît de famille, qui fut autrefois une source de prospérité, devient une source de misère nouvelle, et où il paie deux
fois l'impôt du sang : d'une part, pour la défense du pays, et
d'une autre, par la restriction qu'il porte à l'extension de sa
famille.

Non seulement la crise agricole, mais encore l'état stationnaire
de la population démontre la justesse de ces observations.

Dans notre système d'impôts intérieurs, l'agriculture est traitée
comme les objets de luxe dans notre système des droits douaniers, et, par une logique fatale, l'agriculture devient de plus en
plus un objet de luxe, luxe que la haute finance seule peut encore se permettre.

Si notre population agricole n'était point la première du
monde, si son esprit d'économie n'était pas aussi admirable que
son énergie, sa persévérance, sa force de dévouement et d'abnégation, il y a longtemps qu'elle aurait succombé, et, avec elle, le
pays, sous le fardeau du préjugé qui veut que notre sol vieilli
et usé soit un instrument de richesse et non une simple matière
première.

III. L'impôt sur la propriété non bâtie est une espèce de dîme
que l'État continue à prélever à la place de l'Église ; la prestation en nature est la corvée du régime féodal. On l'a supprimée
en 1786 ; les abus avaient été tels qu'on n'attendit pas la Révolution pour le faire. Le Consulat la rétablit sous la forme de la

prestation ; l'Empire la développa ; la Restauration l'abolit à son tour ; le gouvernement de Juillet lui donna sa forme actuelle.

La corvée pour l'entretien des chemins vicinaux fut assimilée en apparence à un impôt pécuniaire, rachetable pour tout le monde. En fait, le cultivateur riche le rachète quand il y a intérêt, le petit cultivateur le subit.

La seconde République chercha vainement à remplacer cette loi hypocrite par une autre plus équitable.

Le second Empire créa la caisse des chemins vicinaux et leur alloua une subvention de 24 millions. De 1871 à 1876, les plaintes reparurent de toutes parts. En 1880, on vota une nouvelle subvention de 80 millions. La prestation resta la corvée.

L'amélioration des chemins profite surtout aux propriétaires et à la valeur de leurs propriétés ; c'est toujours le fermier qui fait la prestation.

Selon le bon vouloir d'un conseil municipal, l'un fait sa corvée devant sa maison, l'autre transporte sa personne, son cheval, sa voiture au loin.

Selon la situation des communes, quelques-uns paient ces prestations quatre-vingts et cent fois plus que d'autres plus heureusement placés.

Il suffit d'avoir plus de 60 ans, d'être infirme pour y échapper, lors même qu'on aurait le plus grand intérêt à ce que les chemins fussent en bon état.

Les mauvais impôts sont comme les mauvaises herbes ; lorsqu'on ne les détruit pas jusque dans leurs racines, ils renaissent, et leurs effets s'étendent avec le temps.

Les prestations en nature, loin d'être une solution pour l'amélioration des chemins, n'ont jamais été qu'un expédient financier ; comme les emprunts forcés, les cours forcés, elles sont des travaux forcés.

Que l'instituteur enseigne à l'enfant du paysan ce que c'est qu'un chemin et qu'elle est son importance pour la culture et les communications, il lui enseignera plus pour la prospérité du pays, que s'il lui fait apprendre les noms de toutes les îles de l'Océanie. Que le département rende la commune responsable de l'état de ses chemins et que le gouvernement lui abandonne l'impôt sur la propriété non bâtie, et tous trois, instituteur, département et gouvernement feront plus, en une année, pour la prospérité de l'agriculture, que toutes les lois et toutes les constitutions que nous avons faites depuis un siècle.

IV. Des campagnes, arrivons aux villes. Dès l'entrée, nous rencontrons l'octroi. La France et l'Italie sont les derniers grands États qui aient conservé ces barrières du moyen-âge, débris des entraves, droits et péages de toute espèce qui arrêtaient l'essor industriel et commercial sous l'ancien régime.

L'Angleterre, les États-Unis, l'Allemagne, la Belgique, la Hollande, tous les pays dont nous avons le plus à redouter la concurrence, ne les ont jamais subis ou s'en sont sagement débarrassés.

Douanes intérieures, les octrois forment entre les villes et les campagnes une sorte de muraille chinoise dont l'entretien pèse autant sur les unes que sur les autres.

Ils empêchent la libre expansion du commerce et de l'industrie des villes au dehors, en même temps qu'ils entravent les rapports des campagnes avec les villes.

Les salaires dans les villes croissent en raison des octrois, et les salaires dans les campagnes augmentent par suite du départ des ouvriers attirés dans les villes par l'appât d'un salaire plus élevé.

Ce sont des droits essentiellement inégaux.

Le campagnard qui vient faire ses achats en ville paie un double droit : le premier sur les produits qu'il y apporte, le second sur les produits qu'il y consomme.

Pour l'habitant des villes l'inégalité est non moins choquante.

Le petit nombre des riches en paie la part la plus faible ; le grand nombre des pauvres en paie la part la plus forte. De plus, toutes les marchandises, tels que les vins, qui sont de qualité supérieure, doivent, relativement à leur valeur, des droits moindres que les marchandises de qualité inférieure, destinées à la consommation des classes ouvrières.

Dans certaines villes du Midi, comme autrefois en Belgique, les droits de l'octroi sont même portés à un degré d'exclusivisme tels qu'ils se transforment en véritables droits protecteurs pour les produits des habitants au détriment des villes et des campagnes voisines.

Les frais considérables, enfin, que la perception des droits d'octrois entraîne, — 10 0/0 en moyenne de leur produit brut, — les ennuis, les vexations qui en résultent, les fraudes et les falsifications des denrées qui s'ensuivent au détriment de la santé publique, en font une des formes les plus déplorables que nous ayons conservées des impôts de l'ancien régime.

En 1776, Turgot écrivait déjà : « L'impôt sur les consomma-

» tions est dispendieux dans sa perception. Il entraine une foule
» de gênes, de procès, de fraudes, de condamnations, la perte
» d'un grand nombre d'hommes, une guerre du gouvernement
» avec les sujets, une disproportion entre le crime et les peines,
» une tentation continuelle à la fraude. Il nuit beaucoup à la
» consommation et par là se détruit lui-même. On croit, par
» ces droits d'entrée, faire payer les villes, et ce sont, en réa-
» lité, les campagnes qui payent les objets qu'elles ont pro-
» duits ».

L'Assemblée constituante proclama la nécessité de donner
des débouchés à l'industrie en dégageant le commerce intérieur
de toute entrave, et vota à l'unanimité la suppression de tous
les impôts perçus à l'entrée des villes, des bourgs et des villages.

Il y a donc plus d'un siècle que nous avons reconnu les inconvénients de ces désastreux impôts ; mais, quant à leur suppression, nous ne sommes parvenus qu'à en faire..... une réclame
électorale, régulièrement abandonnée au lendemain des élections !

A chacun de nos emprunts, le pays offre des milliards au gouvernement, et nos villes et nos campagnes, sur lesquelles repose tout le crédit public, ne pourraient parvenir à se défaire de
ces véritables douanes intérieures ? Cette supposition seule est
un non-sens économique.

Enfin, si, de nos villes de l'intérieur, nous passons à nos villes
maritimes, nous trouvons en outre l'octroi de mer. Formé par
les droits de quai et de statistique, les droits spéciaux, etc., il
est loin d'être une entrave aussi considérable pour le commerce
que l'octroi ordinaire ; mais, par sa nature, il coûte plus à l'État
qu'il ne lui rapporte, et, au lieu de faciliter les progrès de nos
installations maritimes, les retarde de toutes façons.

Les chambres de commerce de nos villes maritimes ont l'habitude de faire des avances de capitaux à l'État pour faciliter
l'exécution des travaux qu'elles réclament ; l'État, en retour,
fixe et perçoit les droits et les impôts à prélever de ce chef. En
Angleterre, en Belgique, et dans tous les pays qui comprennent
leurs intérêts maritimes, le contraire se pratique : les chambres
de commerce ou les villes exécutent à leurs frais les travaux
qu'elles jugent nécessaires, et l'État, si l'entreprise dépasse leurs
ressources du moment, leur avance les fonds remboursables en
capital et intérêt. Des taxes locales, répondant à l'importance
des travaux : docks, chemins de fer, de quai, machines de char-

gement et de déchargement, contribuent au remboursement et changent avec la nature du commerce et le caractère des marchandises de chaque port. Que peut l'État pour décider ces questions qui varient d'une ville maritime à une autre, selon ses importations et ses exportations, selon les ambitions et les capacités commerciales de ses habitants ? Si l'on visite les grands ports de l'Angleterre, de la Belgique, de la Hollande, de l'Allemagne, et qu'on revienne aux nôtres, on est frappé de l'inutilité des travaux énormes qu'on y accomplit, en même temps que de l'absence des installations les plus indispensables à la sécurité et à l'expansion commerciale.

Quand donc nous débarrasserons-nous de la politique architecturale qui a construit Versailles et Marly ? En matière maritime elle avait sa raison d'être du temps de Colbert et de Napoléon Ier, alors que tout était à créer ou que tout était à refaire ; mais aujourd'hui nous sommes la seconde puissance maritime du monde, et notre domaine colonial s'est indéfiniment étendu par les annexions africaines. Maintenir dans ces circonstances la même tutelle, conserver les mêmes droits et les mêmes formes administratives comme si nous étions encore à l'époque de Napoléon Ier ou de Colbert, c'est en vérité pousser le culte des traditions jusqu'à transformer le génie en sottise. Napoléon et Colbert comprirent combien notre commerce maritime, écrasé par les luttes du dehors, avait besoin de soutien, et ils lui accordèrent tout leur appui pour faire renaître sa prospérité ; nous, continuant le même système, en plein développement commercial, nous étouffons au contraire toute initiative individuelle et locale, n'ayant pas l'intelligence qu'ils avaient des hommes et des nécessités du moment, ni leur génie pour nous servir de l'action gouvernementale.

IV. Nous pourrions continuer de la sorte à examiner un à un tous les impôts qui nous fournissent nos quatre milliards de recettes. Nous disons quatre milliards ; mais ces prélèvements sont peut-être du double, car il faut compter tous les impôts surannés que l'État continue à percevoir pour assurer des services publics et qui ne répondent plus ni à notre état social, ni à notre état économique.

L'État doit à chacun de ses sujets la garantie de la sécurité de sa personne et de ses biens, et, par suite la liberté des actes et des relations qui ne sont pas contraires à cette sécurité. Les sujets doivent, en retour, rembourser à l'État les frais qu'en-

traîne l'accomplissement de sa tâche. Toute somme qui dépasse ces frais, quelle qu'en soit la destination, est un abus ou
une iniquité, un déplacement injuste des ressources des sujets,
un empêchement réel à leur initiative et à leur production.

Que signifient ces notaires qui sont à la fois des représentants de l'autorité publique et des hommes d'affaires, banquiers
et agents de change au besoin ? Sous l'ancien régime, leur organisation eut sa raison d'être : le crédit fut plus difficile, les
affaires moins étendues, en même temps que leurs droits exorbitants furent le paiement de la vénalité de leurs charges. De
nos jours, le maintien de leur antique organisation est l'unique
cause qui fait que tant d'entre eux, entraînés par la facilité
même du crédit, emportés par des affaires dont ils ne comprem-
nent point la portée, arrivent à se conduire en agents vicieux,
attirant le mépris sur toute une classe de fonctionnaires publics à la suite de la ruine de familles nombreuses.

Nos frais exorbitants de justice portent absolument les mêmes caractères. Les plaintes sont continuelles, les abus révoltants. Si les contribuables, qui ont recours à la justice en doivent les frais à l'État, doivent-ils donc aussi faire la fortune d'un
nombre incalculable d'avoués et d'agents subalternes que l'État
leur impose ?

C'est encore, toujours, l'ancien régime, auquel, malgré nos
prétentions d'avoir fait la grande Révolution, nous continuons
à ne rien comprendre. Nous ne faisons pas la fortune de nos
juges et de nos magistrats, pourquoi ferions-nous celle de ces
agents publics qui, sans contribuer pour un centime à la production générale, prélèvent au nom de l'État des impôts aussi énormes que désastreux !

Sous l'Empire, la Belgique et le Rhin avaient reçu nos formes
administratives et législatives. La Belgique s'est débarrassée de
tous ses avoués, agents superflus, et les provinces du Rhin se
sont débarrassées de tous les privilèges de leurs notaires, agents
nécessaires, mais privilégiés dangereux.

V. L'État doit protéger nos personnes et nos biens ; l'abus
commence quand cette protection fait la fortune ou cause la
misère d'autrui, aux dépens des contribuables. L'État doit
assurer de même la facilité et la sécurité de nos relations.

Pour les postes et télégraphes, ainsi que pour les routes et
canaux, le principe est respecté ; pourquoi ne l'est-il pas pour
les chemins de fer qui sont devenus les vraies grandes routes

nationales ? Ils ne sont cependant pas une institution de l'ancien régime ; par quelle aberration sommes-nous donc arrivés à en faire précisément une institution de l'ancien régime avec ses droits particuliers et ses privilèges de toute espèce ?

La grande erreur qu'on a commise, dans la constitution des sociétés de chemins de fer, a été de croire qu'elles formaient des institutions privées, tandis qu'elles sont des institutions publiques.

Chaque entreprise ou industrie privée profite d'autant plus à ses propriétaires que ceux-ci travaillent mieux ou produisent davantage. Rien de semblable dans les chemins de fer. Leurs profits, ainsi que les recettes publiques et les rentes payées par l'État, dépendent du travail d'autrui. Mais, au lieu que l'État, lorsque les impôts lui donnent des surplus de recettes, dégrève les contribuables ou amortit ses dettes, les compagnies de chemins de fer encaissent en partie l'excédant de leurs revenus et font payer leurs déficits par l'État. Encore n'est-ce qu'un premier privilège non moins absurde qu'inique ; il en est un second plus grand. Admettons que nous parvenions à amortir réellement notre dette publique, aussitôt les rentes sur l'État tomberont à 2 $\frac{1}{2}$ et à 2 %; les actions et les obligations des chemins de fer, au contraire, donnant un intérêt plus élevé grâce à la garantie de l'État, doubleront du même coup de valeur, sans que les compagnies construisent un wagon ou emploient un homme en plus.

A mesure que la valeur des rentes sur l'État augmente, leurs intérêts diminuent, les actions et obligations des chemins de fer devraient être sujettes à la même loi ; elles sont des valeurs d'État par le seul fait que leurs détenteurs remplissent des fonctions publiques. Si donc leurs bénéfices augmentent, ils doivent en proportion, diminuer leurs tarifs : ces bénéfices sont, comme les impôts, le produit du travail national.

Le droit public aussi bien que la prospérité nationale l'exigent.

Au delà de l'intérêt auquel on confie de l'argent à l'État, l'État ne peut, sans prendre l'argent à autrui, payer des intérêts plus élevés à d'autres.

On a fini par le comprendre pour les caisses d'épargne et de retraite ; on finira aussi par le comprendre pour les sociétés de chemins de fer, sinon celles-ci arriveront à nous rappeler les Grandes Compagnies d'autrefois qui vivaient également aux dépens de tout le monde. On ne se charge pas d'une fonction publique sans en assumer les obligations et les devoirs.

La solution de la question des chemins de fer est là : les grandes compagnies sont des institutions publiques, il faut qu'elles se conduisent et s'administrent comme telles.

Vers 1940, l'État doit devenir propriétaire du réseau entier de nos lignes ferrées. Qu'en fera-t-il ?

Il est tellement accablé d'administration qu'il ne peut pas même diriger avec l'exactitude et la rigueur nécessaires le petit réseau qui lui appartient.

Nous ne voyons qu'une solution dans une question aussi grave pour l'état économique, social, financier et politique du pays, et, en vue de laquelle, à cause de son immense importance même, il faudra respecter à la fois le droit de surveillance de l'État et toutes forces de l'initiative privée :

C'est l'abandon du retour à l'État de la propriété des chemins de fer en échange de l'assimilation des actions et obligations des chemins de fer à des rentes publiques et d'une diminution proportionnelle de tarifs, sous le contrôle de l'État. Toute autre solution ne sera qu'abus ou désordre.

VI. Nous avons mentionné quelques impôts, restes de l'ancien régime ; nous venons de parler des chemins de fer auxquels nous avons accordé des privilèges semblables à ceux d'autrefois. Il en est d'autres encore qui, tout en étant récents, n'en portent pas moins le poids des traditions fiscales de cette époque. Nous ne citerons qu'un exemple : l'impôt sur la propriété bâtie. Il a fallu les embarras financiers de la première République pour que, sans rompre avec l'antique préjugé traitant la propriété non bâtie de source unique des richesses, elle imitât les Anglais, et établît l'impôt barbare des portes et fenêtres, comme si l'État devait mesurer l'air et la lumière à ses sujets. On ne comprit pas que, si la propriété non bâtie n'était qu'une matière première, la propriété bâtie était, au contraire, l'expression réelle de toute la puissance de production, de la richesse industrielle, commerciale et financière de la nation, l'image la plus exacte de sa misère comme de son aisance et de son luxe.

Il en est résulté que la propriété bâtie est, aujourd'hui encore, imposée moitié moins que la propriété non bâtie : non-sens à la fois économique et financier.

Mais ce qui en est résulté de plus déplorable, c'est la croyance que l'on puisse faire de l'impôt sur la propriété bâtie, et de celui sur la propriété non bâtie des impôts *généraux*, c'est-à-dire trouver une formule telle qu'elle puisse permettre au fisc d'établir, sans injustice, un taux uniforme quelconque pour l'une et l'autre propriété.

Le lendemain du jour où l'on avait achevé le cadastre, celui-ci fut mensonger, et il en sera de même de tout nouveau cadastre qu'on voudra établir. Il y a des propriétaires en France qui paient les uns 2 ou 3 pour cent, les autres 40 ou 50 pour cent de leurs revenus fonciers, et si, pour remédier à ces iniquités criantes, on fait une revision cadastrale, les mêmes injustices reparaîtront sous une autre forme et qui sera peut-être pire.

La valeur du cadastre est essentiellement locale et sociale. Un château dans les landes, loin de donner des revenus, peut ne coûter que des frais d'entretien, et représenter cependant comme capital une valeur considérable. Des maisons à Paris, construites en plâtre et torchis, rapportent des revenus énormes, et ne valent guère comme capital que le terrain sur lequel elles sont élevées. Une ligne de chemin de fer fait hausser la valeur des terrains au milieu desquels elle passe ; une épidémie de la vigne diminue la valeur de contrées entières. Un bon cultivateur double, triple le revenu d'une terre, un mauvais se ruine en même temps qu'il en détruit la fertilité. Une industrie qui se fonde dans une ville augmente la valeur à la fois de toutes les habitations et de toutes les terres à quelques lieues à la ronde ; une industrie qui se perd produit des effets absolument contraires. Vouloir, dans de telles conditions de mobilité, soumettre à un taux uniforme, équitable, la propriété foncière sous quelque forme que ce soit, c'est vouloir l'impossible. Le sol et les habitations représentent bien des objets parfaitement perceptibles et saisissables, mais ils représentent aussi les deux extrêmes de la vie des peuples, leur territoire et leur vie économique et social, et, comme tels, ils échappent à toute appréciation équitable, tout comme les lois historiques qui régissent les progrès et la décadence des peuples échappent à leur conscience.

L'impôt sur la propriété non bâtie est un impôt essentiellement local, c'est dans les communes et dans les communes seules que la valeur relative des terres peut être équitablement évaluée; au delà de la commune, l'évaluation cesse d'être juste.

L'impôt sur la propriété bâtie et de luxe a une portée plus grande, à cause de la dépendance réciproque des villes et des campagnes. Elle peut encore être évaluée d'une façon relativement juste dans un même département ; elle ne saurait l'être d'un département à un autre. C'est de plus un des impôts qui, n'étant que de 3 pour cent du revenu actuel, pourrait être porté sans difficulté aucune au triple et au quadruple.

C'est folie de vouloir rechercher pour un grand État une répartition équitable en cette matière. Il faudrait, pour arriver à une solution qui se rapproche tant soit peu du véritable état des choses, que la répartition de l'impôt fut absolument renversée, que les communes établissent la valeur de la propriété non bâtie, et en perçoivent le principal pour l'entretien de leurs chemins, de leurs maisons publiques et leurs frais d'administration, et que l'État ne touche que les centimes additionnels.

L'impôt sur la propriété non bâtie est, par sa nature, un impôt essentiellement communal.

L'impôt sur la propriété bâtie et de luxe est par contre, pour les mêmes raisons, un impôt essentiellement départemental. Pour le département seul, il peut être établi équitablement. L'État devrait l'abandonner de même, car il n'en retire que des réclamations et des plaintes incessantes.

Faites la balance entre l'abandon des octrois et des prestations en nature, en échange de celui des impôts sur la propriété bâtie et non bâtie, l'État y gagnerait des millions, et la France y retrouverait une ressource d'initiative et de spontanéité qu'elle a perdue.

Quant au rôle de l'État, il conserverait son caractère tutélaire en se réservant le contrôle, mais il perdrait celui d'être une entrave constante à l'essor national.

VI. C'est la simplicité, non la multiplicité des impôts qui est le secret de la prospérité publique et privée. Elle laisse à l'initiative individuelle un ressort qui est étouffé par toute contribution inutile, si légère qu'elle paraisse.

Il y a un impôt, le seul parmi les impôts directs, qui a une portée uniforme, générale, parce que seul il est susceptible de se modifier avec les hommes et les circonstances, ce sont les contributions personnelles, mobilières et les patentes ; mais à la condition de les transformer, à leur tour, et d'en faire l'expression de la production générale.

Nous ne comprendrons jamais les caractères de la prospérité publique, tant que nous n'aurons pas une statistique rigoureuse de la production nationale. On dit cette statistique impossible à faire. Pourquoi ? C'est la statistique des revenus qui est impossible à faire, ainsi que celle des économies, des bénéfices, des rentes acquises sur une production passée. Mais la statistique de la production actuelle peut s'établir avec une rigueur parfaite au moyen des livres de commerce que tout industriel et commerçant est tenu d'avoir. Le tout est d'y intéresser les industriels et les commerçants eux-mêmes. Le petit commerce et la petite industrie sous toutes leurs formes y auraient le plus grand intérêt, parce que actuellement leurs charges sont quadruples et quintuples de celles que supportent le grand commerce et la grande industrie. Quant à ceux-ci, ils y auraient non moins d'intérêt, du moment qu'ils seraient dispensés de l'impôt sur leur production pour toutes leurs *exportations* indistinctement.

Là, et non ailleurs, est le secret qui mettra fin à notre crise industrielle et commerciale, et donnera en même temps la solution de la question ouvrière et de la question sociale, dans la mesure où le gouvernement peut par ses impôts et ses mesures politiques la réaliser.

Les huit heures de travail, les habitations à bon marché, la protection de l'enfance et de la femme, la surveillance des industries insalubres, le repos du dimanche et toutes les réglementations imaginables du travail de la classe ouvrière ne sont que des utopies, du moment que l'ouvrier est fatigué, dégoûté de son travail aride, uniforme, qu'il n'est pour ses enfants un sort meilleur, et que son état intellectuel et moral ne répond plus à la tâche matérielle qu'il doit accomplir, ne fût-elle que de quatre heures par jour et l'eût-on entourée de toutes les garanties imaginables.

Notre classe ouvrière se compose de trois sortes de gens : les uns parfaitement satisfaits de leur sort, parce que leurs occupations répondent à leurs goûts et à leurs aptitudes ; les autres, les meneurs, les agitateurs, les révolutionnaires qui sont toujours des hommes déchus ou ruinés des classes supérieures ; les troisièmes enfin, les mécontents proprement dits qui, se sentant les capacités nécessaires pour diriger un petit commerce ou une petite industrie, éprouvent le besoin d'indépendance et d'initiative, et se trouvent rivés, par l'impuissance d'y parvenir, à leur labeur uniforme, sans espérance d'en jamais sortir.

Rendez au petit commerce et à la petite industrie leur prospérité, en les protégeant d'une façon intelligente contre la concurrence extérieure et intérieure de la grande industrie et du grand commerce ; le lendemain, vous aurez plus fait pour la solution de la question sociale que par tous les congrès et toutes les législations utopistes.

16

Là est la solution. Il n'y en a point, il ne saurait y en avoir d'autres.

*Le jour où le petit commerce et la petite industrie reprendront leur prospérité, ne jetteront plus leurs déclassés dans la classe ouvrière, et absorberont tous les ouvriers capables de devenir petits patrons, il n'y aura plus ni question ouvrière, ni question sociale.*

Reste une dernière classe de gens qui, tout en contribuant à la production générale, n'y concourent néanmoins que d'une façon indirecte : les rentiers et les fonctionnaires, employés de toute espèce. L'impôt personnel et mobilier peut les atteindre d'une façon non moins proportionnelle et rigoureuse ; les baux, les loyers sont d'une imposition aussi régulière que facile.

Pour quiconque se donne la peine de réfléchir aux avantages immenses qui résulteraient de l'abolition de tous nos impôts surannés, et d'une répartition plus équitable de nos impôts personnels et mobiliers ainsi que des patentes, les seuls impôts qui peuvent devenir par leur réforme une participation rigoureuse à la production générale, il ne saurait y avoir un instant de doute ou d'hésitation.

L'impôt est, quoi qu'on fasse, une participation au produit, participation nécessaire pour les garanties et les facilités de production que l'État procure ; il est une rémunération comme toute autre rémunération. Hors de là, il n'est qu'abus et non-sens, et il s'appellera crise monétaire, financière, agricole, industrielle, commerciale, dont les crises ouvrière et sociale à leur tour ne sont que des conséquences.

VII. Passons aux impôts que nous appelons indirects. Ils se partagent en impôts qui frappent les objets nécessaires à la vie et en impôts qui frappent les objets de luxe. Ceux-ci sont toujours des impôts volontaires, les seuls qui conviennent à un État vraiment démocratique, ceux-là sont toujours des abus, ils devraient être la spécialité des États despotiques. Les premiers se perçoivent avec une facilité extrême, la perception des seconds est entourée de difficultés constantes, et ils entravent autant la production générale que les autres la facilitent et parfois en deviennent les stimulants.

Celui qui a des fonds disponibles et désire les placer en valeurs solides, achète une propriété foncière, paie sans plainte l'impôt de mutation que l'État exige de lui, de même qu'il supporte l'intérêt moindre que les propriétés foncières rapportent. Mais si le même homme, héritant de son père, devait payer un droit équivalent de succession, il trouverait le droit à la fois inique et exorbitant. Dans le premier cas, l'achat de la propriété représente un luxe, un accroissement de fortune, dans le second une nécessité de l'existence, et parfois une diminution d'aisance, selon le partage de la succession.

Le fait est plus frappant encore lorsque l'on compare nos deux monopoles des allumettes et des tabacs. Ce dernier rapporte à l'État la somme énorme de 380 millions et l'autre la somme dérisoire de 12 à 15 millions, et, tandis que les plaintes sont continuelles contre celui-ci, le premier forme un des meilleurs impôts que nous possédions, un de ceux dont la perception donne le moins d'occasion à des récriminations de la part des contribuables. C'est que l'un frappe un objet de luxe et l'autre un objet de nécessité.

Lorsque, après 1870, on dut faire flèche de tout bois, et qu'on inventa le monopole des allumettes, en même temps qu'on imposa les échanges par les droits de timbre, les transports par la surtaxe des tarifs de chemins de fer et que, successivement, à la suite de nos bonis, l'on dégreva les vins et les sucres, les fautes que l'on commit ainsi devinrent les causes principales d'abord de notre gêne financière ensuite, et surtout de notre crise industrielle et commerciale. On n'aurait pu, se serait-on donné toutes les peines imaginables, préparer avec plus de soin, une situation plus déplorable. Si l'on aurait pu accepter encore les propositions de M. Thiers et imposer les matières premières : le désastre devenait complet.

Il n'y a qu'un moyen, un seul, pour sortir aujourd'hui encore de ces errements déplorables, c'est l'abandon de tous les impôts qui entravent, sous une forme ou sous une autre, la production et la spontanéité nationales, en remplaçant le monopole absurde et ridicule des allumettes par celui des alcools.

A différentes reprises, il en a été question. Un moment, le gouvernement lui-même proposa d'augmenter le droit général de consommation des alcools, d'abolir les privilèges des bouilleurs de cru et d'adopter, pour éviter les fraudes, le système suivi par les Allemands en Alsace-Lorraine : la mise sous scellés ou en dépôt des parties essentielles des appareils de distillation.

M. Alglave venait d'émettre un projet beaucoup plus simple : celui de laisser aux distillateurs la liberté de fabrication des alcools, mais de réserver à l'État le monopole de la vente. Le projet plut au prince de Bismarck, qui trouvait le système allemand, précisément celui que nous voulions imiter, défectueux et insuffisant. Il consulta le professeur français et présenta son projet au Reichstag. Celui-ci le rejeta à une grande majorité, pendant que les journaux français critiquaient tellement la bouteille fiscale du monopole de vente et signalaient si bien l'impossibilité d'un contrôle sérieux, qu'on l'abandonna de même en France. Entre temps, la Suisse adopta, sans difficulté sérieuse le monopole à la fois de fabrication et de vente. Sous la même forme il avait été soumis à Gambetta la veille de son arrivée au pouvoir, et Gambetta résolut de faire faire les études préliminaires du monopole exclusif, semblable à celui des tabacs, le seul pratique.

C'est le seul, en effet, qui puisse mettre fin, une fois pour toutes, à l'empoisonnement de la population, à la falsification déplorable de nos boissons alimentaires, ainsi qu'aux fraudes de toutes espèces qui ruinent aussi bien la santé que la moralité publique.

C'est le seul qui, en rendant l'État producteur, puisse remplacer le milliard payé de trop par le commerce, l'industrie, l'agriculture.

C'est le seul encore qui permette de supprimer les octrois, derniers vestiges des douanes intérieures du moyen-âge, d'abandonner le principal de l'impôt sur la propriété non bâtie, reste de la dîme ; d'abolir les prestations en nature, résidu de la corvée ; de reviser les traités des grandes compagnies de chemins de fer, héritage du gouvernement de Juillet, et d'affranchir les transactions commerciales en les débarrassant des droits de timbre.

Mesure énergique, radicale ; mais la seule par laquelle les finances de la France et la prospérité générale puissent reprendre leur essor, en brisant avec les traditions et les abus laissés par les régimes antérieurs et qui, de toute part, continuent à peser sur le pays.

Enfin, c'est le moyen le plus puissant qui nous reste pour décharger le petit commerce et la petite industrie et empêcher leur écrasement par le grand commerce et la grande industrie, parce que nous transporterions tous les bénéfices d'une grande industrie à l'État.

On parle bien des bouilleurs de cru, qui ne sont que de petits industriels. D'abord ils ne subsistent que par un privilège, un privilège doublé de protection et de fraude. Abolissez la fraude et les trois quarts abandonneront le métier, le reste disparaîtra de lui-même devant les progrès de la grande distillation. Lors-

que l'Allemagne annexa l'Alsace et la Lorraine, il y avait quarante mille bouilleurs de cru ; il y en a encore douze mille aujourd'hui, qui, dans vingt ans, auront disparu. C'est le sort réservé
également aux nôtres par suite des progrès incessants de la
grande distillation. Ce ne sont pas les bouilleurs de cru, mais
les grands distillateurs qui ont empêché le prince de Bismarck
de réussir avec son projet de monopole. Nous ne sauverons pas
davantage les bouilleurs de cru, mais l'État perdra tous les bénéfices d'une grande industrie dont, plus que pour les tabacs,
le contrôle et la régie lui reviennent de droit, parce qu'elle est
plus dangereuse.

« Le petit verre, dit M. Alglave, — nous avons vérifié et ac-
ceptons tous ses chiffres, — est vendu 10 centimes, ce qui porte
le prix de l'hectolitre d'alcool pur à 1,000 fr.

« Les fabricants de profession produisent 1,875,534 hectolitres ; les bouilleurs de cru 61,930 ; la fraude s'élève au tiers de
la consommation (celle des vinaigriers seule peut se chiffrer à
30 millions) ; la régie ne taxe que 1,500,000 hectolitres environ ».

Si on concédait le monopole de vente à l'État, il en retirerait
au minimum, une recette brute de 1,500,000,000 francs ; le petit verre étant estimé à 10 centimes et l'hectolitre d'alcool pur
à 1,000 francs, et, si l'État devient seul fabricant, en même temps
que la fraude impossible, il en retirera près de deux milliards.

Si nous défalquons le prix de fabrication qui est de 75 à 80 fr.,
tous frais compris, par hectolitre, et, de plus, 20 % de remise
à faire aux débitants en détail et aux fabricants de vins et liqueurs artificielles, il restera à l'État la recette brute d'une production de 1,500,000 hectolitres, 1 milliard 150 millions de
francs.

## AMORTISSEMENT DE LA DETTE.

I. Notre dernier emprunt a été couvert seize fois et demie. L'État avait demandé 869 millions, on lui offrit 14 milliards et demi. Au début de l'année 1890, un emprunt, émis par la Prusse, ne fut point couvert, et, au mois d'octobre de la même année, un second ne fut pas classé. Les deux impôts réunis formaient un total moins important que le nôtre et leur taux d'émission était moins élevé. Preuve éclatante, s'est-on écrié, de l'immensité de nos ressources, de la puissance de notre crédit !

Il eût été peut-être plus sage de se demander : quelle masse de numéraire se trouve disponible et sans emploi dans les caisses de la haute banque ? Si l'Allemagne a émis un emprunt de 255 millions à 3 %, au taux de 87, sans qu'il ait été classé, c'est que la finance, le commerce, l'industrie du pays ont sans doute jugé qu'ils pouvaient faire des placements meilleurs de leurs capitaux dans les affaires et les entreprises particulières ; et si notre emprunt de 867 millions à 3 %, émis au taux de 92,55, a été couvert seize fois et demi, c'est que la banque, l'industrie et le commerce français n'entrevoient point de meilleur placement.

Des banques particulières ont souscrit jusqu'au double de l'emprunt ; mais les petites coupures ne se sont élevées pour Paris qu'au chiffre dérisoire de 21,000 fr. de rentes. Là est le nœud de la situation.

La haute finance dispose de plusieurs milliards qui se sont accumulés, grâce à nos emprunts successifs, et qui n'ont d'autre fonction que de grandir sans interruption, en intérêts, par la rente, et, en capital, au retour de chaque emprunt. L'État en reçoit le montant, consolide sa dette flottante, et, le lendemain, la somme rentre dans les caisses de la haute finance. En même temps le pays se plaint de la charge croissante des impôts, la monnaie d'argent diminue de valeur, le petit commerce et la petite industrie souffrent ou s'éteignent, et, dans la même mesure, grandit le mécontentement des classes ouvrières.

État de choses qui est loin de représenter une situation économique saine. Les capitaux de la haute banque devraient aller à la grande industrie et au grand commerce ; de ceux-ci descendre au petit commerce et à la petite industrie et se détailler dans les salaires de toute espèce, pour revenir de nouveau à la petite industrie et au petit commerce, de ces derniers remonter à la grande industrie et au grand commerce, afin de rentrer dans les caisses de la haute banque, d'où ils ressortiraient pour reprendre la même voie, tandis que l'État ne prélèverait, par ses impôts comme par ses emprunts, les sommes dont il a besoin, que sur les épargnes de tout le monde.

Toute autre forme de la circulation monétaire et des différentes formes du crédit n'est que l'expression d'un état maladif, le symptôme de l'hypertrophie de certains organes et de l'atrophie des autres.

Ni l'État avec ses milliards de dettes, ni la haute banque avec tous ses capitaux ne sont capables de faire par miracle que 92 fr. valent 95 fr. au bout de l'année. C'est au producteur que la tâche incombe ; mais si les 92 fr. ne valent pas 95 à la fin de l'an, le producteur transformé en contribuable, prendra les 3 fr. de différence, sur son bien-être ou celui de sa famille, ou sur l'éducation de ses enfants, à moins qu'il n'en restreigne le nombre ; le miracle en ce cas sera accompli.

Les 92 fr. vaudront 95 fr., et l'État paiera les coupons de rente à la haute banque, qui les lui offrira en bloc au prochain emprunt. Tant que le contribuable continuera de la sorte à opérer annuellement le miracle en se privant dans son bien-être, en restreignant l'aisance de sa famille, en limitant le nombre de ses enfants ou les frais de leur éducation, tout marchera à souhait : le miracle des 92 fr. donnant 95 fr. se renouvellera, et l'État repaiera à la haute banque qui réoffrira à l'État. A la longue cependant, — chaque pouce du sol fût-il de la terre vierge et chaque filon de mine renfermât-il de l'or pur, — ce régime amènera lentement, mais sûrement une ruine irrémédiable ; la masse du peuple, qui porte toutes les charges de la production, s'appauvrira d'année en année.

Nous sommes pris dans un engrenage implacable : la machine colossale qui le met en mouvement est notre dette publique, la courroie de transmission est formée par le crédit allant des rouages de l'État aux rouages de la haute banque pour retourner de ces derniers à ceux de l'État ; et la grande roue tournant sans cesse est la perception des impôts qui brise à chaque coup de dent de la chair vive de contribuable.

On parle de la solidarité sociale ! des avantages de la concurrence ! de la force du capital ! on n'oublie qu'une chose : l'enchaînement fatal des effets et des causes dans la production. Inventez les théories les plus belles, proclamez les lois en apparence les plus sages, prenez les mesures qui semblent les plus équitables, selon les ressources, l'intelligence de tous, leurs efforts se coordonneront en vue de la subsistance générale en bien ou en mal, en prospérité véritable ou fictive, en satisfactions brillantes ou en misères réelles. La même loi, qui régit les mœurs, domine aussi la production : A chacun selon ses œuvres, mais à tous aussi selon l'œuvre d'un chacun. Des richesses immenses recèleront des ruines sans nombre ; un crédit illimité, une banqueroute infaillible ; cela ne dépendra ni des échanges, ni du crédit, ni des richesses, mais des formes et des conditions de la production. Point d'illusion qui n'entraîne des conséquences, point d'erreur qui n'ait des effets, point de faute qui n'emporte des peines ; si ce n'est aujourd'hui, ce sera demain.

La production, et par suite le crédit aussi bien que la circulation des valeurs qui en résulte, sont viciés. D'une part, l'État est obligé de recourir périodiquement à des emprunts parce que la production, étant troublée dans son cours naturel, ne peut suffire aux charges publiques par le seul rendement des impôts ; d'autre part, la haute banque confie de préférence ses capitaux à l'État, parce que, grâce à l'autorité de celle-ci, elle parvient à percevoir des bénéfices que l'incertitude et l'insuffisance de la production ne lui offrent point. C'est un régime insensé. Les obligations de l'État augmentent, les capitaux de la haute banque croissent, et, dans une mesure mathématiquement proportionnelle, le commerce et l'industrie, grands et petits, se plaignent, la misère, le mécontentement s'étendent. Les déficits reparaissent, un emprunt redevient nécessaire, il sera souscrit 16, 20, 40 fois, tandis que le pays devient de plus en plus incapable de produire les rentes que le nouvel emprunt représente.

Il y a trois solutions : la réduction en miettes, lente, insensible, de la production nationale, qui est la fin logique de l'état de choses actuel, la banqueroute qui en est la fin violente, — et l'amortissement de la dette.

Pour réaliser les deux premières nous n'avons qu'à nous laisser aller et suivre le fameux principe des économistes : laissez faire, laissez passer ! nous arriverons sûrement à l'une ou à l'autre, probablement à toutes deux à la fois. La troisième, l'amortissement de la dette, est la seule solution qui empêcherait la ruine finale.

II. L'État, sans compter ce que doivent les départements et les communes, doit au delà de 32 milliards. Nous ne saurions songer un instant à vouloir amortir cette dette énorme par une augmentation des impôts ; ce serait folie ; loin de détendre la situation, nous ne ferions que la rendre pire. Après quelques vaines tentatives d'amortissement, comme celles qu'on fit au lendemain des grands emprunts de l'indemnité de guerre, nous compromettrions l'amortissement à jamais.

Le dégrèvement et la réforme des impôts seraient des mesures plus heureuses. L'abandon aux communes de l'impôt sur la propriété non bâtie, aux départements et aux villes de celui sur la propriété bâtie et de luxe, la suppression des octrois et des prestations en nature, la diminution des frais de justice, la disparition des droits de timbre et des taxes sur les transports, rendraient à la production nationale un essor qui permettrait d'espérer que, avec la renaissance de la prospérité publique, l'État parviendrait plus facilement à remplir à son tour ses engagements. On reverrait, dans nos contributions en général, le fait qu'on a observé quand on a diminué le prix des timbres-poste : le rendement s'est accru. Mais ce ne serait qu'une espérance, car en y comprenant même le monopole des alcools, la dette continuerait à peser sur le pays, alourdirait son essor, et rendrait illusoire la réforme des impôts.

De plus, nous voulons diminuer les heures de travail des classes ouvrières, augmenter leurs salaires, défendre le travail des enfants et des femmes le dimanche et la nuit, les garantir tous contre les accidents, les maladies, la vieillesse, faire qu'ils aient des habitations salubres, une instruction gratuite, ambitions fort louables, mais qui ne se concilient guère avec un accroissement de la production générale, et encore moins avec une diminution des charges de l'État.

Un amortissement annuel régulier de 400 millions ferait plus pour la reprise des affaires et la réalisation de ces projets, que toutes les lois sociales et financières imaginables.

Lors des grands emprunts patriotiques, la petite épargne est

sortie du fond des armoires ; depuis, elle n'y est plus rentrée.
Il faut qu'elle y revienne, sans qu'il en coûte un centime au
pays.

Pour difficile que paraisse le problème, simples en sont les
termes : c'est par ses abus que l'État a été conduit à prendre des
engagements qui épuisent les forces de la nation, c'est donc
aussi par la réforme de ces abus qu'il doit parvenir à remplir
ses devoirs envers elle.

En proposant un amortissement de 400 millions par an, nous
paraissons vouloir l'impossible, alors surtout que l'État se trouve
dans l'impuissance d'équilibrer son budget. Cependant 400 millions ne constituent que 10 % de son budget, et quel est l'homme
d'affaires qui n'estime qu'une réduction de 10 % sur ses dépenses ne soit en toute circonstance une économie facile ? Il suffit
qu'il mette un peu plus d'ordre dans ses comptes, contrôle un
peu mieux ses affaires et réduise d'une façon insignifiante son
train de maison, pour que ses économies dépassent son attente.

Au lieu de ce sage, mettons un bourgeois qui, en faisant construire une maison, s'inquiète aussi peu de l'honnêteté de l'architecte, qu'il ne se soucie de la solidité des fondements, de
la qualité des matériaux et de l'exécution des travaux ; mais
se montre fort satisfait que ses quittances soit en règle et que la
maison ait quelque ressemblance avec le plan adopté. Il l'ha-
bitera comme il pourra et dépensera le double en réparations
de toute espèce. Voilà la conduite de l'État en matière financière, dans cette autre et magnifique demeure que nous appelons
la France.

Notre comptabilité et notre contrôle des dépenses publiques
sont semblables à ceux du bourgeois dont nous parlons. Le plan,
les dépenses à faire, l'arrangement à donner sont examinés et
adoptés, c'est-à-dire que le budget est présenté et voté, et trois
ou quatre ans plus tard, après que toutes les dépenses ont été
faites et les travaux accomplis, on examine avec soin si les écritures et les quittances se trouvent en ordre, conformes au plan,
enchanté qu'on est de constater qu'aucune somme n'a été dé-
tournée de sa destination. Quant à la façon dont les travaux ont
été accomplis, dont les dépenses ont été faites, elle échappe complètement à l'État et, comme le bourgeois en question, l'État
dépense le double en réparations continuelles, en subsides, en
crédits extraordinaires.

III. Par la loi de l'Échiquier et du département de l'Audit, en date du 28 juin 1866, l'Angleterre a réformé complètement son contrôle public. Elle a conservé les vieux noms et changé les formes, — nous bouleversons les noms, mais nous conservons les anciennes formes. — Son contrôle d'autrefois, purement nominal et formel, comme le nôtre, a été remplacé par un véritable ministère du contrôle. Son chef, le Contrôleur général de l'Échiquier et de l'Audit, est nommé, sur la présentation du gouvernement, par la Reine, mais il n'est révocable que sur adresse du Parlement. Indépendant du gouvernement, il a sous ses ordres un assistant contrôleur général et un personnel, des bureaux nombreux. Il est le titulaire du compte ouvert au gouvernement à la banque d'Angleterre, laquelle reçoit le versement des fonds publics. Il vérifie tout transport de crédit et en suit l'emploi jusqu'à ce que les fonds de l'État, sortis du trésor, soient versés aux créanciers de l'État. Chaque jour il reçoit le compte des deniers versés au nom de l'État aux banques d'Angleterre et d'Irlande ; et, à la clôture de chaque trimestre, le ministère des finances dresse un compte des recettes et dépenses dont copie est aussitôt envoyée au contrôleur. Lui et ses délégués ont, en tout temps, libre accès aux livres de comptes et autres documents des administrations publiques ; ils peuvent requérir chaque département, quel qu'il soit, de lui fournir les explications jugées nécessaires.

Jusque-là néanmoins, le contrôle anglais, quoique beaucoup plus rigoureux et rapide que le nôtre, se faisant au cours même de l'exercice, restait purement formel. Il fut complété par la loi de 1873 qui attribua à la commission des comptes de la Chambre des communes un rôle des plus actifs dans le contrôle public. Nommée au commencement de chaque session, cette commission se compose de 11 membres, 6 du parti du gouvernement, 5 de l'opposition ; la majorité choisit toujours le président dans la minorité, — voilà ce qu'on peut appeler des mœurs parlementaires. — La commission tient des séances régulières et, en présence de l'assistant du contrôleur général et du secrétaire permanent du trésor, examine les comptes et les rapports du contrôleur général sur la gestion des deniers publics. Tout ordonnateur secondaire, tout comptable, tout auteur d'une nomination ou d'une mesure irrégulière peut être appelé devant sa barre pour justifier l'usage qu'il a fait de son autorité ou la façon dont il a disposé des fonds publics ; de la sorte, l'administration entière passe devant la commission. Ses travaux terminés, elle propose la liquidation du budget de

l'année écoulée à la Chambre des communes au moment même
où celle-ci vote le budget de l'année à venir.

En 1872, la Prusse réforma également son contrôle. La loi
qui a réorganisé la Chambre supérieure des comptes prussienne
prescrit, en outre de la révision et du contrôle des recettes et
des dépenses publiques, que la Chambre supérieure des comptes
s'assure si, dans l'organisation, l'exploitation et la vente des
biens de l'État ainsi que dans l'emploi des revenus publics,
taxes et impôts, on a procédé non seulement conformément aux
lois, mais encore en observant rigoureusement les principes
d'une sage administration. De plus, la Chambre des comptes est
tenue d'indiquer les changements qui lui paraissent utiles ou
nécessaires dans les formes et dispositions administratives ; elle
doit exiger des autorités centrales aussi bien que des autorités
provinciales et de leurs subordonnés, tous les renseignements
qu'elle juge nécessaires, ainsi que l'envoi des livres et des pièces
à l'appui ; et, au besoin, le président est autorisé à faire éclaircir
sur place, par des commissaires, chargés de l'enquête, la façon
dont on a disposé des fonds publics. La Chambre supérieure des
comptes inflige des punitions et des amendes aux fonctionnaires. Enfin, elle présente au Landtag le compte général du budget de l'année écoulée, mais elle n'ajoute pas, comme le fait le
contrôleur général anglais, ses critiques et ses observations.
Celles-ci, elle les présente au roi. « A la fin de chaque exercice,
dit l'article 20, la Chambre supérieure des comptes fera un rapport au roi sur les résultats de son contrôle, rapport auquel elle
joindra ses avis sur les améliorations qu'il y aurait lieu de réaliser par voie législative ou administrative ».

En 1883, l'Autriche a suivi l'exemple de la Prusse. L'article 1
de la loi du 4 février ordonne « la nomination d'une autorité
indépendante des ministres, égale par le rang, qui portera le
nom de Cour des comptes royale et impériale ». — Elle fournit
les informations sur les objets de son ressort aux deux chambres
du Reichsrath, ainsi qu'à leurs commissions. A l'exception de la
dépense des fonds secrets, tous les comptes publics, même ceux
de sociétés privées qui reçoivent une subvention de l'État, lui
sont soumis. « Elle veillera particulièrement, dit l'article 13,
à ce que les crédits alloués ne soient pas dépassés, que le domaine public donne les revenus les plus élevés, et que, dans
l'emploi des crédits, on procède avec la plus grande utilité et
économie ». La cour présente son rapport dans le délai de six
mois, après la clôture de l'année financière, et elle le présente

pour chaque articte. Tout crédit nouveau de l'exercice en cours lui est préalablement soumis, et, après chaque année financière, elle est tenue de présenter un mémoire à l'empereur sur les améliorations qui pourraient être opérées dans la gestion des affaires publiques.

Le contrôle des finances du gouvernement italien se distingue profondément, aussi bien des contrôles autrichien et prussien, que du contrôle anglais. En outre des attributions judiciaires et de l'examen des comptes des ministres et du compte général de l'administration, qui sont à peu près aussi rigoureusement formels ou nominaux que ceux de notre Cour des comptes, le nouveau royaume a introduit un contrôle préventif. La loi de 1862 ordonna que tous les décrets royaux, quel que soit le ministre de qui ils émanent et quel que soit leur objet, fussent présentés à la Cour des comptes pour qu'elle y appose son *visa* et les fasse enregistrer. Le même contrôle fut étendu par la loi de 1867 à tous les mandats et ordres émis par les ministres. Chaque chef de comptabilité est responsable vis-à-vis de la cour de l'irrégularité des mandats. De la sorte, le contrôle de la cour italienne se trouve scindé : d'une part, le contrôle précède le paiement, et, d'autre part, le suit. Système qui, en dépit de sa complication, est en réalité sans contrôle effectif des dépenses en cours, tout en se compliquant inutilement du contrôle préventif. La loi de 1869 ordonna des mesures plus rigoureuses relativement aux formes de la comptabilité et se rapprocha du contrôle anglais. Elle prescrivit aux différentes administrations centrales de transmettre chaque mois des comptes, résumés par chapitre et article, du budget des recettes, et, à la direction générale du Trésor, de transmettre les comptes et la situation mensuelle des caisses des trésoriers.

Ce fut une amélioration considérable sans être encore un contrôle réel, complet. Certaines révélations sur l'administration financière de M. Crispi en ont montré récemment les lacunes. Quoi qu'il en soit, le contrôle italien est infiniment plus sérieux que le nôtre ; mais il ne donne ni les garanties qu'offre la Chambre supérieure des comptes en Prusse par ses commissaires, pouvant s'assurer de la façon dont les dépenses en cours sont faites, ni celles du contrôle anglais, ayant le droit d'inspecter les livres et les comptes publics et d'appeler devant la barre de la Commission de la Chambre, en tout temps, quiconque a pu avoir occasionné une dépense non justifiée.

Les effets dans l'administration civile de la réforme du contrôle des finances en Angleterre, en Prusse, si différent qu'en soit l'esprit, sont identiques. L'examen rapide des comptes et l'enquête ou la visite possibles des commissaires de la Chambre supérieure des comptes de Berlin entraînent en Prusse les mêmes conséquences que la publicité des rapports du contrôleur et auditeur général et la crainte de devoir paraître devant la commission des comptes de la Chambre des communes. L'ordonnateur secondaire et le comptable voient peser sur eux, au moment où l'un fait ses recettes, où l'autre ordonne ses dépenses, l'obligation d'en rendre compte jusque dans les moindres détails, pour assuré qu'il puisse être d'échapper soit aux commissaires de la Chambre supérieure prussienne, soit aux explications exigées par le contrôleur et auditeur général anglais. Par le caractère même de leurs fonctions, l'une et l'autre autorité sont un frein pour les dépenses précipitées ou irréfléchies.

Pour nous, qui n'avons ni la longue habitude des libertés parlementaires, ni le respect des minorités, pas plus que nos minorités n'ont le respect du parti gouvernemental, une commission des comptes, à l'instar de celle de la Chambre des communes, renfermant, sur 11 membres, 5 de l'opposition parmi lesquels le président, ne deviendrait qu'une source de scandales et de récriminations incessantes. Et, par un juste retour, le système allemand nous est également inapplicable : nos ministères, tantôt serviteurs, tantôt maîtres de la Chambre, ne supporteraient point le contrôle sévère d'une autorité indépendante, ne relevant que du chef supérieur.

Nous adopterions plus facilement soit le système de l'Autriche, soit celui de l'Italie, mais ni l'un ni l'autre ne sont en vérité, malgré le contrôle préventif de l'Italie et l'indépendance de la Cour des comptes de l'Autriche, des contrôles effectifs, complets.

Du reste, quel que soit le système que nous préférerions, ou quelle que soit la réforme que nous voudrions adopter comme étant plus conforme à notre organisation politique, nous ne parviendrions pas à mettre plus d'ordre et d'économie dans nos dépenses, sans réformer d'une manière non moins complète notre comptabilité publique. A elle seule, elle constitue un obstacle insurmontable à une réorganisation sérieuse de notre contrôle.

IV. La France est un des rares pays de l'Europe qui possède encore une année financière différente de l'exercice budgétaire, et qui conserve le culte de cet antique bibelot d'un budget fermé : unité ! personnalité !

Dans l'origine cette façon de voir avait sa raison d'être. On ignorait ce qu'était en réalité un compte budgétaire et on le ferma pour pouvoir mieux en suivre les effets ; de plus, on l'unifia pour mieux en concevoir l'ensemble, enfin on le personnifia ; l'État ayant reçu telle somme, ayant dépensé telle autre, le solde parfait ne pouvait être établi qu'après son application entière. Raffinements qui ont eu pour conséquence que deux, trois exercices chevauchent régulièrement l'un sur l'autre, compliquent les écritures et les formalités, et font de la liquidation de chacun d'eux la bouteille à l'encre. Pour certains services, comme ceux des colonies, le budget n'est clos que le 31 mai, deux ans après l'exercice courant ; pour d'autres il s'étend jusqu'à dix-huit mois et au-delà, et pour d'autres encore, telles que la caisse de la marine et la Légion d'honneur, il se termine, ainsi que dans toute maison de banque bien tenue, avec l'année financière. Chaque service a son exercice à part, et, en dépit de tous les efforts et de toutes les lois imaginables, il existe des reliquats qui s'étendent à l'indéfini. La loi du 31 mai 1862 n'a fait que systématiser ce désordre.

En 1840, sous l'administration de Robert Peel, l'Angleterre a mis fin à la manie d'avoir une année financière distincte de l'exercice. Depuis, l'Italie, la Prusse, l'Allemagne, l'Autriche, tous les pays qui tiennent à avoir une comptabilité régulière et à exercer un contrôle sérieux sur leur gestion financière, l'ont imitée ; nous seuls, qui avons de tous le budget le plus considérable, nous persistons dans nos anciens errements.

Encore s'il n'y avait que cette seule différence de l'année financière et de l'exercice budgétaire dans notre comptabilité publique, pourrions-nous, avec quelque peine, nous en débarrasser ; mais la difficulté s'est étendue jusqu'aux moindres de nos comptes publics.

En principe, tous nos ministères ont la même comptabilité ; mais, leurs services s'étant multipliés et diversifiés à l'infini, tous se sont ingéniés à assouplir les règles premières aux exigences qui varient avec leurs besoins.

La comptabilité, réglée d'abord par la situation des ordonnateurs et par celle des comptables, a été, par suite des charges croissantes, désorganisée par ces mêmes ordonnateurs et comptables. Faire de fausses imputations, dépasser les crédits ou les augmenter irrégulièrement est devenu une nécessité de chaque jour. En même temps les formes des comptes de Trésorerie se sont multipliés à un point tel que la Cour des comptes a fini par ne plus s'y reconnaître elle-même.

Les comptes des dépenses à régulariser, alors qu'il s'agit de dépenses qu'on ne sait, au moment où elles sont faites, à quel chapitre imputer, se prolongent de mois en mois, d'années en années, et entraînent l'obligation de recourir aux budgets supplémentaires qui détruisent toujours la régularité du budget véritable. Quant aux budgets véritables, par suite de leur complexité devenue de jour en jour plus grande, ils ont fini par être aussi peu l'expression fidèle de la situation financière du pays, qu'ils sont l'exécution stricte des votes parlementaires.

La source du mal est trop lointaine et trop profonde ; les ministres les mieux intentionnés se trouvent réduits à l'impuissance, et tous leurs efforts se concentrent à donner du moins au budget annuel les apparences d'un budget sérieux.

C'est là où nous en sommes ; comment, dans ces conditions, réaliser des économies ? Les moyens les plus élémentaires pour y parvenir nous font défaut, et chaque expédient qu'on invente pour y suppléer ne fait que compliquer davantage et notre comptabilité et l'établissement du budget annuel.

Il faudrait, pour arriver à quelque précision ou seulement à quelque certitude en une matière si grave, soumettre notre comptabilité entière à une refonte totale.

Les fausses imputations n'en continueront pas moins à reprendre, à chaque mesure administrative nouvelle, leur œuvre de sape souterraine, faisant sauter, à tout règlement de compte, les chiffres les mieux alignés, les dépenses les mieux ordonnées.

Les dépenses ordinaires et les dépenses extraordinaires, les dépenses permanentes et les dépenses temporaires, les dépenses du personnel, les dépenses du matériel et les dépenses d'ordre devraient être toutes séparées les unes des autres avec un soin extrême. Il faudrait, de plus, qu'on établisse dans chaque service ministériel une comptabilité spéciale des engagements de dépenses, il faudrait ne permettre des crédits extraordinaires que dans les cas d'extrême gravité, et, pour parvenir à donner quelque harmonie aux comptes de même espèce des différents ministères, il faudrait encore créer une comptabilité continue de mesures prévues, des mesures en voie d'exécution et des mesures accomplies. Entreprise énorme et qui ne sera jamais réalisée, si, d'une part, nous ne commençons par simplifier notre paperasserie inutile, en divisant la France en quelques grandes régions pour le service financier, comme nous l'avons fait pour le service militaire, et si, d'autre part, la Chambre des députés ne renonce, pour quelques années du moins — le temps qu'il faut pour remettre quelque ordre dans notre comptabilité — à son initiative en matière de crédit.

Sans cette double mesure, l'une au fond aussi simple que l'autre, nous ne réaliserons aucune réforme ; notre comptabilité restera la bouteille à l'encre, notre contrôle une formalité purement illusoire, et l'amortissement de la dette un mythe. Nous persisterons dans notre système de dépenses imprévues, de fausses imputations, de comptes de liquidation, de dette flottante et d'emprunts périodiques, sans autre issue possible que la ruine nationale.

Notre organisation financière et notre comptabilité publique ont pris, par leur extension même, des proportions telles que personne n'en est plus le maître, ni les ministres les plus capables, ni les Chambres les plus économes, ni les comptables les plus experts. C'est dans le fond qu'il faut la reprendre, dans la comptabilité de chaque service, dans les dépenses de chaque ordonnateur, dans les recettes de chaque comptable, pour terminer finalement, ainsi que tous les États soucieux de la bonne gestion de leurs finances l'ont fait, par identifier l'année financière avec l'exercice budgétaire. Enfin, pour commencer, il faudrait *que le chef de la comptabilité de chaque ministère fût à la nomination du ministère des finances, et que chaque ordonnateur mandataire fût rendu responsable devant la Cour des comptes !*

V. Nous paraissons fort loin d'un amortissement annuel de 400 millions de notre dette : en vérité, nous réaliserions non seulement l'équilibre du budget, mais encore un amortissement annuel de près d'un milliard si nous parvenions seulement à réformer notre comptabilité et notre contrôle public.

Depuis 1869, le budget s'est accru d'un milliard quatre cents millions. On en a fait les reproches les plus vifs à la République. Les causes en furent, assuraient ses ennemis, ni les intérêts de l'indemnité de guerre, ni la réorganisation militaire, mais le nombre incalculable de places, de sinécures et de fonctions nouvelles créées à la légère.

L'accroissement énorme de notre budget pendant les vingt dernières années a une cause plus générale et plus profonde ; si bien qu'aucun gouvernement n'y aurait échappé.

Coup sur coup nous avons vu surgir, après nos désastres militaires, les crises économiques et financières, la baisse de la valeur de l'argent, le mécontentement des classes ouvrières et l'affaissement insensible du petit commerce et de la petite industrie qui forment la masse de la nation. Le même phénomène que nous observons à Paris, où six à sept mille instituteurs et institutrices cherchent vainement un emploi, où cinquante mille demandes, dûment apostillées, sont faites pour quinze cents places vacantes à la seule administration de la ville de Paris, se répète dans la France entière. Que l'on fasse la statistique de toutes les demandes de places, d'avancement, adressées quotidiennement aux ministres et chefs de service, députés et sénateurs, conseillers généraux et municipaux et l'on arrivera aussitôt à la conviction que ce sont ces demandes et non la question ouvrière, qui dominent notre situation politique et financière et s'imposent au fonctionnement de toutes nos institutions parlementaires, municipales et administratives.

Étudiez les votes de nos départements conservateurs ; ce sont les plus pauvres, mais ils sont les moins besoigneux, leurs votes le prouvent. Étudiez ceux de nos départements anarchistes ; ce sont les plus riches, la misère des masses y est au comble, leurs votes le démontrent. Le suffrage universel peut avoir ses mauvais côtés par ses emportements ; mais il est aussi, pour quiconque sait le comprendre, le tableau le plus fidèle de l'état économique et social des masses.

Créer ou obtenir des places pour des diplômés de toute espèce, des malheureux de tout genre, des soutiens de famille, des agents électoraux, des protégés ou des parents d'amis influents, faire de l'organisation administrative une machine électorale, transformer la condition première de tout ordre, liberté et stabilité, en un moyen de lutte et d'oppression, ou pis encore, en une source de corruption publique, pour faire retentir ensuite la tribune des accusations les plus véhémentes contre ces dilapidations, ces abus, est devenu un moyen pour arriver au pouvoir. Par les faveurs et les nominations, on accroît son influence ; et par les critiques et les revendications, on étend sa popularité. Agissements déplorables, qui ne sont que la conséquence fatale de la gêne qui pousse, comme une mer montante, vers la curée des places, et qui se soulève en tempête d'applaudissements à chaque proposition d'économie, à chaque imprécation contre les abus administratifs : La même cause entraîne ces deux résultats absolument contradictoires. Dans l'ignorance des conditions véritables de la réforme de notre organisation publique, politiciens et hommes politiques, administrateurs et ministres, suivent simplement le courant qui les emporte et s'imaginent naïvement qu'ils gouvernent le pays alors qu'ils ne font que le désorganiser en obéissant aux impulsions mêmes du pays.

Ici, un même service se trouve divisé entre deux, trois ministres différents, doublant, triplant la besogne ; là, des services multiples font quadruple et quintuple emploi, alors que, réunis, le travail comme les économies décupleraient ; plus loin des fonctions qui, par suite des progrès réalisés, ont perdu toute raison d'être, sont conservées avec un soin jaloux et continuent à absorber des millions sans plus être d'aucune utilité ; plus loin encore, des institutions qui rapportent des sommes considérables à d'autres États, en coûtent de plus considérables au nôtre ; et, en tout cela, nous n'entendons parler que de services, d'institutions de la plus haute importance, laissant de côté les fonctions et sinécures secondaires dont l'abolition serait non moins profitable à l'État qu'utile à la nation ; mais il faut des places, sans cesse des places nouvelles : la nation le veut comme elle veut aussi des économies.

Il en est de notre administration comme de tous les organismes qui, en vieillissant, voient leurs membres se roidir, leurs traits se déformer, leurs forces se perdre et pour lesquels chaque effort nouveau se change en une faiblesse nouvelle et plus grande.

Une organisation administrative ne se refait point par pièces et morceaux. Elle a été créée dans son ensemble ; c'est dans son ensemble aussi qu'elle doit être refaite ; ainsi que la jeunesse, elle doit renaître.

VI. Faisons des lois pour fixer les salaires, ordonnons le travail de huit heures, accordons les secours pour les accidents, les maladies, la vieillesse, légiférons sur le travail des femmes et des enfants, légiférons même sur l'esprit d'entreprise et de spéculation, toutes ces lois ne seront que des mots, en dehors des nécessités économiques de l'existence de la société et des besoins implacables imposés par la faim et la soif.

Or, de même qu'il y a derrière chaque besoin un travail, il y a aussi derrière chaque chiffre du budget un homme, et, derrière cet homme, une fonction qui doit être payée. Les réformes de la comptabilité et du contrôle publics renferment en elles la réforme administrative. Les trois se tiennent ; les difficultés de l'une sont celles de l'autre ; les abus de celle-ci, les abus de celle-là ; et toutes trois sont liées à notre état économique et social.

Vainement on chargerait le Conseil d'État, la Chambre et le Sénat, ou des commissions gouvernementales d'entreprendre la réforme de notre administration. Sans une réforme de la comptabilité publique, elle est impossible, et, sans celle du contrôle, elle resterait sans effet. Entreprise au hasard des opinions individuelles, elle ne servirait qu'à compliquer davantage encore notre situation du moment, et, les premières illusions passées, les conséquences qui en dériveraient n'en seraient que plus désastreuses. On crée une administration ; mais on ne la réforme point, si ce n'est dans son ensemble, en la créant de nouveau.

Notre administration, par son extension, comme par sa puissance, est seule capable de se réformer elle-même. Il suffirait qu'elle possédât une comptabilité plus simple de façon qu'elle pût exercer un contrôle plus parfait et que sa réorganisation résultât de ses propres efforts. Il n'y a pas un de ses abus qu'elle ne regrette, pas une de ses complexités superflues qu'elle ne déplore. Elle aussi, comme la nation entière, aspire à plus d'air et de liberté dans son travail.

On lui reproche son esprit de routine ; à défaut de meilleurs leviers d'action, c'est par son esprit de routine qu'elle se conserve et maintient le pays. On lui reproche ses dilapidations ; elles sont la conséquence de son extension continue et des progrès même accomplis par la nation. On lui reproche sa tyrannie ; elle est l'effet de la soumission et de la fidélité avec laquelle elle obéit aux lois et aux règlements qui l'ont ordonnée. Ce n'est point sa faute à elle si les lois et les règlements ont multiplié à l'infini ses rouages, accumulé comme de gaieté de cœur ses fonctions, rendant sa tâche de plus en plus difficile, déplaçant les responsabilités, permettant toutes les ingérences.

Le ministre qui, le premier, osera présenter aux Chambres et faire voter par elles, nous ne disons pas une réforme de notre comptabilité ou seulement une réforme de notre contrôle public, mais simplement un budget véritable, rendra à l'administration et en même temps au pays, un service aussi immense que celui rendu par Napoléon I⁰ʳ lorsqu'il créa cette administration et sauva la France de l'impuissance et du désordre.

Un budget véritable, c'est-à-dire un compte rendu exact de toutes les recettes et de toutes les dépenses, sans économies illusoires, sans jongleries dans les imputations, sans transferts dans les votes et les crédits, serait la connaissance parfaite de notre situation administrative et financière. Non seulement l'équilibre, mais l'amortissement de la dette, 10 pour cent d'économie pour le moins, en seraient la conséquence forcée. La réforme de la comptabilité, celle du contrôle et la simplification administrative en surgiraient comme d'elles-mêmes.

Un budget véritable, c'est l'amortissement de la dette, précisément à cause de tous les excès et de tous les abus auxquels, dans notre patriotisme même, mais aveuglés par les nécessités du moment, nous avons été entraînés. Nous ne voulons pas revenir en arrière ; les gouvernements pas plus que les peuples ne reviennent sur eux-mêmes ; mais, nous demandons que, profitant de l'expérience acquise et des difficultés du présent, nous puissions nous en rendre compte.

Poussés par la force des choses, nous avons, en vingt années, augmenté nos dépenses annuelles d'un milliard quatre cents millions, et nous ne parviendrions point, connaissant les causes de nos illusions et de nos erreurs en même temps que leurs remèdes, à réduire nos dépenses d'un dixième ? l'hypothèse, seule, serait pour nous un brevet d'impuissance et d'incapacité.

L'amortissement de la dette, si faible qu'il soit, mais régulier, constant, serait la fin des demandes incessantes de places et de fonctions nouvelles ; car, les sommes descendant par leur circulation dans les masses, ce serait le retour de la prospérité du petit commerce, de la petite industrie, de la petite agriculture ; ce serait pour le grand commerce et la grande industrie la réouverture de leurs débouchés naturels, ce serait la disponibilité des capitaux de la finance qui, perdant leurs placements en rentes sur l'État, reviendraient à la production générale, facilitant aux uns leur expansion au dedans, aux autres leur expansion au dehors ; ce serait, en un mot, le retour à la prospérité publique et privée.

# XVIII

I. L'enseignement public constitue, avec l'établissement de l'ordre administratif et financier, une des branches principales de la politique. Il est d'autant plus nécessaire d'en bien comprendre les caractères et d'en spécifier le but, que d'ordinaire on n'y voit que tyrannie ou licence. C'est un effet de la fausse instruction même que nous avons reçue, et une des plus graves erreurs de notre époque. Erreur qui tient avant tout à la confusion de l'instruction avec l'éducation.

Autre chose est instruire, autre chose est élever.

L'instruction publique se trouve le plus souvent entre les mains de toute une classe sociale, laïque ou cléricale, et comme telle peut être ordonnée et dirigée, tandis que l'éducation publique s'appelle le progrès, la civilisation des peuples ; elle tient à leurs mœurs et à leurs coutumes, et échappe complètement à la politique.

La famille dans laquelle l'homme est entré, la société dans laquelle il vit, l'élèvent ; le premier venu peut l'instruire.

Commençons donc par rayer de notre système d'enseignement la prétention d'en faire un système d'éducation.

Certes, un maître d'école, un professeur peut entrer en rapports personnels avec un enfant et exercer, ainsi que le père, la mère, les camarades, une influence directe sur ses sentiments et sur ses affections. Mais croire qu'il puisse le faire pour 40, 60, 100 enfants, c'est un rêve. Tout ce que le gouvernement le plus soucieux de l'instruction publique peut lui demander, c'est qu'il donne, par sa conduite, l'exemple de la loyauté, de la droiture, de l'esprit de justice, de l'amour de la patrie. Son influence se perd dans l'action immédiate que tout membre de la famille, tout ami, tout camarade exerce sans cesse sur chacun des élèves.

Les catéchismes de morale civique expliqués aux enfants par le maître ne leur enseignent pas davantage la morale réelle, qu'ils ne leur font éprouver des sentiments et des affections qu'ils ne ressentent point.

Entourez de tous les commentaires possibles les mots de dévouement, de loyauté, d'honneur, de patrie, ce seront vaines paroles si, par une initiation intime, constante, l'enfant n'est pas élevé de manière à vivre les vertus dont ces mots ne sont que l'expression.

Nous admirons la justesse de certaines formules de morale, et, par cela seul, nous nous figurons qu'il suffit de les faire apprendre aux enfants pour qu'ils en soient pénétrés.

Il y a des hommes qui éprouvent les sentiments les plus généreux, l'affection de leurs semblables, le dévouement à la chose publique, sans pouvoir en donner la moindre formule ; ils sont parfaitement élevés. D'autres connaissent fort bien ces formules, mais ne possèdent aucune des facultés qu'elles supposent ; ces derniers sont non seulement mal élevés, ils sont moralement corrompus. Ne jugeant de ces formules que par l'impression qu'elles produisent sur les premiers, ils en exploitent les nobles instincts pour la satisfaction de leurs passions personnelles. Outre une mauvaise éducation, ils ont reçu une instruction détestable. De la sorte, nous élevons de nos jours un monde de sophistes, de politiciens, de faiseurs et d'exploiteurs, qui sont la plaie de notre état social.

On dégrade les caractères par une fausse éducation ; on corrompt les esprits par une instruction illusoire.

L'instruction n'est pas seulement impuissante à éveiller en nous des sentiments et des affections que nous ne ressentons pas, elle ne peut même pas développer les facultés intellectuelles qui nous manquent.

On ne forme pas plus le cœur à coups de formules qu'on ne développe l'intelligence à force d'exercices. La mémoire, l'imagination, le jugement ne s'enseignent pas davantage par des exercices à ceux qui en sont dépourvus qu'on n'apprend aux pieds-bots à marcher droit en leur montrant la manière dont fonctionne une articulation normale.

Tout ce que l'instruction peut faire, c'est d'exercer les facultés que l'enfant possède ; elle ne saurait en créer aucune. Loin de là, de même que par des mouvements violents on peut désarticuler les membres les mieux faits, on peut par des exercices exagérés déformer les intelligences les mieux douées. Abandonnons donc encore l'illusion que, à force d'exercices, d'examens, de concours, nous puissions faire de nos fils des hommes supérieurs.

Pour donner des idées justes il faut les avoir, et pour exercer les facultés intellectuelles, il faut les posséder. Il suffit de savoir lire, écrire, et compter pour devenir un Pascal lorsqu'on a son génie, et toutes les connaissances imaginables n'empêcheront pas qu'un sot ne reste un sot. Mais, par des méthodes artificielles, on peut persuader au plus incapable qu'il est à la fois un esprit éminent et un puits de science.

Toute connaissance qui n'est point proportionnée à nos facultés, et toute faculté qui n'est point proportionnée à nos connaissances, loin de constituer des leviers, deviennent des entraves à notre développement intellectuel.

Telle se pose la question, non pas de la réforme, mais de la réorganisation de fond en comble de notre instruction publique. Viciées dès la première école dans laquelle on entre jusqu'à la dernière d'où l'on sort, après vingt ans de surmenage, toutes les idées ont été martelées de manière qu'il n'en reste que des batitures, et la pensée a été estropiée au point qu'il n'en subsiste plus qu'un moignon.

Nous n'en voulons d'autre preuve que les jugements portés par nous sur les progrès mêmes que nous nous vantons d'avoir accomplis par l'instruction.

Sans restriction, nous admirons les vastes réseaux de chemins de fer qui couvrent ou traversent les continents, rapprochent les hommes et les peuples ; les paquebots innombrables qui sillonnent les mers avec rapidité et portent l'aisance et les richesses aux nations lointaines ; les communications instantanées à travers l'espace par le téléphone et le télégraphe, les prodiges accomplis dans toutes les industries ; en même temps, nous nous félicitons de la disparition des castes et des institutions arbitraires, des lettres de cachet, des bastilles, de la torture, des potences. La facilité de nos relations sociales nous enchante, nos mœurs sont devenues plus douces ; nous étudions des sciences dont nos pères ne soupçonnaient pas l'existence, nous apprenons des langues qu'ils ignoraient absolument, et tout cela nous semble l'expression rigoureuse des immenses progrès que nous avons réalisés dans le domaine de l'instruction.

Il est des progrès qui, loin de fortifier les sociétés, les désagrègent et qui, loin de grandir les nations, les abaissent.

Les chiffres de la statistique des délits et des crimes diminuent-ils ou augmentent-ils ? les mœurs, si elles sont devenues plus douces, sont-elles devenues meilleures ? les caractères se sont-ils élevés ou abaissés ? la sévérité de nos pères pour la débauche, la fraude, le mensonge, les vilenies de tous genres, s'est-elle accrue ? produisons-nous des chefs-d'œuvre supérieurs aux leurs ? et, si nous possédons des connaissances plus nombreuses, nos pensées sont-elles plus élevées, nos idées plus justes ? ou bien nos sentiments se sont-ils dépravés, nos idées rétrécies au point que, en admirant nos progrès, nous sommes incapables de distinguer les effets qui nous frappent des causes qui les produisent?

Les Romains au plus fort de leur décadence couvraient le monde de leurs monuments, de leurs routes, et de leurs aqueducs, toutes les richesses de l'univers se trafiquaient à leurs Bourses, et, de même que chez nous, les castes avaient disparu, les mœurs étaient devenues moins rudes, les connaissances s'étaient étendues.

Il en est des faux progrès des peuples comme de la paralysie progressive et générale des individus.

La maladie commence chez ces derniers par une surexcitation extraordinaire, la sensibilité s'exagère, l'imagination déborde, insensiblement les mouvements deviennent saccadés, la langue bégaie et finalement la personnalité du malade absorbe toutes choses : il est roi, prophète, pape, Dieu, jusqu'à ce que sa folie se transforme en démence, et qu'il meure d'une atrophie des centres nerveux, entraînant la paralysie des organes. Il semble que les progrès matériels jouent aux époques de décadence des peuples, ces autres organismes, sous une forme plus lente et plus sourde, le même rôle que la prolification du tissu conjonctif, qui est la cause de l'atrophie du système nerveux, dans l'organisme du corps humain. Le mal commence comme l'autre : les mouvements politiques deviennent saccadés, la langue se gâte, et une soif insatiable de grandeur amène une surexcitation semblable et des manifestations publiques également désordonnées ; chaque nouveauté, pourvu qu'elle mène à la fortune, apparaît comme une régénération, chaque faiblesse se soldant par des profits comme une force ; toute chimère trouve ses dupes ; toute entreprise vertigineuse ses croyants ; et chaque faiseur parvenu est coulé en bronze ! Enfin la soif des grandeurs s'exalte à l'extrême, chacun se figure être roi ou Dieu, *homo sibi Deus*, jusqu'à ce que tous soient emportés par leurs folles prétentions ; et que le peuple, entrant en démence, meurt, non plus de la paralysie, mais de l'anarchie générale.

II. Quatre-vingt-quatorze pour cent des enfants qui fréquentent les écoles primaires, sont fils d'ouvriers, de petits industriels, commerçants et cultivateurs. A ces quatre-vingt-quatorze pour cent de nos enfants, destinés à redevenir des ouvriers, de petits industriels, commerçants et cultivateurs, on enseigne les sciences naturelles, l'histoire, la géographie, des principes de morale, des notions de droit et d'économie politique, le dessin, le modelage. Tout ce qu'on peut obtenir par cet enseignement, même s'il reste absolument rudimentaire, c'est de surexciter l'imagination chez les uns et de donner aux autres le besoin d'en savoir davantage. D'aucuns trouvent que c'est déjà énorme. Ils ne songent pas que l'immense majorité de ces enfants sera obligé de gagner péniblement sa vie par le travail manuel et que ce travail leur paraîtra d'autant plus pénible que leur imagination ou que leurs aspirations vers des occupations plus élevées auront été excitées davantage. De plus, l'imagination et l'impatience de savoir, ajoutés aux longues heures de classe, raffinent leur système nerveux lequel exigera à son tour, sous peine d'un affaiblissement de la race, une nourriture, sinon plus abondante, du moins plus riche en aliments azotés. A une imagination déréglée et à un besoin de savoir impossible à satisfaire, étant données les conditions futures de l'existence des quatre-vingt-quatorze pour cent de nos enfants on ajoute dès l'entrée de l'école le dégoût de la carrière à venir, et un besoin, d'autant plus insatiable qu'il est irraisonné, d'une nourriture et d'une existence meilleures.

On se plaint de l'accroissement continu des grandes villes, de la dépopulation des campagnes, du mécontentement des classes ouvrières, de l'impuissance du petit commerce et de la petite industrie, de la routine de la petite agriculture et, par une instruction aussi inconsidérée, on jette de gaîté de cœur les enfants des campagnes dans les villes, on oblige l'agriculture à persévérer dans sa routine, on répand le malaise dans les classes ouvrières, et on empêche de jour en jour davantage le petit commerce et la petite industrie de se relever.

Tel est le bilan de notre instruction primaire. Le compte en est vite fait : — sauf pour la lecture, l'écriture, le calcul, — le déficit est général ; et encore pour l'écriture, quel temps ne fait-on pas perdre à nos cinq millions d'enfants par l'étude d'une orthographe absurde ?

Les uns ont conclu qu'il faut retourner à l'ignorance de nos pères ; les autres, qu'il n'y a de salut que dans une instruction plus complète encore, intégrale selon l'expression consacrée.

Les coiffeurs vendent des eaux pour vieillir ou [pour rajeunir les cheveux ; changent-ils l'âge que nous avons ? Nul ne le croit ; pourquoi le fait-on dans l'instruction ? Nous ne modifions pas plus l'âge de notre civilisation en revenant à l'ignorance de nos pères ou en poussant à l'instruction intégrale, que nous ne changeons notre âge propre en teignant nos cheveux. Si nous cessons d'instruire les classes inférieures, elles n'en deviendront que plus âpres dans leurs revendications ; si nous les instruisons à l'excès, elles n'en souffriront que plus des nécessités de notre état économique et social.

Lorsque nous avons quadruplé le budget de l'instruction primaire, nous aurions dû, pour agir en gens sensés, quadrupler aussi la fertilité du sol, la richesse de ses mines et la facilité de production d'un chacun. Nous n'avons en rien changé notre situation économique et nous avons quadruplé nos dépenses pour développer notre situation intellectuelle. L'accroissement des villes, la dépopulation des campagnes, le mécontentement des classes de travailleurs, ont été des conséquences aussi naturelles que l'écroulement d'un édifice après qu'on en a sapé les fondements.

Il n'y a qu'une solution : l'instruction primaire doit être obligatoire, universelle, jamais elle ne saurait l'être assez ; mais au lieu de procurer à l'immense majorité de nos enfants des connaissances qui ne sont nullement en rapport avec les nécessités de leur avenir, qui surexcitent leur imagination et les dégoûtent du travail, l'instruction primaire doit, dès leur entrée à l'école, les préparer à devenir des hommes capables de remplir leur tâche. En d'autres termes, l'enseignement primaire, au lieu de *général*, doit devenir, nous dirions volontiers *spécial*, si nous ne redoutions qu'on ne prît encore à faux cette expression ; disons donc *régional*, c'est-à-dire qu'en dehors de la lecture, de l'écriture et du calcul élémentaire, l'enseignement primaire doit être approprié le plus possible au milieu dans lequel l'enfant doit vivre. L'enseignement primaire doit non seulement différer dans les villes et dans les campagnes, mais il doit encore varier avec les régions agricoles, vinicoles, avec les grands centres industriels, les quartiers mêmes des grandes villes et les localités de petite industrie et de petit commerce.

Nous nous plaignons des grèves et des révoltes de nos ouvriers de la grande industrie, et nous prétendons les combattre en initiant l'enfant à la puissance du capital et aux bienfaits de la concurrence. Nous obtenons des résultats diamétralement contraires. C'est précisément au centre des grands établissements industriels qui fondent des écoles particulières pour les enfants de leurs ouvriers qu'éclatent avec le plus de violence les revendications de ces derniers. Que l'enfant apprenne à s'attacher à l'industrie dans laquelle il doit prendre sa place, qu'il en apprécie l'importance, et en comprenne les difficultés et les dangers, et l'on aura fait plus pour lui qu'en lui enseignant tout Bastiat et Jean Baptiste Say.

Nous nous plaignons de l'affaissement du petit commerce et de la petite industrie, de leurs privations et du peu de solidité de leur travail. Apprenez donc aux enfants des écoles primaires des villes ce que c'est que le petit commerce et la petite industrie, faites leur connaître les ressources de leurs quartiers, l'importance d'un compte régulier, les profits d'un travail bien fait, les pertes d'un mauvais, vous développerez d'une façon plus utile leur intelligence et vous en ferez de meilleurs citoyens, qu'en leur apprenant tous les catéchismes de droits civiques et toutes les péripéties de nos révolutions.

Au lieu d'une histoire qu'ils ne comprennent point, et d'une géographie dont ils n'ont que faire, racontez leur l'histoire d'une société coopérative de production et la géographie propre au commerce de leur industrie ou de leur localité, et vous rendrez le petit commerce et la petite industrie plus aptes à soutenir la concurrence écrasante du grand commerce et de la grande industrie.

Nous nous plaignons de la routine de nos agriculteurs et de l'obstination avec laquelle ils conservent les formes arriérées de leur culture. Leur travail est d'autant plus de tradition, et leurs coutumes, leurs habitudes sont d'autant plus invétérées qu'on leur en parle moins à l'école. Apprenez donc à l'enfant de l'agriculteur qu'il y a des semences plus productives que celles qu'il connaît, des races plus vigoureuses ou prolifiques que celles qu'il voit, que certaines pratiques en usage ailleurs donnent des résultats supérieurs, telles que les réunions parcellaires qui font la prospérité des communes où on les effectue. Graduez en outre votre enseignement de manière à lui apprendre, fût-ce de la manière la plus rudimentaire, ce que c'est que les batteuses, les vanneuses, les faucheuses, et les profits que certaines communautés agricoles savent en tirer.

Appropriez de même l'enseignement des enfants de nos viticulteurs à leurs travaux futurs ; ils s'intéresseront aux diverses espèces de raisins, aux différentes formes de leur culture, aux maladies nombreuses et aux insectes nuisibles plus qu'à tous les phénomènes des antipodes. Combien de répugnances, invincibles parmi nos paysans contre tous progrès et améliorations, s'évanouiraient, si, au lieu de s'adresser à des hommes faits et qui ne conçoivent plus d'autres pratiques ni d'autres raisons que celles qui leur ont été enseignées par la tradition, on s'adressait aux enfants, dont l'esprit plus malléable est plus ouvert à l'intelligence de ces progrès et de ces améliorations.

Dans tous les cas, quoiqu'on fasse, ce n'est point par l'enseignement de la géographie, de l'histoire, des sciences naturelles, de la cosmographie, et encore moins par des notions des droits, civiques et d'économie politique qu'on relève le niveau intellectuel d'un peuple ; mais c'est en fournissant à chacun les éléments nécessaires pour qu'il parvienne à remplir mieux qu'il ne le fait la tâche qui lui incombe dans la vie.

C'est la méthode naturelle dans l'enseignement ; toute autre n'en est que la caricature. L'expérience apprend à l'enfant, mieux qu'aucun maître ou manuel, l'économie politique réelle, les droits véritables, la morale vivante ; on ne peut que fausser son esprit en lui inoculant les formules d'une morale imaginaire, d'un droit illusoire, d'une économie chimérique, de même qu'on ne fait qu'égarer son imagination en lui enseignant ne fût-ce que les éléments les plus grossiers de connaissances dont il ne se servira jamais.

III. Après l'enseignement primaire, six pour cent environ de nos enfants entrent dans l'enseignement moyen et un demi pour cent à peine s'élève à l'enseignement supérieur. Nous sacrifions donc actuellement l'enseignement de quatre-vingt-quatorze pour cent à celui de six pour cent de nos enfants ; nous sacrifions encore de la même manière ces six pour cent aux quelques exceptions qui poursuivront leurs études jusqu'au bout dans les facultés et les écoles spéciales. On ne saurait imaginer une instruction nationale qui soit moins nationale, un enseignement démocratique qui soit moins démocratique.

Après avoir appris à lire leur langue à l'école primaire, les six pour cent de nos enfants, qui entrent dans l'enseignement moyen, apprennent à la connaître ; après leur avoir appris à l'écrire on leur enseigne comment il faut l'écrire ; et après leur avoir appris les éléments de l'arithmétique, on les initie aux éléments de la géométrie et de l'algèbre. Tout le reste : sciences naturelles, histoire, géographie, physique, chimie, cosmographie, langues mortes et langues étrangères, ils ne devraient pas l'apprendre, ou bien l'apprendre d'une manière approfondie dans le cas où ils pourront en profiter leur vie durant. Hors de là tout ce qu'on leur enseignera sera plus que du temps perdu, ce sera de l'intelligence perdue. Il y a une explication de ce qu'on appelle l'imbécillité byzantine.

Elle est fort simple. Les hommes et leurs caractères, les faits et les circonstances, les forces naturelles et leurs phénomènes, pour être appréciés judicieusement, doivent l'être par des idées qui leur répondent d'une manière exacte, sinon les jugements que nous émettrons ne seront que des erreurs, et les actes que nous commettrons à la suite ne seront que des fautes. Que les Grecs de l'époque de Bysance estiment leurs contemporains d'après les chefs-d'œuvre de Sophocle, jugent leurs institutions d'après la politique d'Aristote et puisent leurs croyances dans les idées de Platon, tandis que les barbares, qui se trouvent aux portes, apprécient les hommes pour ce qu'ils valent et les faits pour ce qu'ils sont, la chute de l'antique empire ne sera que l'affaire d'un assaut.

Ce n'est pas Shakespeare et Gœthe, ni Cicéron, ni Euripide qu'il s'agit d'apprendre à nos enfants de quinze à seize ans, mais l'allemand ou l'anglais, le latin ou le grec, de façon qu'ils puissent lire et apprécier ces grands auteurs, s'ils en ont le goût, à l'âge de vingt à vingt-cinq ans, quand ils pourront les comprendre. Ce ne sont pas les dates et les noms du passé qu'il importe de leur enseigner, mais les faits qui leur permettront d'apprécier exactement ceux de notre époque. Plus nous mettrons de connaissances inutiles ou hors de portée à leur service, plus, nous en ferons de jeunes Byzantins, en leur faussant l'intelligence. Les explications par les mathématiques supérieures des phénomènes les plus simples de la nature, les idées ramassées dans le désordre de la sophistique contemporaine, les détails de géographie ou de cosmographie dont jamais on n'aura cure, sont autant d'entraves au développement naturel des facultés, loin de créer ce développement.

Au sortir des écoles primaires, nous mettons des instruments de fer et d'acier entre les mains de nos classes travailleuses pour qu'elles gagnent leur vie ; fournissons des instruments intellectuels non moins solidement trempés à ceux de nos enfants qui sortent des lycées, et ils feront honneur à leur carrière. Que deviennent les neuf dixièmes et demi de ceux de nos enfants qui font les études secondaires? commerçants, agriculteurs, propriétaires, financiers, industriels. Que faut-il qu'ils sachent en fait de sciences naturelles, d'histoire et de géographie, de cosmographie, de mathématiques, de latin, de grec, d'allemand ou d'anglais, pour que, dans n'importe quelle situation et dans n'importe quel rôle qu'ils auront à jouer, ils se trouvent intellectuellement à la hauteur de leur tâche ?

Ce sont ces neuf dixièmes et demi qui doivent donner la mesure de nos études moyennes, et non le demi-dixième restant qui se consacre aux études supérieures. Toute autre méthode d'instruction est artificielle et fausse.

L'absence de spontanéité et d'initiative que nous reprochons à nos classes aisées, leur besoin de protection dans l'industrie et l'agriculture, leur timidité en matière commerciale, n'ont d'autre origine que l'exagération des études théoriques et littéraires qu'elles ont faites et qui sont sans rapport avec la vie pratique ; études non seulement inutiles, mais encore déprimantes pour les ressorts intellectuels de ces classes.

Effrayés du moins par les conséquences qui en dérivent pour la santé et les forces physiques de nos enfants, nous avons cherché à y remédier par la gymnastique et les jeux. Mais, en persistant toujours dans les mêmes errements, nous avons été jusqu'à les encourager par les concours ! Nous ne pouvons donc rien faire, pas même amuser et distraire nos enfants simplement et naturellement ?

Si dans l'enseignement secondaire on n'apprenait aux enfants que ce qui est nécessaire à leur carrière sans épuiser leurs forces, ils auraient à la fois plus de goût pour leurs études, et d'entrain pour leurs jeux, sans qu'on ait besoin de les y exciter par des prix et par des concours. Donnons leur de l'air dans leurs études, de l'espace pour leurs exercices et nous n'aurons plus la crainte d'en faire des anémiques et des névropathes.

Ce ne sont pas les espèces d'avortons qui sortent de nos grandes boîtes de lycées qui sont « fin de siècle » ; mais c'est l'instruction qu'on leur impose et l'éducation que l'on prétend leur donner.

Que nos études secondaires ne commencent pas avant l'âge de douze ans et ne se terminent pas avant l'âge de dix-huit, que toutes soient reculées de deux ans et appropriées au milieu et à l'avenir des enfants, et nous contribuerons plus à la santé de leurs facultés et de leurs organes que par tous les efforts que nous dépensons pour en faire des prodiges ou des clowns.

Que les internats soient interdits à l'intérieur des villes, et autorisés seulement, s'il en faut, à la campagne.

Si nous voulons que nos enfants deviennent des hommes sachant profiter et non abuser de la liberté, apprenons-leur à s'en servir.

Si l'on tient aux concours pour juger de la valeur des établissements et du mérite des professeurs, qu'on y appelle les élèves qui forment la moyenne des classes et non les premiers. Ceux-ci arriveront d'autant plus sûrement d'eux-mêmes qu'on les aura moins surexcités et fatigués. C'est l'enseignement de la masse qui prouve le mieux l'excellence de l'établissement, les capacités pédagogiques des maîtres, et répond le plus aux besoins du pays.

A l'âge de seize ans, quand ils seront devenus jeunes hommes, les élèves se décideront pour les sciences ou pour les lettres ; mais toujours ils pourront, si leurs goûts ou leur vocation venaient à se modifier, passer d'une section à l'autre. C'est un enfantillage de prétendre, par les mots *classiques* et *modernes*, décider à la fois des facultés des enfants et de l'avenir de leurs études. Comme c'est une chinoiserie de se figurer que, par des exercices successifs et savamment gradués, commençant dès l'âge le plus tendre, de la même façon qu'on forme les pianistes et les violonistes, on amènera les enfants à devenir des agriculteurs, des industriels, des commerçants éminents ou des ingénieurs, des littérateurs, des savants distingués. Et c'est plus qu'une chinoiserie, c'est une aberration mentale, de croire qu'on y parviendra en décidant d'avance de leur avenir par des examens et des concours.

Des jeunes gens n'ayant fait que des études primaires acquièrent sans peine les connaissances les plus difficiles s'ils ont du talent ; s'ils n'en ont pas, ce n'est pas le surmenage intellectuel qui leur en donnera; mais s'ils ont de la mémoire ils peuvent, comme les animaux savants, parvenir à répondre à toutes les questions et exécuter tous les tours qu'on leur demandera.

Nous voulons des élèves capables de suivre nos cours ! nous voulons des élèves préparés à notre [enseignement ! Faites vos cours et donnez votre enseignement le mieux que vous pourrez ; là s'arrête votre responsabilité, et laissez aux enfants et à leurs parents celle qui leur incombe, de choisir les études dont ils pensent pouvoir le plus profiter.

La base des lettres est le latin, c'est le grec qui devrait l'être. Nos pères ont pris au latin tout ce que le génie de notre race a été capable d'y puiser, aujourd'hui nos enfants n'y apprennent qu'à déformer le français ; tandis que la langue d'Homère leur reste incompréhensible, et tous les chefs-d'œuvre de la Grèce leur échappent aussi bien par leur simplicité que par leur grandeur.

Les mathématiques forment le fondement de l'étude des sciences ; c'est l'état industriel et commercial du pays qui devrait être la base de cette étude, car c'est à la fois le commencement et la fin de tous nos progrès dans les sciences et les connaissances positives.

L'enseignement des mathématiques supérieures et de la philosophie devrait être rayé des études secondaires. Avant que la pensée du jeune homme soit entièrement développée et qu'il soit devenu apte à juger par lui-même des hommes et des choses dans leur réalité, les abstractions des philosophes et des mathématiciens ne peuvent que lui fausser l'esprit en le bourrant d'idées préconçues ou de doctrines sans consistance.

L'idéal de l'enseignement serait que chacun fût instruit le mieux possible pour la carrière qu'il est appelé à remplir. Cet idéal ne sera jamais atteint. Tel qui se destinait au Conseil d'État échoue dans quelque bureau de banque ; tel autre qui était fait pour devenir un industriel hors ligne siège au Conseil d'État. Ces anomalies nous ont jetés dans la recherche d'un idéal absolument contraire : chacun doit être instruit pour être à même de remplir toutes les carrières possibles. Le professeur de latin devra l'enseigner comme si tous les élèves étaient destinés à devenir des latinistes, le professeur de géographie devra faire son cours, comme s'il n'y avait d'autre rêve pour tous que de vouloir être des géographes, et ainsi du reste. Dans les examens et dans les concours, chaque candidat est censé connaître toute la science de chacun de ses examinateurs.

C'est l'abrutissement systématisé.

Avant de perdre notre suprématie politique et militaire en Europe, il y avait longtemps que nous avions perdu notre suprématie intellectuelle et scientifique ; l'un ne fut que la conséquence de l'autre.

Les esprits clairvoyants le pressentirent le jour où nous nous sommes mis à la remorque des Kant et des Hegel. Ce n'est pas le second Empire, c'est notre effondrement intellectuel de 1830 à 1840 qui est la vraie cause de 1870.

Depuis, et en dépit de la terrible leçon que nous avons reçue, nous persistons dans les mêmes illusions.

C'est aux Allemands que nous avons commencé par emprunter les idées, et c'est encore aux Allemands que nous continuons à vouloir prendre toutes les formes de notre enseignement à partir des leçons de choses jusqu'aux *privat-docents*, jusqu'au projet de transformer nos Facultés en des Universités semblables aux leurs. C'est au point que nous ne comprenons plus la nature des progrès mêmes que nous avons faits dans l'instruction publique.

IV. Après la tourmente révolutionnaire, Napoléon avait réorganisé l'instruction publique comme le reste ; les élèves casernés dans les lycées étaient convoqués au tambour ; l'entrée dans les écoles spéciales, comme le passage d'un grade de l'armée à un autre, fut soumise à des épreuves nombreuses, et les élèves furent disciplinés militairement ; enfin les grandes Facultés avec l'instruction publique entière furent sujettes à une direction supérieure commune, l'Université.

De l'enseignement ainsi réorganisé sortit une génération puissante qui jeta une dernière gloire sur les lettres et les sciences, le droit et la médecine en France. Mais on ne saisit point ce qui en avait fait la grandeur et la force : la simplicité des études de l'enfance et de la jeunesse. On maintint donc soigneusement les formes extérieures, le commencement et la suite des épreuves, le casernement, et, ajoutant aux études celles des œuvres de la nouvelle génération, on compliqua et on alourdit en proportion l'enseignement.

C'était le contraire de ce qu'il eût fallu faire.

Avec le retour des libertés publiques, il eût fallu affranchir de même l'instruction moyenne et supérieure, et avec les découververtes et les progrès nouveaux, simplifier en proportion les études. Le résultat en fut un affaissement et une fatigue intellectuelle qui nous conduisirent à l'imitation allemande, à deux révolutions, à un coup d'État et à l'année terrible.

Le problème de la régénération de notre instruction supérieure se pose, sous le poids des faits, d'une manière non moins nette que celui de la réorganisation de notre instruction secondaire et primaire. A elle aussi, il faut de l'air et de l'espace, en l'imprégnant de l'esprit de nos institutions nouvelles ; ses caractères actuels ne sont plus de notre âge.

La division en Facultés distinctes de l'enseignement supérieur n'a été que le résultat forcé des progrès des sciences ; et malgré la centralisation extrême que lui donna l'empire, nous n'avons pas cessé un moment de suivre ces progrès ; mais au lieu de les coordonner de mieux en mieux dans notre enseignement supérieur, nous les avons éparpillés dans toutes les directions.

Que signifie le Collège de France, le Muséum, l'École normale supérieure, l'École pratique des hautes études, l'École des chartes, l'École polytechnique ? réunissez tous ces établissements d'instruction supérieure, qui sont sortis des entrailles de notre développement scientifique et littéraire à la Faculté des sciences et des lettres et vous en ferez la première des Facultés de l'Europe.

Que signifient à côté de la Faculté de droit, une École libre des sciences politiques, une École coloniale, une École des langues orientales vivantes, que signifient même l'Institut agronomique, et l'École supérieure du commerce ? toutes ces écoles ont pour objet, d'une part, l'étude des lois et, d'une autre, des formes administratives qui régissent le pays dans son existence agricole, industrielle et commerciale. Réunissez encore toutes ces écoles, qui se trouvent à des kilomètres de distance, en une Faculté des sciences législatives et administratives et vous ferez de notre École de droit, comme de la Sorbonne, une Faculté comme il n'en est pas dans le monde. On désapprend aussi bien l'interprétation vivante des lois existantes, qu'on désapprend de faire des lois nouvelles, si l'on ignore la constitution sociale, agricole, industrielle, commerciale et coloniale du pays.

Enfin, que signifie cette étrange organisation de nos études médicales qui, d'une part, dépendent, non pas de la Faculté de médecine, mais de l'Assistance publique, laquelle choisit, par des concours à sa fantaisie, les externes, internes et médecins des hôpitaux, et qui, d'une autre part, sont dirigés dans la Faculté même non par des hommes dont la vie est consacrée à l'étude de la science qu'ils enseignent, mais par des médecins et des chirurgiens, pour qui leur chaire est une réclame qui double le nombre, non des élèves, mais des clients. Organisation nécessaire dans l'enfance des sciences médicales, mais qui, vu l'extension qu'elles ont prise, nous a conduits à une infériorité dans leur enseignement telle que les Français les plus illustres dans les sciences indispensables à la Faculté de médecine, les Claude-Bernard et les Pasteur, ont enseigné l'un à l'École normale, l'autre au Collège de France ! Toujours et en toutes choses la boîte ! qu'il s'agisse d'une Faculté ou d'une école spéciale, qu'il s'agisse de Facultés réunies ou des universités en projet.

Entrons donc dans une voie plus heureuse, non seulement

pour l'avenir scientifique du pays, mais encore pour reprendre notre rôle historique dans la marche intellectuelle de la civilisation moderne.

S'il nous faut spécialiser de plus en plus l'enseignement primaire et simplifier, autant qu'il est en notre pouvoir l'enseignement secondaire en le fortifiant en proportion, généralisons au contraire l'enseignement supérieur par toutes les mesures possibles. C'est sa condition d'existence. En d'autres termes, conformons notre instruction publique dans ces formes successives aux exigences de notre état économique et social, et, dans sa progression, à la marche naturelle de l'esprit humain.

Les connaissances humaines se multiplient et s'étendent sans interruption dans toutes les directions ; il en dérive que, pour progresser, chaque science, en particulier, exige les connaissances de toutes celles dont elle dépend. Chaque découverte réagit directement ou indirectement sur le développement des autres connaissances, et chaque science doit être conçue dans ses rapports avec toutes les autres. L'astronomie peut être étudiée au seul point de vue des calculs mathématiques du mouvement des astres, elle peut l'être au point de vue des grands phénomènes naturels, lumière, chaleur, électricité, pesanteur ; elle peut même l'être au point de vue d'un seul de ces phénomènes ; ou bien, elle peut être envisagée au point de vue de son histoire propre, ou de l'histoire générale, au point de vue des croyances religieuses, des mythes, des légendes. Quel est le professeur qui voudrait prétendre l'enseigner dans son gigantesque ensemble ? encore ne prenons-nous pour exemple qu'une des sciences les plus simples par ses éléments.

En réalité, les grandes sciences naturelles, l'astronomie, la géologie, la botanique, la zoologie, tout comme les grandes sciences humaines, la philosophie, la médecine, la morale, la politique, se subdivisent à l'infini.

Quelles sont pour chacune d'elles, les conditions nécessaires à leur progrès ?

Ce sont les mêmes que celles des progrès de l'esprit humain ; et ce n'est qu'en les réalisant dans l'organisation de notre enseignement supérieur que nous sortirons de notre horrible système de « boîtes », en permettant à nos jeunes hommes de puiser, à pleines mains et en toute liberté, l'instruction qu'ils jugeront selon leurs goûts et leurs talents le plus propre au développement de la science à laquelle ils désirent se consacrer.

Point de règle, point de discipline possible ; nul ne prescrit des lois à l'esprit d'initiative et de découverte.

L'enseignement de tout professeur, si éminent soit-il est, forcément de vingt, trente ans, parfois d'un siècle en retard sur le progrès général des connaissances humaines. Qu'il ait même fait quelques découvertes importantes, ces découvertes se rapporteront à un point particulier, à une branche isolée de la science qu'il enseigne, tout le reste de ses connaissances, il les répétera telles qu'il les a acquises dans sa jeunesse, et dans le moment même où, sur d'autres points, dans une autre branche, à une autre Faculté, dans d'autres pays, se font d'autres découvertes qui transforment la science dans son ensemble.

On a vaguement compris ces caractères du développement des sciences et, à mesure qu'elles augmentaient, on a chargé les examens, doublé, triplé les concours, sans soupçonner que par ces moyens on sortait complètement de la voie du progrès. La science de chaque examinateur étant par elle-même de vingt ou de trente années en retard sur le progrès général, les disciples formés de la sorte enseignent à leur tour les connaissances qu'ils ont acquises de la même manière, et les vingt, trente années de retard se transforment en quarante, soixante ; ainsi nous avons perdu à force d'examens, de concours et de fatigue intellectuelle, notre suprématie scientifique en Europe.

Quiconque est obligé d'apprendre toutes les sciences n'en apprend convenablement aucune.

Que l'entrée dans les Facultés soit ouverte pour tout élève qui, sortant des études secondaires, présente simplement un certificat constatant l'achèvement de ces études, et les notes de la dernière année. C'est une des formes les plus absurdes de notre système d'instruction : loin de laisser aux élèves et à leurs parents la responsabilité du choix des études et de la carrière des enfants, ce sont des examinateurs auxquels les enfants sont absolument inconnus qui en assument la responsabilité monstrueuse en octroyant ou en refusant le diplôme.

Que les Facultés délivrent, comme à l'origine, les diplômes de bachelier, de licencié, de docteur, et qu'elles créent un baccalauréat servant à constater que le premier stage a été accompli dans les études les plus élémentaires de la Faculté même dans laquelle le jeune homme est entré. Ayons des bacheliers ès-sciences historiques et nous retrouverons des historiens, des bacheliers ès-sciences physiques, et nous aurons des physiciens, des bacheliers ès-sciences chimiques et nous aurons des chimistes, et ainsi de suite. Ce n'était pas la licence, c'était le baccalauréat qu'il aurait fallu diviser en le conformant au goût et au talent des élèves.

Délivrons le diplôme de licencié à tout étudiant qui, parvenu à la maturité des études, fait preuve de la connaissance parfaite d'une science et de ses branches principales.

Par contre, réservons le doctorat à tout étudiant qui, en se consacrant à une science spéciale, se distingue par un travail original et nouveau.

Autre chose est la partie pratique, autre chose la partie scientifique des études ; tant que, dans ces matières, nous aurons des idées obscures et confuses, les études que nous exigerons de notre jeunesse seront non moins obscures et confuses, et tous les sujets que nous formerons le seront de même.

Enfin, loin de vouloir faire des *privat-docents*, comme les Allemands, conservons avec soin ou rétablissons notre agrégation ; mais au lieu d'en faire le dépotoir de toutes les sciences de chaque Faculté, réservons-là aux seuls docteurs à la condition qu'ils fassent preuve de leurs capacités d'enseignement.

Ajoutez à ces réformes, qui seraient au fond aussi aisées qu'elles sont naturelles, une décision de l'État qui mettrait fin une fois pour toutes à la manie d'élever en cage nos futurs employés, fonctionnaires, professeurs et ingénieurs. Que l'État les choisisse tous, non à l'entrée mais à la sortie de leurs études supérieures. Qu'il exige en outre de tous, qu'en dehors des connaissances spéciales du concours, les candidats possèdent quelques notions de la vie pratique en agriculture ou dans l'industrie ou dans le commerce. Les candidats qui auront échoué cesseront d'être des fruits secs, et ceux qui auront été reçus, loin d'être des esprits surfaits ou des esprits défaits par des études en serre-chaude, resteront des hommes d'initiative et d'action.

Telles sont en quelques lignes et à grands traits les réformes que nécessiterait notre renaissance intellectuelle, littéraire et scientifique ; et, nous ajouterons, notre suprématie industrielle et commerciale dans le monde.

Sommes-nous encore capables de réaliser ces réformes ?

Dans le cas contraire, changeons le moins possible notre système d'enseignement actuel ; si mauvais qu'il soit, il est encore meilleur que toutes les modifications que nous pourrions y faire Tout faux progrès n'est que chute. Il n'y a de progrès réels que ceux qui sont conformes au développement naturel de l'esprit humain dans l'acquisition de ses connaissances et de ses découvertes.

Disons-nous bien que la question ouvrière, et la question sociale, de même que les questions internationales, c'est-à-dire, la guerre latente à l'intérieur comme à l'extérieur, n'ont d'autre origine que l'insuffisance de notre instruction ; et qu'en définitive, c'est aveuglés par le grand mouvement social, économique et intellectuel moderne, que nous avons, emportés par lui, rendu notre instruction entière, à commencer par les écoles primaires jusqu'aux examens d'entrée et de sortie des études supérieures, de plus en plus artificielle, lourde, pénible, au point qu'examinateurs et candidats semblent être devenus également impuissants, les premiers de poser des questions autres que des questions de mémoire, et les seconds de donner d'autres réponses que celles qu'ils ont apprises par cœur. La paralysie mentale en est la fatale issue.

## LÉGISLATION OUVRIÈRE

I. « Ce qui à l'époque de la Terreur se passait en France,
» écrit M. Sorel, était comme inintelligible au reste de l'Europe.
» D'après toutes les règles consacrées et selon l'exemple récent
» de la Pologne, la France aurait dû se consumer dans l'anar-
» chie, s'ouvrir à l'invasion, s'offrir de soi-même au partage.
» Tous les signes habituels s'y étaient manifestés : plus de gou-
» vernement, plus de finances, plus d'armée ; la guerre civile,
» les factions alliées à l'Étranger ».

La Terreur sauva la France, non par ses principes, qui étaient
plus abstraits encore que ceux des hommes de 1789, mais par
son organisation sans pitié de la défense nationale. « Le Comité
» de Salut public, continue M. Sorel, n'était plus qu'un atelier
» de police et un quartier général d'armée. Les policiers et les
» militaires, de plus en plus divisés sur tout le reste, s'accordè-
» rent cependant pour resserrer encore et tendre davantage le
» ressort de leur pouvoir. Le ministère de la Guerre était une
» gêne pour Carnot ; le ministère de la Justice une gêne, un
» embarras pour Robespierre ; Cambon formait tout le ministère
» des Finances avec son comité des finances ; le comité de sûreté
» générale tenait lieu de ministère de l'Intérieur, et le ministère
» des Affaires étrangères ne servait plus à rien (1) ».

Grâce à cette concentration extrême de tous les pouvoirs,
ceux-ci se maintinrent, et, grâce au patriotisme de l'armée, la
Terreur triompha de la coalition ; mais, à l'intérieur, aucun patriotisme, aucune concentration, aucune crainte ne put mettre
un terme à la désorganisation croissante, et les terroristes finirent par succomber à la terreur même qu'ils inspiraient. Les
Thermidoriens, le Directoire succèdent, l'anarchie reparaît,
avec la liberté d'action que chacun, débarrassé de la Terreur,
reprend.

Bonaparte, par une organisation administrative uniforme

(1) L'EUROPE ET LA RÉVOLUTION 4ᵉ partie, les frontières naturelles, p. 1 et 10.

donne des assises solides à l'unité nationale, en même temps que, par les codes, il règle les rapports publics, civils et commerciaux de tous les Français.

Une seule chose resta abandonnée à l'anarchie ; ce fut le travail.

Égarés par la crainte de voir renaître les privilèges des jurandes et des maîtrises, Bonaparte et le Conseil d'État, consacrèrent dans la législation nouvelle la confusion entre la liberté du commerce et la liberté du travail.

« A mon avis, écrit M. Glasson dans un remarquable mémoire sur le Code civil et la question ouvrière, « le silence à peu près » complet des auteurs du Code sur le louage de services s'ex- » plique par la façon dont ces auteurs ont procédé dans leur » œuvre. Pour tout ce qui concerne la théorie des obligations » et des divers contrats de la vie civile, ils se sont bornés à re- » produire les principales règles posées par le jurisconsulte Po- » thier. Or, Pothier ne dit pour ainsi dire rien du louage de ser- » vices ».

A l'époque où Pothier écrivait, de 1740 à 1760, les jurandes et les maîtrises conservaient encore leur autonomie ; les rapports des patrons, des ouvriers, des apprentis étaient réglés par leurs statuts et leurs règlements, et pour cette raison Pothier crut ne pas devoir s'en occuper. Les corporations disparurent, et avec elles leurs règlements, et leurs statuts, et les auteurs de nos codes, s'en tenant aux commentaires du jurisconsulte et à l'ordonnance maritime de Colbert, ne songèrent pas un instant à distinguer la liberté du commerce de la liberté du travail, et l'anarchie continua à subsister dans le travail.

Ce n'est pas dans les principes, c'est dans les faits qu'il faut chercher la vérité.

La vérité consiste si peu dans les principes que, du moment qu'ils renferment la moindre confusion d'idées, ils se transforment en sophismes, et, appliqués aux actes, ils les altèrent au point de troubler jusqu'aux notions les plus immédiates qu'on s'en fait. Ainsi, après avoir confondu la liberté du commerce et la liberté du travail, nous continuons à croire, très sérieusement, que les codes, parce qu'ils règlent les rapports civils et commerciaux, ordonnaient de même les rapports et les conditions du travail.

Le commerce se fait entre les nations les plus hostiles, entre les hommes qu'un intérêt momentané seul rapporche. Le travail, au contraire, s'accomplit par des hommes que les nécessités de leur existence même unissent ; il est le fruit d'une entente constante. Lorsque de deux nations ennemies, l'une soumet l'autre par ses victoires, elles continuent à commercer entre elles et conservent leur nationalité ; mais quand, par la communauté et la solidarité du travail, elles s'unissent, elles finissent par ne former qu'une même nation.

En considérant le travail comme une marchandise et en appliquant les prescriptions de nos codes aux relations des classes travailleuses et des classes dirigeantes du travail, nous avons établi entre elles les mêmes rapports superficiels qui, dictés par les intérêts du moment, déterminent le caractère des relations commerciales, et nous en avons fait comme deux nations rivales et hostiles, l'une triomphante, l'autre vaincue. Les uns n'offrant plus pour le travail, comme pour une marchandise, que le plus bas prix possible, les autres exigeant pour les produits de leurs efforts, le prix le plus élevé. Ainsi nous avons consacré par notre législation la lutte sans trêve entre eux, et légitimé la victoire du plus fort sur le plus faible, et, au lieu de l'entente, nous avons créé l'anarchie du travail, conséquence de l'anarchie des idées et de la confusion dans les lois comme dans les principes.

A partir de l'époque de désordre et d'impuissance qui suivit 1789, nous avons repris l'histoire des civilisations à rebours comme si nous voulions replonger la nôtre dans le chaos primitif.

C'est par l'organisation du travail que toute civilisation commence, *le chef de famille restant*, comme dit Bodin, *maître absolu dans sa maison*. Peu à peu des coutumes se forment, des relations régulières s'établissent entre les chefs de famille, et ils s'entendent pour créer un *droit gouvernement avec souveraine puissance*. Et le pouvoir souverain réagit sur l'ensemble pour l'ordonner, le diriger de mieux en mieux, selon les coutumes en vigueur, devenant par cela même, suivant l'expression de Bossuet, absolu. A partir de la chute de ce régime, nous suivons une marche inverse. C'est par le gouvernement le plus absolu, la Terreur, que nous commençons notre réorganisation ; un gouvernement encore despotique rétablit la sécurité publique, détermine les droits et les obligations des chefs de famille et règle les rapports commerciaux ; seul, le travail reste abandonné au hasard des compétitions de chacun, et insensiblement la lutte de tous contre tous renaît.

II. Chacun peut penser comme il lui plaît, mais nul ne peut

manger et boire comme il le désire. Loin de là, depuis la vie organique qui nous impose la faim et la soif jusqu'au sol et au climat du territoire que nous habitons, tout fait du travail et de ses différentes formes des nécessités. C'est plus qu'un sophisme, c'est une insanité de parler de la liberté du travail, quand c'est la plus implacable nécessité de l'humanité.

Que l'homme, dans ses chimères, se figure qu'il est libre de travailler ou de ne pas le faire, toujours faut-il qu'il travaille ou profite du travail d'autrui pour vivre.

Faire du travail une marchandise qu'on échange à son gré, alors que, sous peine de mort, il faut s'y soumettre, c'est réduire l'homme, qui offre son travail, à un état pire que l'esclavage ; portant le raffinement à l'extrême, ce n'est plus de sa personne, mais de ses privations et de ses souffrances qu'on trafique.

Il n'est pas de témoignage plus sombre de notre effondrement intellectuel que d'en être arrivé à devoir prouver que le travail est une nécessité et non pas une liberté.

La liberté intellectuelle de l'homme grandit en raison de son entente avec ses semblables ; sa liberté d'action se fortifie à mesure qu'il coordonne ses efforts avec les leurs. Cette coordination des efforts se fait par des coutumes quand les peuples s'élèvent à la civilisation, elle se fixe par des lois, lorsque les coutumes faiblissent ou disparaissent.

Quelques milliers de sauvages pourraient à peine vivre des produits naturels de notre territoire, et cependant trente-huit millions d'habitants y subsistent. Pour qu'ils puissent le faire en paix et sécurité, il faut que sans cesse les uns labourent le sol et le fassent fructifier, que d'autres tissent et façonnent les vêtements, fabriquent les instruments, construisent les habitations, pendant que d'autres encore dirigent ces travaux, ou répandent par l'enseignement les moyens d'entente intellectuelle et morale et l'instruction technique nécessaire au maintien des progrès accomplis, tandis que d'autres enfin les défendent tous contre les troubles intérieurs et les invasions du dehors. Que, dans cet enchaînement des efforts, non en vue de l'existence commune, nul n'en ayant conscience, mais en vue de sa subsistance propre, chacun travaille et profite du travail d'autrui, c'est une des conditions de l'existence de trente-huit millions d'habitants sur un même territoire. Que ceux qui doivent défendre et maintenir l'ordre ne le fassent point, que ceux qui doivent diriger, dirigent de travers, que ceux qui enseignent, fabriquent, construisent, tissent, façonnent, labourent, refusent de le faire parce que leur *marchandise travail* n'est pas assez rémunérée, tous retomberont fatalement à l'état de quelques milliers de sauvages vivant des produits naturels du sol.

Sous aucune forme, ni pour les individus ni pour les États, le travail n'est un effet de la liberté ; nous ne l'avons pas moins proclamée, cette liberté, et nous en avons inscrit le respect dans nos codes, décrétant, sans nous en douter, le retour à l'état sauvage en pleine civilisation.

Nos codes venaient d'être promulgués que, déjà en 1808, l'Empire se vit obligé, pour suppléer aux lacunes qu'ils renfermaient, de créer les conseils de prudhommes, afin de mettre un terme aux contestations incessantes entre ouvriers et patrons. Depuis, dans leurs transformations, les conseils de prudhommes suivirent pas à pas nos révolutions successives. A mesure que les anciennes coutumes, qui continuaient à régler les rapports des patrons et ouvriers, disparaissaient, les oppositions entre eux s'aggravèrent au point que récemment un patron, cité par un ouvrier devant le conseil des prudhommes pour le paiement du salaire d'une quinzaine, répondit : « Le jour de la paie, l'ouvrier est parti avec ma femme et la caisse » ! Le patron n'en fut pas moins condamné à payer le salaire de la quinzaine arriérée. Les ouvriers délégués au conseil des prudhommes reçoivent le mandat impératif de toujours soutenir les revendications des leurs ; les patrons pour échapper à cette tyrannie, suivent leur exemple. Ce n'est plus l'anarchie, c'est la lutte jusque dans les institutions destinées à la conjurer.

Il en est de même de notre législation ouvrière tout entière.

Les auteurs des codes, craignant le rétablissement des corporations, interdirent les associations des travailleurs. Des associations n'en continuèrent pas moins à subsister, en dépit des codes, et finalement on se vit obligé de créer une législation spéciale sur la constitution des sociétés industrielles et commerciales d'abord, et finalement sur les syndicats des ouvriers.

Par la première, on s'efforça de donner toutes les garanties imaginables aux associés : Assemblées générales, nomination de conseils de direction et de contrôle, communication des statuts au Conseil d'État, versement d'un quart du capital souscrit, constitution d'une réserve, etc. Rien ne servit ; sous la poussée des nécessités de chaque jour, l'exploitation des actionnaires devint un art, et les spéculations véreuses s'étendirent jusqu'aux institutions commerciales et financières patronnées par l'État lui-même.

Par la seconde on organisa légalement les oppositions des ouvriers, leurs conjurations et leurs luttes ; et les lois sur les syndicats devinrent des leviers pour toutes les ambitions désordonnées.

Loin de faciliter l'essor et la prospérité du travail, on ne fit, par toutes ces lois de circonstance, qu'organiser systématiquement la lutte entre les classes dirigeantes du travail et les classes ouvrières. Les demandes de protection des premières, les exigences, les revendications des autres ne s'arrêtèrent pas un seul jour.

On fit des lois sur les industries et les habitations insalubres, des lois sur le contrat d'apprentissage, des lois sur le travail des enfants, des filles mineures, des femmes dans l'industrie, et toutes ces lois encore, loin de diminuer le désordre, ne font que l'accroître. On n'ordonne pas le travail sans porter atteinte à la liberté individuelle et on commande encore moins les besoins journaliers qui l'imposent. En fixant l'âge et les heures de travail des enfants, des filles mineures, et des femmes, on ne leur donne pas plus du pain pour vivre, qu'on ne crée des habitations salubres et qu'on ne détruit les dangers des industries malsaines.

Quant aux lois protectrices du travail national, loin de protéger ce travail, elles ne font qu'aggraver les conditions d'existence de ce même travail. Impuissantes à donner naissance à la moindre production, elles ne contribuent qu'au renchérissement des objets nécessaires à la subsistance de tous.

A travers cette législation on peut suivre de degré en degré l'affaissement du travail national, jusqu'aux tarifs protecteurs que l'on a votés pour le conjurer.

Le dernier projet issu de toutes ces tentatives, destinées à un avortement certain, est l'établissement de vastes assurances contre les accidents, les maladies, la vieillesse des classes ouvrières. Transformées en lois dans certains pays, restées en suspens dans d'autres, elles sont, non le remède, mais la consécration de l'anarchie qui règne dans les rapports des classes productrices.

Prendre de l'argent dans la poche des uns pour le mettre dans celle des autres, fût-ce même pour soulager les infirmes, les malades, les vieillards, a été de tout temps un acte de violence : aucune loi n'en changera le caractère.

L'assistance publique prélève sur les plaisirs et les distractions du grand nombre une part destinée aux pauvres, aux malades, aux infirmes, c'est sous cette forme un don volontaire, comme l'aumône, la charité ; car chacun peut s'abstenir de ces plaisirs et de ces distractions. Il n'en est pas de même lorsqu'il s'agit d'un prélèvement général par voie d'impôt ou de versement obligatoire dans le même but.

Chacun travaille pour satisfaire ses besoins, peu importe ce travail, peu importent ces besoins ; prélever sur les produits de l'un une part quelconque destinée à contenter les besoins d'un autre, c'est ôter au bien-être du premier une part exactement proportionnelle à celle qu'on ajoute au bien-être du second. Tant que la chose se passe au sein de la famille, entre amis, voisins, c'est un stimulant à travailler davantage, mais du moment qu'elle a lieu entre inconnus, sans affection commune, sans conscience de leur solidarité, c'est la lutte entre ceux qui prétendent vivre de leur propre travail et ceux auxquels on accorde, pour quelque raison que ce soit, le droit de vivre du travail d'autrui.

On parle de l'exploitation sans pitié du travail par le capital. Entre le capitaliste et le travailleur, il existe du moins encore un rapport de solidarité ; le travail ne prospère que par le capital, et le capital ne prospère que par le travail, mais entre des hommes complètement inconnus les uns aux autres, et sans rapports sociaux et économiques appréciables, fussent-ils tous, les uns, des infirmes, des malades, des vieillards, les autres, des propriétaires, des financiers, des riches, les assurances universelles et obligatoires sont une exploitation qui, imposée par la loi, ne peut être maintenue que par la force.

On ne saurait imaginer une organisation législative plus antisociale, malgré le nom de socialisme d'État dont on l'a décorée. L'exploitation d'inconnus par d'autres inconnus, sans communauté d'instinct, sans affections mutuelles, sans aucun lien que celui qui unit les sujets d'un même État, c'est la désocialisation de l'État. C'est de plus la corruption forcée du travail. Les uns ne pouvant contenter leurs besoins dans la mesure de leurs efforts, restreindront ces besoins, et leur travail s'en ressentira ; les autres pouvant au contraire satisfaire leurs besoins sans travail aucun, ne tariront plus dans leurs réclamations de secours et de soutien : *panem et circenses !*

Depuis la proclamation de la liberté du travail, les salaires des ouvriers se sont accrus de deux cents pour cent ; leur situation s'est améliorée à tous les points de vue, et cependant leurs revendications ont augmenté sans interruption. Les assurances contre les accidents, les maladies, la vieillesse, loin d'être une solution de la question ouvrière, n'en sont qu'une forme nouvelle.

III. On ne refait pas plus qu'on ne crée un état économique, c'est l'œuvre des siècles. Ses origines se confondent avec celles de la civilisation, ses progrès se manifestent dans toutes les divisions sociales, et chaque événement de l'histoire politique en dérive.

Pour mettre un terme à la transformation des classes sociales en castes, nous avons proclamé l'égalité de tous les citoyens, et, aujourd'hui comme jadis, nous restons divisés en classes, dont les droits, comme les rôles, sont diversifiés à l'infini.

Nous avons proclamé la liberté du travail et depuis le sillon du sol qui doit être soulevé pour faire vivre la nation, jusqu'à la sécurité intérieure et extérieure qui doit être maintenue pour qu'elle puisse subsister, nous obéissons à des nécessités inéluctables.

Comprendre les conditions d'existence d'un état économique et y conformer les lois c'est faire de la politique clairvoyante ; mais vouloir le conduire ou le dominer par des lois, c'est s'abandonner à une politique aveugle.

Tout état politique à son origine, à son apogée, à son déclin, barbare, civilisé, déchu, n'est qu'un effet de l'état social du moment, lequel à son tour n'est que l'expression des coutumes et des mœurs, qui se forment et se modifient selon la façon dont chacun contente, par son travail et ses rapports avec autrui, les besoins de chaque instant.

Si l'on travaillait de cette manière... ! Si l'on établissait les rapports de cette autre... ! Ce serait fort beau ; mais un chacun agit selon les besoins qu'il éprouve, l'intelligence qu'il a, les forces qu'il possède, l'état économique suit son cours, l'état social change, l'état politique se transforme, et l'on ne compte qu'une illusion ou une chimère en plus.

Comment se fait-il que le travail, alors qu'il a traversé tant de révolutions successives, telles que l'établissement du patronage aux IXe et Xe siècles, l'affranchissement des communes aux XIe et au XIIe, l'arrivée des métiers à la direction des villes au XIIIe et XIVe, la création de manufactures et l'expansion coloniale au XVe et au XVIe, la séparation de la production industrielle de la production agricole au XVIIe, comment se fait-il, dis-je, qu'on en soit arrivé à détruire au XVIIIe les coutumes, les statuts, les règlements qui en avaient fait la force, et qu'on ait fini au nôtre, en proclamant une liberté impossible, celle du travail, par faire surgir du sein de progrès incessants un État de fermentation constante, de mécontentement général ?

Il a été montré comment des progrès du grand commerce et de la grande industrie est sorti l'appauvrissement graduel des classes moyennes, amenant la dégradation des classes supérieures et la désorganisation des classes inférieures ; de même que, de l'extension du commerce et de l'industrie en général, a surgi une séparation de plus en plus grande du travail commercial et du travail producteur ; séparation qui a eu pour effet l'asservissement et la misère croissante des classes inférieures (1).

IV. Suivons jusque dans leurs formes les plus élémentaires les progrès que nous avons accomplis, et les effets qui en dérivent pour notre état économique.

Que n'a-t-on pas écrit pour et contre le capital ? Il en fut des principes et des définitions doctrinaires comme des lois ouvrières : les oppositions n'ont fait que s'aggraver et grandir. Plutôt que de s'attacher aux mots, comme les médecins de Molière, il eut mieux valu étudier les faits.

Turgot et ses successeurs définirent le capital du travail épargné ; après quoi Karl Marx et les siens firent du capital l'épargne faite sur le travail de l'ouvrier.

Pour produire quoique ce soit, fût-ce un capital, il faut dépenser du travail, consommer des forces ; c'est donc une erreur de dire que le capital est du travail épargné. De plus, les produits d'un travail dépensé, pour qu'ils puissent servir à qui que ce soit, ou à quoi que ce soit, doivent être dépensés à leur tour ; dépense qui nécessite un nouveau travail ; jamais celui-ci n'est une épargne. Toutefois il se peut que, dans la transformation incessante des produits, une augmentation de force en résulte ; en ce cas, c'est un progrès au profit du travail ; dans le cas contraire, c'est une perte et, si elle est complète, une ruine. Quant au travail, il est tellement une dépense de forces, que les hommes de tout temps cherchèrent à y suppléer en transformant, en dépensant leurs produits de manière à en faire surgir une augmentation de leurs forces ; et, pour y arriver le plus facilement, ils échangèrent leurs produits les uns contre les autres, selon qu'ils espéraient en retirer un avantage dans

(1) Voir chapitres XIII et XIV.

la dépense de leurs forces. Mais, pour échanger les produits, il faut un terme de comparaison de leur valeur, la monnaie. Celle-ci du moins, on a pu l'amasser, l'épargner, la thésauriser, ce fut le capital proprement dit; mais à la condition, tellement la loi est générale, que cette monnaie épargnée, ce capital fût dépensé à son tour. Sans emploi, il est sans revenu, et ce n'est qu'en le dépensant de manière à augmenter les forces et accroître le nombre des produits, que la monnaie épargnée représente un capital véritable, donne un profit, des bénéfices, des intérêts réels.

Nous demandons pardon au lecteur de nous arrêter à ces faits élémentaires de la vie économique. Précisément parce qu'ils sont élémentaires, les conséquences les plus graves en résultent pour le progrès ou la ruine des États.

Qu'on abandonne le capital à la libre disposition de ceux qui le possèdent ou qu'on en réglemente l'emploi de toute façon, il n'acquiert sa valeur que du moment où il est dépensé, c'est-à-dire du moment où il est entré dans la circulation. C'est donc de la circulation des valeurs et non du capital que dépend la prospérité ou la ruine des peuples. Or, porter la main sur cette circulation qui n'est que l'effet des besoins et des efforts de tous, c'est comme si vous arrêtiez la terre dans sa course. Ainsi que la terre se réduirait en miettes cosmiques, la prospérité générale se transformerait en une misère universelle.

La monnaie, thésaurisée ou non sous la forme de capital, en espèces ou crédit, n'acquiert sa valeur que par son entrée dans la circulation, et devient la condition de tous les échanges et de toutes les transformations successives des produits. Par là, elle domine aussi bien la consommation que la production, les achats que les ventes, le commerce aussi bien que l'industrie, et acquiert par son rôle même une importance d'autant plus grande que la consommation et la production, les achats et les ventes, le commerce et l'industrie s'étendent davantage.

Tant qu'il n'y avait que le petit commerce et la petite industrie, de petites banques locales suffisaient à leurs besoins; elles recevaient en dépôt l'argent des uns, qu'elles prêtaient aux autres, et facilitaient la production et les échanges de tous, en payant de l'intérêt aux premiers, en le recevant des seconds, prélevant une commission sur les uns et les autres comme rémunération du travail propre dépensé.

Avec la naissance du grand commerce et de la grande industrie surgirent pour les mêmes raisons, et pour satisfaire les mêmes besoins, les grandes banques et les banques d'État.

Enfin avec la création de valeurs pouvant influer sur la circulation générale, il se forma de grands centres d'échanges, les Bourses, qui devinrent pour cette circulation ce qu'étaient les grandes fabriques pour la production et les grands magasins pour le commerce.

Le progrès fut continu, à partir de la misère primitive jusqu'au milieu de toutes nos richesses, mais ses formes et ses conditions premières restent les mêmes. Toujours le travail est une dépense, et toujours le progrès en résulte si ses produits croissent en nombre ou augmentent les forces.

Que savons-nous cependant des progrès et des pertes qui se font au sein de ce mouvement immense formé par la circulation des valeurs, de leurs transformations continues, de leurs dépenses incessantes et qui constituent la vie des peuples ? Rien. Deux conséquences en dérivent, l'une passagère, les paniques des Bourses : il suffit d'une fausse nouvelle pour que toutes les valeurs baissent subitement, comme si aucune d'entre elles n'était fondée sur un travail sérieux, une production réelle ; l'autre conséquence est constante. Elle consiste dans la tendance forcée de la circulation des valeurs d'aller par les échanges à la production la plus certaine et la moins coûteuse. En vain on forge les théories, on crie à la tyrannie du capital, on demande le partage des produits, on rêve la participation aux bénéfices, la question ouvrière éclate, la question sociale surgit, sans qu'il soit plus possible de modifier la nature de la circulation des valeurs que de changer la course du globe terrestre. Toujours, dans leur circulation, les valeurs iront au travail le plus certain et le moins coûteux, parce qu'il est le plus susceptible de progrès. Et si le travail national, par suite même de ces malaises, devient de plus en plus cher, chanceux, elles iront au travail étranger, entraînant la ruine du travail national.

Or, nous avons proclamé la liberté du travail et du commerce et nous avons produit des richesses incalculables ; mais du même coup aussi nous avons créé l'anarchie du travail et, inconscients de la circulation des valeurs qui en résultait, nous avons été conduits insensiblement à notre situation actuelle : la lutte de tous contre tous, le triomphe des plus forts sur les plus faibles, de l'argent sur l'industrie et le commerce, du commerce sur l'industrie, et de l'industrie étrangère sur l'industrie nationale.

Que peuvent, sur cette fatalité qui nous entraîne depuis un

siècle et qui tient de la nature même des choses, les tarifs protecteurs ou les institutions démocratiques, le suffrage des masses, ou les lois exceptionnelles ?

V. Si Napoléon, au lieu d'être pénétré de la nécessité de faire renaître l'ordre et la paix dans le pays, avait été imbu des idées de liberté des hommes de 1789, si, au lieu d'instituer le Conseil d'État et d'ordonner les rapports des citoyens avec l'État, de régler les responsabilités familiales, de rendre la fixité aux relations commerciales et la sécurité aux rapports des particuliers, il avait abandonné le tout à l'arbitraire individuel, il aurait replongé la France dans l'impuissance et l'anarchie dont la Terreur l'avait tirée. Mais son œuvre resta incomplète ; lui-même déjà créa les conseils des prud'hommes, la Restauration fixa les conditions de transmission et d'échange des valeurs mobilières ; et depuis il n'y eut point de gouvernement qui n'ait été obligé de faire ou de projeter des lois sous toutes les formes, croyant achever la grande œuvre napoléonienne ; malheureusement, ignorant l'immense portée de la circulation des valeurs, on se laissa entraîner, en chaque loi nouvelle, par les effets mêmes qui en dérivaient, et loin de diminuer on accrut le désordre.

Le travail et sa production, pas plus que le commerce et ses échanges, pas plus que la famille et ses biens, ou l'État et ses sujets, ne sauraient être livrés au hasard des spéculations et des passions humaines. Il est une force supérieure, la circulation des valeurs, qui est l'expression exacte de la nature de tous les besoins et de tous les efforts et qui, quoiqu'il advienne, fait justice des peuples incapables d'ordonner de mieux en mieux le travail et sa production.

Autre chose est la liberté individuelle, autre chose la nécessité du travail. De la première, de ses inspirations, de son initiative, émanent tous les progrès des peuples ; de la seconde, la satisfaction de tous leurs besoins. Si la liberté individuelle est étouffée, c'est l'arrêt du progrès des découvertes, des inventions ; si la nécessité du travail n'est pas ordonnée ou l'est mal, c'est la source de tous les mécontentements, de tous les désordres.

Soyez libres dans vos rapports avec l'État le plus que faire se peut ; mais si vous commettez des actes contraires à ses institutions vous encourez telles responsabilités !

Soyez libres autant que possible dans vos affections familiales ; mais si vous accomplissez des actes qui menacent la constitution de la famille et la solidarité de ses membres, vous vous exposez à telles répressions !

Soyez libres dans vos échanges comme dans vos relations avec vos concitoyens ; mais si la sécurité ou seulement la facilité de ces relations ou de ces échanges se trouvent compromises par vos actes, vous assumez telles responsabilités et vous encourez telles répressions !

Le code Napoléon n'a point d'autre sens au fond. Il mit fin à l'anarchie civile de l'époque, et ne laissa subsister que celle du travail.

Pour y mettre un terme, il n'y a qu'à compléter le code.

Inutile de créer des tribunaux de faveur ; inutile de garantir les entreprises commerciales et industrielles ; inutile d'organiser des syndicats hostiles ; inutile de fixer les heures de travail ou les salaires, de protéger les femmes, les enfants, de réglementer les industries ou les habitations insalubres ; inutile enfin de décréter des assurances contre les accidents, les maladies, la vieillesse ; respectez en toutes choses la liberté individuelle, mais fixez les responsabilités qui retombent sur chacun en matière de travail. Soyez législateurs avant d'être politiciens.

Ce n'est point par des lois incohérentes, aussi contradictoires en elles-mêmes que contradictoires entre elles, que renaîtront l'ordre et la paix sociale ; mais c'est par un code du travail parfaitement ordonné en toutes ses parties et spécifiant la responsabilité des actes de tous les travailleurs, peu importe qu'ils manient la bêche ou spéculent avec des millions.

Pas plus que l'homme, son travail, qui est lui-même, n'est une marchandise. Apprenez à distinguer la liberté indispensable au progrès du travail, de tous les abus qui dérivent de l'exercice de cette liberté. Les spéculations véreuses, l'usure commerciale, l'exploitation du travail d'autrui, sont des ruines, non des progrès ; reconnaissez-en les caractères et déterminez les responsabilités de leurs auteurs.

En tout état social, le travail est un appui mutuel, commandé par les nécessités les plus cruelles de l'existence humaine, et les entreprises commerciales, les spéculations financières en sont des formes secondaires et des allègements. Respectez-en tous la liberté individuelle, elle est la source de tous les progrès, mais fixez les limites où cette liberté se transforme en sujétion du plus faible au plus fort, du plus honnête à celui qui l'est moins, du plus loyal au plus retors, car ce n'est pas là de la liberté. L'homme ne possède pas à l'égard de son prochain la liberté du mal.

Enfin, si les accidents, les maladies, la vieillesse sont une dernière conséquence des nécessités de l'existence humaine, sachez distinguer la part qui en revient à chacun et la part qui incombe, dans notre organisation familiale et sociale, à autrui. Par cela seul que le travail est un appui mutuel, les accidents, les maladies, la vieillesse qui en dérivent créent une solidarité qui est susceptible d'être fixée d'après la nature de cet appui même et selon les responsabilités qui en résultent.

Là, et là seul, est la fin de l'anarchie actuelle et la solution de la question ouvrière.

Nous ne nous cachons aucune des immenses difficultés que présente la rédaction d'un CODE DU TRAVAIL, digne de notre Code civil et de notre Code de Commerce ; mais il est impossible qu'en un siècle à peine nous ayions tellement dégénéré que l'entreprise dépasse nos forces, et qu'il ne nous reste d'autre issue que de fausses doctrines ou des rêves insensés, qui ne sont à leur tour que l'expression de notre anarchie intellectuelle.

## Role de la religion

I. Toutes les réformes se tiennent.

Par une revision des tarifs douaniers en vue de la protection du petit commerce et de la petite industrie, on leur rendrait la prospérité et par cela même on faciliterait aux ouvriers mécontents l'arrivée au patronat et à l'indépendance qu'ils ambitionnent.

Par une répartition meilleure des impôts, on donnerait au grand commerce et à la grande industrie toutes les facilités de leur expansion au dehors, et dans les mêmes proportions qu'ils importeraient les produits ou les richesses de l'étranger, ils accroîtraient le bien-être national.

Par un amortissement régulier de la dette, on rendrait à la circulation des valeurs son cours naturel, et, en augmentant la participation de la haute finance à la production et à la consommation générale, on transformerait le poids dont elle pèse sur le pays en un levier de la reprise des affaires.

Par une réorganisation de l'instruction publique, ayant pour objet le développement des connaissances nécessaires à chaque profession, chaque métier, chaque science, le génie national retrouverait son essor dans toutes les directions.

Enfin, par un code du travail, respectant toutes les libertés d'initiative et d'association, mais déterminant les responsabilités de chacun, on empêcherait les actes dangereux ou nuisibles au bien-être public, sans entraver les autres, laissant au pays sa spontanéité entière.

Ces différentes réformes sont solidaires les unes des autres et constituent dans leur ensemble les conditions mêmes de notre vie politique.

Nous ne mentionnons aucune réforme de nos institutions publiques. Les institutions publiques ne sont que des effets, non des causes. Dans les époques de prospérité, toutes sont excellentes ; en temps de crises et de misère, toutes paraissent détestables.

Des caractères du travail et de ses nécessités provient la diversité des classes et de l'action que celles-ci exercent .es unes sur les autres, les formes que prennent les institutions publiques. Avec les caractères et les nécessités du travail se modifient les institutions ; ce n'est pas avec les institutions que se modifient les caractères et les nécessités du travail.

Il en est absolument de même de la religion. Ainsi que les institutions publiques sont l'expression de la forme matérielle, la religion est l'expression de la forme morale de la vie des peuples. L'étude des religions appartient, comme telle, à la morale et se confond avec l'histoire des civilisations.

Lorsque des questions religieuses surgissent dans l'histoire politique, c'est toujours par suite de l'insuffisance des croyances, et des fautes commises par les gouvernements. Aussi ne nous y arrêterons-nous que pour autant que ces fautes se maintiennent et, comme la question ouvrière et la question sociale, deviennent des faits permanents.

II. Par la communauté du langage, les hommes créent leur entente réciproque ; par la communauté des coutumes, ils fixent leurs droits et leurs obligations réciproques ; par la communauté de leurs craintes et de leurs espérances, ils fondent les religions.

Or, il a été montré, en commençant ces études, que la politique, tout en dépendant des coutumes d'une part et des mœurs de l'autre, n'a aucune prise sur ces dernières. C'est exactement le contraire de la religion, devenue coutumière comme les institutions publiques : elle n'a de prise que sur les mœurs.

Ainsi que le langage, les coutumes et la race même, se forment avec le lent développement des peuples, ainsi se propagent et se transmettent aussi les croyances. La communauté dans les craintes et les espérances s'établit, prend des formes précises, devient préceptes, culte, dogmes, qui par leur pratique générale deviennent coutumes et, par leur enseignement individuel, se confondent avec les mœurs.

Aussi les croyances religieuses partagent-elles dans toutes leurs manifestations le sort des mœurs. Plus les croyances sont simples et fortes, de même que les mœurs, plus, par l'action qu'elles exercent sur les générations successives, elles contribuent à leur civilisation rapide et puissante. Et, ainsi que les mœurs encore, les croyances se retrempent dans les privations et la misère, se corrompent dans l'abondance et la richesse. Enfin de même que les mœurs, elles résistent à la force brutale et triomphent de toute politique. On ne commande pas plus les croyances qu'on ne décrète les mœurs d'un peuple.

Sans la communauté des craintes et des espérances, point d'aspirations sociales, point d'efforts identiques, point de progrès intellectuel et moral vers des certitudes plus grandes.

Tel est le rôle de la religion. Elle n'ordonne pas les aspirations dont elle est issue, elle ne commande pas les affections qui en font le soutien, mais elle interprète les premières en se transformant en dogme, et elle dirige les secondes par l'enseignement des devoirs qui en dérivent en se changeant en culte. Peu importent ces dogmes, peu importent ces devoirs et ce culte ; leur observation constitue le mérite et le démérite, et les formes de leur enseignement donnent naissance à la hiérarchie dans l'Église.

Qu'au sein d'une même religion des sectes se forment, que la philosophie s'en détache, à la recherche d'une certitude plus grande, d'une vérité plus haute, d'une morale plus pure, les sectes se changeront en religions nouvelles, la philosophie donnera naissance à des écoles multiples ; mais ces écoles et ces sectes ne continueront à subsister que par la communauté des croyances. Un philosophe sans disciples n'est qu'un fantaisiste, un sectaire sans partisans n'est qu'un illuminé.

En revanche que, par leurs oppositions, la lutte entre les croyances éclate, leurs violences seront implacables. De toutes les guerres, les guerres de religion sont les plus terribles parce que l'homme y est porté par toutes ses espérances et par toutes ses craintes. Que les sectes invoquent pour se maintenir le bras séculier, aussitôt la politique entraînée par les croyances devient non moins impitoyable dans ses exigences, et implacable dans l'emploi de sa force. Soutenues par la politique, les religions ne se propagent que par le sabre et ne se maintiennent que par les *auto-da-fè*.

Les domaines de la politique et de la religion sont tellement distincts que, même dans des questions qui semblent tenir des deux domaines à la fois, telles que la question ouvrière ou la question sociale, la politique et la religion ne peuvent que se faire tort et se compromettre réciproquement en acceptant l'une le concours de l'autre.

Qui n'est convaincu, parmi les hommes de religion, et combien d'hommes politiques partagent la même opinion, que si l'on confiait à l'Église l'enseignement public, elle mettrait un terme au mécontentement des classes ouvrières en leur apprenant la soumission, la discipline, l'abnégation, en même temps qu'elle instruirait les classes dirigeantes dans la lourde responsabilité qui leur incombe, en leur montrant la nécessité du sacrifice et du dévouement à leurs semblables ? Soumission, discipline, abnégation d'un côté, sollicitude, dévouement, sacrifice de l'autre, qui seraient, semble-t-il, non seulement, la solution de la question ouvrière, mais encore celle de la question sociale.

Que les hommes d'Église et les hommes d'État imbus de ces illusions méditent les événements du siècle dernier. Au moment de la révocation de l'Édit de Nantes, l'Église avait la toute puissance d'un Louis XIV à son service et l'enseignement public tout entier dans ses mains ; un siècle après, l'Église aussi bien que la royauté sombraient dans la Révolution qu'elles avaient été toutes deux également impuissantes à prévoir et à conjurer.

Là où l'enseignement religieux est compris, parce qu'il répond à des aspirations vivantes et à des affections réelles, il obtiendra toujours des actes d'abnégation, de dévouement et de charité sublimes ; il en fut ainsi au siècle dernier, il en sera de même au nôtre. Mais partout aussi où ce même enseignement se heurte à des nécessités de l'existence dont il est incapable de triompher, il soulève des oppositions et des haines d'autant plus implacables que ces nécessités le sont elles-mêmes davantage. Il en fut ainsi au siècle dernier, et il en est de même au nôtre. Que les hommes d'Église y songent avant d'assumer une charge aussi lourde que celle de la réforme de notre état économique et social.

Nous ne sommes plus à l'origine de notre histoire, où l'admirable enseignement de l'Église chrétienne, prodigué à des peuples barbares, mais nobles et généreux de race, trouva tous les éléments nécessaires à son expansion rapide et glorieuse. Nous nous trouvons à la fin menaçante d'une civilisation, troublée jusque dans les conditions premières de son existence, où tous les égoïsmes sont déchaînés et où la lutte de tous contre tous, née de l'anarchie du travail, apparaît comme le principe dominant de notre époque entière. Que peuvent l'abnégation, la discipline, la soumission chez les uns, la sollicitude, le sacrifice, le dévouement chez les autres, alors que le malaise, les inquiétudes, le mécontentement proviennent des progrès accomplis dans toutes les directions de notre civilisation même, civilisation dominée par la loi d'airain qui régit l'humanité entière :

pour vivre, il faut que les hommes travaillent; pour subsister, ils doivent se propager ; lois dont proviennent des souffrances et des misères exactement proportionnelles à chaque obstacle qui s'oppose à son action.

III. La solution de la question ouvrière n'est pas du domaine de la religion ; mais de celui de la politique qui seule a pour mission de protéger le travail, d'en garantir la sécurité et d'en assurer les relations, non par des dogmes, des préceptes, des vertus, mais par la force, conformément aux coutumes ou aux lois. Toutes les formes, toutes les institutions de la politique, la constitution des États, n'ont d'autre raison d'être. Mais sans le concours des croyances religieuses, la politique est, à son tour, impuissante à réussir dans sa tâche.

Tout homme par les droits que les coutumes ou les lois lui concèdent est un citoyen, et, par les craintes qu'il éprouve, les espérances qu'il conçoit, est un croyant. Que dans la vie commune les droits revendiqués par les uns froissent les croyances professées par les autres, ou que les croyances de ceux-ci empêchent l'exercice des droits des premiers, la lutte éclate entre eux, et chacun ambitionnera le pouvoir pour faire prévaloir ses prétentions. Or, dans cette lutte, par un retour qui paraîtra fort naturel si l'on songe à la toute puissance des mœurs, ce n'est jamais le droit, ce sont toujours les croyances qui l'emportent. C'est le secret des triomphes de la Religion à travers tous les cataclysmes qu'elle a traversés.

Jamais la religion n'est plus forte que lorsqu'elle est persécutée, jamais l'État n'est plus faible que lorsqu'il se fait persécuteur, quelle que soit la question soulevée : travail, institutions, dogmes, discipline, enseignement.

Que l'État se défende par des lois générales, qu'il crée des lois exceptionnelles, prenne des mesures contre les réunions religieuses, et finisse par fermer les églises, interdire le culte, ce n'est pas la religion, c'est l'État qui en pâtira. Aux réunions publiques succéderont les réunions secrètes, les caractères comme la foi se fortifieront dans la lutte ; les dogmes devenant plus intimes, et leur pratique exigeant plus de courage et de sacrifices, s'élèveront ; dans la même mesure leur action grandit, ils reprennent leur influence sur les masses, et finalement ce n'est pas la religion, c'est l'État persécuteur qui succombera.

Que l'État, se rendant compte de son impuissance, entreprenne de combattre la religion dominante en favorisant les croyances contraires, la lutte commencera entre les sectes, et le résultat sera toujours le même. Partout les croyances et le culte qui répondront le mieux aux appréhensions et aux espérances des masses redeviendront dominants, et ce n'est pas la religion, c'est l'État qui se soumettra.

Que l'État enfin, désespérant de mettre un terme à la lutte des sectes, proclame la liberté de conscience et la protège par tous les moyens à sa disposition, le calme se rétablira en apparence, la lutte persistera dans toutes les conditions, non de la vie politique, mais de la vie sociale. Les croyances qui répondront le mieux aux craintes et aux aspirations du plus grand nombre reprendront insensiblement leur ascendant, tandis que les autres, se subdivisant en sectes, ou s'émiettant dans les croyances privées, ne retrouveront leur cohésion que pour reprendre et continuer la lutte par le moyen de la politique, recommençant toutes les sottises des religions faisant de la politique, et des politiques imposant des croyances.

Ce n'est pas sans raison que la religion se dit éternelle : elle l'est en effet comme les craintes et les espérances du cœur humain. Aussi n'est-ce point dans la lutte, mais dans la recherche de l'accord entre l'État et les croyances que consiste l'art et la science de la politique.

IV. Pour maintenir l'ordre, Napoléon, en dépit de son génie et de sa puissance se vit obligé de rétablir la paix religieuse ; il conclut le Concordat. Son œuvre administrative et législative n'en resta pas moins incomplète ; l'anarchie dans le travail persista, et Léon XIII, près d'un siècle plus tard, n'y voit d'autre solution que de commander par une première encyclique le retour aux croyances, et par une seconde, le respect des institutions républicaines.

De la sorte, ce problème du travail qui semble si terre-à-terre, et du domaine seul de la politique intérieure, prend son envergure entière, se révèle dans sa force, s'élève aussi bien au-dessus de la politique intérieure que des croyances religieuses, et atteint les relations non seulement commerciales mais encore politiques des États.

Le pape, chef de l'Église catholique et, comme tel, de la croyance religieuse d'États nombreux, doit à ce titre jouir d'une indépendance complète ; sinon, soumis à la politique d'un État particulier, il perd son autorité et compromet les croyances. L'Italie, sans consulter les puissances et sans se rendre compte de l'importance de ses actes, octroya à la papauté les lois de garantie, et, pour soutenir une politique qui se mêla des affaires religieuses, sa monarchie recherche l'alliance d'autres monarchies. Il en résulta des alliances qui en provoquèrent d'autres, des luttes d'influence et des menaces de guerre ; mais ces menaces de guerre et ces alliances ne prévaudront pas plus contre les nécessités du travail que les croyances ne les domineront.

Par l'accroissement des charges militaires, la misère dans les classes inférieures augmente, et la participation des classes dirigeantes à la politique se trouble, en même temps que, mêlée à la politique, l'autorité religieuse, qui seule a une action sur les mœurs, se perd. Les classes dirigeantes en deviendront d'autant plus impitoyables dans l'exploitation des forces des classes ouvrières, et celles-ci plus exigeantes dans leurs revendications, sans autre fin que la guerre civile, qui achève de rompre tous les liens de l'État.

La politique ne peut rien sur les mœurs ; que peut-elle sur les aspirations, les craintes, les espérances des masses, sinon agir sur elles par la violence et la force, comme à l'égard de toutes les difficultés dont elle est impuissante à triompher autrement ? On gouverne les hommes par leurs coutumes ou par des lois fondées sur les coutumes ; vouloir leur prescrire des aspirations, ou leur dicter des devoirs qui toujours se forment et renaissent avec les initiatives et les inspirations individuelles, c'est changer le gouvernement en tyrannie et la soumission en esclavage ; encore si la tyrannie et l'esclavage y suffisaient ! Seule la terreur peut, pour un moment, mettre un frein aux aspirations des masses.

En chaque homme il est une part consacrée à la satisfaction des nécessités de son existence et une autre qui est l'expression de ses craintes et de ses espérances ; celles-ci sont le stimulant de ses efforts, celle-là est leur soutien. Que les oppositions éclatent entre ces deux parts dans une même conscience, ou qu'elles se manifestent au sein d'un peuple, dans les rapports de l'État et de la religion, l'effet sera toujours le même, le suicide. L'individu, incapable de satisfaire ses besoins et perdant l'espérance d'y parvenir se détruit ; l'État impuissant à coordonner le travail de tous de manière à répondre à leurs espérances et à leurs craintes, soulève les révoltes et disparaît.

*La liberté, la force, les progrès, la civilisation, sont en raison directe de l'entente qui règne entre les hommes et en raison inverse des violences qu'ils commettent pour l'établir.* La loi vaut non seulement pour les institutions publiques, mais encore pour les rapports de l'Église et de l'État.

Toute religion qui fait de la politique est une erreur ; toute politique qui se mêle de religion en est une autre ; mais l'erreur est portée au comble, lorsque les deux se combattent.

## La politique étrangère. — Talleyrand

I. Des faits permanents dérivent les lois qui régissent la politique, parce qu'ils constituent les conditions d'existence des peuples ; et chaque évolution de la politique intérieure des États a ses faits permanents propres qui la distinguent de l'évolution qui la précède comme de celle qui la suit.

Il en est de même de la politique étrangère, mais le sujet étant beaucoup plus vaste, les faits permanents y sont infiniment plus difficiles à saisir.

Un homme, diplomate de génie, en a signalé, bien avant nous, la vérité et la force.

Le 1ᵉʳ février 1795, Talleyrand écrivit de Philadelphie à son ami lord Lansdowne, à propos des relations entre les États-Unis et l'Angleterre : « Si je saisis bien ces questions et que j'en obtienne la réponse dans toute leur étendue, je serai autorisé à porter mes vues au delà du moment présent, et à former de plausibles conjectures sur la durée ou le changement des rapports actuels. Peut-être même l'avenir n'est-il pas si difficile à bien prévoir que l'instant présent n'est difficile à bien connaître ; car c'est un moment bien embarrassant pour observer que celui où les passions, partout poussées jusqu'à l'extrême, ne laissent ni aux hommes ni aux choses leur caractère naturel. Quelle attention ne faut-il pas pour démêler les ressorts de ces passions différemment agissantes, distinguer, séparer les effets qui appartiennent à des causes diverses et, dans leur contradictions apparentes, saisir ce qui est occasionnel et passager, pour ne pas le confondre avec ce qui est permanent et indépendant de la mobilité des circonstances? Dans de tels moments, il n'y a point de différence entre un jugement léger et un jugement faux : l'erreur est à la surface, il faut approfondir pour trouver la vérité (1).

Nous citons le passage en entier à cause de son importance,

(1) G. Pallain, *La Mission de Talleyrand à Londres*, p. 475.

il nous révèle le secret du génie de Talleyrand, la règle de la méthode qu'il a suivie dans l'observation des hommes et des événements : il faut distinguer, séparer les effets qui appartiennent à des causes diverses,... saisir ce qui est occasionnel et passager pour ne pas le confondre avec ce qui est permanent, indépendant de la mobilité des circonstances.

C'est-à-dire, il faut, pour découvrir la vérité en politique comme en histoire, distinguer les faits accidentels, toujours mobiles et changeants, de leurs causes profondes, toujours permanentes. Règle si juste que Talleyrand, après l'avoir exposée, en fait l'application et trace à lord Lansdowne un tableau tellement exact des États-Unis, à peine sortis de leur révolution, et de la reprise de leurs relations avec l'Angleterre, que sa lettre, après un siècle, est encore vraie par la justesse des vues comme par la précision des conseils. Il examine les mœurs, les coutumes, les lois et les institutions, les goûts journaliers, et découvre, jusque dans les nécessités industrielles et commerciales et dans les phénomènes du crédit et du change, que l'Angleterre retirera plus d'avantages de sa grande colonie révoltée que de son ancienne domination.

La découverte des faits permanents dans les rapports des États, fut le secret du génie diplomatique de Talleyrand.

II. Dès sa première mission à Londres, dont il fit un chef-d'œuvre d'art et de science diplomatiques, il se révèle à nous dans toute la puissance de son génie. Il faut que la France libre recherche l'alliance de l'Angleterre libre, et, pour l'acquérir, elle doit la mériter en se donnant une flotte par laquelle elle puisse se faire respecter ; il faut qu'elle s'ouvre avec l'Angleterre le monde des colonies espagnoles et maintienne solidement les bases de sa constitution nouvelle, afin de laisser à l'Europe le temps de prendre confiance dans le régime nouveau. Ni Louis XVI ni ses ministres ne comprirent ces vues ; Talleyrand obtint tout ce qu'il pouvait obtenir : la neutralité de l'Angleterre.

Dans la préface du *Ministère de Talleyrand sous le Directoire*, M. Pallain écrit avec une justesse parfaite : « Dès 1792, son programme était complet ; il l'expose dans son *Mémoire sur les rapports actuels de la France avec les autres États de l'Europe* ; il le rappelle dans ses nombreuses négociations, dans ses nombreux rapports au Directoire, toujours présentés, toujours défendus, le plus souvent sans succès, par lui-même ainsi que l'attestent les procès-verbaux du Directoire... C'est lui qui demanda la libre navigation du Rhin ; c'est lui qui sollicitera l'occupation de Malte et l'expédition d'Égypte, et, n'ayant pu conclure la paix avec l'Angleterre, c'est lui qui voudra faire de la Méditerranée un lac français. N'est-ce pas lui qui, devinant les destinées de l'Afrique, introduira dans le traité d'Amiens une disposition qui réserve l'accès de la côte africaine au pavillon national ?

« C'est que Talleyrand, comme Mirabeau, avait compris la transformation profonde que l'abolition des privilèges et l'avènement de la souveraineté nationale allaient imposer à la France. Il avait compris le développement économique, industriel et commercial que les temps nouveaux devaient voir ; il avait compris le mouvement extraordinaire et prodigieux d'activité que la disparition des entraves intérieures, la destruction des privilèges et des corporations, l'affranchissement du travail, en un mot, allaient imprimer à la France de 1789 (1) ».

Ne pouvant triompher des oppositions du Directoire, ni des résistances de l'Espagne et de la Hollande, Talleyrand échoue dans les négociations de Lille, pendant que Bonaparte mène à sa manière celles de Léoben et de Campo-Formio. Le congrès de Rastadt se réunit, le grand diplomate reprend son œuvre. Cette fois, c'est l'Empire et les petits États d'Allemagne, et toujours le Directoire, qui lui résistent. Tout à coup, il abandonne les négociations et se tourne vers Berlin, voyant que la Prusse seule lui offrira le soutien qui, de toutes parts, lui fait défaut ; mais de ce côté, ne pouvant pas plus faire de Sieyès un diplomate que du roi de Prusse un homme d'État, il échoue encore, prédit la triste fin du congrès de Rastadt et prévoit la nouvelle coalition.

Quel fut son véritable rôle à l'époque brillante du Consulat, quel fut la part qu'il prit dans le rétablissement de la paix entre l'Église et l'État, quel fut son but dans les négociations d'Amiens, quels furent ses efforts dans la reconstitution de notre personnel diplomatique, ses vues dans l'affermissement du crédit public ? Les recherches infatigables de M. Pallain, la publication de l'histoire du Concordat, par M. Boulay de la Meurthe, nous le révéleront. Déjà les documents publiés par M. Bertrand nous font entrevoir en Talleyrand le véritable fondateur de la Banque de France.

L'Empire s'élève, et bientôt Napoléon, à son tour, comme l'avaient fait le Directoire et ses commissaires, comme l'avaient

_____

(1) G. PALLAIN, *le Ministère de Talleyrand sous le Directoire*, Introduction, p. XXXVII.

fait Louis XVI et ses ministres, échappe à Talleyrand. Il supplie l'empereur de ne pas aller en Espagne, le conjure de ne pas rechercher l'alliance de la Russie, mais celle de l'Autriche. Sa voix demeure sans écho. Il s'éloigne de Napoléon, comme il s'était éloigné du Directoire, comme il s'était éloigné de Louis XVI. Ce ne fut pas lui qui abandonna les gouvernements ; ce furent les gouvernements qui l'abandonnèrent, pour marcher, chacun à son tour, vers la ruine, la ruine fatale, que Talleyrand avait prévue.

En 1815, il se retrouve seul en face d'une Europe victorieuse, désorientée par la chute du colosse qu'elle vient de renverser, et il s'élève, avec un tact incomparable, à cette situation unique dans l'histoire, signalée par M. de Broglie, d'un diplomate qui, sans armée victorieuse, sans autorité traditionnelle souveraine, domine tout un monde de ministres, d'ambassadeurs, de rois et d'empereurs hostiles, par cela même que seul il comprend les causes profondes qui ont bouleversé l'Europe et, d'un mot, sait indiquer la solution des difficultés dans lesquelles on se débat (1).

La Restauration le néglige à son tour, dédaigne les conseils et les discours du pair de France, s'engage dans une voie contraire à celle qu'il indique, pour tomber comme l'Empire, comme la République, comme la royauté. Talleyrand reprend son travail de Sisyphe, sauve une fois encore l'Europe d'une guerre générale, affermit la France dans une révolution nouvelle, lui concilie l'Angleterre, et signale aux gouvernements, — avec cette même clairvoyance lumineuse dont il fit preuve, au début de sa carrière diplomatique, en jugeant l'Amérique, — les causes profondes des troubles périodiques, le fait permanent de l'évolution de la société moderne : l'avènement des classes populaires, d'où la nécessité pour les États, afin de maintenir la paix entre eux, de respecter le principe de non-intervention.

M. le duc de Broglie estime qu'il y a contradiction entre le Talleyrand de 1815, parlant au nom du principe de légitimité, et le Talleyrand de 1830, faisant valoir le respect dû au vœu national. Cette contradiction, nous ne la voyons pas. C'est toujours le même Talleyrand s'efforçant de distinguer ce qui est accidentel, passager, dans l'histoire, de ce qui est permanent. Il n'y a de permanent pour lui que la France et l'Europe, tout le reste n'est qu' « occasionnel », passe et change, victoires et défaites, gouvernements et ministres, constitutions et doctrines ; il n'y a de stable, de conforme à la prospérité générale que les me-

(1) *Mémoires de Talleyrand*. Introduction.

sures en rapport avec les causes permanentes, profondes, qui
règlent la vie des peuples ; les comprendre, c'est gouverner ; les
méconnaître, c'est se perdre dans les inquiétudes et les misères
des gouvernements incapables ou aveuglés. S'il domina l'Europe en 1830, comme en 1815, c'est que les circonstances furent
telles à ces deux époques qu'il put faire comprendre aux souverains et aux ministres que ces circonstances il était le seul
qui les comprît ; et, après un demi-siècle de lutte avec ces gouvernements et ces souverains que les événements mobiles lui
imposaient, il imposera sa politique aux événements.

Mais lui-même resta aussi peu compris par ses compatriotes
qu'il l'avait été par les gouvernements.

Le délégué du clergé, l'abbé frivole et dissipé, l'évêque constitutionnel conservant les premières dignités d'une église en
révolte, devient pour les bons catholiques le prêtre apostat, re-
négat, anathème et relaps ; le descendant de l'une des familles
les plus illustres du royaume, transformé en ami des conventionnels, en complice du meurtre royal, en ministre de la République, apparaît, aux yeux de toute la noblesse émigrée et qui
rentre avec les Bourbons, comme le traître maudit d'une cause
sacrée, oublieux de ses premiers devoirs ; et l'homme qui, après
avoir servi tous les gouvernements, trahi toutes les causes, dé-
daigné tous les principes, surgit, après une révolution nouvelle,
brillant de l'éclat des mêmes honneurs et dignités dont il avait
été revêtu autrefois, prince, duc et pair, devient le sujet d'horreur de tous les hommes à doctrine sévère, de tous les politiques
à conduite sans reproche ; enfin le ci-devant évêque et aristo-
crate, l'ambassadeur vendu à l'étranger, le ministre prévarica-
teur, le faux citoyen, voué au mépris dans les feuilles publiques,
de qui les mots courent les rues et les ruelles, apparaît aux
masses comme l'épicurien sans vergogne, le cynique éhonté,
grand et fort seulement par son scepticisme sans principes et
ses mensonges impudents.

III. Où Talleyrand, l'homme de France qui connaissait le
mieux l'Europe et les cours étrangères, avait-il puisé cette
science et cette expérience également surprenantes ? Si le génie
ne peut ni s'enseigner, ni s'apprendre, il n'en est pas de même
de l'expérience et de la science. Or, jusqu'à la mission de Londres, Talleyrand n'avait visité aucune des cours, ni voyagé dans
aucun des pays de l'Europe.

« J'arrivai à l'âge de quatre ans chez ma bisaïeule, » nous

raconte-t-il dans la partie authentique des mémoires, « Marie-Françoise de Rochechouard, fille de Louis de Rochechouard, duc de Mortemart, mariée en premières noces à Michel Chamillard, marquis de Cassy, et qui épousa en secondes noces Louis-Charles de Talleyrand, prince de Chalais, grand d'Espagne, » ajoute une note de M. de Broglie. Talleyrand peint lui-même le ravissant tableau de la petite cour de la princesse, qu'il appelait sa grand'mère, et de ses occupations de charité et de dévouement le dimanche. Mais ce qu'il ne nous dit point, c'est la vie de tous les jours, les conversations de la bisaïeule et de son entourage parlant, comme c'est d'usage aujourd'hui encore parmi la noblesse de nos châteaux, des traditions de la famille, des distinctions et charges des parents et ancêtres, les Rochechouard, les Mortemart, les Périgord et les Chamillard, de leurs unions, honneurs et distinctions, de leurs séjours à la cour du roi et aux cours étrangères.

Les premiers objets qui frappent les yeux et le cœur de l'enfance, remarque Talleyrand, déterminent souvent ses dispositions et donnent au caractère des penchants que nous suivons dans le cours de notre vie.

Il revient à Paris, entre au collège d'Harcourt à huit ans, et à quinze ans au séminaire de Saint-Sulpice.

J'y passais mes journées dans la bibliothèque à lire — *non pas les Écritures, les Casuistes, Saint Thomas et Saint Augustin, mais* — les grands historiens, les vies particulières des hommes d'État, les moralistes, quelques poètes. Je dévorais les voyages... Ma troisième et véritablement utile éducation date de ce temps.

En sortant du séminaire, il possédait moins la théologie que l'instruction utile à faire un diplomate. Son éducation première d'abord, son génie ensuite, décidèrent de sa destinée.

Quel fut le second fait dominant de la vie de Talleyrand ? Il nous le montre encore dans une page bien vivante : « Tombé, comme enfant, de dessus d'une commode, je suis resté boiteux... Cet accident à influé sur tout le reste de ma vie ; c'est lui qui, ayant persuadé à mes parents que je ne pouvais être militaire, ou du moins l'être sans désavantage, les a portés à me diriger vers une autre profession. Cela leur parut plus favorable à l'avancement de la *famille*. Car dans les grandes maisons, c'était la *famille* que l'on aimait bien plus que les individus, que l'on ne connaissait pas encore. Je n'aime point à m'arrêter à cette idée... je la quitte ! »

Mais elle ne le quitta jamais ; il y revient à plusieurs reprises ; c'est à elle que nous devons l'abbé libre-penseur, le futur évêque constitutionnel, formé à la fois par les traditions magnifiques et les abus douloureux qui constituaient les grandes familles de l'ancien régime.

Nobles traditions et cruels abus, cette double charge comment la porte-t-il? Lui, l'enfant abandonné, abandonné malade, « n'ayant jamais eu, une semaine de sa vie, la douceur de se trouver sous le toit paternel », il écrit ces lignes d'une générosité sublime : « J'ai compris, depuis, que mes parents se défiaient de leur courage pour l'exécution de leur projet de me conduire à un état pour lequel je ne montrais aucune disposition, s'ils me voyaient trop souvent. Cette crainte est une preuve de leur tendresse dont je me plais à leur savoir gré. »

A Paris, le jeune abbé, plus savant en science des cours, de la constitution des États et des pays étrangers qu'en théologie, fréquente les philosophes, se fait l'ami des libres-penseurs, et mène la vie du siècle, ni meilleure ni pire, peut-être même meilleure que celle de tout autre abbé malgré lui, de noble famille et de grande ambition.

Ici le fait permanent qui domine toute sa vie intellectuelle réapparaît. Comment conçoit-il les abstractions des philosophes, les doctrines négatives des libres-penseurs ? Selon les impressions premières de son enfance, d'une façon toujours concrète et pratique : réforme des institutions selon la constitution anglaise, abolition des abus et des privilèges, régularisation du rôle du clergé, liberté du commerce et du travail, uniformité des poids et mesures ; et, parmi toutes les théories, c'est à la doctrine des économistes qu'il s'attache. Fait capital, car il nous livre le secret, non seulement de son génie, mais encore du caractère et des saillies de son esprit devenues célèbres. Lorsque nous rappelons de nos jours les mots du grand diplomate, tels que celui-ci à ses agents : « Pas de zèle, surtout pas de zèle, messieurs » ; ou cet autre : La parole est donnée à l'homme pour cacher sa pensée » ; nous les entendons dans leur sens général, comme nous le ferions d'un aphorisme de La Rochefoucauld ou d'une pensée de Pascal. Jamais Talleyrand ne les a conçus de la sorte. C'est toujours à une circonstance et à une personne déterminées que tel ou tel mot s'adresse. Prenons pour exemple ceux que nous venons de citer. On ne peut les comprendre qu'après avoir lu les rapports de Sandoz-Rollin, ses plaintes continuelles sur l'esprit de propagande et de domination, sur les imprudences et les maladresses des agents du Directoire, compromettant les intérêts du pays, tantôt par les excès de leurs prétentions, tantôt par la naïveté de leur silence.

Au cours de la conversation, Talleyrand raconte d'une manière exquise, à cause de la plasticité de sa pensée ; mais il n'est pas un causeur brillant. De même il parle avec aisance à la tribune sans être un grand orateur. Il prépare ses discours et ses dépêches avec soin ; il prépare au besoin ses mots ; en se recueillant, en pénétrant les raisons profondes des caractères et des situations qu'il veut définir. Il se passionne pour les aperçus d'ensemble, et fait ces admirables rapports sur la situation de la France et l'état général de l'Europe, de la même manière que, traçant un portrait, il fait saillir les traits principaux d'un caractère, ou d'un mot, frappé à l'emporte-pièce, marque un homme ou une difficulté.

Voyez-le à Erfurt, en présence de Napoléon. Les deux hommes conçoivent l'objet de la célèbre entrevue, les intérêts et les ambitions en jeu et leurs conséquences, d'une manière également concrète et vivante ; mais ils l'envisagent en partant de données premières différentes, et, doués d'une puissance intellectuelle égale peut-être, ne se comprennent plus réciproquement. Le diplomate, homme de vieille noblesse, représente les traditions diplomatiques de l'ancienne France ; l'empereur, nature primitive, qu'aucune civilisation n'avait atteint avant qu'il se fût assimilé à la France de la Révolution, ne connaît que cette France nouvelle ; le premier rêve son pays prospère au milieu d'une Europe confiante, le second veut une France puissante au sein d'une Europe soumise. Napoléon, violent, simple et absolu, organise la victoire, grâce à la supériorité de son génie, comme il a réorganisé la France, et il prétend organiser de même la paix en Europe. La mise en œuvre est minutieusement préparée : Le génie français se révélera dans toute sa gloire, on initiera l'Allemagne à ses chefs-d'œuvre ; les princes, les rois accourront ; Gœthe, Wieland, Müller, parleront du grand événement ; la France sera reconnue souveraine de l'Europe occidentale, et, avec l'amitié de la Russie, on écrasera l'Angleterre jusque dans les Indes. Nous traitons aujourd'hui ces grands projets de rêves et chimères : c'était simplement l'organisation définitive de la paix du monde telle que Napoléon pouvait la concevoir et telle qu'il ne pouvait la concevoir autrement. Talleyrand, au contraire, prudent, réservé, réfléchi, voit l'Allemagne frémissante, l'Autriche méfiante, l'Espagne en révolte, l'Italie incertaine, la Belgique et la Hollande mécontentes, l'Angleterre toujours hostile, et conseille, pour consolider le nouvel empire, l'alliance, non pas avec la Russie, « puissance envahissante », mais avec l'Autriche, « puissance conservatrice ». Leur façon de penser à tous deux est trop différente, et ils resteront, jusqu'à la fin de leur carrière, opposés l'un à l'autre. Napoléon, le héros de la France nouvelle, sera écrasé par la vieille Europe qu'il méconnaît, et Talleyrand sera vilipendé, calomnié par cette France nouvelle à laquelle il n'a pas su s'identifier. Et, tandis que le César moderne continuera jusqu'à sa mort à dicter ces vastes plans qu'il ne peut plus réaliser, le grand seigneur d'ancien régime écrira ses *Mémoires* pour se justifier et mourra sans y réussir.

IV. Talleyrand, conservant la fière devise de ses ancêtres : « Roy que Dieu », qui sert tous les gouvernements, qui accepte de Napoléon la principauté de Bénévent, du roi de Naples le duché de Dino, et de qui M. le duc de Broglie peut écrire : « Il y a dans sa vie privée des erreurs et des torts qu'on n'a pas le droit de justifier », ne nous en reste pas moins incompréhensible.

Sully et Colbert, qui jouissent d'un renom d'honnêteté bien établi, ont fait fortune au sein du gouvernement qu'ils servaient. Sous l'ancien régime, la noblesse entière, dans l'exercice de ses fonctions, acceptait duchés, comtés, marquisats, sommes d'argent, aussi naturellement qu'au service de l'Église, bénéfices et évêchés ; c'était chose due à son rang, peu importait le donateur : pape, roi, souverain étranger. Tout comme la vénalité des places dans la magistrature, ce fut une des formes sociales et politiques de l'ancien régime, sans laquelle les grandes familles n'auraient pu faire honneur ni à leur charge ni à leur nom. Mais il n'entrait pas dans l'esprit de cette même noblesse qu'elle pût, pour une distinction ou une somme quelconques, vendre l'intérêt du pays, semblable à la magistrature de l'époque, qui, après avoir acheté ses charges, acceptait cadeaux et rémunérations, mais ne songeait aucunement à vendre la justice à ce prix. Telle fut notre ancienne noblesse de robe et d'épée, tel fut Talleyrand. Il entra au service de son pays en y apportant ces traditions ; mais si nous l'admirons dans ses ambassades, ses ministères, aux congrès, où il ne triomphe et ne sauve le pays que par la puissance de ces traditions, c'est sottise à nous de vouloir l'en séparer lorsqu'il s'agit de lui-même.

Talleyrand naquit une année avant la mort de Montesquieu ; mais élevé par sa bisaïeule, au sein de la petite cour provinciale qui entourait la noble dame, tout imprégnée, comme il le dit, de l'esprit des vieux Mortemart, il tient, bien plus que le fameux jurisconsulte, des hommes et de l'esprit du XVIIe siècle. Jamais il n'entrera dans sa pensée de confondre les effets avec les causes, de mêler les climats et les mœurs, d'expliquer les institutions des peuples par de simples qualités individuelles, telles que l'honneur et la vertu, afin de se donner l'apparence d'une profondeur systématique, de transformer des faits particuliers en principes généraux afin de donner à son style un tour imprévu et piquant. Il lui est aussi facile de dessiner en quelques traits la situation générale de l'Europe, qu'à Descartes de résumer en un principe unique toute la science de l'époque, ou à Pascal de condenser en une seule phrase toutes les faiblesses et grandeurs humaines. Il parle la même langue que ses devanciers — sauf quelques expressions particulières à son temps — langue simple, puissante, limpide, toujours saine, rude quelquefois dans sa vigueur ; nulle affectation, nul raffinement ; chaque mot exprime une pensée, et chaque pensée répond à une donnée concrète, vue sous toutes ses faces.

Il en fut de même de son caractère. Il connut toutes les énergies des hommes du XVIIe siècle ; mais il connut aussi leurs défaillances. Il fait penser au grand Condé combattant l'armée de son roi avec l'argent de l'Espagne ; à Bossuet, de qui la grandeur d'âme se double de vanités puériles ; à Pascal, le plus admirable penseur peut-être que le monde ait connu, et qui fut en même temps un mystique faible et timoré ; au tendre et charmant Racine, d'autre part si méchant et si passionné ; à toute la cour de Versailles, que l'affaire des poisons révèle sous un jour si étrange, où les figures les plus touchantes et les plus gracieuses prennent tout à coup une expression de violence et d'idolâtrie sauvages ; au grand roi enfin, qui a incarné toute son époque, et que nous voyons d'une main couronner les sœurs de charité, de l'autre ordonner les dragonnades et les dévastations du Palatinat. Nous avons évidemment perdu l'échelle nécessaire pour mesurer les hommes et les caractères de notre grand siècle. Voltaire déjà ne comprend plus rien à leur nature et ne s'en tient qu'au dehors, aux traits apparents qui font dire à Talleyrand : « Il n'y a point de différence entre un jugement léger et un jugement faux : l'erreur est à la surface, il faut approfondir pour trouver la vérité. »

Que si donc, suivant les règles de la méthode, tracées par Talleyrand lui-même, nous voulons reproduire les traits essentiels des générations qui ont fait notre époque de splendeur, nous ne pouvons y arriver qu'en nous pénétrant de leur énergie étrange et de l'étendue extrême de leurs passions et de leur volonté allant du bien au mal. Ils étaient d'une autre taille que la nôtre ; leurs actes dont parle l'histoire, comme les œuvres qu'ils nous ont laissées, témoignent d'un esprit dont les dimensions dépassent le nôtre dans tous les sens. Or Talleyrand, vivant jusqu'au milieu de notre siècle, a trempé son caractère comme son génie dans les eaux vives du XVIIe. Tel il nous devient explicable, et jusque dans ses faiblesses dont il nous livre encore le secret dans ces lignes : « Les souvenirs, les impressions de ce que je voyais dans les premiers temps de ma vie sont pour moi d'une douceur extrême. Votre nom, me répétait-on chaque jour, a été en vénération dans notre pays... C'est de votre grand-père que nous tenons ce terrain,... c'est lui qui a fait bâtir notre église ; ... la croix de ma mère lui a été donnée par Madame... les bons arbres ne dégénèrent pas ! vous serez bon aussi, n'est-ce pas ? »

Il fut bon, bon pour les autres, bon aussi pour lui-même ; mais bonté pour soi devient faiblesse. Quand on veut juger Talleyrand, il faut, même pour ses actes en apparence les plus condamnables, comme lorsqu'il s'agit des saillies de son esprit, des portraits qu'il a tracés, des conseils, vues et prévisions diplomatiques qu'il a répandus autour de lui, l'étudier au milieu de toutes les circonstances qui l'ont entouré et pénétrer le but qu'il poursuivait ; ainsi l'on découvrira les faits permanents de son caractère et de son génie, on apercevra l'homme qu'il a été en réalité, et l'on comprendra avec quelle légitime fierté il pouvait écrire avant de mourir : « Jamais je n'ai mis les intérêts d'aucun parti, ni les miens, ni ceux des miens, en balance avec les vrais intérêts de la France, qui d'ailleurs ne sont, dans mon opinion, jamais en opposition avec les vrais intérêts de l'Europe. »

Malheureusement, nous sommes ainsi faits : nous pardonnons à Mirabeau ses défaillances, nous lui pardonnons même ses infamies et ses crimes, parce que nous comprenons son génie ; nous ne pardonnons pas à Talleyrand la moindre faiblesse parce que nous ne comprenons pas le sien. En vain a-t-il rendu à la patrie des services inappréciables dans les circonstances les plus douloureuses et les plus difficiles, justice lui est refusée ; en vain écrit-il ces *Mémoires* pour éclairer la postérité, ces *Mémoires* sont mutilés par ceux mêmes qui avaient la défense de sa gloire le plus à cœur. L'on divinise un Voltaire, l'on exalte un Mirabeau, l'on élève aux cieux un Napoléon ; que si l'on juge cependant la puissance intellectuelle d'un homme par le nombre de données concrètes que son esprit est capable de concevoir en une seule pensée, c'est Talleyrand que nous devons placer au premier rang. Son esprit fût si clairvoyant que jusqu'au delà de la tombe il semble avoir prévu le sort de ces *Mémoires* : « Dût la justice m'être refusée, sentir qu'elle m'est due suffira pour assurer le calme de mes derniers jours ».

Le plus grand diplomate de notre siècle a été, sans conteste, Talleyrand : efforçons-nous donc, autant qu'il est en notre pouvoir, d'appliquer sa façon de concevoir la politique étrangère à la situation internationale actuelle, « en saisissant ce qui est » occasionnel et passager, pour ne pas le confondre avec ce » qui est permanent, indépendant de la mobilité des circons- » tances ».

## Situation générale des grandes puissances

I. Il y a deux sortes de revanches.

L'une irréfléchie passionnée, qui s'acharne après les pertes subies comme un joueur court après son argent, toujours prêt à remettre à un dernier coup du sort ce qui lui reste de fortune et d'avoir.

L'autre avisée, prudente, décidée à ne rien laisser au hasard, que la partie se passe sur le tapis vert des cabinets ou sur le champ de bataille.

Pour s'assurer la possession pacifique de ses nouvelles frontières, l'Allemagne fit d'abord alliance avec l'Autriche et la Russie.

Pour détourner en même temps notre attention de nos provinces perdues, le nouvel empire nous encouragea aux entreprises lointaines.

C'était un système complet de politique. Il s'écroula avec le traité de Berlin, qui semblait en être le couronnement.

Depuis, les efforts de la diplomatie allemande tendirent à profiter de l'état de la presqu'île des Balkans pour opposer, à l'Est, l'Autriche à la Russie ; à se servir de la situation de l'Égypte pour entretenir les méfiances entre les deux grandes rivales de l'Ouest, et à maintenir, au Sud, l'Italie dans l'obédience, en lui faisant redouter, selon les circonstances, ou l'ascendant du Pape, ou les ambitions de la France.

Ce n'était plus que de la diplomatie d'expédients.

Si les grandes puissances possédaient des hommes d'État éminents, elles s'entendraient directement ; l'Autriche et la Russie régleraient, suivant leurs intérêts, la question des Balkans, la France et l'Angleterre décideraient de concert du sort de l'Égypte, et l'Italie reviendrait à la France pour parvenir, sans déception, à réaliser du moins une partie de ses aspirations.

Sous bien des rapports, la situation extérieure ressemble à

la situation intérieure. Ce n'est pas UN homme, ce sont des hommes qu'il faut.

II. En attendant, la diplomatie allemande a obtenu ce résultat que la Russie et la France se sont rapproché et que l'entente de la grande République démocratique avec l'immense Empire autocratique rétablit l'équilibre entre les puissances.

L'alliance de la Russie !

Tant qu'Alexandre III gouvernera son empire, nous pouvons y compter. Le Tsar, qui dédaigne les expédients, va droit au but avec une persistance qu'aucun accident ne détourne, qu'aucun retard n'effraye. Ses affections sont aussi sincères que ses rancunes sont profondes. Il est avant tout un Russe ; se méfiant des abstractions politiques, il ne voit dans les événements que les faits, et ce ne sont pas des illusions, mais des instincts d'homme d'État qui décident de ses résolutions. La France doit avoir pleine confiance en lui. L'amour qu'il éprouve pour son peuple, l'attachement dans ses affections de famille sont des garants de la fidélité de son alliance autant que la réserve et l'énergie de ses actes politiques.

Malheureusement, si tout est sécurité du côté du Tsar, tout est danger du côté de la Russie, en dépit des sincères sympathies qui unissent les deux nations.

Plaine immense, peuple sans bornes, domination mongole, influence byzantine, autocratie et nihilisme, doctrinarisme et humanitarisme, conjurations de palais, complots, assassinats, knout et licence, terre et ciel, tout a servi pour expliquer la Russie.

Au fond, elle est la puissance la plus simple, j'allais dire la plus élémentaire de tous les États européens. Qu'on se figure une masse énorme de cent millions et plus de paysans et de nomades, administrant parfaitement leur commune ou leur horde, et ne reconnaissant en dehors d'elles qu'une seule autorité humaine, représentant la force et la justice sur le globe : le Tsar ; voilà la vraie Russie.

Greffez sur cette fougère gigantesque les modes et les sciences, l'administration et le commerce, l'industrie et l'organisation militaire, les théories vagues et les utopies chimériques, ces lianes écloses dans nos serres chaudes, elles pousseront, pulluleront sur sa rude écorce, sans l'entamer, et vous aurez une idée assez exacte de la Russie de l'histoire.

Elle n'est pas plus notre alliée naturelle qu'elle n'est celle de l'Allemagne ou de l'Autriche, de l'Angleterre ou de la Turquie ; elle n'a qu'un souci, s'étendre, qu'une ambition, grandir. Si elle y met des formes, c'est pour se faire mieux comprendre et admettre dans le prétendu concert européen.

Tout le monde et personne peut compter sur elle. Nous lui faisons des offres, elle les présente à Berlin, qui lui en fait de meilleures ; c'est à prendre ou à laisser, sans fausse honte ni faux honneur ; son honneur, sa conscience, c'est elle-même. Elle n'en admet point d'autres.

L'Autriche la gêne, l'Allemagne la tracasse, elle se fait l'alliée de l'une et de l'autre, ne pouvant se faire l'alliée de l'une contre l'autre. Si, le lendemain, elle change[de politique, c'est pour suivre la même.

Empêchée de s'étendre sur la Vistule, elle s'étend sur l'Amour ; forcée d'organiser ses provinces conquises, elle revient vers l'Afghanistan ; obligée de discipliner des tribus à peine soumises, elle laisse les Anglais se fortifier dans les Indes et se tourne vers Constantinople. Toute alliance qui l'aide à grandir est bonne, toute autre mauvaise. Elle participe au partage des États avec la même désinvolture qu'elle marche à leur conquête ; réduit la Pologne et soulève les Balkans parce qu'ils sont slaves et annexe Chinois, Turcomans, Arméniens, parce qu'ils ne le sont pas, mais parce qu'elle est toujours elle, la Russie.

L'alliance de la Russie !

La Russie n'a qu'une alliée, c'est elle-même, et elle trouve que c'est assez.

Les caractères de la Russie historique tiennent de la constitution même de son peuple. Elle obéit à une nécessité implacable : celle de son extension continue. Que l'on songe à ce que fut la Russie, il y a à peine un siècle et l'on saisira ce qu'elle sera dans cent ans d'ici.

Ses progrès depuis Pierre le Grand ont été vertigineux, aussi bien en population qu'en force et richesse, et ce ne sont pas encore ces progrès, mais c'est leur nature même qui renferme les dangers les plus considérables.

Située sur les confins de l'Europe, sa population ouvrière plus soumise et mieux disciplinée, reste étrangère à la civilisation européenne, et la Russie, sans grèves ni révoltes, crée ses chemins de fer et ses lignes de navigation des frontières de l'Europe aux fins fonds de l'Asie, introduit une à une toutes les grandes industries, et accumule les ressources et les forces des deux continents. Mais la Russie reste aussi sans classes moyennes.

Tous ceux qui ne peuvent s'élever aux classes supérieures ni descendre aux classes inférieures, s'unissent, s'entendent, et forment cette lugubre secte des nihilistes non moins terrible par ses doctrines que par ses actes. Ils constituent un mal social de la Russie, tout comme les *knights of labor* en sont un des États-Unis.

Il y a toutefois une grande différence entre la situation des deux pays. En Amérique, les *knights of labor* représentent une partie de la classe ouvrière et finalement, comme les syndicats ouvriers européens, entraîneront la classe entière dans leur haine et leur lutte contre la classe des riches. En Russie, les nihilistes, loin de représenter une classe, ne sont qu'une simple secte de déclassés ; dangereux pour la vie du tsar et de quelques chefs de la police, ils sont impuissants contre la constitution sociale de l'empire. La masse de la nation reste dévouée, soumise à ses chefs politiques, territoriaux, industriels ; et, dans ces conditions, il ne saurait être assigné de limite à ses progrès en force et en nombre. Mais ces progrès ne sont fondés, en l'absence complète de classes moyennes, que sur la domination des classes dirigeantes et la soumission des classes travailleuses. D'où la conséquence terrible : l'invasion fatale, non pas de l'Asie, qui n'est que le *far-East* de la Russie, mais de l'Europe. Seule l'Europe peut donner à la Russie les classes moyennes qui lui manquent, en lui ouvrant les sources de tous les progrès auxquels elle aspire et qui ne surgissent qu'avec la formation et le développement des classes moyennes.

L'invasion de l'Europe est plus qu'une ambition politique, — les hommes d'État russes n'y songent pas, — elle est une nécessité sociale pour la Russie. L'Europe devenue impuissante, par ses haines nationales et ses guerres imbéciles, de porter comme autrefois au grand empire moscovite les ressources intellectuelles et morales nécessaires à la formation de classes moyennes, la Russie de l'avenir débordera sur elle par les seules forces matérielles que l'Europe continue à lui prodiguer sous toutes les formes : grande industrie, grand commerce, armes, emprunts.

Le jour où la Russie fera de ses nihilistes des gouverneurs de provinces allemandes et des préfets de départements français, elle n'aura plus de nihilistes. Ce sera la fin de sa question sociale ; ce sera aussi la fin de la nôtre.

III. Dès le lendemain de la guerre de 1870, nous avons recherché son amitié, tandis que nous tenions rancune à l'Autriche de ce qu'elle ne nous avait pas mieux soutenus durant nos désastres. Ce fut une double faute qui, plus que la guerre, changea la face de l'Europe.

Menacée d'être coupée en deux par le panslavisme d'une part et le pangermanisme de l'autre et négligée par nous, l'Autriche accepta les avances de l'Allemagne, ce qui porta, en matière d'affaires étrangères, l'influence allemande de la Baltique à la Méditerranée et des Vosges au Carpathes, tandis que l'empire des Habsbourg, acceptant le programme de 1859 de M. de Bismarck, parut résolu à transporter son centre de gravité à Budapest et son activité vers les Balkans.

En réalité, l'Autriche est le seul État de l'Europe qui fasse encore de la vieille diplomatie.

Refusant de suivre nos colères et nos rancunes pour des désastres passés, elle se soumet avec bonne grâce à ses défaites et conserve sa liberté d'esprit.

Battue en 1859 par nous et les Piémontais, elle est dans les meilleurs termes avec l'Italie et, des deux côtés de la Leitha, nous conserve de bons amis. Battue de nouveau en 1866 par la Prusse et rejetée de l'Allemagne, elle est devenue sa grande et fidèle alliée. Tout ce que veut l'Allemagne, l'Autriche le fait ; tout ce que l'Allemagne souhaite, l'Autriche le désire. Les rochers qu'on ne peut faire sauter, il faut les tourner ; elle s'y résout avec une placidité et un savoir-faire que pourraient lui envier nos ingénieurs et nos avocats diplomates.

Lorsque nous ne songeons plus à 1815, et que nous avons complètement oublié nos frontières de 1789, pour ne nous souvenir que de 1870, l'Autriche n'a pas plus perdu la mémoire du vol de la Silésie que de la défaite de Sadowa. Elle y pense et y tient ; mais pourquoi faire étalage de passions profondes alors qu'il est plus utile de vivre en paix avec son plus dangereux voisin ?

Jusque dans sa diplomatie, elle est slave d'une part et reste allemande de l'autre.

Les Magyars font tache dans sa politique ; elle se conduit à leur égard comme envers tout le monde, leur abandonne la moitié de l'empire pour maintenir l'ensemble. Les Magyars restent bons Autrichiens, malgré leurs velléités d'opposition, absolument comme tous les royaumes, pays et comtés de l'empire.

Chambre des seigneurs, chambre des magnats, délégations communes, diètes générales et parlements provinciaux, tour de

Babel où l'on se dispute en toutes les langues, et où tout le monde, sauf quelques Magyars, aveuglés par leur suprématie apparente, et quelques Allemands, ahuris par les succès de la Prusse, reste fidèlement attaché à la maison impériale.

Constituée de la sorte, l'Autriche ménage encore plus d'une surprise à l'Europe.

Pendant des siècles, elle a dominé les Slaves et les Magyars, grâce à sa suprématie en Allemagne ; aujourd'hui ce sont les Magyars et les Slaves qui tendent à dominer ses provinces allemandes. Au fond elle est restée la même : l'Autriche , dont on a pu dire qu'elle était une expression géographique, sans que le mot fût plus juste à l'époque de Marie-Thérèse qu'aujourd'hui.

La Russie la laisse faire par crainte de l'Allemagne ; l'Allemagne la soutient par crainte de la Russie, et toutes deux l'ont forcée au partage de la Pologne pour la même raison qu'elles l'obligeraient encore au partage des Balkans : la crainte d'une guerre entre elles. Elle le sait et, en attendant, elle prend la plus grosse part du gâteau.

Aussi turbulents dans leur indépendance que sous la domination turque, les peuples balkaniques n'échapperont pas au sort des Polonais. La Russie ne peut les soumettre sans soulever l'Allemagne et l'Autriche contre elle ; l'Autriche ne peut les conquérir sans l'assentiment de l'Allemagne et une guerre avec la Russie ; aussi, à moins que cette guerre n'éclate, l'Allemagne finira par pousser l'une et l'autre au partage absolument comme au temps du grand Frédéric, dans l'espérance de les éloigner toutes deux de ses frontières.

Voilà l'Autriche ; supposez-là moins bonne fille et moins adroite dans sa diplomatie, ses deux grands voisins la couperont en deux ; elle aime mieux les aider à lui faire faire sa propre politique.

Ce n'est point la situation extérieure, c'est la situation intérieure qui est déplorable.

L'Autriche-Hongrie d'aujourd'hui ne ressemble plus guère à ce qu'elle fût, non pas du temps de Metternich, inutile de remonter si haut, mais la veille de Sadowa. A son hégémonie en Allemagne, qui ne rencontra qu'une opposition, celle de la Prusse, succéda la division de l'empire en Cisleithanie et Transleithanie. Depuis, non seulement toutes les nationalités, mais encore tous les partis politiques au sein de chacune d'elle, se distinguent selon le rôle plus ou moins dominant qu'ils revendiquent chacun pour sa nationalité propre. Les Allemands maintiennent encore leur prédominance en Cisleithanie, les Hongrois la leur en Transleithanie ; mais pas un instant le mouvement ne s'arrête ; à chaque vote d'une loi nouvelle les Polonais s'assurent une autonomie plus grande, les Tchèques s'efforcent d'éliminer les Allemands de la diète de Bohême, les Tyroliens italiens demandent leur séparation des Tyroliens allemands, et Roumains, Transylvains, Dalmates, Croates, réclament sans interruption et avec une véhémence de jour en jour plus grande leur affranchissement aussi bien de la domination hongroise que de la domination allemande. Situation que l'annexion de la Bosnie et de l'Herzégovine n'a fait encore que compliquer.

On se dispute sur le titre à donner à l'armée, sur les drapeaux à hisser dans les fêtes, sur la langue dont on se servira dans l'administration, sur les couronnes à mettre sur la tête impériale, et, sous ces dehors enfantins, se cachent, en dépit de l'attachement à la famille impériale, des revendications d'autonomie et d'indépendance qui semblent devoir, au moindre éclat, entraîner la dissolution de l'empire.

Officiellement on s'en prend aux menées panslavistes, mais ces menées ne sont que les symptômes, elles ne sont pas la cause du mal. Cette cause est la situation respective des nationalités de l'empire, leur état social et économique.

On ne triomphe pas d'oppositions nationales, sinon par l'assimilation et la fusion. Toute autre victoire remportée sur elles est toujours une défaite. Les oppositions renaissent, et les haines grandissent en raison même de la victoire. L'histoire des Magyars en est un exemple frappant. Les révoltés de 1848 sont aujourd'hui les maîtres des destinées de l'empire, et la politique des Magnats à l'égard des Roumains et Slaves de la Transleithanie a ses imitateurs fidèles dans toutes les classes dominantes allemandes, polonaises, bosniaques de la Cisleithanie.

A mesure que toutes, sans distinction, exploitent et oppriment les populations slaves sujettes, les haines de nationalité et de race redoublent. L'Autriche a beau vouloir la paix, a beau manifester l'intention de ne suivre qu'une politique d'affaires ; à la première occasion les Ruthènes se déclareront orthodoxes, les Tchèques se proclameront Hussites, les Transylvains se mettront en révolte, les chrétiens de la Bosnie et de l'Herzégovine recommenceront leurs massacres.

IV. Du même coup que nous avons abandonné l'alliance de

l'Autriche pour rechercher celle de la Russie, nous avons perdu également l'alliance de l'Angleterre, sans soupçonner un instant que faire de la politique pour ou contre notre ancienne rivale, a toujours été la pierre de touche de la valeur de nos hommes d'État.

Pour les uns, l'Angleterre est la terre de toutes les libertés ! pour les autres, la patrie de toutes les perfidies ! notre politique à son égard n'a jamais été qu'une série d'écoles, car elle n'a jamais été que le fait d'une illusion ou d'une erreur.

Au siècle dernier, à la paix d'Utrecht, l'Angleterre revendiqua le droit de fournir des esclaves aux colonies espagnoles ; au commencement de celui-ci, elle se fit le champion de l'abolition de cet horrible commerce ; de notre temps, elle inventa celui des coolies, laissa Gordon rétablir au Soudan la traite, sans le moindre cri d'indignation, et la pratique sous d'autres noms au centre de l'Afrique.

Cette histoire est l'exemple le plus parfait de la politique anglaise.

Elle prend et abandonne, reprend et réabandonne, exige ou concède, accorde ou réclame, selon ses intérêts et les possibilités du moment. Appelez cette politique de l'égoïsme, de la petitesse d'esprit, de la politique de boutique ou de mauvaise foi ; dans son ensemble, elle nous est aussi incompréhensible qu'elle nous est impraticable.

Se passionnant aussi peu pour les questions de principes que pour les affaires de sentiment, elle met, dès qu'une résolution lui paraît la plus pratique, une persévérance, une énergie dans son exécution qui nous semble hors de mesure au milieu des écarts dans lesquels nous nous plaisons pour faire valoir nos principes ou manifester nos colères.

Sa lutte contre la première République et l'Empire a été épique. Elle continue la même lutte contre la Russie, nous entraîne dans la guerre de Crimée, excite l'Autriche, retient l'Allemagne, ne cède qu'à contre-cœur à la paix de Paris.

La Russie veut prendre sa revanche ; elle l'oblige à renoncer à ses victoires et au traité d'Andrinople ; lui impose le congrès de Berlin ; soutient la Bulgarie dans sa révolte contre la Turquie son alliée, et s'en fait une alliée contre le Tsar ; impose le désarmement à la Grèce, son ancienne protégée ; arme et fortifie l'émir de l'Afghanistan, s'agite en Perse, suscite l'offensive de la Chine, attaque et se défend, avance, recule, pousse, repousse de tous côtés à la fois, et, lorsqu'elle ne pourra plus couvrir Constantinople ni empêcher l'invasion des Indes, elle fera de l'envahisseur son meilleur client et des vastes provinces perdues un débouché plus étendu pour son commerce et son industrie.

Telle a été sa politique à l'égard des États-Unis ; telle elle est à l'égard de ses colonies, de l'étranger, de tout le monde.

Malgré les reproches d'égoïsme, de contradiction, de tracasserie que nous pouvons lui faire, l'Angleterre paraît avant tout suivre une politique de bon sens et de force ; c'est là le secret de son extension et de sa prospérité continues ; secret que nous n'avons jamais compris ni voulu comprendre.

Aussi toutes les parties que, dans les deux derniers siècles, nous avons entreprises de jouer contre elle, — si parfois nos partenaires, comme les États-Unis, y ont gagné, — nous, nous les avons toujours perdues. Le jeu de ses hommes d'État a toujours été le même, et le nôtre plein de surprises, d'éclats subits, de faiblesses insignes : l'éternelle fable de la tortue et du lièvre.

Un moment, à propos de l'intervention en Égypte, nous tenions son alliance dans la main. Pour le plaisir de faire sauter un ministère, la Chambre l'a perdue et avec elle l'Égypte. Le gouvernement tory ou whig y restera d'autant plus sûrement qu'il nous assurera plus longtemps qu'il est décidé d'en sortir, en même temps qu'il mettra la meilleure grâce à s'entendre avec nous pour le partage de l'Afrique, nous abandonnant, bien entendu, les déserts et se réservant les contrées fertiles.

Pour pouvoir négocier entre États, il faut quelque peu parler le même langage. Nous ne comprenons pas plus, en politique, celui de l'Angleterre qu'elle ne comprend le nôtre. Les deux renferment cependant des rapports curieux : nous changeons de politique selon nos fantaisies, elle modifie la sienne suivant ses intérêts. Avec des vues plus solides d'une part et plus générales de l'autre, on s'entendrait ; mais si des hommes d'État de cette trempe se rencontrent, c'est par hasard, et jamais des deux côtés du canal à la fois.

La politique anglaise, si déliée, changeante et contradictoire qu'elle paraisse parfois, est cependant d'une simplicité extrême.

Elle tient d'une part à son histoire politique (1) et, d'une autre, aux richesses minières du pays. De la première est dérivée son expansion commerciale, de la seconde sa supériorité industrielle, et des deux un développement tel en population que, si

(1) Voir chapitre XXVII, Les colonies.

aujourd'hui on fermait à l'Angleterre pendant trois semaines seulement les grandes communications maritimes, ses habitants comme ceux d'une forteresse affamés, capituleraient à merci. Situation qui détermine à elle seule la politique extérieure, maintient la constance dans la poursuite des projets, du même coup qu'elle impose des retours continuels dans ces mêmes projets selon les intérêts dont dépendent la prospérité et, plus encore, l'existence du pays.

Partout donc, dans notre conduite à l'égard de l'Angleterre, nous devrions tenir compte, dans la mesure la plus exacte possible, de ses intérêts commerciaux. Ni droit, ni traité, ni ambition ne saurait chez elle prévaloir contre eux ; ces intérêts au contraire admis, il y a ni État, ni peuple avec lequel l'entente ne devienne plus facile. Malheureusement ce qu'elle entend par intérêts commerciaux, nous le traduisons *par ambitions anglaises*, lui apposant nos ambitions propres qui sont essentiellement des ambitions historiques ou des revendications de droits acquis. Comment dans ces conditions s'entendre ?

V. Les mêmes illusions nous égarent dans nos rapports avec l'Italie, quoique nous soyons censés mieux comprendre notre sœur transalpine que notre rivale d'outre-Manche.

Nous avons fait non seulement l'unité de l'Italie, nous l'avons encore élevée au rang de grande puissance. Ce furent, prétend-on, deux erreurs. C'eût été un trait de génie si nous avions su lui donner en même temps les traditions diplomatiques et l'intelligence du rôle d'un grand État. Au lieu de cela, nous en avons fait une parvenue et nous pâtissons de notre faute.

L'Italie continue sa politique du temps des Guelfes et des Gibelins.

Aux époques de ses plus grandes dissensions intérieures, comme actuellement, elle s'est toujours adressée au plus fort et s'est mise sous sa protection. Depuis Charlemagne et Frédéric Barberousse jusqu'à Napoléon III et Guillaume Ier, sa politique n'a point changé.

Dans les guerres franco-autrichienne et austro-allemande elle lui a du reste parfaitement réussi. Battue régulièrement pour sa part, elle profitait des victoires de l'allié et acheva son unité. Mais il ne faut pas qu'elle se trompe dans ses calculs, comme cela lui est arrivé durant les luttes entre les maisons d'Autriche et de France, où ce fut toujours elle qui paya les pots cassés.

L'Italie a réalisé son unité, mais à l'aide de puissances étrangères. Elle s'est donné des institutions constitutionnelles, mais sans que ces institutions soient nées du progrès même de ses mœurs et coutumes. La maison de Savoie est devenue souveraine du nouveau royaume, mais à la suite de victoires des bandes révolutionnaires de Garibaldi. Enfin elle a abattu la papauté, mais la papauté reste la seule vraie grande puissance du pays.

Il importe de se rendre compte de ces faits pour comprendre la politique italienne. Elle n'est pas plus celle de son roi, qu'elle n'est celle d'un de ses partis ou chefs politiques.

La politique à laquelle l'Italie obéit à travers ses tentatives, compromis, illusions et succès, est toujours celle de ses villes, absolument comme elle le fut à toutes les époques de son histoire. Sa noblesse, ou plutôt sa haute bourgeoisie, est encore aujourd'hui autrichienne, comme elle l'a été avant l'indépendance, et Guelfe, comme elle le fut de tous les temps. Sa petite bourgeoisie au contraire est essentiellement révolutionnaire, envahissante et mégalomane.

C'est elle qui a fourni aussi bien la masse des Carbonaris que les armées de Garibaldi ; elle, qui s'est alliée à la Prusse pour conquérir la Vénétie, et qui continue à revendiquer le Trentin de l'alliée, l'Autriche. Ne pouvant s'étendre au dehors des villes, les terres étant propriété de la noblesse, ne pouvant s'enrichir par le commerce et l'industrie, faute d'expérience et de capitaux, elle n'a d'autre issue que l'accaparement des charges dans l'administration et dans l'armée, ou la révolution et la guerre.

La masse de la nation se trouve encore aujourd'hui dans le même état qu'aux XIIIᵉ et XIVᵉ siècles. La culture du sol n'a point varié, ses redevances sont restées les mêmes. Le Piémont et le Milanais seuls ont suivi le développement social et économique moderne. Ils ont non seulement fait, mais encore organisé l'Italie nouvelle, créé un système financier, militaire et administratif ; mais l'œuvre achevée, les deux provinces se perdent dans l'ensemble. Les révolutionnaires du Sud arrivés au pouvoir, transigent avec les conservateurs Guelfes de toutes les provinces, et ceux-ci, s'emparant du gouvernement, transigent de même avec eux. L'Italie n'est pas autrement gouvernable. Il n'y a de ferme, de stable, que le Piémont et le Milanais ; le reste est une population agricole, dirigée et exploitée par la haute et la petite bourgeoisie des villes, la première qui se souvient toujours de ses excès de la Renaissance, la seconde qui n'a rien oublié de ses souffrances sous les dominations étrangères ; leur état social et économique à toutes deux est resté le même.

L'Italie a toujours été et sera jusqu'à la fin une cause de troubles pour l'Europe.

Notre unique, notre véritable alliée naturelle est l'Espagne.

Louis XIV fit avec elle le pacte de famille.

La Révolution le transforma en pacte national.

Il appartenait à la troisième République de le méconnaître.

Le 16 mai encouragea les carlistes, l'opportunisme soutient les zorillistes, croyant tous deux faire merveille en faisant une sottise.

De toutes les politiques extérieures, la plus inepte est de faire au dehors de la politique intérieure.

La seule excuse de Napoléon III d'avoir entrepris, sans généraux, avec trois cent mille soldats, une guerre contre les états-majors allemands et leur million d'hommes, fut la candidature d'un Hohenzollern au trône d'Espagne.

Est-il donc si difficile de nous souvenir que l'Espagne a peut-être encore d'anciens droits à faire valoir sur la Sicile et Naples, et qu'avec un bon traité de commerce, au lieu d'un mauvais tarif général, nous la mettrions à même de reconstruire sa flotte qui bombarderait au besoin tous les ports italiens sans qu'il nous en coûte un boulet, et reprendrait au service tous ses officiers en demi-solde pour former une armée qui, au lieu de s'amuser à des pronunciamientos, nous garderait les Alpes et descendrait dans le Milanais sans qu'il nous en coûte un homme.

Avec l'alliance de l'Espagne et l'amitié de la Russie notre situation serait la plus forte de l'Europe. L'Autriche et l'Italie, malgré tous leurs traités, attendraient prudemment l'issue de la première bataille avant de passer, l'une le Danube et l'autre les Alpes.

VI. Mais pourquoi la bataille ?

Notre meilleure alliée contre l'Allemagne est l'Allemagne elle-même.

« Ne cherchez pas à faire, laissez venir les événements ! » disait Talleyrand à ses diplomates.

Dans une génération à peine, le nouvel empire allemand sera redevenu l'ancien empire germanique, et le Reichstag de Berlin la vieille Diète de Francfort.

Le Conseil fédéral décide l'adoption du monopole du tabac

d'abord, de l'alcool ensuite ; les Chambres de Bavière et de Wurtemberg déclarent que ces projets ne sauraient leur convenir, et le Reichstag les rejette en bloc. Par contre, le même Reichstag refuse, en séance plénière, d'accepter le plan d'expulsion des Polonais, adopté par la Chancellerie ; et la Chambre prussienne vote à une grande majorité le même plan, mis aussitôt à exécution.

Le Conseil fédéral et le Reichstag, placés entre les Chambres particulières et les gouvernements souverains des différents pays de l'Empire, n'ont pas d'assises plus solides que la Diète de Francfort et son Conseil restreint.

A l'inverse des Chambres austro-hongroises où tout le monde parlant des langues différentes, pense et sent de même, dans les Chambres allemandes Français, Polonais, Danois, Prussiens, Bavarois, etc. se servent de la même langue mais sentent et pensent différemment.

Les 17 voix de la Diète de Francfort sont remplacées par autant de partis politiques, leur siège est transporté à Berlin, les noms et les formes ont changé, le fond est resté le même ; ce sont toujours les mêmes Allemands et c'est toujours la même Allemagne.

Au lieu des 350 États de la paix de Westphalie, elle compte aujoud'hui 397 circonscriptions électorales ; et à la place des rois, ducs, comtes, évêques, abbés, abbesses, villes libres, qui formaient les souverains des anciennes diètes impériales, le Reichstag se compose d'un monde de partis politiques multiples, dont les nuances sont aussi insaisissables que le furent les antiques droits de ses innombrables souverains, et derrière les étiquettes desquels on découvre des oppositions nationales et des séparations géographiques autrement profondes que celles qui se groupent autour des simples questions de libertés constitutionnelles et parlementaires.

De plus, la politique extérieure de la nouvelle Allemagne ne s'est pas modifiée davantage. L'alliance de l'Autriche lui est toujours aussi nécessaire qu'elle le lui fut autrefois. La maison de Hohenzollern a remplacé les maisons de Souabe, de Saxe, de Bavière, de Habsbourg, pour la même raison que chacune, en son temps, a dirigé les destinées de l'Allemagne ; une force militaire bien organisée à la disposition d'un homme. Depuis Othon-le-Grand, c'est toujours la même histoire ; que l'homme manque à l'armée ou l'armée à l'homme, la désunion renaît d'elle-même.

Depuis mille ans, il n'y a qu'une chose de changée, ce n'est pas tant l'Allemagne que la Russie. Inconnue, il y a deux siècles, elle forme aujourd'hui une masse compacte de 125 millions d'habitants ayant une foi commune dans leur avenir et une même haine, celle de l'Allemand.

Laissons donc venir les événements. Le jour viendra où la Prusse, notre ancienne alliée, nous présentera sur un plateau d'or les clefs de Metz et de Strasbourg, en nous priant de vouloir bien oublier l'erreur qu'elle a commise en les prenant.

Il y a, de plus, un second événement, non moins moderne, qui a contribué à compliquer encore la situation intérieure de l'Allemagne : le mouvement social, et la chute du prince de Bismarck.

En publiant l'édition française de la correspondance diplomatique de M. de Bismarck, de 1851 à 1857, nous l'avons appelée son « grand livre, » et nous écrivions qu'il fallait les voir de près, ces hobereaux du Nord, francs, ouverts, joyeux convives à table, excellents compagnons de chasse, pour comprendre de combien de finesse et de savoir-faire ces natures, en apparence si primitives, sont susceptibles. Mélange curieux de réserve et d'abandon, de rudesse et de perspicacité, de naïveté et de raffinement, qui explique comment la diplomatie, qui, pour nous autres occidentaux, est en même temps la science de la constitution des États étrangers et l'art d'y faire prévaloir les intérêts de sa patrie, est au fond, pour de tels caractères, quelque chose de spontané, d'irréfléchi ». Ce fut le génie du prince de Bismarck. Énergique, rude, dominant, les instincts du hobereau de la Marche, les sentiments de la discipline politique et militaire, les affections qu'il partageait avec tous les habitants des vieilles provinces pour la maison royale, l'ont aussi admirablement servi dans l'appréciation de la faiblesse des gouvernements de France et d'Autriche, que son esprit net et ferme, lui fit facilement découvrir les lacunes de leur organisation militaire, les vanités qu'il fallait encourager, les illusions qu'il importait de faire naître pour parvenir à triompher de l'une et de l'autre ».

Après 1859, ce n'est plus M. de Bismarck qui continue son « grand livre », c'est M. de Moltke qui commence le sien. Frédéric II, Napoléon Ier dirigeaient à la fois leurs armées et leur diplomatie. Mais un diplomate secondé par un général heureux doit lui céder la plus belle part, la victoire.

En diplomatie, le dernier mot est et restera le succès pacifique.

M. de Bismarck, devenu chancelier tout puissant, sortit des données simples de la politique extérieure, et, perdant la prudence, la circonspection imposées au diplomate, se trouva abandonné à lui-même ; son esprit moitié mystique, ses sentiments moitié féodaux prirent le dessus, et sa pensée, débarrassée des digues qui en empêchaient le débordement, ne vit plus d'obstacles. S'il en surgit, M. de Moltke les brisera ; et les qualités du hobereau de la Marche, qui avaient causé tous les succès du diplomate, se transformèrent en autant de défauts du ministre.

Les instincts froissés par les souvenirs de Louis XIV et les humiliations d'Erfurt eurent plus de part dans la conclusion de la paix de Francfort qu'une intelligence sereine de la situation européenne.

Comment ! lorsqu'on a sur les frontières de l'Est, soumis à la volonté d'un seul homme, 125 millions de Slaves, dont l'unique mobile national est la haine de la prédominance allemande, on ose, aux frontières de l'Ouest, arracher à une nation, centralisée comme aucune puissance au monde, et, malgré ses défaites, illustre dans l'histoire par ses grandes guerres, deux de ses plus belles provinces, et se faire d'une alliée sûre une ennemie implacable ? Il n'y a que les préjugés et les rancunes invétérées du hobereau qui puissent expliquer un tel acte d'aveuglement.

Pendant vingt ans, le malaise, les crises, les inquiétudes de l'Europe en provinrent, à tel point que le chancelier lui-même faisait de la crainte d'une conflagration générale un moyen régulier de gouvernement et de pression électorale. Ce furent de bien tristes, de bien lugubres succès diplomatiques.

Il n'a pas été plus heureux dans sa politique sociale ; les erreurs qu'il y a commises eurent la même origine : les préjugés du hobereau. Il parlera de la façon la plus pittoresque « du pauvre homme », estimera que la question d'Orient ne vaut pas les os d'un grenadier poméranien, et causera plus amicalement avec un de ses paysans qu'avec un diplomate ou un prince du sang ; mais les illusions d'un Lassalle trouveront chez lui une oreille d'autant plus bienveillante que les ouvriers lui semblent les frères de ses paysans, et la haine du chef socialiste contre le capital rencontrera un écho d'autant plus retentissant auprès du hobereau de sang et de race qu'il professait le même mépris que le socialiste pour le bourgeois. Le résultat fut l'exécution du programme de Lassalle et la création de gigantesques assurances contre les accidents, les maladies, la vieillesse d'une nation entière : encore un peu, il décrétait : défense à tout Allemand de mourir sans sa permission.

Le prince n'a pas plus compris la situation de l'Europe, en se laissant, à la paix de Francfort, aller à ses rancunes, qu'il n'a su concevoir, emporté par ses préjugés, la gravité de la question ouvrière.

Aussi, de même que par le traité de Francfort il a soulevé toutes les haines nationales, il a, par son socialisme d'État, donné une existence légale à toutes les revendications sociales.

Les états de siège, petits et grands, les lois et les rigueurs contre les socialistes n'ont pas réprimé leur propagande et leur extension ; pas plus que l'accroissement continu des armements n'ont éteint les rancunes nationales.

Le prince de Bismarck a eu, au point de vue diplomatique, des éclairs admirables dans la direction de la politique extérieure de la Prusse ; il n'a fait que rassembler des orages dans la politique générale de l'Europe comme dans la politique intérieure de l'Allemagne. Et si, lors de sa chute, il s'écria *le roi me reverra !* il songea sans doute aux difficultés dans lesquelles il laissait l'empire.

Depuis, le jeune empereur a pris en main la direction des destinées de l'Allemagne, prétendant poursuivre, animé d'une nouvelle ardeur, « l'ancien cours ». A chaque occasion, il manifeste son amour de la paix, mais en frappant sur son épée ; sous ce rapport, en effet, il n'y a rien de changé. Mais tandis que l'ancien chancelier, dans sa politique intérieure, s'était concilié le parti féodal et la grande industrie par ses tarifs protecteurs, et attaché le parti national libéral par sa lutte contre les catholiques, le nouvel empereur ne peut attirer les catholiques et fixer les féodaux qu'en accordant, malgré le retrait de la loi scolaire, aux croyances religieuses, la prédominance dans l'instruction publique, s'efforçant d'une autre part de se concilier les partis libéraux par l'abandon des tarifs protecteurs et la conclusion de traités de commerce. En apparence c'est une politique absolument contraire ; au fond, c'est toujours la même.

Pas plus Guillaume II et le comte de Caprivi, que Guillaume Ier et le prince de Bismarck, ne dirigeront les affaires de l'Allemagne, sans le faire autrement qu'en recourant à des mesures contradictoires. C'est le moyen le plus certain pour la désorganiser ; mais la destinée de l'Allemagne veut qu'elle ne puisse être gouvernée autrement.

Dans ces conditions, ce serait folie de vouloir une nouvelle
guerre. Laissons donc venir les événements !

Le nouvel empire est comme un de ces vieux châteaux restau-
rés en plâtre et en carton que l'on voit sur les bords du Rhin ;
à peine achevés, ils se lézardent.

## L'EUROPE ET LA PÉNINSULE DES BALKANS

I. M. Vessélinovitch, a publié récemment l'*Histoire d'une paysanne serbe*. Ce sont des scènes de la vie du paysan des Balkans, reproduites avec une scrupuleuse exactitude, et qui, par leur simplicité et leur rudesse mêmes, mettent au jour la constitution intime des populations habitant cette étrange péninsule, cause de tant d'inquiétudes.

Traditions de la Byzance impériale et de la Byzance religieuse, de l'ancienne Rome et de la Renaissance italienne, du fanatisme de la Mecque et de l'Asie nomade ; langues serbe, bulgare, roumaine, grecque, turque ; coutumes patriarcales et mœurs cruelles ; sorciers et chanteurs ; brigands d'un autre âge et politiciens du jour ; pachas féodaux, serfs attachés à la glèbe ; nihilistes, orthodoxes, catholiques, mahométans, sémites, turcomans, slaves, circassiens, gitanos, banquiers francs et ouvriers allemands, capitans et boyards ; tout s'y mêle, y lutte, combat, travaille ou paresse et rêve ; et le coin du tableau que nous en montre l'auteur, semble tantôt la copie d'une de ces monographies de familles-souches données par Le Play, tantôt la reproduction d'un des chapitres consacrés par lui aux familles instables. Progrès et décadence, organisation et dissolution, forêts vierges et réseaux de chemin de fer, solitudes incultes et villes animées, montagnes abruptes aux gorges sombres, vallées et plaines d'une fertilité biblique, les Balkans nous apparaissent comme un creuset immense, dans lequel les siècles ont jeté les éléments primitifs de notre civilisation, en même temps que toutes les ressources de l'âge moderne, et dans lequel ces éléments se trouvent en un état d'ébullition tel qu'une étincelle y suffirait pour mettre l'Europe en flamme.

Prise dans son ensemble, la péninsule fait penser aux premiers siècles de notre histoire, les bas siècles de l'empire romain. A cette époque également, des peuples d'une culture raffinée et des hordes barbares, d'une part les Grecs et les Romains de la décadence, d'autre part les Germains et les Gaulois, toutes les croyances, toutes les races se confondaient dans un désordre permanent et des violences continues.

Entre les Balkans et les Gaules il y a en outre cette analogie que les oppositions politiques et sociales, les divergences ethnographiques et géographiques qui égarent ceux des historiens qui s'efforcent de mettre l'ordre et la clarté dans les origines de notre histoire, aveuglent de même les diplomates qui prétendent régler à coups de traités le sort des Balkans. Les diplomates, après avoir fait de la situation de la péninsule la question d'Orient, ont fini par l'embrouiller à tel point que nous nous trouvons aujourd'hui en présence de deux questions d'Orient : l'une dont la solution est à Constantinople, l'autre dont la clef est à Berlin ; la première tient à la domination des Turcs sur les rives du Bosphore, la seconde est liée à l'avènement des Hohenzollern au trône impérial ; l'une est aussi vieille que le testament de Pierre le Grand, l'autre est jeune comme la politique du prince de Bismarck ; et toutes deux sont tellement enchevêtrées que si l'une ne peut être tranchée que par l'épée dans la ville des sultans, elle ne le sera que le jour où l'autre aura été résolue par les armes dans la capitale des empereurs allemands. Toutes les combinaisons diplomatiques seront vaines. On rendra à l'Autriche son rang et son rôle séculaires en Allemagne, ou bien on l'abandonnera, et avec elle on abandonnera la presqu'île des Balkans à la Russie. Il y a des erreurs historiques commises par le fer et le sang, qui ne se réparent que par le fer et le sang.

Et toutes ces réflexions naissent de la lecture de l'*Histoire d'une paysanne serbe*, car il n'est pas un de ses détails qui n'ait son importance pour faire comprendre le caractère des populations balkaniques, leur état économique et social, leurs violences et leurs brigandages, les haines et luttes sanglantes qui les divisent, le jeu de leurs institutions, causes de l'intervention continuelle des grandes puissances.

II. La ligne politique suivie par les puissances occidentales à l'égard de la péninsule des Balkans consiste à en protéger les populations à la fois contre la domination de Constantinople et contre ce qu'elles appellent les ambitions de Saint-Pétersbourg. Politique en apparence sage et prudente, qui se double encore du désir de faire participer la péninsule à notre civilisation par la construction de chemins de fer, l'établissement d'entreprises industrielles et commerciales, l'introduction d'institutions libérales et les garanties nécessaires à la sécurité et à l'indépendance de ces peuples. Pourquoi donc le seul résultat obtenu par cette politique depuis un siècle est-il de rendre ces peuples de plus en plus ingouvernables ? C'est que là où les diplomates occidentaux supposent des haines religieuses invétérées, il n'existe point de haines religieuses ; là où ils imaginent des oppositions inconciliables de races, il y a en réalité des peuples de race commune ; là où ils espèrent faire fleurir la paix et l'ordre par l'introduction de libertés parlementaires, ils ne font qu'aviver les intrigues, exciter les complots, et favoriser le despotisme sous toutes les formes.

Revenons à la famille serbe, la *zadrouza*. On y conserve les traditions des époques les plus reculées, le simulacre du rapt et de l'achat de la femme. Chacun y croit aux rêves, aux sorts et aux sorciers, aux vampires, aux grands fantômes blancs qui portent d'une maison à l'autre les malheurs et la peste. Le pope, c'est-à-dire le prêtre, y est peu considéré, car il est un paysan comme les autres. On ne se confesse et on ne communie que chez les moines des couvents éloignés, tout en ayant grand'peur de leurs extases et de leurs chants épileptiques. La jeune femme enceinte n'ose ni communier, ni embrasser la croix. On porte sur la tombe des morts du vin pour étancher, leur soif, des pommes pour les nourrir. Les fêtes chrétiennes conservent les caractères d'un antique·culte de la nature. L'hiver est inauguré par le jour des morts célébré avant tout comme fête de la saison morte ; le dimanche des Rameaux porte les traces d'une grande fête du printemps et de la délivrance des eaux ; et, par la manière dont elle est célébrée, la Pentecôte prend les formes des fêtes antiques où l'on honorait la déesse de l'Amour. Pour obtenir de la pluie par un temps de sécheresse, on promène une sorte de Cérès slave qu'on fait semblant d'arroser ; saint Élie, parce qu'il est monté au ciel, devient le maître du tonnerre, et c'est la sainte Marie qui envoie les éclairs. Quoique monothéistes, ils mêlent leurs croyances d'éléments des plus hétérogènes. Ces croyances varient de province à province, et nulle part elles n'ont assez de fixité, nulle part elles ne sont assez profondes pour donner naissance à des haines religieuses ; mais chaque soir la prière du chef de la famille rappelle la Sainte-Slava, la fête des dieux lares.

A Constantinople, les établissements catholiques jouissent d'une indépendance qu'ils n'ont pas dans les États catholiques ; à Salonique, une mosquée renferme la tombe d'un saint chrétien sur laquelle les orthodoxes vont faire leurs dévotions ; à Sérajéwo, un riche musulman fait venir un pope pour prier sur le tombeau de ses ancêtres qui ont été chrétiens. On passe dans toute la péninsule d'une religion à une autre avec une facilité extrême, et, avec la même facilité, on revient à l'ancienne, mais à la condition qu'on soit, homme ou femme, indépendant.

Dès qu'on appartient à une *zadrouza*, nous voulons dire à une famille, tout change. Aussitôt qu'un musulman touche à une fille chrétienne, ou qu'un chrétien prétend convertir ou entraîner un enfant musulman, les massacres commencent. La religion est le prétexte extérieur de ces luttes incessantes, leur cause, à la fois plus simple et plus profonde, est dans la constitution de la famille.

Il en est de même de ces prétendues haines de races. A part les Turcs, les Juifs et les Tziganes, tout le monde est de même race, de Raguse à Varna, des portes de Constantinople à celles de Vienne et de Budapesth. Mais qu'un Roumain insulte un Serbe, un Serbe un Bulgare, ou un musulman un *raïa*, un Arnaute un Monténégrin, la tribu entière se lève pour châtier le coupable et venger l'insulté. Fondées sur des affections semblables aux affections familiales, les oppositions de tribus sont infiniment plus personnelles et intimes ; elles ont une action plus directe sur les hommes que ces prétendues haines de races qui n'existent que dans l'imagination spéculative des Occidentaux.

Les différences de races ne sont marquées dans la péninsule que par les nuances plus claires ou plus sombres du teint et des cheveux, de même que les idiomes parlés ne diffèrent entre eux que selon qu'ils sont mêlés de plus ou moins de mots turcs ou de mots allemands : la race, comme l'état social et économique, est partout la même.

L'organisation familiale se retrouve chez tous les peuples des Balkans semblable à la *zadrouza* serbe ; mais, toutefois, sous une forme en quelque sorte sporadique. Le grand-père la fonde, le fils la développe, le petit-fils la dissout.

Il est important de noter qu'un village de quarante ou cinquante maisons occupe un espace double ou triple de celui de Paris. Chaque maison se compose d'un corps de logis principal, formé d'une grande pièce, qui est en même temps la salle de réunion, le poulailler, la cuisine, et d'une belle chambre habitée par le chef de la *zadrouza*. Tout autour sont groupées les maisonnettes ou plutôt les chambrettes des autres membres. L'ensemble des constructions est en pisé et constitue, avec la terre attenante, le bien de la *zadrouza*. Rarement il y a une église ; quand il y en a une, elle est desservie par un pope. Les moulins sont propriété commune ; chaque famille en use à son tour. Les hommes sont à la fois agriculteurs, charpentiers, maçons, charrons, selon les besoins du moment ; les femmes soignent, chacune à son tour, les enfants, l'intérieur, les bêtes ; elles filent la laine et le chanvre, tissent, teignent, brodent. A l'époque des grands travaux, on requiert les jeunes hommes et les jeunes femmes des *zadrouzas* voisines ; personne ne reçoit de salaire, mais chacun est traité comme un ami de la maison.

Il n'y a point de mots dans les langues slaves des Balkans pour désigner un tailleur, un menuisier, un serrurier, un charpentier, etc. ; les mots dont on se sert sont allemands ou turcs, comme les ouvriers qui exercent ces métiers et habitent les villes, comme les marchands, les fabricants, les banquiers ; ils sont étrangers ou d'origine étrangère, ou, comme les enfants des riches, le deviennent, en s'instruisant dans les villes d'Occident.

L'unique institution vraiment nationale est la *zadrouza*. L'autorité du chef y est absolue, la soumission des enfants sans réserve. Les femmes ont une extrême déférence pour les hommes ; les jeunes filles baisent les mains des jeunes gens. L'affection et le dévouement des uns pour les autres est la condition essentielle de leur existence commune.

Exerçant par ses membres tous les métiers nécessaires à sa subsistance, la famille est entièrement indépendante. Plus elle est nombreuse, plus elle est prospère. Du moment qu'il y a partage, la famille tombe dans une misère d'autant plus grande que les membres en demeurent plus isolés. L'homme sorti de la *zadrouza* se fait domestique dans les villes et devient étranger aux siens, ou bien il se fait berger au service d'autrui, ou brigand dans les montagnes. En dehors du métier de pope et de sorcière, il n'y en a pas d'autre dont on puisse vivre.

Ainsi, l'état économique et social des peuples balkaniques est entièrement fondé sur les affections et l'organisation familiales. Cette organisation a non seulement étendu ses effets sur toutes les manifestations de la vie et sur l'histoire entière de ces peuples, mais les a entièrement dirigées.

Les sentiments familiaux y ont acquis une telle force qu'ils ont porté leur influence bien au delà de la *zadrouza*, donnant naissance à une coutume qui rappelle les *soldures* de nos ancêtres les Gaulois : la fraternité d'alliance. Après avoir été contractée entre amis, compagnons de culture ou frères d'armes, elle l'a

été entre vainqueur et vaincu, mahométans et chrétiens, puis
entre jeunes gens et jeunes filles. La fraternité d'alliance consiste en un vœu d'amitié sans réserve et d'un dévouement absolu
réciproque : c'est un crime d'y faillir. C'est un crime pour un
frère allié que d'embrasser une sœur alliée, comme c'en est un
de refuser une alliance de frère ou de sœur offerte. Non seulement la coutume, mais encore le mot sont tellement entrés dans
les mœurs, que le soleil et la terre, perdant leur antique caractère de divinités, sont appelés un frère et une sœur alliés. Dans
quelques districts, lorsque de deux frères, dont le jour de naissance tombe le même mois, l'un meurt, l'autre est lié au cadavre, jusqu'à ce qu'un jeune homme se présente comme frère
allié pour remplacer le mort. Nous commettons une erreur des
plus grandes lorsque nous voulons juger ces peuples par leur
agriculture ou leurs habitations ou leurs travaux arriérés. Ils
sont infiniment supérieurs, à ce que nous voyons d'eux extérieu-
rement, par les sentiments qui unissent les membres de chaque
famille, aussi bien que par l'affection qui lie les membres de
chaque tribu les uns aux autres.

Nous avons dit que la famille, par la nature même de ses besoins, comme par l'énergie des sentiments qui la maintiennent,
conserve son indépendance entière. La *zadrouza*, si nombreuse
qu'elle soit, n'a rien de commun avec la *gens* romaine, la tribu
grecque ou la seigneurie patronale du moyen âge, dans lesquelles, pendant des siècles, l'autorité d'une seule famille, fortement
constituée, se développait, solidaire de toutes celles dont elle
dépendait et qui dépendaient d'elle, jusqu'à donner naissance à
la forte organisation de la cité antique, et au système féodal,
base de l'organisation politique des États modernes. Le *knes*, le
boyard ou le capitan des Balkans est bien une espèce de βασιλεύς,
de praticien ou de baron féodal, mais son autorité est fondée sur
l'unique supériorité de ses richesses ou de sa force personnelle ;
elle n'est ni traditionnelle, ni familiale, pas plus que la soumission qu'il trouve dans les *zadrouzas*, au milieu desquelles il
habite.

Cette constitution familiale qui ne porte aucun vestige d'une
hiérarchie ou d'une organisation politique quelconques, explique
l'histoire des peuples balkaniques. A l'époque de leurs invasions,
sous les knes et les krals, qui les dirigèrent uniquement en chefs
militaires, ils furent invincibles, mais ne possédant, en dehors
de leurs *zadrouzas*, dont chacune exploitait isolément la terre
dont elle s'était emparée, aucune autre organisation adminis-

trative ou politique, ils s'émiettèrent au premier choc de nouvelles invasions et tombèrent sous la domination turque, tout
comme les Russes succombèrent à l'invasion tartare.

Le seul art que possèdent ces peuples — ne pratiquant pas de
métiers ils ne peuvent en avoir d'autre — est la poésie. Les
œuvres qu'elle produit sont fortement empreintes et du caractère
de leur état social, et de leur histoire. Ces poésies, chacun les fait
et les défait, orthodoxes, catholiques, musulmans. Elles naissent,
non de la religion, mais de la forme et de la spontanéité des affections de la race. Un berger qui ne sait ni lire ni écrire, compose
trente à quarante mille vers, et vient les réciter à un imprimeur
de Belgrade, afin qu'ils soient mis « avec du noir sur du blanc » ;
il ne sait pas le mot dont on se sert pour nommer l'imprimerie :
un savant lettré de Belgrade ou de Serajéwo serait incapable d'en
faire un seul. Les traditions du peuple, ses espérances et ses ambitions s'y reflètent avec une intensité surprenante. Les images
abondent, mais dessinées d'un mot : elles sont à la fois fraîches,
gracieuses et naturelles. Avoir un frère, une sœur alliés dévoués,
de beaux-frères et de belles-sœurs en grand nombre, posséder
des vêtements de soie et d'or ou dès armes brillantes constitue
l'idéal du bonheur ; être fidèle dans ses fiançailles, brave dans
ses passions, indomptable dans ses volontés sont les plus hautes
vertus. Chants d'amour et chants de guerre — dont le récit se
cadence le plus souvent aux sons d'un instrument monocorde —
les uns ne sont pas plus des épopées que les autres ne sont des
sonnets ou des quatrains. Ce sont des aveugles, comme le vieil
Homère, qui les récitent, mais ils les apprennent et les répètent
ainsi que tout le monde, sans que chants de guerre se transforment en histoire nationale ou que chants d'amour deviennent
des analyses du cœur humain.

Au sein de notre vieille civilisation, de nos classes sociales
nombreuses, de nos arts multiples, de nos industries compli-
quées, où l'art même du poète est devenu un moyen d'existence,
nous ne pouvons pas plus apprécier les traits simples et la beauté
fruste de ces poésies sans nom d'auteur, que nous ne pouvons
comprendre la force des affections, l'intensité des aspirations
qu'elles expriment, ou l'état social dont elles sont le reflet. Un
monde sépare le degré de civilisation des peuples balkaniques
du nôtre. Par l'examen constant de nos besoins et de nos ressources, la division du travail et sa hiérarchisation, nous avons
donné naissance à tous nos progrès, aussi bien dans l'exercice
des métiers et dans la carrière des lettres et des arts, que dans

l'organisation administrative et politique, formant une civilisation qui s'est développée, depuis ses origines jusqu'à nos jours sur elle-même — augmentant sans cesse ses ressources à mesure qu'augmentait la population — *en densité.*

Nous voyons tout le contraire chez les peuples balkaniques. Tandis que chez nous la liberté et l'indépendance individuelles sont gardées de toutes parts, contre leurs propres excès par les barrières d'une administration savante et d'institutions publiques raffinées, ces peuples ne reconnaissent à cette indépendance et à cette liberté aucune limite : chacun se conduit comme il l'entend, et rêve et chante ce qui lui plaît ; amour et combat, lutte et soumission, misère ou splendeur ; le berger est aussi libre au milieu de son troupeau que le héros qui, pour échapper à l'oppression, se fait brigand dans la montagne. Lorsque ces hommes, dans l'aisance, peuvent satisfaire leurs désirs et leurs passions, ils perdent ces élans qui éclatent dans le dénuement avec tant de puissance. Par l'intensité de leurs affections premières, et parce qu'ils poussent à l'extrême la soumission familiale, ils maintiennent du même coup, avec un soin jaloux, les traditions de leur indépendance et de leur grandeur d'autrefois. De tels peuples ne comprennent et ne peuvent s'assimiler qu'une forme de civilisation, une civilisation toute contraire à la nôtre, une civilisation *en extension.*

C'est le propre de toutes les races familiales. Le travail, la production, la propriété sont organisés chez elles de telle façon qu'ils dépendent non seulement de la cohésion de la famille, et de la soumission de tous les membres au chef, mais encore de l'extension continue du territoire que la famille occupe. N'ayant ni arts, ni industrie, pratiquant exclusivement l'agriculture — et, comme les peuples qui n'ont ni arts ni industrie, la pratiquant de la manière la plus simple du monde — tout accroissement de la famille exige une extension du territoire qu'elle habite. L'individu isolé est sans ressource : il ne peut subsister qu'à l'état de prêtre, de berger ou de brigand. Lorsque les terres que les familles occupent ne sont plus assez étendues pour suffire à leurs besoins, une émigration se produit, qui se transforme en véritable exode. Des familles entières quittent leurs demeures. Si le nombre en est considérable, si elles ont entre elles une cohésion suffisante, sous un chef commun, elles deviennent conquérantes ; sinon elles s'infiltrent, famille par famille, parmi les peuples voisins, et absorbent insensiblement, grâce à leur forte constitution familiale, les populations des territoires envahis. C'est ainsi que

les Slaves des Balkans ont pénétré lentement en Grèce, adopté
la langue des anciens Grecs et absorbé insensiblement leur race
affaiblie ; de même ils ont encore pénétré en Roumanie, se sont
initiés au langage déformé, et ont absorbé la race de l'antique
colonie romaine. D'autre part, au contraire, ils ont soumis les
descendants des Thraces, les Bulgares, et ceux-ci ont adopté leur
langue et leurs mœurs ; ils ont fait disparaître en Dalmatie les
débris de l'occupation italienne, et, par une seconde invasion,
ont soumis leurs propres frères qui, à la première invasion, avaient
occupé la Bosnie et l'Herzégovine. Ils prirent vis-à-vis de ceux-
ci le rôle de race conquérante et, pour conserver les droits et les
privilèges qu'ils leur avaient imposés, se convertirent à l'isla-
misme lors de l'invasion turque. Peuples qui nous étonnent : ils
supportent pendant des siècles des dominations étrangères, sans
s'arrêter un instant dans l'opposition qu'ils leur font, et sans s'arrêter dans leur envahissement des populations voisines. A chaque invasion dont ils ont à souffrir, révolte ou guerre, leur territoire est ravagé, les habitants sont massacrés ou chassés, ceux
qui restent reprennent la culture du sol, le repeuplent et au
bout de quelques générations se redressent et font entendre les
mêmes revendications. Jamais ils ne s'arrêtent : ou dominateurs
ou dominés, ils font sans cesse renaître la lutte inévitable dans
leur extension continue.

D'une tribu à une autre, ils ne s'entendent jamais sur l'em-
placement des limites : l'occupation d'un pâturage, l'usage d'une
route, le passage d'un gué, l'extension de l'influence des relations familiales sont les causes de contestations ininterrompues,
de luttes toujours imminentes. La religion, la politique en sont
des formes extérieures : les causes véritables sont plus profondes
et plus vivaces.

Toutes les races familiales sont essentiellement envahissantes.
Le mot « race » est d'ailleurs ici impropre, car tous les peuples,
aux époques qu'il nous plaît d'appeler barbares, passent par le
même degré de développement des affections de famille, condition de leur existence sociale et de leur prospérité commune.

Ne comprenant ni les inéluctables nécessités, ni les forces
immenses qu'un tel état social et économique recèle, nous nous
imaginons naïvement que, parce que nous aurons donné à ces
populations l'indépendance politique, introduit chez elles notre
division des pouvoirs, appliqué nos institutions parlementaires,
importé nos grands moyens de communication et de production,
elles vont jouir de tous nos progrès et acquérir sous notre pro-

tection une civilisation semblable à la nôtre. Nous ne voyons pas que, pour ces peuples qui ne pratiquent ni arts variés et féconds, ni métiers divers et productifs, — arts et métiers qui, se multipliant sur eux-mêmes, accroissent leur production en proportion même de l'accroissement de la population qui les pratique ; — que, pour ces peuples qui ne connaissent et ne peuvent supporter aucune division sociale, indépendance, liberté, progrès ne signifient et ne peuvent signifier qu'expansion en tous sens des goûts et des passions d'un chacun ; qu'extension ininterrompue du nombre des membres, et par suite des biens et du territoire de chaque famille.

III. Depuis l'époque de la conquête musulmane, sauf les noms, rien n'a changé dans les conditions d'existence des peuples de la péninsule.

Les Turcs avaient imposé au pays leurs divisions militaires les timarlis, les spahis s'étaient partagé le sol et ses habitants, obligeant ces derniers à payer dîmes et redevances ; les janissaires et leurs chefs qui continuèrent à composer la garde des pachas, comme ils avaient formé celle du sultan, avaient mis la main sur une part de la capitation imposée aux vaincus, commandé les corvées, se constituant des privilèges sans nombre ; les cadis avaient jugé les différends et les mousselimes perçu les tributs. Telle fut, tracée à grands traits, l'organisation financière et administrative des Turcs dans les Balkans : le camp nomade et militaire d'autrefois transformé en instrument d'occupation et d'exploitation.

En 1804, quelques dahis avec leurs janissaires, mécontents de la part des impôts qui leur revenait, se livrèrent, afin de l'augmenter, à des exactions nouvelles. Le nombre des réfugiés dans les montagnes s'accrut, et leurs chefs se groupèrent autour d'un marchand de porcs, Georges Petrowitch, que les Turcs appelèrent le Georges le Noir, Kara Georges. L'année suivante, la révolte devint générale, les pachas et les janissaires se virent contraints à chercher refuge dans les forteresses ; les chefs des révoltés, les *woïwodes*, s'emparèrent des prétendues redevances et biens des dahis et spahis, tandis que Kara Georges, pour maintenir l'ensemble, continua à diriger le pays despotiquement, en mettant la main sur les revenus des pachas au profit des siens et de ses « dévoués ».

La paix de Bukharest régularisa cette situation, en l'étendant à la Moldavie et à la Valachie, où la Russie établit des hospodars pour gouverner les deux principautés à la façon de Kara Georges.

Au retour de la paix, une partie des woïwodes se montrèrent mécontents de la part qui leur était dévolue ; ils furent exilés. Les désordres reprirent sans que les Turcs y eussent la moindre part ; Kara Georges fut chassé. Les Turcs reviennent ; les spahis rentrent en possession des droits et redevances dont les woïvodes les avaient dépouillés, mais quelques-uns d'entre eux, et un marchand de bœufs, Miloch Obrénowitch, qui n'avait point participé à la première révolte, se soumettent, et ce dernier est reconnu knes supérieur par les Turcs. Deux ans plus tard, ce même knes, et ces mêmes woïwodes, avec leurs fidèles, leurs *momaks*, se révoltent à leur tour, chassent les Turcs, reprennent les privilèges et les biens des spahis, les droits du pacha, et c'est toujours le même régime, Miloch Obrénowitch en tête, qui se poursuit : le mécontentement reparaît. Kara Georges est rappelé par quelques-uns des siens. Miloch le fait assassiner et, pour assoir son autorité et régulariser la levée des impôts, prétend faire faire par ses momaks un recensement de la population. Les principaux woïwodes et knes refusent d'obéir, obligent Miloch à abdiquer en faveur de son fils, qui meurt avant de pouvoir prendre la succession paternelle.

Ainsi que l'*Histoire d'une paysanne* explique l'état social, ainsi chacun des faits que nous venons de relever explique l'état politique des Balkans.

Gardons-nous de nous laisser tromper par les mots. Il est vrai que woïwode traduit littéralement signifie duc ; les knes peuvent nous représenter des barons ; les *knias*, des princes ; les krals, des rois ; mais si nous examinons de près cette prétendue noblesse bosniaque, grecque ou roumaine, nous ne tardons pas à découvrir que les distinctions dont elle s'honore, les titres dont elle se pare ne répondent à aucune organisation sociale, et ne correspondent pas davantage à une hiérarchie administrative. Titres et distinctions sont purement militaires, ou représentent les vanités d'un certain nombre de privilégiés implantés par la conquête dans un pays vaincu. Spahi ou knes, dahi ou woïwode, janissaire ou momak, pacha, hospodar ou knias ont des significations identiques, de même que pandour et hayduk, héros et brigand. Les hommes qui portent ces titres, que ce soit l'un ou l'autre, occupent la même situation politique, et s'y comportent de la même manière.

De 1820 à 1830, grâce à ce régime, les révoltes et les guerres

furent continuelles. La prétendue noblesse bosniaque et herzé-
govinienne, musulmane de religion, se révolta contre le sultan
pour les mêmes raisons que l'avaient fait les woïwodes et les
knes de la Serbie. Ceux-ci, pour s'emparer des biens et privilèges des janissaires et dahis, ceux-là pour les conserver, et, de
toutes parts, de la Grèce en Roumanie, éclatèrent des troubles,
jusqu'à ce que finalement l'Europe, émue de tant de cruautés
et de massacres, s'en mêlât, que les puissances intervinssent et
fissent reconnaître l'indépendance de la Grèce à la paix d'Andrinople.

De ce moment tout sembla changé : à l'influence de la Russie
et de la Turquie, auxquelles s'étaient adressés jusque-là les mécontents de la classe dominante, succéda l'influence des puissances occidentales. Les institutions européennes, et avec elles
leurs noms et leurs formes sont introduites ; les fils des woïwodes
et des knes, Serbes ou Bulgares, des boyards roumains et des
comtes grecs, de qui les pères ne savaient ni lire ni écrire, vont
visiter les universités européennes. On répand l'instruction, on
crée des journaux, et les anciens partis des satisfaits et des mécontents, selon qu'ils disposeront ou ne disposeront pas de l'ancienne administration turque, se nommeront conservateurs,
libéraux, progressistes, radicaux, et intrigueront tour à tour auprès de la Russie, de la Turquie ou des puissances occidentales,
soit pour se maintenir au pouvoir s'ils y sont, soit pour y arriver s'ils n'y sont pas.

En 1856, la Bulgarie obtint son autonomie religieuse. En 1858,
la Moldavie et la Valachie sont réunies en une principauté unique. La situation reste immuable. Le roi Othon est chassé de
Grèce, Michel Obrénowitch est assassiné en Serbie, un Hohenzollern arrive clandestinement au trône de Roumanie. La lutte
entre Monténégrins et Albanais continue sans interruption, et
les massacres recommencent entre raïas et musulmans, en Bosnie et en Herzégovine.

En 1877, la Russie se décide à reprendre sa mission protec-
trice. Après une guerre opiniâtre, elle entre dans Andrinople, et
impose à la Turquie vaincue la paix de San-Stefano. L'Angleterre met obstacle à l'exécution du traité, et, au congrès de Berlin, l'indépendance de la Serbie, de la Roumanie, du Monténé-
gro est proclamée ; l'Autriche est chargée de maintenir l'ordre,
au nom du sultan, dans la Bosnie et l'Herzégovine, et la Russie
ne conserve, tout en acquérant la Bessarabie, qu'une espèce de
protectorat militaire en Bulgarie, où le prince Alexandre de

Battenberg est appelé. Avant la fin des délibérations du congrès, l'Angleterre s'était fait céder Chypre ; peu après, la France s'empara de la Tunisie.

D'une part, le fait permanent de la dissolution lente de la Turquie se poursuit par l'action même des puissances qui prétendent la protéger contre les ambitions de la Russie ; d'autre part, un fait également permanent et autrement grave, l'état économique et social des populations balkaniques se maintient intact. Comme au lendemain de la conquête turque et lors des premières révoltes, les Serbes continuent à vouloir une grande Serbie, les Bulgares une grande Bulgarie, de même que les Hellènes ambitionnent le rétablissement de la grande Grèce, et les Roumains regrettent la perte de la Bessarabie, et la sujétion de leurs frères de la Transylvanie. En ces quelques lignes se résume toute la politique des peuples des Balkans. Depuis 1830, les noms et les formes extérieures ont changé, comme ils l'avaient fait depuis le commencement du XIXe siècle jusqu'en 1830. Les besoins sociaux et les nécessités économiques ne se sont point modifiés et continuent à s'imposer à tous les partis et à tous les gouvernements.

Le prince de Battenberg, pour asseoir son autorité en Bulgarie, suit l'exemple de Kara Georges, mais, n'ayant plus à combattre les pachas et les dahis, il chasse le général représentant de la Russie qui rappelle ses officiers, soulève la Roumélie qu'il annexe, noue des intrigues en Macédoine, et finit par être expulsé, absolument comme Kara Georges par les mécontents qui n'avaient point trouvé suffisante leur part dans les honneurs et profits administratifs. Cependant ses ambitions lui avaient suscité une guerre avec la Serbie. Le roi de Serbie, en effet, Milan, ne pouvait pas plus permettre l'extension de la Bulgarie aux dépens de la grande Serbie, que le roi des Hellènes ne pouvait la permettre au nom de la grande Grèce. La Serbie n'étant point préparée à l'aventure s'attira, quoique soutenue par l'Autriche, la leçon de Slivinitza, tandis que les puissances maintinrent la Grèce par le blocus du Pirée.

Puis, comme le roi Charles à Bukharest, le prince Ferdinand de Cobourg arrive clandestinement à Sofia, appelé par M. Stambouloff qui suit et continue exactement les traditions de tous ses prédécesseurs en Serbie, en Grèce, en Roumanie. Ne pouvant se maintenir que par les siens et ses partisans, il gouverne le pays tout comme Obrénovitch le gouvernait avec ses momaks, ou les pachas avec leurs janissaires. Les complots se poursuivent sans cesse, les exécutions et les exils se succèdent et, par ses intrigues continuelles en Macédoine, Ferdinand se maintient lui-même en faisant luire aux yeux de la Sobranié l'espérance de voir se réaliser le rêve d'une grande Bulgarie.

En Grèce, en Roumanie, en Serbie, chaque parti n'arrive au pouvoir que parce qu'il promet une extension territoriale aux populations : leur unique intérêt et la seule politique qu'elles comprennent ; et, aussitôt qu'il tient le pouvoir, il commence par mettre en accusation le parti tombé, lequel s'empresse de reprendre identiquement le même programme.

Aux Bratiano succèdent les Juministes, aux Delyannis les Tricoupis, aux libéraux et à leur roi Milan les radicaux et leur régent Rititch, et toujours et partout les partis tombés reprennent — sous les mêmes noms ou sous des noms différents — le même programme de l'extension nationale, pendant que le parti au pouvoir, incapable de réaliser ses promesses, use ses forces à y rester.

Il n'y a que l'Autriche qui, grâce à une occupation militaire de 30,000 hommes, conserve une tranquillité relative dans la Bosnie et l'Herzégovine. Aussi, chez les peuples du nord des Balkans, a-t-elle pris la place de la Turquie dans leur haine de la domination étrangère ; tandis que les peuples au sud assassinent et pillent, qu'Arnautes et chrétiens, Albanais et Monténégrins, Crétois, Corfiotes et musulmans poursuivent leurs discordes comme au plus beau temps du despotisme turc.

Les politiciens du jour, descendants des boyards, knes, woïwodes et capitans d'autrefois, sont et restent aussi étrangers à la masse de la population que le furent les pachas, les dahis, les janissaires.

IV. Aussi bien en présence de cette situation continuellement tendue, les diplomates européens ne voyant que le fait du moment et ne le jugeant que par leurs ambitions et leurs intérêts propres, égarés par les mots, trompés par les circonstances, restent-ils incapables de prévoir les cruelles déceptions que leur réserve l'avenir.

A l'époque de la guerre de Crimée, alors que le prince de Bismarck n'était que simple délégué à la Diète de Francfort, il démontra à son souverain, le roi de Prusse, que si l'Autriche maintenait son autorité sur les Slaves et sur les Hongrois de son empire, c'était grâce à sa prépondérance en Allemagne. Devenu ministre, il travailla sans relâche à l'expulsion des Autrichiens de l'Allemagne et y réussit en 1866. Depuis, les événements ont marché, et aujourd'hui l'Allemagne, comme s'il n'y avait eu ni Sadowa ni Sedan, se voit obligée de soutenir l'Autriche dans sa domination des Slaves et son intervention dans les affaires des Balkans. C'est ainsi que la question d'Orient s'est dédoublée.

Tant que l'Autriche puisa en Allemagne et l'autorité et les ressources nécessaires pour maintenir les Magyars et les Slaves de son empire, ainsi que l'observait le prince de Bismarck, elle y trouva une force constante, et la solidarité qui liait les princes allemands à la couronne de Habsbourg fut profonde ; du jour où l'Autriche fut rejetée de l'Allemagne, il fallut accorder aux Hongrois leur autonomie afin qu'ils l'aidassent à leur tour à maintenir sa domination sur les Slaves cisleithans et transleithans. Quant à ceux-ci, ils persistèrent, comme si aucune modification ne s'était produite, dans leur mouvement d'expansion sans relâche. A la division de l'empire succéda la politique des nationalités et à celle-ci succède à présent une politique de réaction contre ces mêmes nationalités. Les Polonais consentent bien à voter des lois pour l'empire, mais à la condition qu'ils n'y soient point soumis ; les Tchèques réclament avec plus d'insistance que jamais le couronnement du roi de Bohême, qui signifie leur affranchissement de la suprématie allemande ; et si Dalmates, Croates, Slavons consentent à relever encore de la couronne de Saint-Étienne, ce n'est qu'à la condition que leur organisation administrative devienne de plus en plus indépendante. A toutes ces difficultés intérieures vient s'ajouter, pour l'Autriche, la protection qu'elle doit accorder aux musulmans bosniaques contre les raïas chrétiens, au nom de la suzeraineté du sultan, ce qui soulève contre elle du même coup et toutes les haines des peuples des Balkans et l'opposition de la Russie.

Tant qu'il fut au pouvoir, le prince de Bismarck s'efforça de pratiquer une politique d'équilibre entre la Russie d'une part, l'Autriche de l'autre ; politique d'intrigue et d'adresse qui peut se maintenir un moment comme une danse sur la corde raide: aussitôt qu'il fut tombé, la politique allemande reprit terre ferme.

Du côté de la Russie, comme du côté des Balkans, l'Allemagne et l'Autriche se trouvent en face de la marée montante d'un océan humain, l'océan slave ; le flot poussant le flot, la *zadrouza* la *zadrouza*, le mir poussant le mir, chaque famille, chaque personne, chaque vague et chaque gouttelette de cette mer humaine, douées de la même force d'élasticité et de propulsion, pousse irrésistiblement tout obstacle devant elle. Encouragés par les hommes d'État anglais, les hommes d'État autrichiens se figurent qu'il suffirait de garantir l'indépendance aux États balkaniques pour que tout devînt stable et fixe dans ce monde mouvant ; oubliant encore qu'indépendance ne signifie pour ces peuples que possibilité d'étendre au loin la grande Serbie, la grande Bulgarie, la grande Grèce, la grande Roumanie. Point d'indépendance tant qu'un membre d'une famille se trouve soumis à un maître qui n'est pas celui de tous, et tant que du nord au sud, de l'est à l'ouest, les différents membres de la grande famille commune se trouvent sous l'influence de législations diverses : la religion doit être la même, les lois doivent être les mêmes, et l'extension de l'entente ainsi que la prospérité familiales indéfinies.

D'autres hommes d'État, non moins chimériques, s'imaginent que l'on donnerait de la stabilité à ces peuples en les constituant en une confédération.

Cette confédération est possible sous deux formes : générale ou partielle. Supposons la confédération partielle : les Serbes, les Monténégrins et les Grecs s'unissent aussitôt contre les Bulgares qui, au centre, les divisent et prétendent les dominer. Supposons la confédération générale : Serbes, Monténégrins, Grecs, Roumains, Bulgares eux-mêmes s'entendent au lendemain de leur constitution fédérale pour affranchir leurs frères de l'Autriche-Hongrie et de la Turquie. Partout, sous toutes les formes, le même fait permanent reparaît : l'extension nationale.

On parle de porter dans les Balkans notre civilisation, d'y implanter nos industries, d'initier les habitants à nos formes administratives : il en est comme de leur indépendance, qu'ils ne peuvent pas ne pas comprendre notre civilisation et appliquer dans le sens qui leur est imposé par leur état social et économique. Par nos grandes industries nous importons dans les villes les révoltes ouvrières et, ce qui plus est, dans les campagnes les révoltes agricoles ; par nos formes administratives, nous leur apprenons à doubler, à tripler leurs armements, et par l'apparente civilisation qu'ils nous empruntent, nous ne leur enseignons qu'une chose : à tromper l'Europe tout entière, ses diplomates, ses hommes d'État, ses journalistes, ses capitalistes par la phraséologie occidentale sous laquelle ils parviennent à cacher leurs ambitions et leur situation véritable, plus trouble et plus incertaine que jamais.

L'Autriche, contrainte par l'Allemagne à transporter son centre de gravité à Budapest, est entrée dans les Balkans, et l'Allemagne, quoi qu'elle fasse, est obligée de l'y soutenir. Traités d'alliance, traités de commerce, visites de souverains, voyages et manœuvres, échanges de politesses n'ont qu'un but : accroître l'autorité de la race allemande non seulement en face des peuples balkaniques, mais encore de tous les Slaves du territoire de l'Autriche-Hongrie. C'est le *Drang nach Osten*, la poussée vers l'Orient qui — remplaçant le mouvement qui précipitait le Saint-Empire sur l'Italie — jette de nos jours le nouvel empire allemand dans les bras de l'Autriche, et celle-ci dans les Balkans. L'amitié de la Turquie, l'alliance avec l'Italie, les encouragements de l'Angleterre, toutes les espérances, toutes les forces sont rassemblées, mais pour se heurter à un obstacle insurmontable : les affections familiales et le dévouement individuel des populations slaves, par lesquels elles sont et restent supérieures à la civilisation occidentale tout entière qui a perdu ces vertus premières de tous les grands peuples.

L'Autriche n'est gouvernable que sous deux formes : par le parti allemand ou par les partis conservateurs des différentes nationalités. Les Allemands de race sont au nombre de 7 millions dans un empire qui compte 38 millions d'habitants, et comme ils ont perdu leur prépondérance en Allemagne, le retour à leur ancienne hégémonie est un rêve oriental que seul encore le parti israélite de Vienne est capable de concevoir. Séparés de l'Allemagne, les Allemands de la partie cisleithane ont déjà dû abandonner leur suprématie aux Magyars dans la partie transleithane. Les Magyars purs sont au plus 4 millions et ce sont ces 11 millions d'Allemands et de Magyars, perdus au milieu de 15 à 16 millions de Slaves qui tiennent en main la direction de l'empire tout entier. Dans ces circonstances, une manière de gouvernement était encore possible : celui par les majorités conservatrices de toutes les nationalités sans distinction. L'échec du compromis tchèque-allemand et la dissolution du Reichsrath en ont dévoilé l'impuissance.

Certes, toutes les populations autrichiennes, à quelque race qu'elles appartiennent, sont encore fortement attachées à la monarchie des Habsbourg ; mais que peut une tradition, fût-elle à la fois souveraine et familiale, contre un mouvement économique et social dont les implacables exigences se manifestent d'instant en instant, ébranlent à la longue les fondements les mieux établis, détruisent le prestige le mieux assuré ?

L'Autriche a accompli un chef-d'œuvre de diplomatie, lorsque, se soumettant en apparence, sans restriction, après la défaite de Sadowa, à l'hégémonie et à l'alliance allemande, elle a enchaîné l'Allemagne à son propre sort par un lien indissoluble, de manière que c'est elle qui décide aujourd'hui de la politique des deux empires.

Elle aurait pu suivre une tout autre voie en s'alliant non pas avec l'Allemagne, mais avec la Russie. En ce cas, elle devait abandonner ses prétentions sur les Balkans, servir, loin de les étouffer, toutes les aspirations slaves, et reconnaître, après le royaume de Hongrie, ceux de Pologne, de Bohême et de Croatie, pour reprendre, à la tête d'une confédération nouvelle, avec l'aide de la Russie, son hégémonie dans la grande Allemagne. Politique de haute envolée qu'elle ne fut pas capable de suivre parce qu'elle n'eut pas d'homme d'État capable de la concevoir. Ç'eût été cependant la conséquence naturelle, non seulement de son histoire, mais encore de sa politique des nationalités, en face du monde slave qui l'entoure, l'envahit. Vouloir l'indépendance des États balkaniques et ne pas l'accorder aux Slaves de son propre empire, c'est vouloir l'absurde, désirer l'impossible.

Cette grande machine qu'on appelle la Triple Alliance et la Ligue pour la paix, ou la Quadruple Alliance avec le *statu quo* méditerranéen, repose sur cette base éphémère : la situation actuelle de l'Autriche et ses ambitions balkaniques. L'Italie n'y est maintenue que par la crainte que la République inspire à sa nouvelle royauté ; l'Angleterre n'y trouve que l'oubli momentané de son engagement de quitter l'Égypte, et l'Allemagne la garantie de son annexion de l'Alsace-Lorraine. Faits transitoires et de valeur secondaire en présence du grand mouvement qui, depuis un siècle, assure l'hégémonie aux peuples slaves dans l'Europe de demain.

## L'Europe et l'Alsace-Lorraine

I. La Prusse, après avoir conseillé et accompli le partage de la Pologne, qui avait été jusque-là le boulevard de l'Europe contre la Russie, expulsa l'Autriche de l'Allemagne et rompit la dernière grande digue de l'Est, la digue formée par l'union intime de la monarchie des Habsbourg et de la Confédération germanique. Dans ces circonstances, il ne restait plus à la Prusse qu'un moyen, un seul, de résister à la marée montante de l'océan slave : une alliance étroite avec la France. Seule, en effet, l'union d'une France fortifiée et agrandie avec une Prusse maîtresse de l'Allemagne, aurait pu opposer une barrière nouvelle, et d'une résistance suffisante à l'avènement des masses balkaniques et oura-liennes, débordant sur les frontières et pénétrant jusqu'aux centres des deux empires allemands. C'eût été une politique prudente et sage ; la Prusse en préféra une autre plus brillante, mais dont la fragilité apparaît de jour en jour davantage.

Loin de rechercher l'alliance de la France, au lendemain de Sadowa, le prince de Bismarck commença ses intrigues contre elle. Il n'exécuta pas la clause du traité de Prague relative au Schleswig, refusa d'adopter le projet Benedetti, mais en conserva l'original comme une arme précieuse, autorisa l'acquisition du Luxembourg par la France, puis s'y opposa au dernier moment, enfin, dans le dessein de pousser la France à bout, suscita la candidature d'un Hohenzollern au trône d'Espagne. Tandis que le gouvernement de Napoléon III perdait la tête, le prince de Bismarck poursuivait tranquillement son but. Sachant que l'organisation militaire de la France était incomplète, au moment où la Prusse avait appris par l'expérience combien la sienne était parfaite, il transforma la demande du retrait de la candidature Hohenzollern en une insulte nationale et se fit déclarer la guerre. La Prusse atteignait au comble de la gloire ; se doute-t-elle aujourd'hui que c'est à ses propres dépens que cette gloire était faite ?

L'Europe peut, à présent, évaluer d'une manière exacte l'é-
tendue de la faute commise par les milliards que lui coûtent ses
armements, par ses armées et ses flottes sans cesse croissantes,
comme par le mécontentement de ses classes ouvrières, qui augmente avec les charges qui les accablent. Encore que tous ces
faits ne soient que passagers : on restreint ou on développe les
armements, on met en activité ou en réserve les armées et les
flottes, et le mécontentement des classes ouvrières apparaît ou
disparaît avec les crises ou la prospérité des affaires. Mais ce qui
ne croît, ni ne décroît, ne se forme, ni ne se détruit, ce sont les
faits permanents qui font la vie des peuples. C'est pour les avoir
méconnus que les intrigues de la Prusse contre la France et l'annexion de l'Alsace-Lorraine sont devenues, pour l'Allemagne,
la cause d'une erreur, semblable à celle d'un homme qui s'ima-
ginerait se porter le mieux du monde au moment où il aurait
absorbé un poison mortel.

II. En 1867, lors des négociations de la conférence de Londres,
nous entendîmes un général prussien exprimer son étonnement
devant un Luxembourgeois de ce que son petit pays persistât à
ne pas vouloir entrer dans la confédération, la grande et glorieuse confédération de l'Allemagne du Nord. « Les Luxembourgeois ont donné des empereurs à l'Allemagne, ils ne tiennent
pas à fournir des sous-officiers à la Prusse », lui fut-il répondu.
Nous ne songions plus à ces paroles, lorsqu'il y a quelques mois,
dans un de nos salons, nous ouvrîmes au hasard un de ces al-
bums-questionnaires, si fort à la mode il y a peu de temps :
« Peut-on vous demander votre âge ? — Vingt ans. — Quel pays
aimeriez-vous habiter ? — La Lorraine reconquise. — La signature : celle d'un Luxembourgeois. » D'autre part, le voyageur
qui traverse le grand-duché de Luxembourg, ne tarde pas à savoir par cœur le refrain national, chanté par l'ouvrier au long
des routes, par les gamins au coin des carrefours : « *Mir welle jo
keng Preise gin.* Nous ne voulons pas devenir Prussiens ! »
Voilà donc un petit pays qui n'a appartenu à la France que
quelques années, au XVIIe siècle, et qui, au commencement de
celui-ci, n'a formé que pendant une génération à peine le département des Forêts, tandis qu'il a fait partie, pendant des siècles,
de l'ancien empire allemand, a appartenu à la maison d'Autriche et, ayant passé à la maison de Nassau, a continué à demeu-
rer dans la confédération germanique, et dont un représentant
déclare que ses compatriotes ne tiennent pas à devenir des sous-

officiers prussiens, dont un autre découvre le pays de ses rêves dans la Lorraine reconquise, alors que sa propre patrie jouit de son indépendance et de tous les bienfaits de la neutralité, et dont le peuple entier proclame son antipathie pour la Prusse triomphante, dans son chant national.

Un recueil de chartes et documents des villes de la rive gauche du Rhin nous a aidé à comprendre ces faits si surprenants en apparence. L'auteur du recueil écrit dans sa préface : « Le Luxembourg est romanisant depuis le IX<sup>e</sup> siècle ; il l'était en réalité comme la Gaule entière, dès la conquête romaine ; ses routes et ses grands camps le prouvent. » Survint l'invasion des Francs ; les habitants en adoptèrent la langue ; mais, Celtes d'origine, ils restèrent d'autant plus romanisants que les Francs de France eux-mêmes le devinrent davantage. Leurs actes publics et leurs chartes, depuis mille ans, sont rédigés ou en latin ou en français, et quoique les comtes de Luxembourg aient donné des rois à la Bohême et des empereurs à l'Allemagne, leur histoire, à travers les croisades et la guerre de Cent Ans, reste infiniment plus mêlée à la nôtre qu'à celle des feudataires allemands. Au sein du peuple on rencontre, aujourd'hui encore, des légendes originaires du Poitou, et, de ses airs nationaux, l'un remonte peut-être avec sa *Mauvaise Foire*, la *Schobermess*, jusqu'à la mort de Jean l'Aveugle, comte de Luxembourg, roi de Bohême, homme lige du roi de France, qui se faisait tuer à Crécy — où il s'était fait traîner quoique aveugle — combattant sous les bannières françaises.

Nous parlons du Luxembourg romanisant depuis ses origines. Que dire de l'Alsace-Lorraine qui, de tous les pays de France, est un des plus profondément français ?

L'Alsace est, comme le Luxembourg, séparée en apparence de la France par la différence des langues. Les nègres de Haïti et de Saint-Domingue sont-ils Français parce qu'ils parlent français ? Et parmi les Slaves des Balkans les uns sont-ils les descendants des vieux Grecs et les autres ceux d'une antique colonie romaine parce qu'ils en ont, après leurs invasions, adopté le langage ? Ce sont les affections, les mœurs, les coutumes qui forment la nationalité des peuples, parce qu'elles en constituent la vie, et non les sons qu'ils articulent. Un peuple conquérant, qui parvient à rendre légitime et nationale sa domination sur un autre, impose en proportion les mots et les formes de son langage ; un autre qui s'infiltre lentement parmi les populations d'un territoire voisin, en subit les institutions et en adopte la langue. Les mêmes Normands qui, en un siècle à peine, s'assimilent à tel point la langue française qu'ils l'imposent comme langue régnante à l'Angleterre, la perdent à mesure qu'ils disparaissent dans la nation où ils sont entrés.

A leur origine, les peuples changent de langage avec une facilité extrême, comme les enfants. Parvenus à se donner des nationalités distinctes par leurs traditions, leurs mœurs, leurs coutumes, ils conserveront leur langage, quel qu'il soit. Flamands et Wallons formeront les Belges ; Allemands, Français et Italiens, les Suisses. Juger en histoire les nationalités d'après les langues, et non d'après les affections, les coutumes et les mœurs, c'est classer en science naturelle les animaux, non d'après leurs instincts et leur constitution, mais d'après leurs cris. On ne fait pas plus de bonne politique que de véritable science avec des idées aussi superficielles.

L'ennemi héréditaire de l'Alsacien est le *Schwob*, l'habitant de la rive droite du Rhin. Cette hostilité remonte sans doute à l'époque celtique ; les Allamans, après avoir envahi l'Alsace et imposé leur langue aux populations en ont hérité ; les rivalités et les luttes riveraines restèrent les mêmes. Charlemagne y mit fin un moment par l'invasion de la Franconie ; sous ses successeurs elles reprirent avec la division de l'empire.

Vers la fin du XIII⁰ siècle, le roi d'Allemagne, Adolphe de Nassau, voulant faire la guerre au roi de France, Philippe le Bel, jeta des soldats dans quelques villes d'Alsace. Les habitants en massacrèrent un certain nombre, écrivirent au roi de France, et lorsque le roi d'Allemagne voulut passer par le territoire de Strasbourg, l'évêque s'y opposa ; c'est finalement sur un bateau, avec une faible escorte, qu'Adolphe de Nassau échappa aux Strasbourgeois. Ces faits sont tirés de textes imprimés dans les *Monumenta Germaniæ historica*, la publication historique officielle de l'empire allemand. Au commencement du siècle suivant, non seulement des chroniqueurs français tels que les continuateurs de Gérard de Frachet et de Guillaume de Nangis, mais encore des chroniqueurs allemands, Ottokar et l'auteur de la *Chronique d'Erfurt*, sont tellement convaincus du caractère, sinon français, du moins romanisant de tous les pays de la rive gauche du Rhin, qu'ils se figurent qu'Albert d'Autriche, roi d'Allemagne, et Philippe le Bel ont décidé, lors de leur entrevue à Vaucouleurs, la cession de tout le pays à la France. Pendant les luttes de la Renaissance et les guerres de la Réforme, la même Alsace est toujours du parti de la France. Le connétable de

Montmorency remercie les Strasbourgeois de « l'amytié qu'ils ont de tout temps portée au roy de France » et des vivres qu'ils fournissent « suyvant leur pouvoir » à l'armée. Au XVIIᵉ siècle survient la réunion de l'Alsace, dont l'histoire est trop connue pour que nous nous y arrêtions. Il suffit de rappeler cette lettre d'un général impérial écrivant à l'époque que « les Alsaciens étaient tellement français qu'il faudrait deux siècles pour en faire des Allemands ».

La réunion était si bien dans le cours naturel des événements, que Louis XIV, le roi dit absolu, laissa aux Alsaciens, non seulement leurs coutumes et leurs institutions, mais encore la liberté de leurs relations avec l'Allemagne et accorda même des privilèges nouveaux aux luthériens. Aussi, malgré la différence des langues, l'assimilation devint-elle, au siècle suivant, tellement complète, que ce fut à Strasbourg que retentit, pour la première fois, la Marseillaise. De ce moment, il n'y eut plus aucune différence entre Alsaciens-Lorrains et Français. Ils participèrent aux mêmes victoires, partagèrent les mêmes défaites, subirent les mêmes charges et s'élevèrent aux mêmes honneurs. Et c'est cette Alsace-Lorraine que la Prusse, après une assimilation lente et continue de près de deux mille ans à la France, prétend assujettir aujourd'hui à l'esprit, aux mœurs, aux coutumes allemandes, alors que le Luxembourg, qui a presque de tout temps appartenu à l'Allemagne, a profité des victoires mêmes de la Prusse pour en sortir. Il faudrait que les hommes ne fussent point des hommes, et que les peuples ne fussent point des peuples pour que cet assujettissement fût possible.

Le moindre ouvrier, le plus humble paysan alsacien ou lorrain, lorsqu'il voit faire l'exercice sur les remparts aux recrues de l'armée allemande et observe à quelle torture on met ces malheureux pour leur faire faire des mouvements artificiels et forcés dans l'accomplissement des actes les plus simples et les plus naturels, trouve la chose ridicule et absurde ; mais lorsqu'il voit les mêmes hommes, sortis des rudes mains de leurs instructeurs, devenir insolents et grossiers à leur tour, le rire de l'Alsacien-Lorrain se change en mépris ; et quand il remarque ensuite, que les chefs de ces mêmes recrues et instructeurs témoignent d'une servilité envers leurs supérieurs non moins grande que l'arrogance dédaigneuse dont ils accablent leurs subordonnés, son mépris se transforme en indignation. Enfin, qu'il entre en rapport avec les fonctionnaires étrangers, qui le gouvernent, et retrouve le même manque d'équilibre dans leur conduite, l'indignation se change en haine. Que l'arbitraire s'y joigne et les oppositions entre les deux nationalités sont portées au point que la différence d'accent et de prononciation d'une même langue le saisit à la gorge. Les sentiments de mépris et de haine se traduisent dans le *Schwob* de l'Alsacien, dans le *Prussien* du Lorrain ; l'un et l'autre pensent et sentent de même dans des langues différentes.

On élève les hommes à l'affection comme on les élève à la haine. L'expulsion des optants, le recrutement forcé, la mesure des passeports, les inquisitions de la police, les poursuites judiciaires, la défense d'enseigner la langue française, rien n'a été négligé par les vainqueurs du moment pour donner aux Alsaciens-Lorrains une éducation de haine. Les négociateurs français de la paix de Francfort auraient exigé ces mesures pour rendre toute assimilation illusoire qu'ils n'auraient pu mieux faire. Il y a quelques mois à peine que l'auteur d'un article sur l'Alsace, paru dans une revue allemande, a pu écrire en toute sincérité que « depuis leur annexion, les populations sont devenues plus anti-allemandes qu'elles ne l'étaient avant la guerre ».

En réalité, en Alsace-Lorraine, ce sont plus que deux nationalités, ce sont deux civilisations, deux façons de penser et de sentir qui se trouvent en présence ; c'est ce qui rend la lutte si cruelle, si profonde. Elle se manifeste à chaque acte, elle éclate à chaque parole. Les Allemands qui sont venus s'y établir sentent grandir leur animosité contre la France, rien que par les oppositions locales qu'ils rencontrent ; et les Alsaciens-Lorrains grandissent dans la haine de l'Allemagne par la seule présence des Allemands au milieu d'eux.

L'annexion de l'Alsace-Lorraine a été à la fois une erreur historique et une erreur morale.

Toutes les illusions auxquelles Guillaume I^er^, ses ministres et ses généraux se sont abandonnés, ont été résumées dans un mot du jeune empereur, au cours d'un *garden-party* à l'île des Paons. Parlant du climat et des habitants de l'Alsace-Lorraine, il encourageait les nobles de son entourage à y acquérir des propriétés, imitant l'exemple de leurs ancêtres qui avaient colonisé les provinces baltiques. Le jeune souverain confondait dates, hommes et histoires séparés par des siècles de civilisation. Aussi bien aurait-il pu conseiller à ses hobereaux d'acheter des maisons à Paris afin d'enseigner leur façon de parler, de manger et de boire aux Parisiens. Tout, jusqu'au mot impérial, par les illusions enfantines et les prétentions superbes qu'il résume, témoigne de l'abîme infranchissable qui sépare en toutes choses Strasbourg et Metz du nouvel empire allemand.

III. Cet abîme n'eût-il pas été aussi profond que la Prusse, par sa seule loi sur l'option, l'aurait rendu insondable ; et depuis, en Alsace-Lorraine, elle l'a élargi au point que l'Europe finira par s'y engouffrer tout entière.

On ne lutte pas, en politique, avec les faits permanents de l'histoire des peuples.

En conséquence de la législation sur l'option, près du tiers des Alsaciens-Lorrains se trouvent aujourd'hui séparés de leurs familles, arrachés à leurs biens, exilés du pays natal. Ils ont mieux aimé rester Français que devenir Allemands ; mais cela ne change rien ni à leurs besoins, ni à leurs affections. Supposez que, par une loi arbitraire, nos deux Chambres décident que la moitié des habitants du département du Nord s'en ira habiter la Provence : ceux-ci ne quitteront pas la France, le déplacement n'en sera pas moins un exil, et les souffrances qui en résulteront seront constantes. Aux temps barbares, on appelait cela des migrations de peuples, migrations faciles, heureuses mêmes, parce qu'à cette époque de leur histoire, les besoins des hommes sont minimes, et leur satisfaction aisée sur un territoire nouveau. Au sein d'une civilisation avancée, quand les besoins se sont accrus et précisés, que les affections se sont multipliées et que les relations se sont étendues à l'infini, les privations, les souffrances et les regrets qui résultent d'un exode forcé augmentent en proportion.

Quatre à cinq cent mille Alsaciens-Lorrains habitent la France, les uns ne pouvant retrouver les biens qu'ils ont quittés, les autres leur métier d'autrefois, tous, ayant perdu la liberté de leurs relations de famille, abandonné leurs connaissances et amis, tous, non pas expatriés, mais froissés, heurtés, blessés dans les sentiments les plus profonds de leur être. Et il en est, en Europe, qui voudraient que la France entière, au sein de laquelle vivent les exilés, ne souffre pas avec eux, qui voudraient que l'on fasse la courbette devant les impératrices, que l'on aille, avec des sonneries de clairon, au devant des empereurs, et que l'on se conduise, de ce côté-ci des Vosges, comme si l'on ne partageait ni les regrets ni les souffrances qui font saigner les cœurs de l'autre côté ? Au delà du Rhin, comme au delà de la Manche, l'on s'est trompé sur les motifs véritables de ces sentiments, comme l'on s'est trompé sur les conséquences du traité de Francfort.

Ces deux provinces, situées au sein même de l'Europe, dont les habitants sont, les uns des opprimés, les autres en exil, constituent à la fois un mal politique et social, et une preuve de l'abaissement et de la barbarie où l'Europe moderne est retombée, surtout si l'on fait un retour en arrière de deux siècles et si l'on songe à la manière vraiment civilisée, noble et généreuse, dont s'accomplit l'assimilation de l'Alsace-Lorraine à la France sous Louis XIV et Louis XV. Quant au mal politique et social, il est toujours là, le même, implacable, excitant l'Allemagne contre la France, la France contre l'Allemagne, sans trêve ni merci. Construisez une muraille de la Chine de Bâle à Thionville, elle ne servira qu'à augmenter les souffrances. Les uns resteront des exilés, les autres des conquis ; les oppositions, les rancunes, les haines passeront par-dessus la muraille ou la mineront en dessous sans qu'aucune résignation, aucune violence, aucun traité y puisse mettre obstacle. Torture incessante, souffrance continue, telles que, depuis le traité de Francfort, les effets ne s'en sont pas un instant arrêtés : aggravation ininterrompue des charges militaires, perfectionnement incessant des armes destructives, mécontentement croissant et luttes continuelles entre toutes les classes, qui représentent bien plus un retour vers la barbarie, qu'un progrès politique. Il semble que le mal politique et social dont souffrent les deux provinces se soit étendu à l'Europe entière, la frappant de leur propre douleur. Le vaincu avait cédé ce qu'il lui était impossible de céder, le vainqueur avait conquis ce qu'il lui était impossible de conquérir, à savoir : l'état moral et intellectuel des habitants de l'Alsace-Lorraine.

On était peut-être, des deux côtés, dans les meilleures intentions ; on stipula du moins, absolument comme si l'on se trouvait en plein XVIIe siècle, le traitement de la nation la plus favorisée pour le vainqueur et pour le vaincu. Mais comme le traité lui-même n'avait pas été compris dans toute sa portée, on entendit, également cette clause de la manière la plus superficielle, s'imaginant naïvement qu'on ne l'appliquerait qu'aux seules relations commerciales. Déjà, au moment de la ratification, le traité n'était plus qu'un mensonge.

Du jour où les Alsaciens-Lorrains qui avaient opté pour la France furent exilés, ils cessèrent de jouir et avec eux la France entière, du traitement de la nation la plus favorisée. Bavarois, Wurtembergois, Prussiens, Autrichiens, Anglais, allèrent s'établir en toute liberté dans les provinces conquises ; seuls les

Français en étaient exclus. Les poursuites intentées aux parents de fils réfractaires, la lutte contre la langue française et, enfin, la loi des passeports ont été des violations successives, sinon des termes formels, du moins de l'esprit général du traité que l'on prétendait être un traité de paix. A mesure que s'accroissait l'exaspération des habitants, pas un soldat allemand ne passait le Rhin, pas une pierre n'était soulevée pour de nouvelles forteresses, que la chose ne fut signalée à Paris. Les procès et les lois contre l'espionnage surgirent, les esprits se surexcitèrent de plus en plus ; des brutalités, des meurtres mêmes d'une frontière à une autre se suivirent. Et, de ce côté-ci comme de l'autre côté des Vosges, on prétend en être encore au traitement de la nation la plus favorisée, alors qu'il ne subsiste plus, du traité entier, que le fait brutal d'engagements contractés contre la nature et la force des choses.

Le prince de Bismarck, en annexant l'Alsace-Lorraine — absolument comme il aurait annexé un *Hinterland* africain — n'y voyant qu'un agrandissement territorial et une satisfaction d'ambition passagère, a eu cependant, mieux que personne, le sentiment de la faute commise, et il s'est efforcé d'en rendre complice, l'une après l'autre, les grandes puissances européennes. Il a sollicité l'alliance de l'Autriche, après avoir échoué, quatre années après la signature du traité de Francfort, dans l'entreprise d'une guerre nouvelle contre la France ; et l'Autriche, en dépit de Sadowa, et à cause de son occupation de la Bosnie et de l'Herzégovine, a accepté l'alliance offerte, avec empressement. Les deux puissances se garantissaient réciproquement, l'une sa conquête, l'autre ses usurpations. La situation, loin de s'affermir, devint plus fausse. Il importait d'en rendre l'Italie solidaire, ce qui ne coûta pas grand'peine. La loi de garantie des droits de la papauté, le protectorat français en Tunisie, la jeune royauté effrayée par les institutions de la France républicaine et désireuse de se donner un nouveau prestige par une guerre heureuse, furent des motifs suffisants pour entamer les négociations ; l'espoir de la coopération de la flotte anglaise à la protection des côtes italiennes, la raison déterminante pour conclure une deuxième alliance de garantie des possessions mutuelles, et le double traité prit le nom hypocrite de « ligue de la paix ». Restait l'Angleterre. L'engagement donné de quitter l'Égypte, aussitôt l'ordre rétabli, pouvait faire naitre des difficultés, et on lui présenta le prétexte de l'équilibre méditerranéen comme le meilleur moyen d'échapper à ses engagements, en promettant à l'Italie, toujours en vue de la guerre, de protéger ses côtes. Toutes ces négociations furent admirablement conduites au point du vue de la diplomatie ordinaire : mais le prince-chancelier, s'étant trompé sur la possibilité d'une assimilation de l'Alsace-Lorraine, se trompa encore sur les conséquences qui dériveraient des nouvelles alliances : après s'être égaré lui-même, il égara les autres par des sous-entendus trop diplomatiques.

Au point de vue du droit public européen, toutes ces alliances, les unes écrites et tenues secrètes, les autres verbales et mystérieuses, constituent une violation permanente de ce droit et sont fatalement non moins fausses et mensongères, par les mots et les formes dont on les couvre, que ne l'est le traité de Francfort. Faire des alliances pour la paix et le maintien du *statu quo*, n'est-ce pas avouer que cette paix et ce *statu quo* ne reposent pas sur une base assurée ?

Aussi est-ce en vain que l'on conclut des traités publics ou secrets, ces traités valent ce que vaut l'intelligence de leurs négociateurs. Derrière chacune de leurs clauses il y a des hommes des peuples, avec leurs traditions, leurs idées, leurs besoins. Si les traités ne sont point en harmonie avec ces éléments essentiels qui leur donnent réalité et vie, ils se traduisent par des erreurs et le jour où l'on veut les mettre à exécution, par des violences. Il en est comme des lois qui ne sont applicables que selon les mœurs dont elles dépendent et par lesquelles seules, de lettre morte, elles deviennent lettre vivante. Nulle illusion, nulle ambition, nulle force au monde, latente ou découverte, ne sauraient faire d'une mauvaise loi une loi utile, ni une œuvre bienfaisante d'un traité en contradiction avec la nature des peuples, pas plus que transformer une erreur en vérité.

IV. Il y a plus que les souffrances des opprimés et des exilés d'Alsace-Lorraine, cause permanente des inquiétudes et du malaise de l'Europe, plus que les alliances et les engagements secrets, qui, loin d'être conformes au droit public européen, en sont une violation, plus enfin que les ambitions des monarques d'autant moins consistantes que le malaise général est plus fort ; il y a dans les événements une fatalité nécessaire, qui fait la justice de l'histoire, et qui entraîne l'Europe, par suite de l'abaissement de sa politique, à une ruine inévitable.

Que n'a-t-on pas écrit à propos du renouvellement de la Triple Alliance, des visites de l'escadre anglaise à Venise et à Fiu-

me, du voyage, des discours et des toasts de l'empereur allemand à Windsor et à Londres ? Les feuilles européennes étaient
chaque jour remplies de ces faits. « L'empereur a proclamé en
face du monde son désir de maintenir la paix et sa volonté, de
résoudre la redoutable question ouvrière qui trouble l'existence
de tous les États. » Comme si les armements continus et les déficits réguliers de tous les budgets publics ne rendaient point
la question ouvrière aussi insoluble que le maintien de la paix
éphémère. « L'alliance de l'Allemagne et de l'Angleterre, l'union
de la plus grande puissance militaire et de la plus grande puissance maritime du monde garantissent la paix générale, » assure le *Standard* ; « les paroles échangées à Windsor auront plus
d'influence sur les événements que les traités conservés le plus
précieusement dans les chancelleries, » ajoute le *Times* ; et
feuilles officielles, feuilles officieuses d'Allemagne, d'Autriche,
d'Italie, de renchérir sur les dithyrambes des journaux anglais :
tandis que l'histoire, elle, continue sa marche.

Avec l'impossibilité d'assimiler d'une manière paisible l'Alsace-Lorraine, conformément à l'esprit de tout traité de paix
et au texte du traité de Francfort, la lutte persiste au dedans
et au dehors des provinces annexées entre les vaincus opprimés
et les vainqueurs oppresseurs ; les emprunts et les crédits militaires se succèdent ; chaque jour est marqué par des grèves, des
émeutes ouvrières, en même temps que la propagande révolutionnaire et anarchiste se propage sans interruption, menaçant
l'existence de tous les trônes.

« A cette situation, s'aggravant sans cesse, il n'y a de solution, dit-on enfin, que dans l'isolement absolu de la France républicaine et démocratique, foyer de toutes les menées anarchistes, source de toutes les inquiétudes, cause de toutes les
revendications. » L'isolement de la France ! — Messieurs les
hommes d'État de la Triple et Quadruple Alliance, de quelle
langue vous servez-vous pour vous entendre ? Y a-t-il pour vous
des moyens trop chers ou trop misérables pour surprendre les
secrets du perfectionnement de nos armes ? Quels livres sont lus
davantage par le monde, qu'ils soient bons ou mauvais, quelles
œuvres d'art sont plus admirées, qu'elles soient belles ou laides,
que les nôtres ? Quelles écoles ont plus d'influence, quels maîtres ont plus d'autorité ? Les seules grandes découvertes scientifiques, encore faites de nos jours, qui ne soient pas des spéculations, sont dues au génie français ! Les seules expositions
universelles où se déploie la puissance industrielle de tous les

peuples sont, en dépit de l'opposition des gouvernements européens, organisées à Paris ! Isoler la France ! Physiciens qui vou-
lez isoler le centre de gravité d'un corps : on ne l'isole qu'en ré-
duisant en poussière le corps lui-même. Isoler la France, si la
chose était réalisable, n'aurait d'autre effet que d'anéantir cette
masse qu'on appelle l'Europe.

A peine les Romains s'étaient-ils assimilés la Gaule qu'ils en
tirèrent leurs dernières forces et leurs dernières gloires. Les
Francs leur succèdent et, à leur tour, dominent l'Europe. Ils
s'affaiblissent avec l'administration romaine qui avait été leur
soutien. La France inaugure le régime féodal, l'Europe la suit ;
elle s'élance dans les croisades, tous les peuples se font une
gloire de marcher sur ses traces. L'Europe traduit ses épopées,
et lui emprunte la création artistique la plus originale de la civilisation moderne, le style gothique, le style « français ». La
France commence ses troubles intérieurs, la longue guerre de
Cent Ans, et tous les États encore se perdent dans les mêmes
troubles et les mêmes luttes. Viennent la Renaissance et la Réforme, et la France la première donne l'exemple de la tolérance
religieuse au dehors, par son alliance avec les puissances musul-
manes, au dedans, par la liberté de conscience. En vain l'Angleterre fait-elle deux révolutions successives, aucun État, aucun
peuple en Europe n'en ressent les effets ; mais tous, à l'envi,
s'efforcent de copier Louis XIV, imitent son organisation militaire et vont jusqu'à singer le cérémonial de sa cour. Au siècle
suivant tout change en France, et parallèlement tout se modifie
en Europe ; de Londres à Saint-Pétersbourg, on continue à s'inspirer de ses idées, à copier ses modes, même en lui infligeant des
défaites sanglantes. Surviennent la Révolution, les crimes de la
Terreur, les excès de l'Empire : l'Europe entière se ligue contre
elle, l'écrase à deux reprises, tout en imitant une à une ses institutions nouvelles, toutes ses réformes, en adoptant ses poids et
mesures, en éprouvant le contre-coup de chacune de ses révolutions. Elle inaugure enfin la politique des nationalités, et l'Europe persiste à obéir à son impulsion au point de retourner
cette même politique des nationalités contre elle. Et c'est là le
pays que l'on espère isoler, contre lequel on renouvelle les triples et quadruples alliances, poussé par des ambitions folles ou
inavouables, et sous le prétexte de maintenir une paix grosse
de mécontentements, de haines, de ruines, de préparatifs à la
guerre !

Et la France, torturée dans les personnes des opprimés et des exilés de ses provinces perdues, insultée par les nations mêmes qui lui doivent ou leur indépendance ou leur grandeur, méconnue par celles qui, pendant des siècles, ont le mieux su comprendre son rôle et sa mission, envoie sa flotte à Cronstadt.

De même qu'il y a des faits permanents, il y a des faits périodiques dans l'histoire qui, entourés de circonstances semblables, se répètent avec régularité. La situation de la France actuelle et celle de l'Athènes antique, la conduite des membres de la Triple Alliance et celle des ennemis de la cité de Minerve, les oppositions des aristocraties contre la démocratie athénienne, et celle des monarchies contre la France républicaine, la lutte des riches et des pauvres, les haines qui divisent les classes, tout reparaît, jusqu'à l'union du génie athénien avec la force sociale de la Macédoine, de la France avec la Russie. Le tableau est devenu plus vaste, le cadre s'est agrandi, les causes profondes sont identiques et les effets seront les mêmes. En imprégnant la Macédoine de son génie, Athènes a poursuivi sa marche triomphale à travers l'Asie occidentale, fondé Alexandrie dont elle a fait la gloire et la prospérité, puis, ayant subi la domination de Rome, en transportant son action à Byzance, a conservé la vie durant mille ans encore, après que Rome eut disparu, à la civilisation grecque. En tendant la main à la Russie, la France poursuit, d'une manière logique et naturelle, sa mission civilisatrice et, fidèle aux *Gesta Dei per Francos*, continuant, quoi qu'on fasse, quoi qu'il advienne, à mener les destinées européennes, ajoute une page nouvelle à l'histoire générale du monde.

V. « Alliance contre nature, s'est-on écrié, de la liberté et du pouvoir absolu, de la civilisation et de la barbarie, d'un État despotique et d'une nation républicaine ! » mots et sophismes ; — comme la ligue de la paix, qui est une alliance pour la guerre, comme le *statu quo* méditerranéen qui n'est que l'oubli d'engagements contractés, comme ces témoignages de bonne amitié, qui couvrent des méfiances réciproques. L'alliance de la France et de la Russie est-elle plus contre nature que celle du vainqueur fratricide de 1866 et du vaincu de Sadowa, du gouvernement qui a tenu les clés des plombs de Venise avec la patrie de Garibaldi, que l'alliance même du jeune empereur absolu et mystique avec la sage et constitutionnelle Angleterre ? Que les hommes d'État européens apprennent à voir les faits tels qu'ils sont ; qu'ils cessent de se perdre dans les hypocrisies des peuples en décadence, qu'ils rendent à la France l'Alsace-Lorraine dont le supplice est une œuvre de barbarie constante ; qu'ils rendent à la Russie son protectorat légitime des États balkaniques, dont les désordres ne sont également que barbarie !

Perdus dans la contemplation des petites passions et des ambitions mesquines du jour, ils n'en feront rien, et l'Histoire suivra son cours.

Il est facile de le tracer d'avance. D'une part nous voyons l'Europe, divisée par des jalousies misérables, des haines, des rancunes, où les hautes classes exploitent sans pudeur les classes ouvrières, et les classes ouvrières détestent les classes riches qu'elles ne connaissent plus, et qui rêve en même temps l'isolement de son propre foyer de civilisation ; d'autre part nous voyons la Russie, où un seul homme groupe autour de lui, dans un dévouement sans réserve, une abnégation absolue, cent vingt-cinq millions de Slaves, ne vivant que par leurs affections et leurs communautés familiales ; peuple immense emporté par un besoin d'extension continue.

Car ce que la *zadrouza* est aux Balkans, le *mir*, c'est-à-dire la commune, l'est à la Russie. Toutes les quatre ou cinq années, selon l'accroissement des familles, le sol communal est partagé entre leurs chefs.

L'extension du territoire occupé par le *mir*, en proportion de l'accroissement du nombre des familles, est une nécessité pour la Russie, comme l'extension de la *zadrouza* en est une pour les Balkans. En Russie, il est vrai, les espaces incultes sont encore considérables, mais le *mir* russe ne peut soumettre à son travail que les terres possédant une fertilité naturelle assez grande, qui répondent à son développement et à son expérience agricoles. Ainsi tout, jusqu'à ces espaces incultes, pousse la Russie vers l'Occident ; là elle trouvera l'expérience qu'elle cherche, les traditions techniques qui lui font défaut, pour pouvoir prospérer dans son pays même.

Nous parlons bien de l'instruction que l'on peut répandre, de l'enseignement que l'on peut donner. La Russie s'y est jetée de toutes ses forces ; elle en a récolté le nihilisme. C'est que l'instruction et l'enseignement ne se composent que de généralités et d'abstractions éphémères et dangereuses quand l'éducation nécessaire à leur emploi fait défaut. Autre chose est l'instruction d'un peuple, autre chose son éducation. Cette dernière ne s'apprend et ne s'enseigne pas dans les écoles. Elle se fait du père à l'enfant, du voisin au voisin, de l'homme à l'homme, diffère avec chaque métier, varie avec chaque occupation sociale et constitue l'initiation lente des masses à tous les actes de leur existence. Éducation, initiation qui ne se fait de peuple à peuple que par des alliances séculaires ou l'assimilation et la fusion des races. En donnant l'enseignement, en prodiguant l'instruction à la Russie, on ne fait qu'éveiller chez elle un désir immense de l'éducation et de l'initiation indispensables à leur mise à profit, et surexciter à l'extrême son besoin d'extension.

Or, la paix ne se conserve et les bonnes relations ne se maintiennent entre les États, quelque avancés que soient les uns, quelque arriérés que soient les autres, qu'à la condition que tous tiennent compte, dans la plus juste mesure possible, de leurs intérêts et de leurs sentiments réciproques. Du moment où ils en viennent à ne plus voir que leurs intérêts particuliers, on touche à l'état de guerre. Peu à peu ceux qui ont des intérêts semblables se groupent et s'allient contre ceux qui ont des intérêts contraires : la guerre s'organise. Enfin les intrigues, les ambitions aidant, les oppositions surgissent au point que, pour un rien, une vétille, la guerre éclate.

C'est dans ces conditions que s'est formée et renouvelée à deux reprises la Triple Alliance ; c'est dans ces conditions que s'est constituée et se développera l'alliance franco-russe, jusqu'au jour où se tiendront les grandes assises. Elles sont devenues inévitables. Chaque déclaration d'une paix mensongère nous en rapproche ; chaque tentative de la maintenir par la force en fait davantage sentir la fragilité. L'alliance de la France avec la Russie représente l'union d'un peuple jeune, plein de sève et d'avenir, avec le peuple le plus développé en culture de l'histoire moderne. Ce n'est pas l'union de deux gouvernements, c'est l'union de deux nations autour d'une civilisation qui s'affaisse, et au profit du maintien et du progrès de cette civilisation. Athènes, en façonnant la Macédoine à son génie, n'a point trahi la Grèce : elle l'a redressée pour des siècles, pour l'honneur de l'humanité.

## Les alliances

I. *Si vis pacem, para bellum* ! Combien de temps cet antique sophisme règnera-t-il encore dans les chancelleries européennes ? *Si vis pacem, para pacem* ! tant qu'elles ne penseront et n'agiront point de la sorte, juste et droit, elles prépareront la guerre en voulant la paix ; elles prépareront la paix en voulant la guerre, sans plus savoir ce qu'elles veulent qu'elles ne savent ce qu'elles font.

En même temps on ne fait que parler de l'excellence des relations étrangères, de l'entente dans les rapports économiques et des progrès de la civilisation. Tant que l'Europe se civilisait, on ne parlait point de civilisation ; depuis qu'elle se décivilise, on en a la bouche pleine.

Les Allemands ont même trouvé moyen de réunir toutes ces oppositions en un seul mot, *Kulturkampf*, alliant deux expressions contradictoires au point qu'elles sont intraduisibles. Ce qu'il faut de désordre intellectuel pour concevoir en une seule idée deux mots dont l'un signifie culture, civilisation, l'autre lutte, combat, est difficile à comprendre. Le mot et la chose n'ont pas moins fait fortune. Ils forment la base des deux grandes alliances européennes.

Au nom de la paix, du progrès et de la civilisation, les trois puissances de l'Europe centrale, les « *Kulturstaaten* », c'est-à-dire les États civilisés et civilisants, se sont unis pour que, se trouvant assez forts par leur entente, ils puissent, l'Autriche, annexer des provinces qui ne lui appartiennent point, l'Allemagne et l'Italie, fonder les colonies qui leur conviennent, et, toutes trois, interpréter les traités à leur guise pour imposer cette interprétation aux autres États.

La France et la Russie, trouvant cette situation par trop pénible, s'entendirent à leur tour au nom de la paix, du progrès et de la civilisation, — la première représentant la civilisation passée, la seconde la civilisation à venir, — pour pouvoir reprendre les provinces qui leur appartiennent, s'étendre comme il leur convient et interpréter également les traités à leur gré.

De plus, écrites ou non écrites, toutes ces alliances sont secrètes.

Le traité conclu, en 1879, entre l'Autriche et l'Allemagne, fut bien publié dix ans après ; mais le traité fait avec l'Italie ne fut jamais révélé, et, en 1891, les deux traités ont été, non pas renouvelés, mais transformés en trois traités nouveaux dont la publication, suivant une déclaration officielle « n'est point désirable, autant au point de vue politique qu'au point de vue des intérêts des États. »

L'alliance de la France et de la Russie est plus mystérieuse encore. Tout ce qu'on en sait c'est que le Tsar s'est levé en écoutant la Marseillaise, et que le ministre des Affaires étrangères de France a affirmé à la tribune que « l'identité des intérêts entre les deux puissances était chose convenue ».

C'était trop, et ce n'est pas assez ; trop, parce qu'une telle entente, sans autre objet déterminé qu'une communauté d'action en vue de maintenir « l'identité des intérêts », est impossible à soutenir à la moindre mésintelligence. Pour lui donner une efficacité quelconque, il faudrait stipuler ce qui constitue une lésion de ces intérêts, en fixer les conditions, en garantir la défense ; toutes clauses qui feraient de l'entente un traité d'alliance complet. Encore serait-ce insuffisant. Par cela seul que la double entente, conclue en vue du maintien de la paix, est tenue secrète comme la triple alliance, elle constitue, comme cette dernière, une violation de cette paix.

Toutes les conventions internationales, dont on annonce l'existence sans en faire connaître les conditions, ne lient que les puissances intéressées et ne font point partie du droit public européen. Elles sont tout ensemble une menace contre ce droit et un aveu de faiblesse, quel que soit le titre dont on les décore. Pas plus que les particuliers les États ne peuvent respecter des droits dont ils ignorent les obligations. Que si donc on ne rend pas ces conventions publiques, c'est qu'elles consacrent des ambitions inavouables « autant au point de vue politique qu'au point de vue des intérêts des autres États », suivant l'expression officielle, et que, en réalité, elles sont virtuellement des déclarations de guerre.

*Si vis pacem, para pacem !*

II. Si du moins la confusion des mots et des idées s'arrêtait là. Couramment on soulève dans les feuilles publiques la question de l'Alsace-Lorraine, la question d'Orient ; alors que l'hégémonie de la Prusse en Allemagne, la situation de l'Autriche dans les Balkans, le rôle de l'Angleterre dans la Méditerranée apparaissent comme des situations inébranlables.

On peut parfaitement se demander combien durera l'hégémonie prussienne, quand cesseront les menées autrichiennes, où s'arrêtera le rôle de l'Angleterre dans la Méditerranée. Ce sont des événements nés d'hier et qui pourront recevoir leur solution demain. Ils dépendent de la valeur des gouvernements et changent comme eux, tandis que l'état des peuples de la presqu'île des Balkans, le caractère des Alsaciens-Lorrains, durent depuis des siècles, commencent avec leur histoire et persisteront jusqu'à leur disparition. Ce ne sont pas plus des questions que la chaleur et la lumière ne sont des questions.

Les savants peuvent bien disputer sur la nature de la lumière ou sur celle de la chaleur et se diviser en écoles selon les doctrines qu'ils émettent ; de même les gouvernants peuvent se disputer sur la situation des Balkans et le caractère de l'Alsace-Lorraine, et former des alliances, nous allions dire des écoles, selon les idées et les passions qui les égarent ; mais pas plus que les savants ne changeront la nature de la chaleur et de la lumière par leurs théories, les gouvernants ne modifieront par leur alliance le caractère fondamental des peuples balkaniques ou des Alsaciens-Lorrains, et aucune autre solution ne peut être donnée à leur situation que celle qui leur est conforme.

Aussi, laissons les désordres des Balkans et les souffrances des Alsaciens-Lorrains ; ce ne sont pas des questions, mais des faits permanents de notre époque et, comme tels, les causes de deux autres questions véritables, la triple alliance et la double entente, nées d'hier et qui peuvent disparaître demain.

III. Ce n'est point l'Allemagne, c'est la Prusse qui est le facteur le plus important de la Triple alliance. En vain cependant les devises de Guillaume II « *Sic volo, sic jubeo*, et le *suprema lex regis voluntas* » rappellent-ils « *l'État c'est moi,* » attribué à Louis XIV, l'histoire des Hohenzollern ne ressemble pas plus à celle des Capétiens, que l'histoire du Brandebourg à celle de l'Ile-de-France.

Louis XIV conserva l'Alsace malgré ses défaites, Guillaume Ier, pour s'y maintenir en dépit de ses victoires a eu besoin du soutien de ses confédérés et alliés ; encore que ce soutien, sans l'abnégation, le dévouement à la couronne de Prusse des deux vieilles provinces du Brandebourg et de la Poméranie, ne serait qu'une illusion.

C'est à ces deux provinces, à leur soumission et à leur bravoure que la Prusse, à partir du Grand-Électeur jusqu'à Guillaume I<sup>er</sup> doit tout le développement de sa puissance. C'est grâce à leur race aussi forte que disciplinée que Frédéric II résiste à l'Autriche, la Russie et la France coalisées ; que la Prusse, la première, se relève de la domination française en 1813 et venge Tilsitt et Erfurt, enfin ce sont elles encore qui triomphent de l'Allemagne et de l'Autriche réunies en 1866 et assurent la victoire de cette même Allemagne sur la France en 1870. Or ces deux provinces sont d'origine slave. Les noms des villes et villages, les mœurs, les coutumes, jusqu'à l'accent que leurs populations imprimèrent à la langue des chevaliers teutoniques, tout le démontre. C'est le côté le plus sombre du tableau. L'arrivée de la Prusse à l'hégémonie en Allemagne signifie l'avènement des populations d'origine slave et leur domination sur celles d'origine allemande.

D'instinct, les Hohenzollern ont toujours compris en ce sens la source de leur grandeur, et ils ont recherché l'alliance de la Russie dont, non pas deux provinces, mais l'immense empire est peuplé des mêmes hommes, doués des mêmes vertus de soumission, d'abnégation, de dévouement. Ils l'ont encore compris, lorsque, voyant les deux vieilles provinces se désaffectionner, ils inaugurèrent sans hésitation, le socialisme d'État, rappelant le droit au travail du *Landrecht* de leurs ancêtres. Mais de même que, parvenus à l'apogée de leur puissance, ils s'aliénèrent la Russie, se croyant assez forts pour suivre une politique indépendante, ils achèvent de désaffectionner leurs sujets par des mesures sociales qui dépassent leur pouvoir. Obligés qu'ils sont d'augmenter sans cesse leurs armements et d'épuiser à mesure les ressources de leur peuple, les difficultés intérieures croissent dans les mêmes proportions que les difficultés extérieures. Aucune illusion de puissance, aucun vertige de grandeur ne sauraient plus rien y changer. De jour en jour les armements appauvrissent davantage la nation ; la démocratie sociale et révolutionnaire grandit, en même temps que les classes moyennes plus faibles, s'affaissent plus rapidement que dans le reste de l'Europe, succombant sous le poids, d'une part, des grands magnats de l'industrie et de l'agriculture, et d'une autre, sous celui du militarisme et du socialisme d'État.

Telle est la Prusse de nos jours. Elle n'a plus que des rapports déjà lointains avec celle de 1870. Sa situation, fausse à l'égard de l'Allemagne qu'elle est incapable de rendre plus homogène, est plus fausse encore à l'égard de son ancienne alliée, la Russie, dont elle a méconnu à la fois les droits et les intérêts ; mais elle est fausse surtout à l'égard d'elle-même.

Pendant plus d'un demi-siècle elle a *recherché la paix en préparant la guerre*, ce qui l'a conduit, il est vrai, lorsqu'elle fut prête, aux victoires de Sadova et de Sedan. Mais le sophisme ne pardonne point. Aujourd'hui elle se trouve condamnée à *préparer sans interruption la guerre, en désirant la paix*.

Aucun État n'aurait cependant plus besoin qu'elle de la paix, pour affermir sa nouvelle puissance, dominer l'Allemagne, assimiler ses conquêtes, résoudre ses difficultés sociales, et, sans cesse, elle transforme son matériel de guerre, augmente son armée et épuise ses ressources. Ses victoires ont dépassé ses forces réelles ; son hégémonie en Allemagne, ses facultés de domination ; ses conquêtes, ses moyens d'assimilation ; et son socialisme d'État, son génie politique. Un tel état des choses n'a de solution autre que la guerre civile ou la guerre étrangère.

Sous des formes différentes, la situation des deux alliées est exactement la même. Autant que la Prusse, l'Autriche-Hongrie et l'Italie auraient besoin de la paix, l'une pour calmer les revendications nationales de ses peuples, l'autre pour apaiser la crise économique et financière du sien et, autant que la Prusse, loin de parvenir à mettre un terme à leurs difficultés intérieures, elles les accroissent par leurs armements. En Autriche-Hongrie, les populations slaves, exploitées par les aristocraties territoriales et financières, deviennent de plus en plus mécontentes et leurs revendications croissent en même temps que les classes travailleuses se jettent ou dans la démocratie sociale ou dans l'antisémitisme. En Italie, la situation est plus inextricable encore. Pour remettre l'équilibre dans ses finances et retrouver sa prospérité économique, il lui faudrait à la fois et diminuer son armée et abolir toutes ses sinécures administratives ; ce serait pour l'État la perte de son rang de grande puissance, la misère pour la petite bourgeoisie et le réveil du carbonarisme. On ne lutte pas plus contre des aspirations nationales qu'on ne lutte contre la constitution sociale d'un pays. Les ambitions des trois alliés sont également irréalisables et le maintien de la paix n'y mettra point de terme.

IV. La double entente présente, en tout point, le spectacle contraire. Ainsi que les membres de la triple alliance, la France et la Russie déclarent ne vouloir que la paix et préparent la guerre. Mais à l'encontre des puissances rivales, leurs peuples aussi bien que leurs gouvernements la préparent ouvertement en y mettant une égale ardeur et un même esprit de sacrifice, alors que parmi les États de l'Europe, ce sont eux qui pourraient le plus profiter du maintien de la paix.

Aucune difficulté insurmontable ne trouble leur situation intérieure; ni l'une ni l'autre ne renferme des nationalités hostiles, une constitution sociale contraire à la constitution politique; aucune d'elles n'exerce une hégémonie sur des États à intérêts et à ambitions contraires, toutes leurs difficultés tiennent, chez l'une, comme chez l'autre, à leur organisation administrative, dont les réformes, relativement faciles, sont essentiellement une œuvre de paix.

Nous venons d'exposer, dans la première partie de cet ouvrage, celles qui seraient les plus utiles à la France; pour la Russie, tout le monde les connaît, et ne seraient-elles point connues, que la disette dont vient de sortir notre alliée les aurait révélées : instruction agricole insuffisante, abus de l'usure et des liqueurs fortes, insuffisance de l'organisation des chemins de fer, arbitraire de son personnel administratif, révision de ses tarifs douaniers, partout elle présente des lacunes semblables à celles que présente, sous des formes différentes, la France.

Il en est résulté cette sympathie si étrange et si vive entre les deux nations. D'instinct, elles éprouvent les mêmes aspirations, et d'instinct encore, ne sachant à quelles causes attribuer le malaise dont elles souffrent, elles l'attribuent l'une à ses désastres, l'autre aux humiliations qu'elles a subies. Et toutes deux préparent la guerre, emportées par une situation non moins fausse que celle où se trouvent les membres de la triple alliance, et, dans l'espérance que la victoire y mettrait un terme; elles renversent l'antique sophisme en s'imaginant préparer la paix en voulant la guerre.

V. Restent l'Angleterre et la Turquie, qui malgré leurs préférences pour l'une ou l'autre des deux alliances, conserveront probablement leur neutralité dans le prochain conflit, qu'on recule de jour en jour et qui, par cela même, devient de jour en jour plus inévitable.

L'Angleterre n'y est intéressée que par son occupation de l'Égypte et tient à la paix sous le prétexte fallacieux du maintien du *statu quo* dans la Méditerranée. Si la triple alliance triomphe, elle y restera, qu'elle se mêle ou non de la lutte ; si c'est au contraire la double alliance, elle en sortira d'une façon d'autant plus humiliante qu'elle aura pris part à la guerre. Elle a donc le plus grand intérêt de s'abstenir et d'attendre les événements, pour prendre, suivant son habitude, la résolution la plus conforme à ses intérêts commerciaux du moment. Ce n'en est pas moins une situation aussi fausse que celles des puissances alliées les unes à l'égard des autres.

La situation de la Turquie est, si possible, plus fausse encore. Si elle sort de sa neutralité en faveur de la triple alliance, elle est perdue en cas de victoire de la France et de la Russie ; et le même sort à peu près l'attend si, la Turquie étant alliée à ces derniers, la triple alliance l'emporte. La Turquie restera donc comme l'Angleterre neutre ; mais tandis que celle-ci s'éloignera de plus en plus des uns et des autres, à mesure que les événements approchent, afin de conserver sa liberté d'action, la Turquie s'efforcera de s'entendre de mieux en mieux avec les puissances qu'elle jugera devoir sortir victorieuses de la lutte ; c'est son unique garantie et sécurité.

VI. Ainsi tout est faux dans la situation et les relations des grandes puissances européennes, leur respect du *statu quo* aussi bien que leurs espérances de guerre et leur volonté de conserver la paix, de même que leur désir de maintenir leur neutralité ; elles sont poussées devant elles par deux faits permanents, agissant toujours de la même manière et que, par leurs conventions et traités, elles ont été incapables de conjurer, l'état des Balkans et la situation de l'Alsace-Lorraine. Les conséquences qui en dérivent s'étendent non seulement jusqu'à toutes les mesures qu'elles prennent, toutes les alliances qu'elles contractent, pour en éviter les dangers ; mais jusqu'aux mots dont elles se servent pour en parler, appelant *questions* des faits qui n'en sont d'aucune manière, alors qu'elles se figurent que d'autres faits, qui leur semblent constituer pour ainsi dire leur existence, sont les questions véritables qu'elles soulèvent, impuissantes qu'elles sont à résoudre les autres.

D'ordinaire, on appelle cette ignorance des causes qui président à la politique des États et les porte vers des événements dont ils sont incapables de prévoir les suites, la fatalité de

l'histoire ; mais cette même ignorance, on l'appelle aussi le hasard ; les mêmes événements, issus de la même ignorance, seraient donc à la fois fatalité et hasard, exactement contraires
l'un de l'autre.

Pauvre Europe ! disait en 1815 Talleyrand à Alexandre Ier, et
il imposa sa politique aux événements (1) ; politique qui fut juste
et sage. L'Europe en recueillit les fruits par une paix qui dura
un demi-siècle. Si Talleyrand avait été capable de faire comprendre à Napoléon après Iéna ce qu'il allait faire de cette même et
pauvre Europe, il n'aurait pas eu besoin de le trahir, et aurait
évité à la France ses premiers et grands désastres. De même si
le prince de Bismarck avait pu comprendre et montrer à Guillaume Ier, le lendemain de Sedan, ce que lui, à son tour, allait
faire de cette pauvre Europe, il aurait évité tant d'armements et
de crises aussi bien que ces alliances absurdes. Il n'en fit rien,
et l'histoire suivit son cours. Ce n'est pas là de la fatalité ni du
hasard, c'est la justice de l'histoire. Justice immuable dans la
paix comme dans les guerres.

Ah ! s'il était des erreurs que l'homme n'eût pas besoin d'expier, s'il y avait des actes dont il n'eût pas à supporter les effets,
on pourrait prétendre que la fatalité et le hasard en histoire n'y
sont point la justice.

C'est à partir des coutumes et des mœurs des peuples jusqu'aux institutions et aux gouvernements qui les régissent, et
aux alliances qu'ils concluent que les actes des hommes se
manifestent ; et c'est dans de terribles assises, dans les guerres,
que la justice rend ses jugements. En vain, pour y échapper,
accumule-t-on les précautions ; les nations se mettent en armes,
les gouvernements torturent le sens des traités ; en vain les uns
veulent-ils la paix ; ils préparent la lutte ; en vain les autres
veulent-ils la lutte ; ils ne peuvent prospérer que par la paix ;
en vain enfin, après les batailles, le plus fort s'imagine-t-il avoir
fait justice du plus faible, le plus faible se figure avoir été ini-
quement immolé. Tous se font justice à eux-mêmes ; le plus
fort selon ses faiblesses, le plus faible selon ses forces ; l'exécution implacable des jugements de l'histoire continue. Elle ne
pardonne au plus fort aucun abus de sa force ; elle tient compte
au plus faible du moindre de ses sacrifices. Il faut, s'ils ne sont
parvenus à établir une entente meilleure entre eux, que la lutte
reprenne et continue sans trêve ni merci jusqu'à ce que justice

(1) Voir Chapitres II, p. 11 et XXI, p. 309.

soit faite. Les plus puissants disparaissent, les plus faibles s'élèvent à la toute puissance ; cela ne dépend ni des victoires ni des
défaites ; mais de la justice qu'ils se sont faite à eux-mêmes,
abusant, les uns, de leur victoire ; profitant, les autres, de leurs
défaites. Le monde antique succomba devant les vertus de la
seule Rome, et Rome corrompue par sa domination s'affaissa
devant quelques hordes de barbares. Ce n'est ni fatalité ni hasard ; c'est la justice de l'histoire ! Et l'on croit, au milieu de
nos divisions politiques, de nos haines sociales et nationales,
pouvoir, par des alliances, — à l'intérieur alliances des partis
ayant mêmes ambitions, à l'extérieur alliances des États ayant
mêmes intérêts, — en empêcher l'action, légitimer les oppres-
sions, exercer la mauvaise foi, suppléer aux défaillances, accroître ses forces. L'entreprise n'est-elle pas coupable ? car
tout ce qu'on obtient est que les oppositions, les luttes, les haines croissent jusqu'au moment où ne sachant plus ce qu'on veut
ni ce qu'on fait, la fatalité sous la forme du hasard apparaît et
la justice s'impose : *Si vis pacem, para pacem !*

## L'ARMÉE ET LA FLOTTE.

I. Dans l'Europe entière, Chambres basses et Chambres hautes ne cessent donc de voter ou d'approuver des lois et des crédits militaires ; les armées et les flottes augmentent sans interruption. Par un retour en quelque sorte fatal, jamais les souverains et les ministres n'ont donné plus d'assurances pacifiques, et jamais on n'a vu se réunir autant de congrès parlementaires et non parlementaires pour proclamer la nécessité de la paix ou rechercher un moyen d'arbitrage entre les États. Assurances et rêves pacifiques, lois, crédits et armements, dépendraient-ils de la même cause ?

Personne ne songe, afin d'assurer la paix intérieure, à abolir police, gendarmes et juges, pour les remplacer par l'arbitrage entre citoyens, parce qu'on ne voit que trop bien les désordres qui résultent de toute part des emportements de la colère et du déchaînement des passions ; mais il est plus difficile de se rendre compte, parce qu'ils ne tombent pas sous les sens, des besoins et des passions de ces grandes masses qu'on appelle des peuples ; la puissance de leurs impulsions dépassent notre intelligence ; et l'imagination se donne libre carrière aussi bien en lois et crédits militaires qu'en assurances et projets pacifiques.

Si l'Allemagne avait possédé les qualités intellectuelles et morales nécessaires à l'assimilation de l'Alsace-Lorraine, elle n'aurait point divisé, au lendemain d'un traité de paix, la population des deux provinces en exilés et conquis. Si l'Autriche possédait les ressources indispensables à la prospérité des Slaves des Balkans, les Slaves de son propre territoire ne se montreraient pas à tel point hostiles à la domination allemande et magyare. Si l'Italie avait réellement les moyens de remplir le rôle d'une grande puissance, elle n'aurait pas éprouvé de crise économique et de crise financière après la dénonciation de son traité de commerce avec la France. Il n'est ni congrès, ni

arbitrage capable de donner aux puissances de l'Europe la supériorité matérielle, morale, intellectuelle, qui serait nécessaire
au rétablissement d'une entente meilleure entre elles.

Nous décréterions par contre la loi suivante : tout Français de
dix-neuf à soixante ans est soldat ; et si, pour armer les huit
millions de soldats, que nous obtiendrions de la sorte, nous inventions des armes de plus en plus redoutables, les autres États
nous imiteraient et tous se trouveraient, avec quelques crises et
ruines en plus, dans le même état de puissance ou d'impuissance
relative.

Déjà d'aucuns prétendent que le chiffre des armées, les flottes et la force destructive des armes sont arrivés à un degré tel
qu'ils deviennent une garantie du maintien de la paix, parce que
nul gouvernement n'oserait prendre sur lui la responsabilité des
hécatombes humaines qu'une guerre entraînerait.

Les contradictions que renferme l'état de fausse paix et de
guerre latente des États européens ne sauraient être résumées
d'une façon plus frappante.

Nous chargerions les obus de microbes de la peste noire, nous
inventerions des armes portant à des distances infinies qu'il en
serait comme des progrès accomplis dans la science des poisons. Plus le choix en est facile et l'effet certain, plus aisément
on en abuse. Quelle que soit la civilisation des peuples, toujours
ils recourent à la violence pour triompher de difficultés, pro-
voquées par le défaut d'entente ; c'est une loi de l'histoire ;
comme c'est une loi de l'humanité qu'à tout homme qui met son
existence en jeu pour satisfaire une passion, sa vie propre et
celle de son semblable ne lui coûtent que la peine de s'en débarrasser.

Si l'Europe jouissait d'une paix réelle, les assurances pacifiques des souverains et des ministres apparaîtraient aussi absur-
bes que les congrès de paix et les projets d'arbitrage. Et si l'une
des puissances engagées dans les difficultés du moment avait la
conscience de sa supériorité militaire et la certitude de sortir victorieuse de la lutte, la guerre éclaterait demain, ne fût-ce que
pour mettre fin au malaise général qui résulte des armements
continus.

Ainsi tout, assurances souveraines et ministérielles, congrès
et armements, hésitations et craintes, démontre que nous nous
trouvons en présence de difficultés qui ne peuvent être résolues
que par la guerre seule. C'est plus qu'une loi des États et de
l'humanité, c'est une fatalité de leur civilisation et de leurs

progrès : en toute circonstance où les hommes ne parviennent à s'entendre, aveuglés par leur sottise ou leurs passions, ils recourent à la violence ; la volonté du plus fort prévaut ; mais la supériorité réelle du fort et la soumission volontaire du faible peuvent devenir le point de départ d'une entente meilleure.

II. De l'avis d'un de nos généraux les plus éminents, que nous citerons souvent sans qu'il nous soit permis de le nommer : « notre armée a accompli des progrès énormes. Le niveau des » officiers s'est élevé autant dans leur éducation et leur instruc- » tion technique, que dans leurs aptitudes, leur intelligence, » leur zèle. Les programmes des écoles de St-Cyr, de Saumur, de » l'école d'application de génie et d'artillerie, ont été transfor- » més de la façon la plus heureuse, en même temps que l'école » supérieure de guerre, l'école de St-Maixent et de nombreuses » écoles d'enfants de troupe ont été créées, étendant l'instruc- » tion du bas au sommet de l'échelle militaire. Le règlement » sur l'éducation du soldat et des manœuvres a subi des amé- » liorations considérables ; le combat est devenu l'unique objet » des exercices, l'étude du tir une science. La nouvelle ordon- » nance a fait faire à la cavalerie des progrès remarquables, » ceux de l'artillerie ont été prodigieux ; elle est redevenue la » première du monde ; et le génie par la création de tout un » personnel de chemin de fer et des corps d'aérostatiers a mar- » ché de pair avec les autres armes ».

Notre armée est-elle sortie de l'imitation allemande ?

Après la leçon terrible de 1870, nous avons copié en toutes choses l'organisation militaire des Allemands. Nous avons bien fait ; pour parvenir à perfectionner cette organisation, il fallait commencer par l'appliquer. Mais, inaugurée par Scharnhorst, il y a près d'un siècle, faite pour d'autres armes, d'autres moyens d'attaque et de défense, cette même organisation ne fut déjà plus comprise par les Allemands en 1870.

A la bataille de Rézonville la division de cavalerie du général de Rheinbaben chargea les lignes françaises ; prises en flanc par les colonnes du général de Forton, un seul escadron de la division entière revint, d'après le récit du grand État-Major allemand. Deux jours après, à Gravelotte, l'infanterie du général de Steinmetz attaqua en masses profondes la droite de l'armée française ; en un instant six mille hommes se trouvaient hors de combat, et la gauche de l'armée ennemie fut prise d'une panique telle que, si nos généraux avaient compris la transformation qui s'était opérée dans les armes, ils rejetaient la gauche sur la droite de l'armée envahissante, qui repassait en déroute la Moselle.

A partir de Sedan jusqu'à la capitulation de Paris la campagne entière se passa en une série de combats d'artillerie et de sièges de forteresses dont les garnisons furent aussi impuissantes à couper les lignes d'investissement, que les charges de cavalerie et les attaques en masses profondes de l'ennemi avaient été vaines contre les colonnes de notre armée.

Il ne resta de la guerre qu'un préjugé dont le prince de Bismarck se fit l'écho à maintes reprises au Reichstag, que la supériorité seule du nombre avait décidé de la victoire.

On doubla les effectifs, on augmenta les réserves, on perfectionna la mobilisation, les fusils Dreyse et Chassepot furent remplacés par les fusifs Mauser et Lebel, à feu plus rapide, à portée plus grande, les canons acquirent une précision de tir et, par les inventions de la roburite et de la mélinite, une force de destruction sans exemple. Le préjugé resta le même.

Aujourd'hui notre armée est devenue l'émule de l'armée allemande. Les effectifs sont à peu près égaux, les réserves et arrières réserves également exercées, les corps d'officiers et les États-Majors ont reçu à quelque chose près la même instruction militaire. Les manœuvres ne diffèrent que par des nuances : là plus de soumission et de discipline, ici plus de spontanéité et d'initiative ; différences considérables, si des deux parts on savait en tirer parti. Elles se réduisent à de simples oppositions nationales : les exercices, les mouvements, les manœuvres sont les mêmes, les ressources de mobilisation et de transports semblables au point que des deux côtés, dans les États-Majors comme parmi les troupes, règne la même conviction que seule, l'armée qui attaquera l'autre avec plus de violence et en masses plus considérables, sortira victorieuse de la lutte.

Dans ces conditions, la prochaine lutte sera plus égale qu'en 1870 ; mais quelles horribles tueries ! A une première bataille en succèdera une seconde, à celle-ci une troisième, à l'armée de première ligne les réserves, aux réserves les arrières-réserves jusqu'à ce que la puissance, qui se sentira la plus faible, propose la paix, que la puissance la plus forte accordera avec d'autant plus d'empressement que les pertes auront été à peu près égales.

Le lendemain vaincu et vainqueur recommenceront les armements, perfectionneront davantage leur organisation, accroîtront encore les effectifs pour reprendre la même lutte à la première occasion. Ce ne seront point là des guerres de peuples civilisés, ce seront des guerres de sauvages, sans autre objet que des désastres communs, sans autre fin que la destruction mutuelle.

III. C'est un principe de physique générale que les forces perdent en intensité ce qu'elles gagnent en extension. Principe vrai pour les moindres corps comme pour les armées de millions d'hommes.

A égalité de densité de même qu'à égalité d'armes, d'exercices, de manœuvres, les masses décident ; à supériorité d'armes, d'exercices de manœuvres, l'intensité l'emporte, absolument comme un corps plus dense enlève un autre plus léger, si étendu qu'il soit.

L'Allemagne, qui a une population d'un quart plus nombreuse que celle de la France, a sur nous d'autres supériorités incontestables : celles de la mobilisation et de l'instruction de ses recrues, auxquelles elle travaille depuis près d'un siècle et qu'elle n'a fait que perfectionner à mesure que nous l'imitions. Aussi, pour accroître encore son armée en mettant en ligne des contingents, en rapport avec le chiffre de sa population, se propose-t-elle d'adopter le service de deux ans.

Elle le peut, assure-t-on, sans avoir la crainte de diminuer la valeur de ses troupes.

Ce serait une erreur de vouloir encore la copier sous ce rapport. Il est un moment où l'extension des armées doit s'arrêter : quand elle devient une cause de faiblesse ; de même qu'il y a un point qui fixe les bornes de l'imitation : quand elle devient contraire au caractère national.

Si l'Allemagne a sur nous la double supériorité du nombre et de l'expérience dans l'instruction de ses recrues, plus soumises que les nôtres, nous avons sur elle un double avantage : la perfection de notre armement et la spontanéité de nos soldats, qui est telle qu'un homme d'État anglais a pu écrire à propos de nos manœuvres : « le soldat français a probablement plus d'initiative que l'allemand, et il pourra y avoir des cas où la ligne française marchera en avant, et marchera avec raison en avant, sans en avoir reçu les ordres. »

Nous ne pouvons continuer à lutter avec l'Allemagne pour le nombre ; elle ne peut plus concourir avec nous dans la perfection de l'armement. Nous avons inventé la poudre sans fumée ;

elle l'a imitée sans en découvrir le secret ; le jour où elle le trouvera, nos comités d'armement en ont une autre en réserve non seulement sans fumée, mais encore sans lumière et sans bruit. Elle a adopté, à notre exemple, le fusil à petit calibre et à tir rapide ; le jour où son fusil vaudra le nôtre, nous en avons un meilleur à notre disposition, à portée plus grande encore et à feu plus rapide. Hésitant entre les canons d'acier ou de bronze, elle s'est décidée en faveur des premiers, quand à force d'essais elle fabriquera des canons qui vaudront les nôtres, nous adopterons notre dernier modèle, aussi supérieur à notre canon actuel, que celui-ci l'est au sien. Au point de vue de l'armement la supériorité nous est et nous restera acquise.

Profiterons-nous du second avantage que nous avons sur elle : l'esprit d'initiative de nos soldats, pour nous arrêter dans nos imitations, et conquérir encore sur elle la supériorité dans les exercices et les manœuvres de combat, en les conformant à notre génie national ?

Il y a deux grandes formes de combat : le combat en tirailleurs et en ordre dispersé, et le combat en colonnes serrées et en masses profondes.

Les attaques en colonnes et en masses tentées en 1870 par les Allemands contre notre infanterie armée du chassepot ont eu des résultats déplorables, et les sorties de nos garnisons contre les lignes allemandes armées du fusil Dreyse ont été non moins malheureuses.

Depuis l'invention et l'adoption d'armes d'une portée beaucoup plus grande et d'une force destructive encore plus considérable, la défensive des armées est devenue, en proportion, plus écrasante.

Une charge, un assaut en colonnes ou masses profondes, dans la future guerre, serait, plus qu'un non-sens, un crime.

L'armée, allemande ou française, qui dans la lutte prochaine osera attaquer l'ennemi en colonnes ou en masses, est une armée perdue. Il n'en reviendra même pas des débris comme de la cavalerie de Reinbaben ou de l'infanterie de Steinmetz.

Quelque impétueux que l'élan puisse être, quelque rapide que soit la charge et redoutable le courage de l'assaillant ; on ne lutte pas contre des murailles vivantes de fer et de feu.

Dans les combats à venir, la victoire appartiendra à l'ordre dispersé, et à l'ordre dispersé seul, ordonné et commandé de manière que les troupes puissent entrer, comme un coin, par une brèche, dans les colonnes massées de l'ennemi.

En dehors du génie stratégique des généraux en chef, sachant choisir des positions telles que l'ennemi se trouve toujours obligé soit d'attaquer soit de battre en retraite, génie réservé aux César et aux Napoléon, le secret des victoires futures est tout entier dans l'emploi que l'on fera de l'ordre dispersé dans les combats.

Si destructeur et précis que soit le tir de l'artillerie, l'ordre dispersé lui échappe tandis qu'elle fauche comme herbe les colonnes massées.

Dans l'ordre dispersé chaque soldat possède toutes ses facultés d'action et dispose de toutes ses forces de combat, alors qu'en colonne les premiers rangs seuls participent à la lutte.

Aussi l'ordre dispersé seul est capable, au moment où les canons cessent le feu, de désorganiser les colonnes massées de l'ennemi avant que l'attaque vive ne commence ; seul, il offre le moins de danger, et, convenablement exécuté, le plus de puissance dans l'assaut ; seul, il répond aux progrès faits dans les armements ; seul, il permet de perfectionner l'organisation militaire actuelle et de profiter de toutes les découvertes, téléphones, télégraphes, vélocipèdes, ballons, de façon à passer avec une égale rapidité de l'ordre dispersé à l'ordre en colonne ou carré, et à revenir de ceux-ci au premier, également invincible dans la défense et dans l'attaque ; enfin, seul il laisse à l'esprit d'initiative, à l'agilité naturelle et à la bravoure personnelle qui distinguent nos soldats, leur expansion entière, en sorte que l'armée dans toute son organisation et ses unités de combats soit un tout homogène, autant par les sentiments qui l'animent que par les manœuvres qu'elle exécute, à l'instar de nos armées de la première République et du premier Empire.

Les brèches que l'on faisait autrefois dans les bastions de forteresse, les travaux d'approche que l'on exécutait, l'assaut enfin qu'on livrait, doivent être renouvelés sous d'autres formes et dans des conditions différentes centre ces murailles vivantes armées de fusil à tir rapide et à grande portée. Pour y parvenir il faut avant tout que l'artillerie divisionnaire, dont nous nous sommes si mal servis dans nos manœuvres, soit modifiée complètement et dans son matériel, et dans son mode d'action, — transformation sur laquelle il n'y a pas lieu de s'arrêter ici ; — elle doit devenir comme une sorte de bélier ouvrant la brèche dans les rangs ennemis, vers laquelle au dernier moment et parvenu à une distance insignifiante, les troupes dispersées en tirailleurs se précipitent et entrent comme l'antique phalange macédonienne dans les cohortes grecques.

Le jour où nous convoquerons les officiers étrangers à assister à des manœuvres dont ils ne comprendront pas plus le sens qu'ils ne verront le feu des coups de fusils et n'entendront le bruit des coups de canons, la troisième République aura, comme la première, organisé la victoire.

Ces considérations, sur la nécessité d'une réforme de nos moyens d'attaque, s'imposent d'une façon d'autant plus impérieuse que, selon toutes les probabilités, l'Allemagne, dans la prochaine guerre, restera de notre côté sur la défensive, tandis qu'elle prendra l'offensive contre la Russie pour ne point laisser écraser l'Autriche son alliée. Elle nous en a donné une preuve curieuse : il y a quelque temps le *Moniteur officiel de l'empire* » publia l'annonce que l'institut topographique de l'État-Major » de Berlin avait achevé de dresser les cartes du champ de ba- » taille (futur) de Château-Salins et que ces cartes étaient mises » en vente aux prix de 50 pfennigs.

Que si donc nous ne voulons pas passer par une nouvelle année terrible et voulons sortir victorieux de la lutte, il faut organiser l'attaque de manière que l'Allemagne, étudiant son terrain et perfectionnant, sans en sortir, ses manœuvres et sa tactique de 1870, se trouve surprise par des manœuvres et une tactique nouvelles, à la fois contraires à son génie national et à la constitution de son armée.

IV. La force défensive des armée modernes est devenue, grâce aux armements nouveaux, d'une puissance telle que l'attaque en tirailleurs ou en ordre dispersé et la transformation de l'artillerie divisionnaire en une arme nouvelle n'apparaissent elles-mêmes que comme des réformes insuffisantes.

Pour atteindre un degré de supériorité réelle et définitive, il faut nous débarrasser dans tous les services de notre organisation militaire de l'imitation allemande. Ce n'est pas en imitant, c'est en surpassant l'ennemi qu'on arrive à le vaincre.

1° A l'exemple de l'Allemagne, nous avons adopté le corps d'armée comme unité tactique, et, par une conséquence logique, nous avons divisé comme elle notre territoire en grandes régions militaires, oubliant qu'un soldat qui a soixante kilomètres à parcourir sur une simple route, pour parvenir à son centre militaire, en est trois fois plus éloigné qu'un autre qui, en chemin de fer, parcourt quatre cents kilomètres en un jour. En Allemagne, pays partagé en provinces et États plus ou moins indépendantes, la division régionale était naturelle ; elle est d'autant moins justifiée chez nous, que n'ayant pas adopté également le recrutement régional, nous avons compliqué d'une façon absurde, non seulement le recrutement, mais encore la mobilisation de notre armée.

Pour rendre l'une et l'autre à la fois plus faciles et plus rapides, il importe avant tout de répartir les corps d'armée et de diviser le territoire selon ses grandes lignes stratégiques. 1° « Chacune de » nos frontières ouverte ou menacée, nous écrit l'éminent offi- » cier que nous avons cité plus haut, devrait être divisée en frac- » tions aussi nombreuses que possible, afin de donner à cha- » cune d'elles un corps d'armée dont le territoire serait allongé » à l'intérieur ; la frontière formant un quart de cercle servant » de base au plus grand nombre de secteurs ayant pour bissec- » trice un chemin de fer. En réalité, notre division régionale » n'est qu'une division civile ; elle n'est pas conçue pour facili- » ter le recrutement et la mobilisation, et encore moins en vue » de la défense du territoire.

2° « Toute organisation de l'armée doit avoir aujourd'hui pour » objectif, à l'état de paix, la mise sur pied de guerre. Ce prin- » cipe, nous l'avons encore méconnu en copiant non moins servi- » lement, après la division régionale, la division du corps d'armée » allemand. Le corps d'armée prussien, avec ses deux divisions » sans réserve est une formation absolument insuffisante ; seule la » création de trois divisions dans le corps d'armée dont une de » réserve réunirait les conditions indispensables de proportion de » la troupe de première ligne en même temps qu'elle fortifierait » la concentration du commandement en une seule main. »

A cette réforme, qui fut déjà proposée, on a objecté l'énor- mité des dépenses qu'elle entraînerait ; un million dépensé, à propos, dans l'achèvement de notre réorganisation militaire sera l'économie d'un milliard dans la guerre future.

3° « Après la division régionale et la composition du corps » d'armée nous avons encore imité de l'Allemagne son organi- » sation régimentaire ». — Nous sommes loin de le regretter ; en diminuant les frais occasionnés par notre ancienne organisa- tion régimentaire, nous nous sommes donné, comme l'Allema- gne, une armée énorme. — « Pour l'infanterie, le bataillon à » huit compagnies, pour la cavalerie, le régiment à six esca- » drons, ont été remplacés par le bataillon à quatre compagnies, » le régiment à cinq escadrons et nous avons diminué en pro- » portion le nombre des officiers tout en conservant le même » effectif régimentaire ».

En Allemagne et surtout dans les vieilles provinces prussien-nes, cette organisation était excellente. Plus les troupes sont na-turellement disciplinées et plus elles sont appelées à exécuter des manœuvres en colonnes ou en masses, moins elles ont besoin d'un grand nombre d'officiers. Mais une telle armée doit renon-cer à toute attaque en face de la puissance destructive des ar-mes nouvelles ; elle doit renoncer surtout aux marches et aux attaques de nuit. Il ne lui reste, en cas de guerre, que la seule confiance dans le commandement suprême, suppléant à la fai-blesse offensive, d'une part, par le nombre, et, d'une autre, par le choix des positions.

Avec les armes nouvelles, le service de trois ans, et l'expé-rience à peu près identique acquise, par la répétition des gran-des manœuvres, dans le mouvement des masses, il n'y a qu'un progrès que nous puissions réaliser sur l'armée allemande, c'est de transporter dans les manœuvres et les attaques, en tirailleurs et en ordre dispersé, comme dans les marches et dans les atta-ques en colonnes de nuit, la même unité, la même cohésion que nous sommes parvenus, en imitant ces mêmes Allemands, à donner aux mouvements et aux manœuvres des grands en-sembles.

Or, nous ne pouvons y réussir qu'en revenant à notre ancienne organisation régimentaire. Sans un personnel d'officiers suffi-sant, et pour la direction comme pour le soutien, les marches et assauts, de nuit, aussi bien que les attaques en tirailleurs ou en ordre dispersé, sont également dangereuses par le désordre et par les paniques qui peuvent en résulter.

Ayant oublié les immortels exemples de Napoléon, dont les Allemands du moins ont su se souvenir pour le mouvement de grandes masses, nous n'étions plus militairement organisés qu'en vue de nos guerres d'Afrique ; ce qui amena nos défaites de 1870. C'est en nous souvenant à notre tour de nos guerres d'Afrique, que nous devons compléter, en l'achevant, notre organisation actuelle.

Cent mille hommes également aptes à la défense et à l'attaque en valent deux cent mille qui ne savent qu'attaquer, comme les Arabes, ou qui massés en colonnes, ne peuvent que se défendre, comme les Allemands.

4° Une autre imitation des procédés de nos vainqueurs de 1870, et dont il faut parvenir à nous débarrasser, est l'usage de la cavalerie pour le service d'éclaireurs.

Confiants dans la supériorité de leur artillerie, assurés, après les expériences de Rézonville et de Gravelotte, de l'impuissance des attaques en colonnes ou en masses, les commandants en chef de l'armée allemande se contentèrent de faire faire des promenades brillantes à travers une population affolée à leur cavalerie sous le prétexte d'éclairer l'armée en marche.

Les fusils à répétition, à poudre sans fumée et à longue portée, réserveront à la cavalerie envoyée en éclaireur, dans la prochaine guerre, une surprise plus cruelle que celle de Rézonville.

Elle éclairera l'ennemi et ne reviendra pas pour renseigner les siens.

Le service d'éclaireur, avec les nouveaux armements, incombe d'une part, aux chasseurs maniant un fusil silencieux et d'une autre aux ballons lointains observant les mouvements et les dispositions de l'ennemi.

La cavalerie doit reprendre son rang et son rôle d'autrefois. Tantôt protégeant l'infanterie qui s'avance en ordre dispersé, tantôt inquiétant l'ennemi sur ses flancs ou sur l'arrière, tantôt le poursuivant dans sa retraite, provoquant une attaque imprudente, exécutant des raids hardis, elle redeviendra l'arme favorite des grands généraux et des bons stratèges.

Encore si nous nous étions bornés, en copiant les Allemands, à désorganiser les cadres de notre cavalerie ; mais nous avons été, toujours en vue d'augmenter le nombre aux dépens de l'organisation régimentaire, jusqu'à compromettre à la fois l'initiative stratégique et la mobilisation rapide des troupes.

« Nos dépôts de cavalerie ne peuvent suffire ni pour l'équipe-
» ment des hommes de la réserve ni pour faire l'épreuve et le
» choix des chevaux de réquisition. Il nous faut le double d'es-
» cadrons de dépôt pour qu'ils puissent remplir leur tâche au-
» tant pour organiser promptement et bien les réserves que
» pour expédier aux escadrons de guerre, quinze jours au plus
» après leur départ, les renforts qui leur feront, au moment de
» la concentration des corps d'armée, le plus défaut. Nous avons
» négligé cette réforme indispensable, toujours emporté par
» notre engouement pour l'organisation allemande. Loin de l'
» au lieu de rendre aux régiments de cavalerie les six esca-
» drons, on a supprimé le plus d'emplois possible, et au lieu
» d'accroître la combativité de notre cavalerie, on a accablé en
» tout les officiers à un point tel que nos manœuvres ont révélé
» aux yeux des plus inexperts l'insuffisance de l'instruction de
» notre cavalerie : insuffisance dans le commandement, insuf-
» fisance dans les exercices des cavaliers. Les expériences qu'on

» a faites en ce sens, loin d'avoir été des essais d'organisation,
» n'ont été que des expériences de destruction ».

5° Augmentant les effectifs en diminuant les cadres, toujours
à l'exemple de l'Allemagne, nous nous sommes trouvés subitement sans sous-officiers. Nous y avons remédié par une loi excellente sur leur rengagement. A cause de quelques abus, nous
venons de modifier cette loi sans tenir compte de l'avenir des
sous-officiers engagés ; faute qu'il faudra réparer le plus tôt possible en étendant la faculté de rengagement même aux simples
soldats. C'est une nécessité imposée par la constitution même
de notre armée : prenant les jeunes gens avant qu'ils aient
achevé l'apprentissage d'un métier, un grand nombre d'entre
eux sont abandonnés sans ressources à la fin du service ; comme
c'est une nécessité encore pour la guerre future, si tant est que
l'armée doive redevenir aussi redoutable dans l'attaque qu'elle
l'est devenue dans la défense par son armement nouveau.
« C'est *l'ancien*, en effet, et non l'officier et encore moins le sous-
» officier qui transforme le conscrit en soldat. C'est lui dont la
» leçon, dont l'exemple constant lui apprennent, non pas seu-
» lement tous les détails qui produisent la propreté, la bonne
» tenue, mais encore la discipline, le respect pour le chef, la
» tradition, l'histoire du régiment, les campagnes qu'il a fai-
» tes, les belles actions qui l'ont honoré, le culte du drapeau ».

Nous ajouterons à ces observations si justes, que *l'ancien*,
mieux que l'officier et le sous-officier, communique par son exemple le calme dans le tir, l'ordre dans les combats en tirailleurs
et dans les marches en ordre dispersé, conçus de manière à
répondre aux forces défensives des armées actuelles.

6° Enfin, en même temps que l'Allemagne, ayant acquis Metz
et Strasbourg, en accrut et acheva les fortifications, nous avons
dépensé des milliards pour élever tout un système de défenses
sur notre frontière de l'Est. Système de villes fortifiées et de
forts d'arrêt, qui se commandent et se relient de façon qu'il n'y
a plus sur cette frontière un mètre de territoire qui ne soit couvert par le feu de nos canons.

Ces forts arrêteront une armée envahissante tout au plus
pendant quelques semaines, et ces villes seront plutôt une entrave qu'une force pour la défense. « Autrefois, termine l'officier
» général que nous avons si souvent cité, lorsque le pillage des
» villes était une façon de faire vivre l'armée sur l'ennemi, leur
» fortification avait une raison d'être. Aujourd'hui, c'est un non-
» sens ; ces villes seront détruites en quelques jours par la mé-

» linite, pendant que la garnison le sera par le tir plongeant ;
» alors que les villes ouvertes seront respectées précisément à
» cause de l'accroissement énorme des armées : l'ennemi, loin
» de saccager le territoire envahi, a besoin d'y maintenir l'ordre
» et de vivre du travail des habitants. Il n'y a plus de nos jours
» qu'un système logique de défense : c'est le camp permanent,
» c'est-à-dire, la grande réunion de troupes sur un plateau isolé,
» choisi avec soin, tel que le grand plateau de Haye indépendant
» de toute ville autrement que pour en tirer, en temps de paix,
» les subsistances nécessaires ».

On l'a dit et jamais on ne le répétera assez : la force des armées
consiste, non pas dans leurs forces défensives, mais dans la puissance de leur offensive.

Si nous l'avions oublié, la guerre de 1870 devrait nous le ré-
apprendre en nous montrant comment des garnisons de 250,000
hommes deviennent prisonnières et comment des villes de deux
millions d'habitants sont amenées à capituler par la seule force
défensive des armées assiégeantes, ne permettant ni sorties ni
dégagements, tout en étant incapables de la moindre attaque ou
du plus petit assaut en dehors de bombardements aussi sauvages qu'inutiles.

L'histoire entière de cette guerre aurait dû nous enseigner,
jusque dans les lacunes mêmes de l'organisation des armées
allemandes, comment l'offensive et la défensive sont solidaires
l'une de l'autre dans les victoires comme dans les défaites, dans
les sièges comme dans les capitulations.

C'est cet axiome qui nous fait écrire ces lignes, en nous rappelant que le désastre de Courtrai fut suivi des désastres de
Crécy et d'Azincourt. Pendant tout un siècle la chevalerie féodale lutta vainement contre les milices qui avaient accompli
des progrès non moins considérables dans leurs armements que
dans leurs manœuvres, et contre lesquels les attaques de cette
chevalerie bardée de fer devaient échouer.

Aujourd'hui ce n'est plus à une classe militaire, c'est à la
nation entière que le même axiome s'applique.

En temps de paix, les préjugés se vengent par le ridicule ; en
temps de guerre, c'est dans le sang.

Si nous ne parvenons à nous donner des moyens offensifs supérieurs aux moyens défensifs de l'ennemi, et si nos moyens
défensifs ne sont supérieurs à ses moyens d'attaque, c'est l'expérience de Sarrebruck et de ses conséquences que nous recom-
mencerons

Un Napoléon, avec les armes nouvelles et cent mille hommes, assujettirait le monde, alors que ce monde, tout en ayant des armes semblables, persisterait à suivre les anciennes manœuvres et la vieille tactique.

III. Si nous passons à la marine, nous observons que, par l'invention des torpilles et la rapidité croissante des navires, la guerre sur mer subira la même transformation que la guerre sur terre par les fusils et les canons à tir rapide et à longue portée. La défensive y est devenue également écrasante.

Par crainte d'une invasion française, la Chambre des Communes refusa à différentes reprises de voter une loi permettant la construction d'un tunnel sous la Manche.

Qu'il nous plaise d'inventer deux batteries portant leurs obus du haut des falaises de Calais jusqu'à Douvres, la descente en Angleterre ne sera qu'un jeu d'enfant.

Mais que ferions-nous d'une descente en Angleterre ? Les deux nations ne sont plus à l'époque de Guillaume le Conquérant. L'Angleterre s'entendra avec nous pour la neutralisation de l'Égypte sous la suzeraineté du Sultan, et de concert nous règlerons l'affaire de Terre-Neuve, sans que nous nous mettions en frais d'une invention aussi facile que celle de deux batteries.

Le ballon dirigeable laissant tomber du haut des nuages quelques obus sur l'état-major d'une armée ennemie ; la gymnote, naviguant au fond de l'Océan pour attacher une torpille au flanc d'un cuirassé, ne sont peut-être aujourd'hui que des utopies. Qui oserait prétendre qu'elles le seront encore demain ?

Il y a six mois, la poudre sans fumée, sans lumière et sans bruit était une chimère. Aujourd'hui nous l'avons ; vaut-il la peine d'en rechercher encore les applications ? Ainsi marchent les inventions, les découvertes avec les progrès de la science, transformant aussi bien les armes que toutes les conditions de la guerre.

Elles font plus, elles modifient jusqu'aux principes les plus solennellement reconnus du droit des gens.

Un congrès, non pas de parlementaires ou d'utopistes, mais un congrès où figuraient les représentants de toutes les grandes puissances, fit en 1856 à Paris même la déclaration suivante :

    *1° La course est abolie.*

    *2° La propriété ennemie embarquée sous pavillon neutre doit être respectée, sauf la seule exception des articles de contrebande de guerre.*

*3° La marchandise neutre est insaisissable, même sous pavillon ennemi.*

*4° Les blocus ne sont obligatoires qu'autant qu'ils sont effectifs.*

Que deviendra, en présence du progrès des armements et surtout de la puissance défensive qui en résulte pour les États, cette célèbre déclaration ?

D'abord l'Espagne et le Mexique refusèrent d'y adhérer à cause de la faiblesse de leur marine militaire. Les États-Unis subordonnèrent leur adhésion à la suppression du droit de capture des navires de commerce.

L'Angleterre rejeta la proposition américaine comme étant contraire à ses traditions autant qu'à ses intérêts. Elle l'aurait acceptée, que les progrès accomplis dans la défense maritime réduiraient à néant aussi bien son acceptation que tous les articles de la déclaration du congrès de Paris.

En 1870, le roi de Prusse, par un décret en date du 24 juillet, ordonna la création d'une marine volontaire, promettant des primes de 10,000 à 50,000 thalers aux armateurs disposés à transformer leurs bâtiments en navires de guerre.

Les avocats de la couronne britannique déclarèrent que cette marine auxiliaire devait être assimilée aux corps francs ou volontaires des armées de terre et ne constituait point une violation de la déclaration de Paris.

En 1877, la Russie envoya des capitaines de navire commissionnés aux États-Unis pour y acheter et armer des croiseurs, et, pendant les années suivantes, le *Journal de Saint-Pétersbourg* publia de temps à autre des offres de vente de navires cuirassés à la flotte volontaire russe.

En fait, la course, sinon privée, du moins officielle, est virtuellement rétablie.

La marine française est-elle à la hauteur de cette première transformation de la déclaration de Paris ?

Certes, rien de plus majestueux, que les manœuvres d es grandes escadres modernes ; leurs unités de combat si complexes et de construction si savante, leurs cuirasses puissantes, leurs éperons menaçants, leurs canons monstres ou à charges multiples, la facilité de leurs mouvements et leur course rapide, tout semble les rendre invincibles, non moins propres à l'attaque qu'à la défense.

Force, science, initiative, courage, discipline, tout paraît réuni pour rendre ces escadres aussi splendides qu'imposantes dans leurs manœuvres : tant que le ciel et la mer y mettent de la complaisance et que les torpilles ne sont que des hypothèses. Que la mer se soulève, que le ciel se couvre, que les torpilles se changent en réalités effrayantes, et ces superbes navires, montés par des milliers d'hommes et dont la construction se chiffre par millions, s'effondreront dans l'Océan sans qu'il n'en coûte à l'ennemi qu'un peu de prévoyance et d'adresse.

Sur la haute mer, certainement, la lutte entre deux escadres ennemies sera terrible en raison même de la puissance de leur armement et de la perfection de leur construction. La victoire n'en restera pas moins indécise ; l'une des flottes disparaîtrait complètement dans les eaux qu'il resterait au vaincu tout son système de torpilles et de gardes-côtes pour se défendre, toujours prêt à faire subir le même sort à la flotte victorieuse.

En vain les commandants s'imagineront-ils qu'ils pourront se préserver par les filets et les feux électriques. Il y a des torpilles dormantes et des torpilleurs assez adroits pour ne suivre que l'ombre noire des vagues. Si brillante qu'ait été la victoire sur la haute mer, en face des ports, des côtes et des dangers dont la menacent les torpilles, l'escadre la plus puissante reprend la défensive. Ses filets et ses feux électriques en sont la meilleure preuve.

Il en est des attaques des escadres cuirassées, comme de celles en masses profondes ou en colonnes serrées des armées. La victoire définitive appartiendra sur terre à la puissance qui, tout en ayant de grandes masses en colonnes compactes pour se défendre, organisera ses attaques en tirailleurs ou en ordre dispersé de manière à pénétrer dans les masses ennemies. Pour la même raison la victoire reviendra sur mer à la puissance qui, avec les meilleures flottilles de torpilleurs, aura le plus grand nombre de croiseurs, les plus hardis et les plus rapides.

Aussitôt lancés en guerre, les croiseurs, par les déprédations mêmes qu'ils peuvent exercer, non seulement sur la haute mer, mais encore dans les ports et les rades non défendus, réduisent par leur mobilité extrême les escadres cuirassées à la défense de leurs ports et rades.

Les puissances rétabliront, quoiqu'on fasse, la course, et, du même coup, avec l'article premier tombera l'article quatre de la déclaration, relatif aux blocus effectifs.

Précisément, à cause de la force défensive extraordinaire acquise par la marine moderne, tout blocus effectif d'un port de guerre suffisamment armé devient impossible, et tout blocus d'un port ou d'une rade ouverte non moins dangereux qu'illusoire, par suite des torpilles dormantes et des torpilleurs des côtes.

Les escadres bloquantes, pour les éviter, tiendront le large, et ce seront les croiseurs de haute mer, se suivant dans leurs courses rapides, qui rétabliront les blocus sur papier d'autrefois.

Restent les articles II et III qui garantissent aux puissances neutres en toute circonstance la sécurité de leur commerce à l'exception de la contrebande de guerre.

Leur importance dépend de ce qu'il plaira aux belligérants de déclarer contrebande de guerre.

L'Angleterre ne reconnaît à aucun autre État le droit d'en fixer les caractères. La proclamation de la contrebande de guerre est pour elle une loi intérieure ! et la France, dans le blocus des ports de la Chine, a étendu la contrebande jusqu'au commerce du riz.

Tout ce qui peut contribuer à soutenir les forces de l'ennemi, à l'empêcher de se soumettre, est en droit des gens susceptible d'être réputé contrebande de guerre. C'est la règle ; où s'arrête-t-elle ? La force défensive des grands États s'étant décuplée sur mer, la continuation de leur commerce avec les neutres serait la conservation de leur prospérité intérieure et le maintien indéfini de l'état de guerre.

Il n'y aura d'autre issue pour amener une grande puissance maritime à composition que de déclarer tout commerce, quel qu'il soit, contrebande de guerre.

V. Ne recherchons pas de principes humanitaires là où ils n'ont que faire, surtout dans les guerres qui en sont, sinon la négation, du moins l'arrêt.

Les esprits généreux se révolteront contre cette rigueur extrême. C'est une loi de la guerre que tout moyen nécessaire à la victoire est légitime ; tout autre, qui est inutile, d'autant plus cruel.

La guerre la plus humaine n'est point celle qui ne détruit rien ; mais celle qui, au prix des sacrifices les moindres, ramène la paix la plus ferme, la plus stable.

Depuis la guerre de Crimée et le congrès de Paris de 1856, depuis les idées humanitaires et les projets d'arbitrage de Napoléon III, l'Europe n'est point sortie de victoires qui ne furent que des surprises, de traités de paix qui ne furent que des abus, et de congrès qui, loin de résoudre les difficultés, ne firent que les accroître. Et dans l'état actuel où se trouvent les armées européennes, leurs manœuvres et leurs commandements, la prochaine guerre ne fera que soulever des rancunes plus inextinguibles ; les victoires, fruits de sacrifices immenses, ne seront que de nouveaux désastres, les traités de paix extorqués aux vaincus ne seront que d'autres trèves.

Nous ne pouvons, en présence de l'impuissance des hommes d'État à résoudre, par une entente meilleure, les difficultés permanentes qui divisent actuellement les nations, qu'émettre un vœu au nom de la paix et de l'humanité ; c'est que, dans la prochaine lutte, on parvienne du moins à tenir compte le plus possible de tous les progrès accomplis dans les armements mêmes.

La vapeur, la mélinite, les torpilles, le propulseur sans fumée, sans lumière et sans bruit, les fusils à répétition, les canons à longue portée, l'électricité, les vélocipèdes, le téléphone, les ballons introduiront, dans les manœuvres et les combats, des changements non moins profonds que la découverte de la poudre, des pierriers et des fusils à silex dans les manœuvres et la façon de combattre des armées du moyen âge. Faudrat-il, comme à cette époque, tout un siècle de guerres et de désastres pour que nous parvenions à le comprendre ?

Depuis 1866 et 1870, l'Europe se trouve dans la première période de transition ; de là, ses inquiétudes, ses hésitations. Mais ce qui rend la situation particulièrement grave, c'est que la grande majorité des généraux et des commandants d'escadres, élevés à l'ancienne école, se figurent devoir vaincre dans l'avenir par les mêmes manœuvres et la même tactique qui ont fait triompher d'illustres chefs d'armées et de flottes, dans le passé.

C'est aux hommes d'État de veiller à ce que ces aveuglements ne deviennent pas des dangers et que ces préjugés ne se transforment pas en défaites.

Il n'y a qu'une règle, encore souffre-t-elle des exceptions : en raison des progrès faits dans les armements, redoutez pour le commandement les anciens, recherchez les jeunes ; faites le contraire pour les troupes, favorisez les anciens.

Si ce n'est du génie, c'est du moins du bon sens.

## LES COLONIES.

Avons-nous ou n'avons-nous pas l'esprit colonisateur ? (1).

En cherchant la réponse à cette question dont la solution doit peser d'un si grand poids dans les destinées de notre pays, il faut avant tout nous défier des mots et nous tenir éloignés de la pente sur laquelle ont glissé tant d'esprits brillants de notre époque. Plus l'homme, en effet, perd l'intelligence des faits, plus il s'attache aux mots ; il acquiert par là même une faconde surprenante, bientôt une réputation d'orateur ou d'écrivain ; mais il achève de s'égarer complètement.

Que de discours n'avons-nous pas entendus, que de pages éloquentes n'avons-nous pas lues, aussi bien sur le génie colonisateur de la France et sa mission civilisatrice, que sur les dangers de nos ambitions lointaines et sur nos désastres coloniaux !

Réunissons nos capitaux, disent les uns, fondons de grandes compagnies, favorisons l'émigration ! mais favoriser l'émigration quand la population tend plutôt à diminuer qu'à croître, c'est pousser au dépeuplement ; réunir des capitaux pour des expéditions qui ne rapportent rien, c'est la ruine ; créer de grandes compagnies sans privilèges ni monopoles est irréalisable. Bien au contraire, disent les autres, unissons nos forces pour rendre à la France son ascendant en Europe, réservons nos capitaux pour faire prospérer le travail national, empêchons l'émigration ! mais jamais le sacrifice de notre politique maritime à notre politique continentale n'a empêché les désastres de l'une et de l'autre ; les capitaux versés dans l'industrie et le commerce n'ont servi jusqu'ici qu'au développement de la grande industrie et du grand commerce, au détriment de la

---

(1) L. Deschamps, *Hist. de la question coloniale en France*, Paris (Plon), 1891. Paul Leroy-Beaulieu, *La colonisation chez les peuples modernes*, Paris (Guillaumin), 1891.

prospérité des masses ; et toujours la misère croissante de ces masses a entraîné chez nous, non l'émigration, mais la diminution de la population et l'immigration d'étrangers plus capables de supporter les privations. C'est ainsi que le pour et le contre ont été soutenus avec une ardeur et une conviction égales en réponse à cette grave question.

I. Il y a des peuples sauvages, nomades, sédentaires, selon la nature de leur état économique et social. Les peuples chasseurs sont sauvages, les peuples pasteurs sont nomades, les peuples cultivateurs sont sédentaires ; mais il n'existe pas plus d'esprit sauvage que d'esprit nomade ou d'esprit cultivateur. Il existe encore moins d'esprit colonisateur ; car nul peuple, ou fraction de peuple, ne quitte volontairement les lieux habités par les ancêtres, pour s'en aller au loin chercher, presque au hasard, des moyens de subsistance.

A leur époque héroïque, les Grecs furent éminemment colonisateurs ; ils cessèrent de l'être à leur époque de splendeur ; les Romains ne le devinrent qu'à leur époque de décadence ; les Égyptiens ne l'ont jamais été ; les Phéniciens, au contraire, l'ont été toujours. Sans la fertilité du Nil, les Égyptiens se seraient faits colonisateurs à l'instar des Phéniciens qui, refoulés sur les côtes par les Assyriens, n'ont eu devant eux d'autre ressource que de fonder des colonies ; et lorsque les Phéniciens abandonnèrent Tyr pour Carthage, le désert s'opposa à leur extension vers l'intérieur, comme les Assyriens l'avaient fait précédemment. Sans ces derniers, ils ne seraient pas devenus plus colonisateurs que les Égyptiens, et, sans le désert, ils auraient cessé de l'être comme les Grecs ; mais à l'encontre des Romains ils devinrent conquérants sur le tard.

Aux temps barbares de leur histoire, quand leur constitution politique est à peine ébauchée et que les liens sociaux sont lâches, les peuples émigrent aussitôt que les besoins dépassent les moyens de production. Tantôt ils envahissent les territoires des peuples voisins, tantôt s'y infiltrent individuellement ; formes primitives de la migration des peuples qui ne constituent pas plus des conquêtes que des colonies. Les conquêtes supposent une organisation politique puissante, par laquelle la domination puisse se maintenir ; les colonies, une constitution sociale forte, par laquelle les liens avec la mère-patrie puissent se conserver. Pendant leur période de civilisation, les peuples tendent au contraire sans cesse vers la conquête et s'assimilent les populations sujettes; mais lorsque l'équilibre entre les États s'est établi et que des troubles intérieurs, politiques, religieux, économiques éclatent, ils fondent des colonies. Enfin, quand faute d'une cohésion sociale suffisante ou d'une organisation militaire puissante, les peuples civilisés sont devenus aussi incapables de fonder des colonies que de faire des conquêtes, alors les citoyens émigrent, parfois par centaines de mille, mais, loin de former des invasions, les émigrants se perdent au sein des nations qui leur offrent une existence plus facile.

En présence de ces formes multiples de l'expansion des peuples, où l'on voit résumée presque toute l'histoire de l'humanité, quelle signification peuvent avoir ces mots : *esprit colonisateur?*

II. La question de l'extension territoriale des peuples est une des plus difficiles qui puissent être soulevées en politique, quoiqu'il n'y ait guère d'État qui ne tende à conquérir, à coloniser ou à s'étendre d'une manière quelconque,

Au moyen-âge, l'Italie couvrit tout le Levant d'établissements qu'elle perdit à l'époque de la Renaissance. Aujourd'hui l'émigration italienne inonde tous les pays sans que la mère-patrie parvienne à créer une colonie sérieuse.

L'Espagne, au contraire, devint, à la Renaissance, la première puissance colonisatrice de l'Europe; depuis, ses forces d'expansion ont disparu, et de nos jours elle n'arrive même plus à entretenir le commerce avec ses anciennes colonies.

Les Portugais, les Hollandais, qui ont un moment possédé le commerce du monde, ne maintiennent plus que péniblement leurs établissements d'autrefois.

L'Allemagne eut, à la Renaissance, comme l'Espagne, le Portugal, la Hollande, une expansion commerciale admirable ; elle l'a tranformée, comme l'Italie, en une émigration continue, et, semblable à l'Italie encore, n'a inauguré que de nos jours quelques essais de politique coloniale.

La France, après avoir ou devancé, ou suivi les autres États, après avoir possédé un moment le domaine colonial le plus considérable, l'a perdu ; mais au lieu de se contenter des débris qui lui en restaient, comme l'ont fait l'Espagne et le Portugal, elle s'est mise à conquérir un empire colonial nouveau, au prix de sacrifices continus.

L'Angleterre, qui est entrée la dernière dans la voie de l'expansion coloniale, a perdu la plus importante de ses colonies, mais loin de voir, comme l'Espagne, disparaître son commerce avec elle, elle l'a décuplé et n'a cessé d'accroître son empire maritime lequel, à l'encontre de ce qui se passe pour la France, est la source de sa prospérité et ne lui coûte que l'entretien de sa flotte.

Les colonies se fondent et se maintiennent comme les nations se forment et subsistent et, selon l'état politique, social et économique de la métropole, les colonies l'enrichissent ou la ruinent, ou se détachent d'elle, se développent ou s'effondrent.

L'histoire coloniale des peuples tient avant tout à leur état économique et social. Nous venons de parler de la merveilleuse impulsion coloniale que la Renaissance donna à la plupart des peuples de la civilisation moderne. On l'explique par un mot : le « génie de l'époque ». Pour autant qu'on le comprenne, ce mot peut suffire à faire entrevoir vaguement la cause du progrès des arts, des lettres, des sciences, du mouvement philosophique et religieux, la cause de la découverte de l'imprimerie et de la pesanteur, de la découverte de l'Amérique et de la route des Indes. Rend-il également compte des horreurs des guerres publiques, civiles et religieuses, des atrocités qui ont accompagné la colonisation américaine, de l'introduction de l'esclavage, de la traite des nègres ?

La Renaissance — le mot fait toujours illusion — n'a été que la conséquence de l'autorité acquise par les pouvoirs souverains des différents États, du rôle conservé par la noblesse, des franchises conquises par les villes, de l'impulsion, enfin, donnée au travail et aux croyances pendant l'époque antérieure. Tous les pouvoirs publics, temporels et spirituels, continuaient simplement à vouloir une puissance plus forte, toutes les aristocraties une action plus étendue, toutes les villes des franchises plus complètes, tous les croyants des certitudes plus grandes, et chacun un bien-être plus considérable, que l'on demandait à la révolte, si la soumission ne pouvait le donner, et que l'on cherchait au dehors, si on ne pouvait l'obtenir au dedans.

L'Italie, divisée en États souverains nombreux, avait une noblesse essentiellement citadine, sans expérience ni connaissances agricoles. Les villes maritimes de la péninsule, qui, à la suite des croisades, avaient étendu leurs relations avec l'Orient, conservaient leur suprématie commerciale, et les richesses, le besoin d'aisance et de luxe, qui en résultèrent, donnèrent une vie nouvelle à l'industrie des cités du littoral comme de l'intérieur. D'où surgit une première révolution économique : la prospérité des villes s'accrut de manière à distancer rapidement celle

des campagnes abandonnées à elles-mêmes, et la misère de ces
dernières augmenta à mesure que les redevances et les revenus
qu'elles payaient à la noblesse étaient à leur tour dépensés dans
les villes. La découverte de la route des Indes ne fit qu'aggraver la crise par la perte du commerce avec l'Orient. Les villes
resplendissantes par l'éclat du luxe et des fêtes, jalouses les
unes des autres et souveraines pour la plupart, furent aussi impuissantes à donner une expansion nouvelle à leurs relations
commerciales, que la noblesse, ignorant l'art de faire valoir ses
domaines, fut incapable de fonder des établissements lointains.
Les métiers et les manufactures continuèrent dans la voie du
progrès ; l'or, l'argent de l'Amérique affluèrent et, en raison de
leur abondance, baissèrent de valeur ; les redevances et les revenus perçus par la noblesse diminuèrent de plus en plus, en
même temps que les profits réalisés par les grandes familles
commerçantes se dissipèrent. La révolution économique était
devenue complète et se transforma en une détresse qui grandit
d'heure en heure. D'une part, la lutte entre la noblesse, les
grandes familles commerçantes et les chefs de métier ; de l'autre,
les guerres entre les villes rivales, l'appel à l'étranger, la vente
des indulgences, en furent les conséquences ; et les Borgia, les
Machiavel, les Malatesta, devinrent une expression aussi fidèle
de l'état économique et social de l'époque que les Léon X, les
Arioste et les Michel-Ange. Aujourd'hui que tout paraît transformé dans l'Italie devenue grande puissance, la même situation
y subsiste encore, permanente : la noblesse du pays n'a pas acquis une science plus grande de l'exploitation du sol, les villes
restent sans entente commerciale entre elles et l'expansion coloniale demeure à l'état de rêve. Mais, comme par l'action du
nouveau pouvoir central, qui maintient la paix intérieure, les
brigandages, les complots, les révoltes ont disparu, nous assis-
tons à une émigration constante de la classe inférieure.

Au XVe siècle, la situation intérieure de l'Allemagne paraît
entièrement différente de celle de l'Italie. Il existe un pouvoir
politique central, si faible qu'il soit ; la noblesse, loin d'être citadine, reste foncière et féodale, et les grandes villes commerçantes,
au lieu d'être ennemies les unes des autres, forment, par leur
union, la puissante ligue de la Hanse. Aussi la prospérité de ces
dernières s'accroît-elle ; et les métiers, les arts se développent ;
mais les campagnes restent en arrière, comme en Italie et, avec
l'affluence de l'or et de l'argent apportés du nouveau monde,
une crise semblable apparaît et s'accentue. Aussitôt la noblesse

désireuse d'accroître ses revenus et ne pouvant s'en prendre à l'Empire, se jette dans les oppositions religieuses, afin de mettre la main sur les biens de l'Église; on fait la guerre aux villes pour s'emparer de leurs richesses, tandis que les villes, au milieu de ces mêmes troubles, laissent se rompre l'entente qui avait existé entre elles. De nos jours, cet état social paraît modifié ; mais dans le fond la situation s'est maintenue identique. La noblesse attachée à ses prérogatives militaires et administratives ne songe pas à fonder des établissements lointains ; les villes, bien qu'elles aient repris leur activité industrielle et commerciale, étant sans ressources agricoles, ne sauraient en prendre l'initiative, et la population des classes travailleuses, pour des causes semblables à celles que nous avons observées en Italie, continue à fournir des émigrants par centaines de mille chaque année, qui s'en vont sans entente féconde, sans direction commune, tandis que le nouvel empire ambitionne, aussi vainement que le nouveau royaume, un domaine colonial.

Bien différent est le spectacle que présentent au XVe siècle l'Espagne et le Portugal. Dans les deux pays, nous trouvons un pouvoir central qui soutient la noblesse dans ses privilèges territoriaux et les villes dans leurs franchises. Le même progrès, sans cesser d'être artistique et littéraire, devient surtout commercial. Les villes augmentent sans interruption le nombre de leurs stations et comptoirs maritimes, la petite noblesse cherche dans l'exploitation de terres plus fertiles des ressources plus abondantes, la grande noblesse y trouve des provinces, étendues comme des royaumes, à gouverner, et les missionnaires obéissent à l'impulsion générale. Aussi bien la révolution religieuse et les révoltes politiques n'ont-elles pas de raison d'être. Mais il fut un élément essentiel de la vie nationale qui resta en dehors du mouvement de progrès dans lequel les autres étaient entraînés, à savoir le petit commerce et la petite industrie. La découverte des trésors du nouveau monde suscita les convoitises des classes supérieures, tandis que, au sein des classes laborieuses, l'abondance monétaire procura aux uns une satisfaction des besoins plus facile, conséquemment ceux-ci travaillèrent moins ; et donna aux autres l'espérance de faire aux colonies une fortune rapide sans travailler davantage. Les résultats ont été les atrocités commises dans le Nouveau monde par les premiers occupants et l'introduction de l'esclavage. La production des classes moyennes, qui est inutile dans les colonies à esclaves, diminua de plus en plus ; à mesure les villes exigèrent pour leur commerce une

protection plus grande, la noblesse voulut des privilèges administratifs plus étendus, jusqu'au jour où les colonies, fatiguées
d'une exploitation sans trêve, proclamèrent leur indépendance,
tandis que les métropoles étaient devenues, l'une et l'autre,
faute d'une production suffisante, aussi impuissantes à maintenir leur commerce avec les colonies, qu'à leur imposer l'obéissance.

Dans les Pays-Bas hollandais, dominés par l'Espagne et gou-
vernés par sa noblesse, les résultats ont été différents. Pour se
défaire de la domination étrangère, les villes, emportées par leurs
aspirations vers des franchises plus grandes, se jetèrent dans les
oppositions religieuses, créèrent des ligues de toute espèce, politiques et commerciales, entraînèrent le pays et, ayant rejeté
les Espagnols, conquirent, avec leur indépendance, une prospérité sans exemple. Mais, faute d'une grande noblesse possédant
l'expérience de la direction des hommes dans l'exploitation des
terres, leurs colonies de peuplement sont demeurées sans force
et leurs colonies d'exploitation des établissements purement
commerciaux.

Seule, de tous les États de l'Europe, l'Angleterre a eu un développement colonial continu, parce que chez elle seule il a été
le résultat d'un progrès politique, social et économique commun à l'ensemble de la nation. Au début de la Renaissance
le pays était encore essentiellement agricole ; la noblesse défen-
dait avec énergie ses privilèges contre la royauté, et celle-ci,
par contre, s'efforçait de protéger l'industrie naissante et le
commerce des villes qui, n'ayant aucune importance, n'avaient
pas de rôle politique. Jalouse d'accroître son autorité, la royauté
se jeta dans la Réforme, et, pour maintenir sa puissance, la noblesse l'y suivit ; la lutte persista entre l'une et l'autre jusqu'à
ce que, après deux révolutions successives, la noblesse eût acquis la suprématie politique, ne laissant à la royauté qu'une
souveraineté nominale. Mais dès ce moment aussi, prenant sur
elle de diriger les intérêts des villes, dont le sol lui appartenait,
la noblesse anglaise les entraîna dans sa propre prospérité, fonda
et conquit des colonies. Alors le commerce et l'industrie grandirent, écrasèrent la production du petit commerce et de la petite industrie au dedans, et, à leur tour, les entraînèrent au
dehors. On vit ainsi des colonies insignifiantes fondées par des
sectaires ou des émigrés politiques, se transformer en colonies
puissantes et s'organiser avec une cohésion suffisante pour résister à l'exploitation abusive de la mère-patrie. Les États de

l'Amérique du Nord se révoltent, proclament et maintiennent leur indépendance; mais la métropole, loin de perdre son commerce avec eux, l'accroît et continue sans cesse à fonder, développer, conquérir des stations, des comptoirs, des établissements nouveaux, dans toutes les parties du monde; ses colonies d'exploitation deviennent des colonies de peuplement, ses colonies de peuplement des colonies d'exploitation; la nation entière, d'agricole qu'elle avait été est devenue commerçante, industrielle, colonisatrice. Le petit royaume s'est transformé en un immense empire; la Grande-Bretagne est devenue la Plus-Grande Bretagne, *Greater Britain*, selon l'expression de Sir Charles Dilke.

Les États, qui sont des organismes, agissent au dehors, chacun selon la nature de ses organes.

III. Voyons la France. La guerre de Cent ans durait encore que le commerce français commençait à dominer celui des cités italiennes dans la Méditerranée, si bien qu'au siècle suivant c'est sous la protection du pavillon français qu'y navigueront les vaisseaux de tous pays. Sur les côtes de l'Atlantique, les villes françaises rivalisent, dans leur expansion, avec celles de l'Espagne, du Portugal, de la Hollande, et notre patrie devancera l'Angleterre, autant par l'initiative que prendra la petite noblesse, que par l'initiative de la haute aristocratie dans la fondation de puissantes compagnies coloniales. Mais, subissant la même crise économique que l'Europe entière, nous allons nous précipiter comme l'Angleterre, l'Allemagne, la Hollande, dans les oppositions religieuses et, comme l'Italie, dans les luttes civiles. Et cependant notre expansion coloniale ne s'arrêtera pas un instant; missionnaires catholiques et huguenots, grande et petite noblesse, villes maritimes riches et pauvres, continueront à y participer. Foyer de la civilisation moderne, nous présentons à ce moment tous les phénomènes de cette civilisation. Néanmoins tout ce grand mouvement colonial n'est que de surface; car les villes, sous la pression de l'esprit particulariste des franchises locales, n'écoutent, jusque dans leur expansion à l'extérieur, que la voix de leurs intérêts particuliers.

Le fondateur de la science de l'économie politique, Montchrétien, expliquait en 1615, la prospérité commerciale de la Hollande et la façon de procéder des Anglais, de la manière suivante:

« Voicy l'ordre de leur compagnie qu'ils (les Hollandais) appellent des Indes Orientales, que je propose aux Français pour exemple d'imitation. Elle fut premièrement faite et composée

par les habitans de cinq villes, Amsterdam, l'Ecluse, Rotterdam, Delft et Middelbourg, s'érigeant en chacune un collège de
huit, dix, douze ou quinze hommes, tous marchands, demeurans
sur le lieu, lesquels ont charge d'équiper les navires, d'acheter
ou vendre les marchandises envoyées et reçues. Ceux que l'on
équipe en chaque ville pour aller aux Indes y retournent ; et,
combien que chaque navire revienne au lieu d'où il est sorti,
néanmoins tout le provenu est pour le compte général des associez, qui participent au capital, profit ou perte, ne plus ne
moins que s'ils étaient sortis de leur demeure. Et, afin qu'aucun collège n'entreprenne rien à sa volonté ni au desçu des
associez, ils députent, de trois mois en trois mois, deux personnes, qui se trouvent tantôt en une ville, tantost en l'autre, et
résolvent de tout ce qui est nécessaire d'estre fait, tant pour
les navires que pour les marchandises, pour les soldats et matelots que pour l'élection des généraux et des commis. Cela
fait, ils ordonnent aux collèges ce qu'ils doivent faire, pour le
parement des vaisseaux, et quand le temps en est venu, ils
s'assemblent pareillement, deux de chacun, pour dresser les
commissions, respondre aux lettres reçues des Indes Orientales,
bref, donner l'ordre à tous ceux qu'ils employent. Tous les navires qui partent d'Amsterdam, de Rotterdam et de Middelbourg, où sont trois rivières diverses, se rencontrent en Angleterre, puis font leur route ensemble jusqu'aux Indes, où ils se
consignent à l'amiral et surintendant de tous ceux qui y sont
habitans pour la société. Quant aux comptes, ils ne se vuident,
généraux, que de dix ans en dix ans ; et, pour les particuliers,
tous les collèges se les envoyent de l'un à l'autre avec plaine
instruction de tout. S'il y a plus d'argent en caisse qu'il ne faut
pour l'équipage et provision des navires, il se répartit à chacun
des associez, au prorata de ce qu'il a mis de fonds, pouvant
vendre à un autre sa part et portion du provenu ; mais personne
ne peut retirer son argent principal, ni sortir de la société générale qu'au bout de dix années. Voilà l'ordre par lequel jusques icy s'est maintenue cette grande compagnie où veulent
maintenant entrer les marchands de la bourse de Londres, et,
dit-on, le roy de la Grand'Bretagne luy-mesme, en désintéres-
sant les Hollandais des frais et coustages passez jusques à ce
jour ».

Combien est différente la manière dont le commerce français
entendait mener les affaires coloniales, à en juger par les doléances qu'il formule aux États Généraux de 1614, époque où

Montchrétien écrivait : « Soit permis lisons-nous dans les cahiers du Tiers-État, à tous marchands de faire trafic à la Nouvelle France du Canada, et par toute l'étendue du pays, en quelque degré et situation que ce soit, et en tous autres lieux, tant dedans que dehors du royaume, de toutes sortes de denrées et marchandises, et à tous artisans et autres d'ouvrir et faire ouvrir toutes sortes de manufactures, nonobstant tous privilèges concédés. »

C'est en vain que Richelieu suivit les conseils de Montchrétien et dépensa à le faire sa puissance et son génie. Il fonda la compagnie de la Nouvelle France et consulta les commerçants des villes. Ceux de Rouen « remercient le roi de l'intérêt qu'il leur porte, mais ne veulent ni contribuer aux dépenses de construction ou d'achat des navires, ni, à aucun prix, se soumettre aux capitaines nommés par le roi, loin d'en recevoir soulagement, leur condition ne ferait qu'empirer. Ils exigent avant tout qu'on protège le commerce français à l'intérieur menacé de ruine, en mettant des impositions sur les marchandises étrangères et en déchargeant les Français. » Diamétralement opposée est l'opinion des commerçants de Marseille. « Ils désirent que l'on tienne la main à ce que les étrangers soient bien traités, parce que ce sont eux qui entretiennent le commerce par leur concours et les marchandises qu'ils emportent ; en même temps ils demandent d'être protégés au dehors contre les malversations des consuls et la contrebande pour la Barbarie, où l'on portait des munitions de guerre par le moyen desquelles les corsaires désolaient les chrétiens et plus que tous autres les Français. » Et quand Richelieu voulut faire construire dans le port de Saint-Malo des navires pour combattre les corsaires « les habitants de Saint-Malo refusèrent d'y consentir parce que c'était contraire à leurs privilèges ! »

Colbert reprend les projets de Richelieu, crée les compagnies des Indes Orientales et des Indes Occidentales, distingue les colonies de peuplement des colonies d'exploitation, règle l'état civil des esclaves, promulgue son admirable ordonnance sur le commerce qui deviendra un modèle pour l'Europe, et donne à la France un domaine colonial de dix millions de kilomètres carrés. Ses efforts échouent, de même que les conseils de Montchrétien et le génie de Richelieu, contre l'esprit local, particulariste, du commerce français.

A voir la composition de nos grandes compagnies du XVIIe siècle, on les jugerait entièrement semblables à celles que l'Angleterre va former : ce sont des noms appartenant à la grande et à la petite noblesse ; le clergé et les financiers s'y intéressent ; mais lorsqu'il s'agit du commerce, ce ne sont pas les représentants des villes ou des corps de métier, ce sont de simples particuliers qui y figurent. Colberts'épuise à faire appel aux ressources des villes, quelques villes créent des compagnies particulières à chacune d'elle. Vingt années étaient écoulées depuis la mort du grand ministre que l'immense domaine colonial donné par lui à la France n'existait plus.

Nos grandes villes commerçantes et industrielles, soutenues qu'elles étaient par la production incessante des masses laborieuses, conservèrent néanmoins assez de vitalité et de force pour qu'à la suite d'un siècle de désastres, dans la politique maritime comme dans la politique continentale, elles aient persisté à comprendre, non pas l'intérêt général, mais l'intérêt particulier que chacune d'elles trouvait dans l'extension coloniale. La Révolution détruisit les privilèges de la noblesse aussi bien que les franchises des villes, et il suffit que la bourgeoisie disposât du pouvoir pour que le gouvernement reprît les traditions du XVIIe siècle. On conquit un empire colonial nouveau dont la troisième République tripla l'étendue ; mais les faits permanents de notre politique coloniale ne se sont point modifiés. Nos villes commerçantes restent aussi indépendantes les unes des autres, nos villes industrielles non moins étroitement rivées à leur production coutumière, et toutes les classes du travail national non moins incapables de concevoir l'intérêt général qu'au temps jadis. La haute finance ne demande qu'à pouvoir se livrer à ses spéculations sur les valeurs publiques et privées, sans qu'aucune responsabilité, autre que la responsabilité personnellement encourue, retombe sur elle ; le grand commerce réclame toutes les franchises au dehors, mais aussi la protection à l'intérieur contre les charges publiques qui ne doivent pas alourdir ses entreprises ; la grande industrie exige au contraire la protection contre le dehors et la liberté au dedans, afin de pouvoir à sa guise exploiter sa puissance de production. Le défaut d'entente est devenu plus grand, l'inintelligence de l'intérêt commun plus profonde ; ce n'est plus par villes, c'est par professions que l'on fait prévaloir ses prétentions, pesant bien plus sur les Chambres et le gouvernement qu'on ne le faisait autrefois et toujours au nom du même principe de liberté.

Telle est la source de tous nos déboires coloniaux. Et cependant on veut des colonies. La concurrence des États étrangers tant sur le marché intérieur que sur le marché extérieur, les difficultés de la question ouvrière et de la question sociale en font de jour en jour davantage une nécessité ; mais c'est le gouvernement qui doit en assumer la charge, toujours comme au XVIIᵉ siècle, tandis qu'aucun de ceux qui trouvent le plus grand intérêt dans ce mouvement d'extension, ne se doute que la prospérité coloniale des peuples ne s'accomplit que dans la mesure où toutes les classes sociales y participent.

IV. Un explorateur, un missionnaire, un commerçant, voire un planteur, pour heureuse que soit leur entreprise, ne forment pas plus une colonie qu'une hirondelle ne fait le printemps. D'autre part, un certain nombre d'agents administratifs et tout un corps d'occupation ne constituent pas davantage une colonie qu'un vol de ces mêmes hirondelles qui retournent, à chaque automne, dans la contrée d'où elles sont venues. Telles sont cependant les colonies que nous appelons gouvernementales, colonies fort à la mode depuis le traité de Berlin et le partage de l'Afrique. Quelques missionnaires, une ou plusieurs maisons de commerce, un ou plusieurs explorateurs sont parvenus à supporter le climat et à s'entendre avec les indigènes : avis en est donné à la métropole, dont le gouvernement avertit les signataires du traité ; c'est une colonie nouvelle. En lignes de couleurs elle prend sur la carte, avec le *Hinterland* aux teintes nuageuses, des dimensions magnifiques. Depuis Richelieu et Colbert, nous avons, par une expérience près de trois fois séculaire, appris ce que vaut ce genre d'établissements.

Nous devons répandre la civilisation ! enseigner la liberté aux races esclaves ! les faire participer à nos progrès ! mettre en valeur les richesses de leur territoire ! Dans les réunions publiques et les assemblées législatives, ces déclamations soulèvent les applaudissements. Encore, avant de civiliser ces races, faudrait-il savoir de quels progrès elles sont susceptibles, quelles libertés et quels droits elles sont capables de s'assimiler, et quels sacrifices exige l'exploitation du territoire ; mais on l'ignore, et contre les difficultés inévitables qui naissent aussitôt, on appuie le beau système de colonisation par des coups de fusil et de canon, qui étendent peut-être une civilisation particulière dans le rayon de leur portée.

Un État n'est rien sans le peuple par lequel il existe, de même une colonie sans colons capables de la faire prospérer par eux-mêmes ; loin d'accroître le bien-être de la mère-patrie, elle lui est une source de dépenses sans fin.

La fondation d'une colonie, surtout sous un climat et au sein de populations également hostiles, présente des difficultés semblables aux difficultés qui accompagnent la formation d'une civilisation nouvelle ; l'une et l'autre ne se créent que par l'entente des hommes qui y participent et par la coordination de leurs forces. Une secte religieuse, un parti politique, une grande compagnie de marchands, disposant, depuis les chefs jusqu'aux membres les plus humbles, des forces vives de la civilisation qu'ils représentent, possèdent seuls les ressources nécessaires à la fondation d'une colonie.

Les expatriations par groupes, à la suite de dissensions politiques ou religieuses, ont cessé ; ce qu'on attribue au respect de la liberté de conscience, et à la pratique des libertés publiques. La cause génératrice des oppositions politiques et religieuses du XVIe siècle a été la crise économique de l'époque, oppositions qui menacent de reparaître avec la crise actuelle, en dépit de la pratique de toutes les libertés. D'instinct les gouvernements le sentent, et ils aspirent à fonder des colonies offrant un champ nouveau à l'expansion nationale ; mais lorsque les membres de la classe ouvrière, dont les révoltes ont remplacé celles de la noblesse, parceque la crise pèse particulièrement sur eux, émigrent, c'est pour porter leur travail dans les États régulièrement ordonnés, où ils trouvent un emploi qui leur convient, et non dans des colonies de premier établissement où ils ne peuvent qu'être massacrés ou mourir de faim. D'autant plus grandes sont les difficultés que rencontre la solution de la crise par voie coloniale, tandis que les gouvernements, par les dépenses qu'ils font pour créer des établissements imaginaires, loin de remédier à la crise ne font que l'aggraver.

V. Les colonies constituent une extension de la vie nationale ; comme telles, elles se distinguent en colonies d'établissement, en colonies de conquête, et en colonies proprement dites.

Dans les colonies d'établissement tout est à créer ; le travail parmi les indigènes, le commerce avec eux, l'exploitation des richesses du territoire, aussi bien que les transformations que nécessitera cette exploitation dans la production de la mère-patrie.

Les colonies de conquête ne sont des conquêtes que parce que leurs habitants possédaient déjà une organisation politique propre et jouissaient d'un état économique relativement développé.

Les troisièmes enfin, les colonies proprement dites, sont celles où le travail, où la constitution sociale et politique de la métropole se déploient dans les formes et forces qui leur sont propres. Ces dernières peuvent être à la fois des colonies d'exploitation et de peuplement, ou bien l'une ou l'autre ; ce qui dépendn, on des différences qu'on y observe au moment de leur fondation, mais de l'avenir que chacune d'elles saura se créer.

Or, chaque colonie étant une expansion, non pas gouvernementale, mais nationale, il en dérive que plus on verra les différentes classes sociales y participer, plus on aura de raisons de croire que la colonie ne sera pas une entreprise précaire et ruineuse. Aussi est-ce avant tout aux classes dirigeantes du travail qu'incombe la tâche de fonder des colonies de premier établissement. Le gouvernement, sauf la protection qu'il doit à ses sujets tant au dehors qu'au dedans des frontières, n'y saurait participer, car il ne produit rien par lui-même ; tandis que la haute finance, le grand commerce, la grande industrie et la grande propriété, disposant, au degré le plus élevé, des ressources et des forces qui constituent la production nationale, peuvent entraîner à leur suite, au lieu de les étouffer, toutes les autres classes sociales. En raison de l'activité déployée dans la colonie nouvelle, les relations avec la métropole prendront de l'importance, ses ressources croîtront avec les richesses recueillies, la production deviendra plus aisée, la consommation plus facile, et proportionnellement se détendra la crise économique. D'ailleurs combien peu il faudrait pour que l'établissement nouveau devînt une entreprise prospère ; quelques hommes disposant d'une part, si faible qu'elle soit, du travail national, initiés aux ressources du territoire colonial, un directeur habile, un gérant honnête, et l'assurance donnée par l'État — pour un temps à déterminer d'après les sacrifices et les efforts exigés — que l'association retirera les bénéfices nécessaires de l'exploitation des terres, mines, forêts, qui lui est concédée. Telles sont les grandes compagnies ; par elles seules se fondent des colonies dans des pays nouveaux ; seules, elles présentent les ressources et possèdent les forces nécessaires. Les grandes compagnies, imitées des compagnies hollandaises du XVIᵉ siècle, telles que Montchrétien les conseillait, ne suffisent plus, — elles ne seraient aujourd'hui que de simples compagnies de transport — mais c'est à l'exemple des Anglais qu'on peut fonder des colonies d'établissement qui, loin d'être

une cause de charges onéreuses, deviennent une source de prospérité pour les États.

Il serait à souhaiter que les gouvernements qui rêvent des
institutions sociales nouvelles, provoquent des conférences internationales pour fixer les salaires et le nombre des heures de
travail, réunissent des congrès pour rendre à la monnaie d'argent sa valeur, comprennent enfin les causes des maux qu'ils
voudraient guérir ; il serait à souhaiter que les classes dirigeantes y songent à leur tour ; en présence des difficultés ouvrières
et des menaces sociales, c'est pour tous une question de vie ou
de mort.

Les colonies de conquête portent, sous des formes en apparence différentes, les mêmes caractères ; mais la part du gouvernement y est plus importante. Celui-ci a, pour une raison ou
pour une autre, envahi le territoire d'un État lointain, il en as-
sume le protectorat, ou bien, au contraire, s'empare de son administration publique, civile et militaire.

Le protectorat est la forme la plus naturelle de la conquête
coloniale. Le conquérant, qui a su se rendre compte des institutions publiques, issues de la différence des mœurs et des coutumes des habitants, respecte leurs institutions et ne tend, par la
protection même qu'il leur accorde, qu'à fortifier, faciliter, accroître l'expansion commerciale et industrielle entre les deux
États. Si l'opposition que le conquérant rencontre reste encore
vive après la guerre, parce que la connaissance qu'il a des besoins et du caractère des habitants est incomplète, le respect
des institutions locales est remplacé par une administration militaire, qui est la conquête en permanence, ou par une administration civile qui est la tyrannie continue. Sous les trois formes,
toutefois, la colonie conquise peut prospérer ; ce qui ne dépend
pas du gouvernement, de ses maladresses ou de son savoir-faire,
mais encore de la façon dont les classes dirigeantes savent en
profiter. Tant que la haute finance, le grand commerce, la grande industrie ne s'intéresseront pas à la prospérité de la colonie
conquise, par la formation de sociétés particulières d'exploitation des ressources territoriales, tant qu'elles n'accroîtront pas
les richesses de la colonie en même temps que ses relations avec
la métropole, et ne feront pas naître l'attachement des populations par la solidarité des intérêts, celles-ci resteront hostiles, et
la colonie sera une charge.

A la longue et à force d'y avoir dépensé des millions pour
l'entretien des troupes d'occupation et des agents administra-

tifs, on verra des industriels, des commerçants, des cultivateurs, isolés s'y établir ; leur nombre se perd dans la masse de la population indigène, et la colonie reste une création artificielle qui sera brisée par le premier échec grave que subira la politique continentale de la métropole.

Quelles puissance, autorité et richesses la mère-patrie peut-elle retirer de commerçants, d'industriels, de cultivateurs isolés qui se fixent, sous sa protection, dans une contrée à moitié civilisée ? En dehors des moyens de subsistance que les colons y trouvent, la patrie n'en peut tirer aucun avantage. Il n'est pas au contraire d'hostilité des habitants, ni de difficultés de climat, dont une nation supérieure en civilisation ne puisse triompher, par la coordination bien entendue de ses forces de production et d'échange sous la direction de ses classes dirigeantes. Du moment que celles-ci persistent dans leur paresse et leur indolence, on peut faire la croix sur toutes les colonies de conquête, comme on peut la faire, dans les mêmes conditions, sur les colonies de premier établissement.

Ce sont les peuples qui colonisent, non les gouvernements ; et cet axiome politique est juste à tel point que si, grâce à des dépenses incessantes en hommes et en argent, suppléant à l'incurie des classes dirigeantes, un gouvernement est parvenu à transformer une colonie d'établissement ou de conquête, en une colonie véritable où le travail et l'influence nationale progressent d'une manière continue, cette colonie encore ne se maintiendra que dans la mesure où y contribueront les classes dirigeantes. C'est par la persistance des relations — laquelle ne s'établit que par le grand commerce, et par la solidarité des entreprises et la réciprocité de la dépendance financière, qui ne se soutiennent que par la grande industrie et par la haute finance — que la colonie conserve ses attaches et demeure fidèle à la mère-patrie. Lorsque ces liens se relâchent ou se rompent, la différence des intérêts locaux l'emporte, la colonie s'impatiente du frein gouvernemental, l'État colonisateur lui devient de plus en plus étranger, et elle se jette finalement dans la révolte. Et, jusque dans la proclamation et la reconnaissance de l'indépendance d'une colonie, le même axiome prévaut. Selon l'intelligence et le savoir faire des classes dirigeantes du travail, les relations avec la colonie perdue grandissent en importance ou disparaissent.

Ce n'est ni la sujétion ni l'indépendance des colonies qui fait la prospérité de la mère-patrie, ce sont les intérêts qu'elle y fait naître, les produits qu'elle en retire, les marchandises qu'elle y porte, qui activent la production na'ionale et facilitent la consommation, empêchent le mécontentement des classes moyennes et inférieures, et apaisent les oppositions sociales, lesquelles tiennent aux difficultés économiques et résultent d'une production et d'une consommation également irrégulières ou insuffisantes.

Tant que nous n'envisagerons pas de cette manière notre politique coloniale, nos nouvelles acquisitions auront le sort des anciennes. Ni les défaites ni les victoires sur le continent n'y changeront rien.

Nos classes dirigeantes du travail finiront par comprendre mieux que ne l'ont fait autrefois nos villes, le rôle et la mission qui leur incombent, ou bien nos hommes d'État les plus capables épuiseront leurs efforts, comme les Richelieu et les Colbert, à augmenter le nombre et l'étendue de nos colonies ; ils ne récolteront comme eux que de l'ingratitute, tandis que les oppositions et les haines de classes ne cesseront de grandir, comme sous l'ancien régime encore. Mais si la révolte contre les franchises des villes et les privilèges de la noblesse a pris jadis les caractères d'une révolution politique, le soulèvement contre les classes dirigeantes du travail prendra les caractères d'une dissolution sociale : sans accroissement de l'activité et des ressources nationales, sans colonies, point de solution à la crise économique, et sans solution à la crise économique point de terme à la guerre sociale.

Sous l'ancien régime, il nous restait un moyen pour triompher des privilèges particuliers et des franchises locales : la proclamation de la liberté ; sous le nouveau, cette liberté que nous n'avons pas su diriger et qui s'est transformée, par ses abus, en une véritable anarchie du travail, a amené une crise tellement profonde qu'elle n'offre plus qu'une ressource : le relèvement de la nation dans son ensemble.

Nous voyons par l'histoire que l'expansion des peuples en population, force et richesse, n'est heureuse que si toutes les classes sociales y participent, chacune selon les fonctions qu'elle accomplit. Le même principe s'applique à toutes les tentatives d'extension coloniale, et l'histoire encore de toutes les colonies, dont nous avons esquissé le tableau, le démontre.

V. Les classes supérieures qui méconnaissent ce grand principe en temps de crise économique et de troubles sociaux et qui, négligeant les fonctions dont les investissent la dépense de leurs revenus et l'emploi de leur fortune, s'endorment dans la jouissance des faveurs et des privilèges attachés à leur rôle, se préparent de terribles réveils. Il est une fatalité historique qui dérive de la solidarité sociale et qui brise toutes les ambitions, domine toutes les doctrines, de quelque nature qu'elles soient.

Les membres des classes supérieures, qui forment les classes dirigeantes du travail par l'emploi de leurs revenus comme par l'usage de leur fortune, sont le petit nombre, mais ce petit nombre a dans les mains la direction de la production nationale ; il détermine la satisfaction des besoins de tous et règle la circulation des valeurs. On peut le mieux s'en rendre compte en songeant que quelques milliards de monnaies d'or et d'argent, qui se trouvent dans la circulation, servent de base à tous les échanges et permettent l'entreprise et la conclusion d'affaires qui s'élèvent à des centaines et des milliers de milliards. Or la circulation monétaire représente la satisfaction de tous les besoins individuels, immédiats, journaliers, tandis que la circulation infiniment plus considérable de toutes les autres valeurs représentent la satisfaction des mêmes besoins à longue échéance, et constituent la circulation propre aux grands revenus et aux grandes fortunes, issues des prévisions d'avenir et des formes productives de la nation entière sous la direction de ses classes supérieures.

Lors donc qu'une crise économique éclate et que les classes supérieures se montrent incapables de la diriger, la crise s'aggrave et prend les formes d'une crise sociale ; les classes mécontentes commencent par s'en prendre aux revenus des classes riches, mais le mécontentement étant né précisément de l'insuffisance de ces revenus, ne saurait être calmé par leur accaparement ; les masses persistent dans leurs revendications et s'attaquent aux fortunes, se soulèvent contre le capital, pour nous servir des expressions consacrées, alors ce capital, n'étant qu'un des effets de la nature de la production et de la circulation des valeurs, se retire ou se cache, la crise augmente, devient une crise politique, les révoltes, les révolutions, les coups d'État se succèdent, jusqu'à ce que ces moyens étant eux-mêmes insuffisants — car ni révoltes, ni révolutions ne peuvent modifier les causes dont elles proviennent — les masses finissent par recourir à tous les moyens, complots, assassinats, fer, feu, dynamite, et par s'en prendre aux individus mêmes.

Il n'est institution, police ni armée, qui puisse étouffer une crise économique devenue une crise sociale.

La crise économique a pris ses origines dans la façon dont les classes supérieures ont dirigé le travail ; elle se manifeste par des troubles dans la production et des perturbations dans la circulation monétaire. La crise sociale en est sortie et s'est accentuée à mesure que les classes dirigeantes se sont montrées impuissantes à y remédier. Dès lors celles-ci pourront s'efforcer de suppléer à l'insuffisance des institutions, de la police, de l'armée, redoubler d'efforts, augmenter leurs revenus comme leurs dépenses, doubler, tripler les salaires, perfectionner les formes de la production, diminuer les heures de travail, recourir à toutes sortes de remèdes, ces remèdes ne seront que des palliatifs, ils seront les symptômes du mal qui consiste dans une lésion des fonctions les plus importantes de l'organisme social, dans la perte de l'équilibre entre la production et la consommation générales.

De nos jours, un des signes du mal est la baisse de la valeur de l'argent. L'argent est la monnaie des masses. Si la valeur de l'argent hausse, c'est que les masses sont prospères ; si elle baisse, au contraire, c'est que les masses souffrent. L'or est le moyen d'échange des riches.

Les théoriciens empressés de trouver un remède, les États désireux de placer leur monnaie d'argent se figurent, les uns qu'il suffirait de rendre à l'argent, par une loi ou une convention internationale, sa valeur légale, les autres qu'il serait plus logique de le démonétiser tout à fait : économistes et hommes d'État ne comprennent pas mieux que nos classes dirigeantes l'étendue et la gravité du problème.

En dehors d'une reprise de la prospérité générale, qui est le seul remède véritable contre toute crise économique et sociale, l'histoire n'en a jamais connu d'autres que la fondation de colonies. Seules elles offrent des territoires nouveaux, des mines plus abondantes, des terres, jeunes et fertiles, d'où peuvent surgir à la fois une production plus grande et une satisfaction plus complète des besoins. Le tout est de savoir si la nation possède encore assez d'entente politique et de forces morales et matérielles pour que ses tentatives de colonisation se traduisent par d'autres résultats que par des déficits budgétaires et par des lignes bleues ou rouges dans les atlas de géographie.

# XXVIII

## LES RESSOURCES SOCIALES ET POLITIQUES DE LA FRANCE.

I. Les formes sociales et politiques disparues ne renaissent pas plus que les générations éteintes dans lesquelles elles avaient puisé leur raison d'être. Sous la poussée implacable de la misère les nations se constituent, se développent, se dissolvent ; les générations succèdent aux générations, les événements aux événements, les institutions aux institutions : jamais le passé ne redevient le présent.

Les chefs politiques gouvernent selon l'intelligence qu'ils ont des institutions du moment, et l'une ou l'autre classe sociale dirige ces institutions selon l'action économique qu'elle exerce et le rôle social qu'elle joue.

Jadis c'était la noblesse qui, soutenant la royauté, l'aidait au gouvernement du royaume ; à partir du XVIIe siècle, ce fut la bourgeoisie. La noblesse s'est signalée par ses révoltes, la bourgeoisie par ses révolutions. Aujourd'hui la classe ouvrière prétend arriver à la domination et imposer les institutions qui lui conviennent. Se distinguera-t-elle par ses émeutes et ses grèves jusqu'à la dissolution complète de notre état économique, social et politique ?

Cette marche de l'histoire qui a commencé de même avec les origines de tous les États de la civilisation moderne, s'est poursuivie à travers des perturbations semblables, pour aboutir chez tous au même résultat : l'appauvrissement graduel des classes moyennes prises, comme dans un étau, entre les richesses grandissantes des classes supérieures, et les revendications croissantes des classes inférieures.

Quels que soient les noms pris par les chefs des États et les partis politiques, que les premiers se nomment empereurs, rois ou présidents de république, que les seconds se disent réactionnaires, conservateurs, opportunistes, radicaux, socialistes! leurs illusions sont les mêmes. Sortis des événements du passé, ils croient découvrir dans les événements du passé, les solutions aux difficultés présentes, jusqu'au parti qui se proclame anarchiste et, dans ses attentats, évoque la Terreur, oubliant que l'unique mérite de la Terreur est de nous avoir sauvé de l'anarchie. Et de la même façon, incapables de comprendre le présent, tous préparent l'avortement certain de leurs ambitions comme des naufragés qui se cramponnent aux épaves d'un navire, ignorant aussi bien le courant qui les entraîne que la force de résistance offerte par les débris qui les portent.

La loi la plus générale de l'histoire des nations veut que les classes dirigeantes, à mesure qu'elles s'arrêtent dans leurs progrès, se dégradent et soient remplacées par d'autres auxquelles d'autres succèdent, jusqu'à ce que la nation ait épuisé toutes les ressources intellectuelles et morales du passé, brisé tous les liens sociaux et politiques, et se soit transformée en deux hordes, les riches et les pauvres, sans d'autre perspective possible que de s'entre-massacrer, comme des naufragés encore, qui ne parviennent pas à s'entendre pour le partage de leurs dernières provisions.

La Grèce, après être arrivée, comme nous, à un éclat et à une prospérité sans exemple, a vu disparaître, comme nous le voyons actuellement, ses classes moyennes et, malgré ses millions d'esclaves, elle a succombé aux mêmes dissensions vers lesquelles nous marchons avec un aveuglement qui tient du *fatum* antique (1).

Sachons enfin tirer un enseignement de cette marche de l'histoire ; car, de tous les États de la civilisation moderne, la France, en dépit de ses erreurs et de ses fautes, ou peut-être à cause de ces erreurs et de ces fautes, est encore le pays qui possède le plus de ressources pour en conjurer les dangers.

II. Lorsque les hommes du Tiers qui, selon le mot de Sieyès, n'étaient rien et voulaient être tout, au lieu de réorganiser le pays dont ils venaient de détruire les traditions et les coutumes, appelèrent les masses populaires à la rescousse, ils ne se doutaient point que, poussés par une force dont ils ignoraient la puissance, ils finiraient par s'exiler et se guillotiner les uns les autres. C'est à cette première erreur que nous devons la première possibilité de notre relèvement.

Nos classes ouvrières, précisément parce qu'elles avaient été pénétrées des principes de la Révolution et appelées à l'exercice

(1) Voir chapitre IX, p. 140.

du pouvoir, ont conservé vivants le sentiment de leur égalité, la conscience de leur liberté personnelle, le besoin de leur indépendance et, soutenant les révolutions successives de la bourgeoisie, ont achevé, en obtenant le suffrage universel, de réduire celle-ci à l'impuissance.

Le progrès de l'ascendant politique pris par nos classes ouvrières fut continu. A travers la Terreur, le Premier Empire, la Restauration, la Monarchie de Juillet, la Révolution de 48, le Deux Décembre, l'Année terrible et la Commune, pas un instant il ne s'arrêta. Ces dates, que l'un ou l'autre considère comme désastreuses, peuvent fournir des éléments de salut à la condition d'en saisir la portée véritable.

Suivons l'avènement des classes ouvrières sur la scène politique en Angleterre et en Allemagne, pour ne prendre que ces deux exemples. En Angleterre le mouvement chartiste de 1842, en Allemagne les tentatives révolutionnaires de 1848, furent étouffés par les gouvernements avec une facilité extrême. Le nombre des insurgés avait été insignifiant si étendus qu'aient été les troubles. Les masses ouvrières étaient restées disciplinées et soumises dans les deux pays. Si elles avaient éprouvé les mêmes sentiments d'indépendance, les mêmes besoins d'égalité que les classes ouvrières en France, la reine d'Angleterre et les souverains d'Allemagne partageaient le sort de Louis-Philippe et de son gouvernement qui, soutenus par la seule foi dans la lettre de la Constitution, succombèrent à des troubles beaucoup moins graves.

Depuis, la prospérité matérielle des trois États n'a fait que se développer. Le commerce des produits se sépara de plus en plus de leur fabrication, puis commerce et fabrication se séparèrent de la spéculation qui se porta de plus en plus sur l'échange seul des valeurs. De vastes entreprises soutenues par le progrès des sciences, la puissance des machines, la divisibilité du travail, la facilité des transports, l'extension du crédit, se fondèrent et, en proportion, leurs revenus, bénéfices, profits, pesèrent d'autant plus sur les classes ouvrières que celles-ci s'éloignèrent davantage des classes dirigeantes et se sentirent plus abandonnées à elles-mêmes. Le phénomène que nous avons signalé à propos de la ville du Meuble (1) se répéta dans tous les métiers, au sein des trois États, et partout les classes ouvrières réagirent selon leur caractère propre.

(1) Voir chap. XIV, p. 188 et 189.

En Angleterre elles conservèrent l'esprit de leurs anciennes corporations et formèrent les *Trade's Unions*, auxquelles elles donnèrent une organisation de plus en plus forte, poursuivant sans interruption l'augmentation des salaires, la réduction des heures de travail, l'amélioration de leurs conditions d'existence. Elles mirent dans leurs *unions* toutes leurs forces, toutes leurs espérances, mais aussi toute la discipline dont elles étaient capables. Ayant amassé, privations par privations, les moyens de soutenir leurs revendications, elles sont arrivées de nos jours à offrir le spectacle d'une grève de 500.000 mineurs, disposant d'un capital de douze millions et demi, résolus à imposer aux propriétaires des mines, aux commerçants et aux consommateurs de charbon le prix qu'ils trouvent légitime. On peut y voir le témoignage de l'esprit d'initiative de la race anglo-saxonne, de la puissance de son génie de *self-government* ; on y découvre aussi la preuve du degré de soumission et de discipline des ouvriers d'un métier dans leur tentative d'atteindre un but chimérique. A peine la grève déclarée ils sont rentrés dans l'ordre, parce qu'ils s'étaient aperçus qu'ils allaient jeter, non les directeurs et propriétaires des mines, ni les marchands de charbons, mais leurs frères, les ouvriers de tous les autres métiers, dans une misère affreuse.

Supposons néanmoins, — supposition qui trouvera sa réalisation plus ou moins lointaine — que tous les ouvriers anglais, sans distinction, obéissant à la même discipline, se soumettant à la même organisation, parviennent à former dans chaque métier des syndicats, semblables en puissance, à celui des mineurs. Ils seront maîtres, sans conteste, de la production et de la consommation du pays. Au lendemain, la lutte éclatera entre tous ces syndicats absolument pour les mêmes causes qui la font exister actuellement entre patrons, entrepreneurs, marchands et ouvriers, car tous, quoi qu'ils fassent, consomment les produits les uns des autres, et chaque syndicat s'efforcera de vendre ses produits aux autres le plus cher qu'il pourra.

Allons plus loin. Admettons que la classe ouvrière anglaise puisse parvenir à ne plus former qu'un unique et gigantesque syndicat, fixant la valeur du travail et la part de chacun. Il y aura toujours la loi d'airain, la loi de la misère sans cesse renaissante qui forcera à produire et à vendre au meilleur compte possible, et la même lutte renaîtra entre les syndiqués et tous les misérables non syndiqués.

Les *Trade's Unions* anglaises, loin d'être une solution de la question sociale, ne sont qu'une organisation systématique de la lutte, soit entre patrons et ouvriers, soit entre ouvriers et ouvriers, soit entre ouvriers syndiqués et tous les misérables du dedans et du dehors ; organisation soutenue par la dernière force qui reste à cette population ouvrière, l'esprit de discipline et de soumission.

En Allemagne, les classes ouvrières ont suivi dans leurs progrès une marche différente. Divisées non seulement selon les métiers, mais selon les différents pays, elles ont obéi — pour résister à cette même pression qu'exerçait sur eux le développement du commerce, de l'industrie, de la spéculation, — à la tendance générale de l'Allemagne entière, vers une organisation plus homogène. L'idéal de leurs ambitions, qu'elles s'efforcent d'atteindre encore par la discipline et par la soumission, est le socialisme d'État. Mais le socialisme qu'elles rêvent ne ressemble guère à l'ombre qu'on leur a jetée en pâture. Elles veulent le socialisme absolu. Et ni le fameux serment de tirer sur pères et frères, ni la police, ni les lois ne les empêcheront d'y tendre sans interruption. Leur dévouement à la cause commune est incomparable ; elles engagent la lutte sans trêve ; leur propagande s'étend d'une manière indéfinie. Si les membres des *Trade's Unions* se comptent par centaines de mille, ceux du parti socialiste allemand se chiffrent par millions et obéissent comme un homme à la voix de ses chefs.

Supposons, comme nous venons de le faire pour leurs frères anglais, qu'ils réussissent, entrent en majorité au Reichstag, s'emparent de la chancellerie et du gouvernement de l'empire ; supposons, en mettant les choses au mieux, que tous les produits soient partagés d'une manière équitable, chacun aura sa part légitime, il n'y aura plus ni riches, ni pauvres ; les malades seront assistés ; les vieillards seront soutenus, il n'y aura plus ni privilégiés, ni déshérités dans l'état social ; mais il y aura les cinq cent mille enfants que l'Allemagne compte chaque année en plus et auxquels il faudra également faire une place au soleil du nouvel Eden. Pour les satisfaire, à leur tour, les ressources devront croître, l'esprit d'initiative augmenter, les entreprises se développer et la production s'étendre exactement dans les mêmes proportions que la population. Miracle du génie national qu'aucun socialisme si parfait qu'il soit, n'opérera, par la raison que le parti socialiste n'existe et n'a pris son extension actuelle que parce que le génie national de l'Allemagne se trouvait incapable de le produire. Les rêves des socialistes allemands ne sont donc pas plus une solution que les syndicats anglais.

Quel autre spectacle présentent nos classes ouvrières, animées de leur esprit de liberté et d'indépendances individuelles ! Nous n'avons à redouter ni la force des syndicats anglais, ni la cohésion du socialisme allemand. Plus turbulentes au point de vue politique, elles le sont infiniment moins au point de vue social. Elles se sont cependant adonnées au socialisme bien avant les classes ouvrières allemandes, et conservant, comme les classes ouvrières anglaises, des traditions de l'ancien compagnonnage, elles se sont constituées en syndicats.

Nos socialistes se sont divisés en sectes innombrables, Blanquistes, Marxistes, Guesdistes, Allemanistes, Broussistes, selon leurs préférences personnelles pour les chefs qu'ils connaissaient, et chacun dans sa secte conserve liberté d'esprit et indépendance d'action. Le tableau que nous en trace le Secrétariat national du travail vaut, par sa concision, la meilleure analyse que nous en pourrions faire.

ARTICLE PREMIER. — Conformément à la résolution du Congrès international ouvrier socialiste de Bruxelles, il est institué pour la France un Secrétariat national du travail.

*But.* — ART. II. — Le Secrétariat national du travail a pour but :

1° De centraliser et de publier, s'il y a lieu, tous les renseignements, statistiques, etc., intéressant l'organisation ouvrière et l'action socialiste ;

2° De correspondre activement avec les secrétariats des autres pays.

*Composition et fonctionnement*. — ART. III. — Le Secrétariat national du travail est composé par des délégués appartenant aux organisations désignées ci-dessous.

ART. IV. — Ces délégués devront être adhérents à un syndicat quelconque.

ART. V. — Les organisations suivantes formeront le Secrétariat national du travail :

1° La fédération des Bourses du travail de France ;

2° La fédération nationale des syndicats et groupes corporatifs et ouvriers de France (de nuance guesdiste) ;

3° Le comité révolutionnaire central (blanquiste) ;

4° Le parti ouvrier socialiste révolutionnaire (allemaniste);

5° La fédération des travailleurs socialistes de France (broussiste) ;

6° Les socialistes indépendants ;

7° Le parti ouvrier (guesdiste).

Tout cela fait une macédoine socialiste aux nuances diverses, mais dans laquelle n'entre pas l'esprit de discipline et de soumission nécessaire au succès. Au congrès de Châtellerault le parti guesdiste se scinda en deux fractions à peu près égales, et un grand nombre de syndicats refusèrent de se prononcer. Restèrent avec Brousse les mécaniciens, les employés de commerce, les charrons, les relieurs, les facteurs de pianos et quelques groupes de peintres, de maçons et de charpentiers, environ cinquante groupes. Allemane, de son côté, rallia les passementiers, les gainiers, les tonneliers, les ébénistes, les bronziers, les ouvriers en voitures, somme toute quarante-cinq groupes.

Ces deux fractions paraissent considérables autant par le nombre des métiers représentés que par le bruit qu'ils savent faire ; mais tandis qu'un seul syndicat anglais compte 500.000 ouvriers, et que les socialistes allemands se chiffrent par millions, les adhérents de chacune de ces deux fractions sont au nombre de cinq à six mille environ. Ceux que le programme du Secrétariat du travail appelle indépendants sont plus nombreux, mais étant sans direction ils sont aussi sans action effective. Quant aux syndicats et aux innombrables métiers qui sont répandus en France et que les syndicats sont censés représenter, ils ont une constitution aussi incohérente et aussi impuissante que les fractions socialistes qui se recrutent parmi eux. Il se forme tous les jours des syndicats et il s'en défait tous les jours ; dans un même métier des syndicats nouveaux surgissent, se subdivisent ; ils se maintiennent pour un moment et disparaissent. Partout, ainsi que nous l'avons vu pour les socialistes indépendants, les ouvriers non syndiqués dominent par le nombre, et c'est à peine si, parmi ceux qui sont syndiqués, un quart, un tiers, rarement la moitié, paient régulièrement leurs cotisations, cette condition première de toute coalition, partant de toute action réelle. Les meneurs ne cessent de s'en plaindre dans les syndicats, même les mieux organisés.

Restent les anarchistes. Ils se partagent encore en deux groupes, dont l'un est formé en majeure partie par le syndicat des hommes de peine de Paris, groupe politique qui est l'expression d'un état économique et social particulier, et comme tel respectable ; l'autre est un assemblage de désespérés de tous états et de tous métiers qui se rencontrent par hasard, s'appellent «compagnons » et ébauchent des projets de complots. La dynamite est leur arme ; la police et la magistrature sont leurs seuls adversaires. Elles sont les adversaires de tous les criminels. Ils peuvent par quelques attentats terroriser un instant la population, mais ils n'ont d'importance ni comme nombre, ni comme parti.

Telle est la composition sociale de notre classe ouvrière. Elle conserve d'une manière précieuse l'éducation que lui a donnée la Révolution. Que faudrait-il à de tels hommes ? Deux choses, dont l'une contenterait leur sentiment d'égalité et l'autre leur besoin d'indépendance.

Dans notre jurisprudence actuelle, le travail est assimilé tantôt à un louage de service, tantôt à une marchandise. Selon l'esprit général de notre législation, ce n'est cependant ni l'une ni l'autre. Nos lois défendent d'acheter un homme pour la vie, mais, d'après notre jurisprudence, on peut l'acheter pour un jour, un mois, une année ; c'est une contradiction : le temps, plus ou moins long, ne change rien à la nature de l'esclavage. Le travail est encore moins une marchandise, car si l'homme n'est pas une marchandise, son travail, qui n'est autre chose que lui-même, ne saurait en être une.

Dans tout État social le travail est la coordination des efforts des uns avec ceux des autres en vue de la satisfaction des besoins de tous, comme tel, c'est un appui mutuel entre l'ouvrier qui l'offre et le patron qui le demande, entre l'apprenti qui veut en acquérir la pratique et le maître qui s'engage à la lui donner. C'est un contrat *sui generis* qui n'est ni un louage, ni une vente, dans lequel il faut respecter d'une part la manifestation des besoins, car ils sont le stimulant du travail, et, d'une autre, déterminer les responsabilités qui en dérivent. En d'autres termes, pour contenter le besoin d'égalité, non devant la loi, — elle est incomplète — mais devant le sentiment de l'équité même qu'éprouvent nos classes ouvrières, il faut parvenir à coordonner le fouillis de nos lois insuffisantes et contradictoires, faites depuis un siècle, et réglementer le travail en une législation homogène tenant compte de toutes les libertés, mais fixant aussi toutes les responsabilités, aussi bien pour l'apprenti et le maître que pour l'ouvrier et le patron, et non moins en matière de spéculation abusive, d'usure commerciale et d'exploitation du travail d'autrui, qu'en matière d'accident, de maladie, de vieillesse. Nous avons un code civil qui a remplacé les coutumes sociales et familiales de l'ancien régime ; combien plus important encore serait un code du travail. Le moyen âge a eu, pour déterminer toutes les conditions du travail, des réglementations précises et minutieuses, elles étaient encore en vigueur sous l'ancien régime ; la Révolution s'est contentée de les supprimer. Il nous faut un code du travail réalisant dans sa sphère l'œuvre de justice, d'ordre et de progrès, que le code civil a réalisée dans la sienne. Ainsi on aura résolu la première partie de la question.

La seconde touche au sentiment d'indépendance qui distingue notre classe ouvrière. Il n'y a également qu'un moyen de lui donner satisfaction, c'est de favoriser la prospérité de nos classes moyennes. Cette prospérité peut seule, en effet, permettre à tout ouvrier qui aspire à s'affranchir du salariat l'acquisition de l'indépendance et de la personnalité plus grandes dont jouissent les classes moyennes. Par la facilité qu'elle donne de s'y élever, cette prospérité est la grande porte ouverte devant la classe ouvrière par laquelle lui vient, comme un air vif et réconfortant, l'espoir de parvenir à une condition meilleure. Alors nous aurons dans nos mains la solution de la question tout entière.

Le caractère de nos classes ouvrières en rend la réalisation plus aisée que dans n'importe quel autre État de l'Europe ; mais la situation de nos classes moyennes s'y prête-t-elle ?

III.  Car on a imaginé une autre solution de la question sociale ayant également deux formes, lesquelles, comme on va le voir, semblent se confondre, sur plus d'un point, avec les deux précédentes. L'une a pour objet de faciliter l'avènement des classes ouvrières, l'autre a pour but la prospérité des classes moyennes ; on croit réaliser la première par des lois protectrices des associations de travailleurs, la seconde par des droits protecteurs du travail national. Mais toutes deux menacent d'aboutir, par la façon dont on les a conçues, à des résultats diamétralement opposés à ceux qu'on s'est proposé d'obtenir.

L'histoire nous montre à travers quelles batailles et quelles luttes les associations de travailleurs, corporations, jurandes, maîtrises, sont parvenues, sous l'ancien régime, à se donner des coutumes fortes et stables, et comment, dès que ces coutumes, sous la poussée de la misère croissante, se sont trouvées transformées en privilèges, elles sont devenues de jour en jour plus insupportables, jusqu'au moment où la Révolution en a fait table rase et a proclamé la liberté individuelle.

Liberté d'association ! il y a contradiction dans les termes. L'associé renonce, dans une mesure déterminée, à sa liberté propre, et l'association acquiert, non pas une liberté, mais une force plus grande pour lutter dans sa concurrence contre tous les autres producteurs ou consommateurs moins solidement organisés. Le travail des associés de force, les moins libres du monde, de ceux qui travaillent dans les prisons de l'État, entre en lutte avec le travail qui se dit vraiment libre, et l'un et l'autre entrent en concurrence avec le travail d'autres associés qui, dans les couvents, ont volontairement renoncé à toute liberté. Le petit commerce et la petite industrie, luttent contre les grandes fabriques et les grands magasins, les sociétés coopératives de production contre les sociétés coopératives de consommation, les syndicats ouvriers contre les syndicats de patrons, les entrepreneurs particuliers contre les entreprises en compagnies. On n'arrivera pas de la sorte à résoudre, mais à systématiser la lutte de tous contre tous au profit des plus forts. Faire des lois protectrices des associations, c'est organiser la lutte entre elles ; mais faire des lois pour déterminer les responsabilités que chacun encourt, quelles que soient les associations où il lui plaise d'entrer, c'est assurer la liberté et faciliter le progrès, par cela seul que cette liberté n'est réprimée que dans ses abus et ses excès.

Il en est de même de la prétendue protection du travail national. Pas plus qu'on ne s'est douté de ce qui constitue la liberté d'association quand on a fait des lois pour la protéger, on n'a soupçonné, en promulguant nos nouveaux droits protecteurs, en quoi consiste le travail national. Le travail national n'est pas plus la grande agriculture, qui n'est que la propriété de quelques-uns, que la grande métallurgie ou les grandes filatures et fabriques appartenant à quelques autres ; mais c'est le travail de la masse de la nation, des petits agriculteurs, petits commerçants, petits industriels, par lesquels seuls la nation vit et subsiste, par lesquels seuls elle maintient sa cohésion et sa force. Travail dans lequel tous agissent les uns pour les autres, dépendent les uns des autres, échangent leurs produits et se soutiennent réciproquement, où le patron se trouve en rapport direct avec l'ouvrier et où l'ouvrier compte sur l'appui du patron ; où le crédit et l'escompte sont autre chose que des spéculations usuraires : où tout acheteur connaît son vendeur, tout vendeur son acheteur. Tel est le vrai travail national. Or, c'est précisément celui qui, depuis qu'il a cessé de se protéger lui-même par ses franchises et les libertés locales, a été le plus opprimé par tous les prétendus droits protecteurs qu'on s'est plu à lui imposer. Dans la proportion où ils favorisent l'exploitation du travail de la masse au profit du petit nombre des privilégiés, les droits protecteurs d'une classe ou d'une industrie particulière diminuent les ressources des classes moyennes, rivent les classes ouvrières au salariat et brisent la prospérité publique au bénéfice de quelques-uns. Étrange protection qui ne saurait avoir d'autre fin que le mécontentement du plus grand nombre et la ruine générale.

Tout, dans la situation économique des États modernes, tend à l'épuisement de leurs classes moyennes ; aussi ces dernières sont-elles partout plus ou moins révolutionnaires et radicales, excepté chez nous où, grâce à la Révolution que nous avons traversée, elles sont essentiellement conservatrices. (Il va sans dire que ce dernier mot n'est pas entendu ici dans le sens plus étroit que les partis lui ont récemment donné). Paris, avec sa centralisation politique et sa population ouvrière, n'est pas sorti, durant un siècle, des coups d'État et des révolutions, et chaque fois la masse du pays a soutenu par ses votes ou ses plébiscites le gouvernement qui en surgissait. On a fait alors de cette population travailleuse la partie inintelligente de la nation et de Paris la tête de la France. La capitale, entraînée par ses ambitions, aveuglée par ses idées fausses, a perdu à chaque génération, comme emportée dans un délire, la mesure de ses actes, alors que les classes moyennes, formant la masse de la nation, sont restées non seulement la tête, mais encore le cœur de la France.

C'est du sein des classes moyennes que jaillissent tous les progrès sérieux, solides. Quelles que soient les initiatives prises ou les institutions proclamées par la capitale, elles ne prennent corps et forme que du moment qu'elles sont réalisées dans et par les classes moyennes. Obligées de travailler, tout comme la classe ouvrière, pour subvenir à leur existence, elles ont une force d'action et une puissance d'initiative qui font défaut à cette dernière, en même temps que, retenue par les nécessités journalières, elles ne peuvent se corrompre et se dégrader, par la facilité de satisfaire leurs caprices et leurs passions, comme les classes supérieures. C'est grâce à elles que parviennent les déshérités des classes inférieures, c'est par elles que sont remplacés les déchus des classes supérieures. Lorsqu'elles s'affaiblissent et que les autres classes ne se développent qu'à leur détriment, à la faveur des privilèges et des droits protecteurs qu'on leur accorde, c'est non seulement l'avenir mais encore la vie du peuple qui s'arrête.

Pensons aux splendeurs de la Renaissance. D'où sont sortis tant de merveilles, tant de chefs-d'œuvre immortels ? Des « boutiques » des tailleurs de pierres, de celles des enlumineurs, des maçons, des charpentiers, des menuisiers. L'expansion commerciale et industrielle des classes moyennes poussa à la recherche de la route des Indes, amena la découverte de l'Amérique et créa au delà des mers des colonies de population incomparables en richesses et en puissance. Enfin, ce sont elles qui, brisant leurs anciennes libertés et franchises locales, ont réalisé les libertés politiques modernes, et, chez nous, de révolutionnaires sont devenues conservatrices ne demandant qu'une chose, le maintien de ces libertés.

Ignorantes de leur rôle dans l'histoire et dans la société, les classes moyennes sont les plus faciles à conduire et à exploiter. Comme elles jouissent d'une indépendance plus grande que les classes ouvrières, elles formulent des revendications moins vives, et comme elles sont empêchées de se livrer à leurs caprices et à leurs passions comme les classes supérieures, elles n'en ont pas les exigences. Qu'en résulte-t-il ? Plus les gouvernements et les politiciens du moment sont incapables, plus ils font peser sur les classes moyennes les charges publiques, soit pour satisfaire aux exigences des classes supérieures, soit pour obéir aux revendications des classes inférieures ; étourdis par les clameurs de celles-ci, entraînés par les plaintes de celles-là, ils font des lois, prennent des mesures qui, toutes, ne tendent qu'à aggraver la situation générale jusqu'à ce qu'une crise éclate. Les révolutionnaires, qu'ils s'appellent radicaux ou réactionnaires, s'emparent du pouvoir, les classes moyennes les soutiennent derechef, sans qu'elles parviennent à mieux comprendre leur rôle propre, et les politiciens, radicaux ou réactionnaires, à mieux le concevoir.

Il suffirait de nous rendre compte des ressources sociales que nous offrent nos classes moyennes ; nous sortirions des difficultés de la question ouvrière, et en France nous en sortirons d'autant plus facilement que nos classes supérieures, les classes dirigeantes du travail, offrent des ressources non moins considérables.

IV. Pendant la tourmente de la Révolution et les guerres de l'Empire, les grandes fortunes se sont maintenues dans toute l'Europe, tandis que, en France, elles ont disparu, pour la plus grande partie, par la banqueroute, les confiscations et des exactions de tous genres. Aussi en Angleterre, dès le retour de la paix, les grandes fortunes ont-elles suivi l'application des découvertes scientifiques à la production générale ; elles se sont intéressées au développement industriel et commercial, et ont contribué à la fondation de ces puissantes sociétés qui ont envahi le marché du monde ; simultanément, en s'éloignant des classes ouvrières, elles ont été la cause de l'organisation si forte que se sont donnée les *Trade's Unions*.

En Allemagne, ayant à lutter contre des difficultés plus grandes, par suite du morcellement du territoire, elles n'ont obéi à la même impulsion qu'à partir de la conclusion des unions douanières. Mais de ce moment commença pareillement la création de grandes sociétés dans toutes les entreprises industrielles et commerciales, lesquelles ont finalement aussi précipité les classes ouvrières allemandes dans leur vaste organisation socialiste.

Rien de semblable ne s'est produit en France. La disparition d'une partie des grandes fortunes intimida les propriétaires de celles qui furent conservées, et c'est des classes moyennes que sortirent les hommes d'initiative et d'action qui, comprenant le mouvement scientifique, industriel et commercial moderne, fondèrent non pas des sociétés, mais des maisons de grande industrie et de grand commerce, lesquelles ont conservé, par suite de leur origine même, le caractère familial particulier au petit commerce et à la petite industrie. Le caractère de notre histoire économique en ce siècle tient tout entier à ce fait.

Tout d'abord la grande agriculture à peine renaissante, et le grand commerce, la grande industrie, faibles tous deux à leurs premières tentatives, exigèrent sans interruption la protection contre leurs puissants rivaux du dehors; et si vers le milieu du siècle quelques grandes sociétés se constituèrent, telles que les compagnies de chemin de fer, ce ne fut qu'en s'entourant de toutes les garanties d'un monopole. Dans leur besoin de protection, nos grandes maisons industrielles obtinrent, vers la même époque, du gouvernement de Juillet, qu'il refusât les unions douanières avec la Belgique, la Suisse, le Luxembourg, au moment même où la Prusse complétait les siennes. Le prétendu traité libéral de 1860, conclu par le second Empire avec l'Angleterre, épouvanta tant notre grande agriculture que notre grande industrie; le traité, cependant, accordait à la France le droit d'imposer jusqu'à 30 p. 100 de leur valeur, les marchandises anglaises, alors que l'Angleterre se contentait de soumettre nos exportations aux seuls impôts intérieurs qui frappaient ses propres produits; et ce ne fut que par les acquits à caution, qui devinrent de véritables primes d'exportation, que notre métallurgie, bien que sujette à des droits moindres, soutint la concurrence. Plus tard la clause de la nation la plus favorisée que nous accordâmes à l'Allemagne, à la suite du traité de Franc-

fort, apparut comme une charge imposée par la défaite. Enfin,
sous la troisième République, nos Chambres, après avoir obligé
un gouvernement libéral à dénoncer tous les traités de commerce, ont établi un double tarif, l'un franchement protecteur,
l'autre à peu près prohibitif, contre tous les États sans distinction.

Il n'est pas une raison, mise en avant par les intéressés pour
justifier leurs exigences, qui ne soit un sophisme. On a allégué la
cherté des salaires. Plus la production nationale est protégée,
plus la vie devient coûteuse, plus les salaires s'élèvent et plus
il faut protéger ; c'est un cercle vicieux. On a allégué l'insuffisance de nos ressources en matières premières. C'était répondre
par la question, car il suffit de donner au commerce une plus
grande extension au dehors, par une organisation plus forte et
l'emploi de capitaux plus abondants, pour amener toutes les
ressources du monde en matières premières à la disposition du
travail national. On a allégué les difficultés de renouveler l'outillage. C'était conclure du particulier au général. Car là est précisément le défaut de toute exploitation particulière, familiale ;
le fils continue le métier du père, maintient la maison, mais en
conservant les mêmes formes de travail, sans initiative nouvelle,
et sans réaliser de progrès. Enfin on a allégué notre défaut de
« génie colonisateur ». C'était une confusion de l'effet avec la
cause ; car l'état de nos colonies est précisément un effet de la
situation où se trouvent notre grande agriculture, notre grande
industrie et notre grand commerce. Ces derniers, avec une organisation plus puissante, au lieu d'abandonner nos colonies à
l'administration gouvernementale, qui n'y comprend rien et n'y
peut rien comprendre, trouveraient dans nos colonies des mines
plus riches, des ressources plus considérables, des salaires moins
élevés, et au lieu d'étouffer la petite agriculture, la petite industrie et le petit commerce du dedans, ils les entraîneraient au
dehors en accroissant leur prospérité.

En réalité, depuis un siècle, notre grande agriculture, notre
grande industrie, notre grand commerce, ayant repris, sauf de
rares exceptions, le caractère de propriétés familiales, comme
sous l'ancien régime, ont conservé des formes trop étroites pour
la colossale extension prise de nos jours par la production et les
échanges. Il faut qu'ils se groupent, aujourd'hui qu'il en est
encore temps, en de vastes et puissantes associations, semblables
à celles de l'étranger, afin de pouvoir soutenir la concurrence.
« Le grand commerce du dehors, écrivait le maître de Richelieu

et de Colbert : Montchrétien, ne se fait que par sociétés et pour la société. » Il n'y a point d'autre issue. La grande agriculture, le grand commerce et la grande industrie de France parviendront à concourir avec l'étranger, ou ils ruineront le pays par l'appauvrissement graduel des classes moyennes, et le mécontentement croissant des classes ouvrières.

En revanche, par cela seul qu'on y a maintenu le caractère des propriétés familiales, notre grand commerce et notre grande industrie ont conservé des qualités inappréciables perdues par les grandes sociétés des États rivaux. Des rapports plus intimes, une solidarité plus grande se sont maintenus entre les chefs de nos grandes entreprises et leurs employés et ouvriers. Le nord de la France, l'est, le midi, Paris même, en offrent des exemples remarquables. Or, n'est-ce pas le propre de notre race si facile à conduire par des témoignages de sollicitude et d'affection, malgré son esprit d'indépendance et son besoin de liberté, d'être capable d'une discipline et d'une soumission d'autant plus intelligentes qu'on y trouve plus vif le sentiment de l'égalité et que cette discipline et cette soumission sont volontaires ! Nous ne soupçonnons peut-être pas les richesses morales et intellectuelles que renferme encore le pays. Leur puissance nous frappe vaguement au moment d'un désastre public, elle nous échappe dans la vie ordinaire, dans la lutte de nos intérêts et de nos ambitions.

Il n'y a de solution pour la question ouvrière et sociale que dans un progrès général de la nation. Nos classes ouvrières nous en offrent les moyens par leurs besoins d'indépendance, autant que par leur esprit de subordination réfléchie. Combien il serait facile de les contenter par une législation bien entendue sur les responsabilités réciproques en matière de travail ! Nos classes moyennes nous en assurent le succès par leur esprit conservateur. En leur rendant une prospérité perdue, la République trouverait en elles, comme la royauté d'autrefois, un soutien qui en maintiendrait les institutions pendant des siècles. Enfin nos classes supérieures dirigeantes du travail accroîtraient d'autant plus la prospérité générale qu'organisées en vastes sociétés d'échange et de production elles étendraient leur action au dehors, et elles le feraient avec d'autant plus de sûreté qu'elles conserveraient davantage, à l'égard de leurs employés et ouvriers, le caractère paternel de leur constitution actuelle, ainsi que déjà quelques-unes de nos grandes compagnies en donnent l'exemple.

Telles sont nos ressources sociales, si grandes qu'aucun État de l'Europe occidentale n'en possède d'égales.

V. Nos ressources politiques ne sont pas moindres. Malheureusement les hommes qui dirigent la politique ne présentent ni les traits généraux, ni le caractère ferme par lesquels se distinguent nos classes sociales. Chacune de celles-ci avec ses divisions et subdivisions a des représentants aux Chambres qui, selon les circonstances et les fluctuations des majorités, votent les lois et envahissent les fonctions publiques ; mais, faute d'une éducation propre ou d'une instruction suffisante, en méconnaissent la vraie portée. C'est le mal de notre état politique, mal qui pourrait encore devenir un moyen de salut, par cela même que la nation entière se reflète avec ses besoins et ses aspirations dans nos institutions et vit en chacun des hommes qui la représentent.

Nous n'en voulons pour preuves que l'entente, l'unanimité qui éclatent dans nos Chambres aussitôt qu'il s'agit de questions intéressant la défense générale. Aucun sacrifice ne coûte, aucune mesure ne paraît trop lourde à porter. Mais notre patriotisme est plutôt une affaire de race et d'instinct qu'il n'est l'effet de notre clairvoyance. S'il était l'un autant que l'autre. nous décréterions avec la même sûreté les moyens de rendre la paix à notre état social et d'asseoir sur des assises solides notre prospérité matérielle.

Le fond de la nation est admirable, il n'y a de désolant que notre incapacité à comprendre ses conditions d'existence et de progrès. Chacun n'en juge que sur ses petits intérêts et ses ambitions personnelles ; conséquemment, à travers la filière de nos institutions surgissent des oppositions implacables qui se répercutent en chacun des hommes chargés de les représenter dans les Corps législatifs.

Pour les uns le clergé ou les monarchistes, pour les autres les radicaux, pour les troisièmes les opportunistes, pour les derniers les patrons ou les ouvriers deviennent l'ennemi alors que tous sont Français. Si nous perdions l'habitude de jouer avec le sens des mots et apprenions à mieux nous comprendre les uns les autres, ces haines néfastes s'évanouiraient d'elles-mêmes. Ce qui, en dehors de l'ennemi véritable, est notre plus grand ennemi, c'est nous-mêmes, notre ignorance en matière politique, nos sophismes économiques, nos doctrines illusoires, en un mot, notre inintelligence de la France réelle et vivante.

Quelles sont les conditions nécessaires pour que nous retrouvions dans notre politique intérieure la même entente et la même unanimité qui se manifestent aussitôt que nos frontières sont en jeu ?

On a attaqué avec une vivacité extrême le suffrage universel. Il n'y a point de suffrage qui permette de se rendre mieux compte des dispositions et des besoins véritables du pays. Que n'a-t-on encore dit contre l'instabilité ministérielle ! Sachons mieux interpréter le suffrage universel, et les majorités des Chambres, partant les ministères, deviendront aussi stables que l'est la nation.

Combien a-t-on déclamé contre notre centralisation administrative, au point de ne voir d'issue que dans la décentralisation. Ce serait la désorganisation du pays ; mais pourquoi ne simplifierait-on pas les rouages de l'administration de manière à les rendre plus conformes aux progrès accomplis dans les relations et les communications, et à donner une plus grande indépendance aux communes et aux départements, tout en augmentant proportionnellement le contrôle de l'administration centrale ? De la sorte, sans perdre notre cohésion, nous rendrions à la nation sa puissance d'initiative, en même temps que nous réaliserions de précieuses économies de temps et d'argent.

Quels efforts a-t-on faits pour relever notre instruction publique ? Tant que l'instruction était facultative on organisa l'enseignement primaire en vue de l'enseignement secondaire et celui-ci en vue de l'enseignement supérieur. Depuis que l'instruction a été rendue universelle et obligatoire, cette méthode est devenue un non-sens. Nos cinq millions d'enfants n'entrent pas tous dans l'enseignement secondaire, et sur les trois cent mille qui en fréquentent les établissements, c'est à peine si vingt mille, en décomptant les étrangers, suivent les cours de l'enseignement supérieur. Instruisons les masses dans les connaissances qui peuvent leur être effectivement utiles, et nous aurons plus fait pour notre relèvement que tous les projets et concours universitaires.

Quelles plaintes n'entend-on pas journellement contre la multiplicité et la charge écrasante des impôts ? Lorsque la France sortit de l'anarchie du X° siècle, le roi administrait le royaume avec les seules ressources de son domaine. Ce fut une des causes des progrès vertigineux accomplis par le pays pendant les trois siècles suivants. Pourquoi l'État ne se constituerait-il pas, dans notre monde moderne tout d'industrie, un domaine industriel ? Déjà l'État a le monopole des tabacs, remplaçons le monopole absurde des allumettes par celui des alcools, et nous pourrons abolir une quantité d'impôts qui sont d'autant plus lourds qu'ils pèsent davantage sur les échanges et la production générale.

Quelles appréhensions n'inspirent pas aux moins avisés notre dette publique énorme et son accroissement continu, sans autre fin possible que la banqueroute? Si, dans l'augmentation effrayante de notre dette et dans les rentes que nous en prélevons, nous pouvons voir la rançon que nous continuons à payer à l'ennemi, il ne tient qu'à nous d'en faire une caisse d'épargne gigantesque. Que l'État, à la suite d'une réforme fiscale et administrative, rende, par un amortissement régulier, annuel, ses capitaux à la haute finance qui en rechercherait le placement dans la grande industrie et le grand commerce, d'où ils descendraient au petit commerce et à la petite industrie, et se répandraient en prospérité sur les classes ouvrières.

Enfin, quelles légitimes frayeurs n'inspire pas notre nouvel et double tarif douanier, entraînant le renchérissement de la vie, l'élévation des salaires, l'appauvrissement des classes moyennes et par cela même ruinant de plus en plus, en dépit des droits protecteurs, le grand commerce, la grande industrie et la grande agriculture dont les classes ouvrières et moyennes sont les débouchés? Protégeons par des droits, prohibitifs s'il le faut, le petit commerce, la petite industrie, la petite agriculture, dégrevons au contraire de tout impôt intérieur les exportations de la grande industrie, du grand commerce, de la grande agriculture, unique moyen pour qu'avec la vie à bon marché on voie la valeur des salaires doublée par les richesses importées du dehors.

Et si nos droits protecteurs actuels menacent les pays voisins d'une crise semblable à la nôtre, offrons à la Belgique et à la Suisse, pays dont l'indépendance et la neutralité sont garanties, une union douanière. Des pays prospères sur les frontières sont le gage le plus sûr de la prospérité intérieure.

Telles sont nos ressources politiques ; elles sont plus grandes que les désastres que nous avons subis, que les fautes que nous avons commises, que les difficultés ouvrières et sociales qui nous effraient : sachons les utiliser.

Quant à la situation extérieure, si grandes que soient les difficultés et si tendues les relations, « laissons venir les événements ! »

FIN.

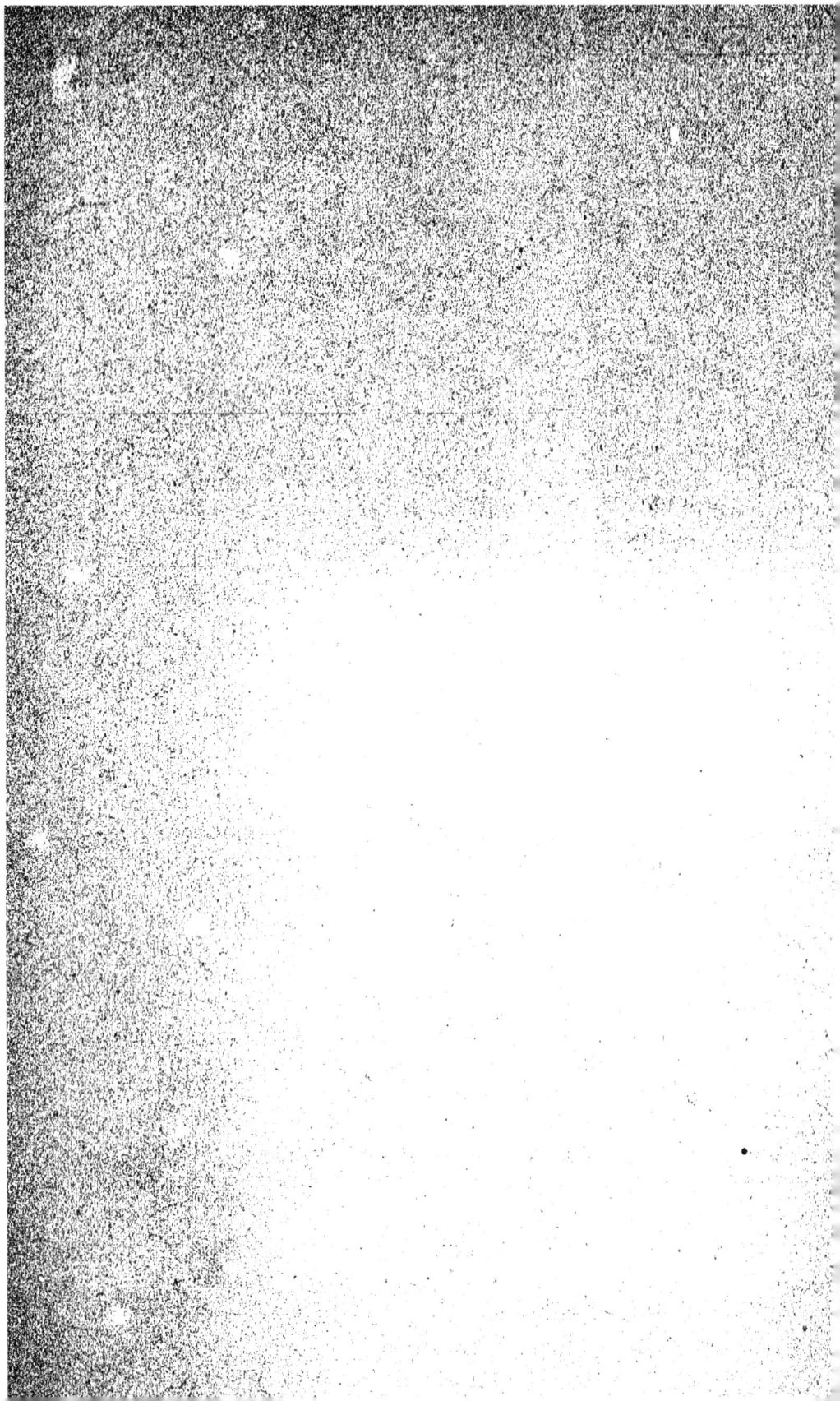

# TABLE DES MATIÈRES

------

—————

Imp. G. Saint-Aubin et Thevenot, Saint-Dizier (Hte-Marne). 30, passage Verdeau, Paris.

## EXTRAIT DU CATALOGUE GÉNÉRAL.

**BEUDANT.** — *Le Droit individuel et l'État.* Introduction à l'étude du droit
tion. Un volume in-18 . . . . . . . . . . . . . . . . . . . . . . . . 6 fr.

**BONPAIX** (Alphonse). — *Répertoire de jurisprudence en matière de travaux*
*ticuliers, à l'usage des architectes, entrepreneurs et ouvriers du bâtiment.* Deux
lumes in-8°, 1892 . . . . . . . . . . . . . . . . . . . . . . . . 18 fr.

**CHAUVEAU** (M. E.), Agrégé des Facultés de droit, Professeur à l'École de droit
d'Alger. — *Le droit des gens ou droit international public.* Introduction. Notions
générales, Historique, Méthode. Un volume in-8°, 1892 . . . . . . . . . 4 fr.

**DANJON**, Professeur à la Faculté de Droit de Caen. *Éléments de droit*
*commercial.* 1 vol. in-18° . . . . . . . . . . . . . . . . . . . . . . 6 fr.

**FRANCK** (Louis), de Bruxelles, Docteur de la Faculté de droit de Bologne, avocat
à la Cour de Bruxelles. — *Essai sur la condition politique de la Femme. Étude de*
*sociologie et de législation.* Ouvrage couronné par la Faculté de Droit de Paris,
(Concours Rossi, 1891). Un fort volume in-8°, 1892 . . . . . . . . . . 9 fr.

**FROMAGEOT** (Henri). — *De la double nationalité des individus et des sociétés.* Un
volume in-8°, 1891 . . . . . . . . . . . . . . . . . . . . . . . . . . 3 fr.
— *De la faute comme source de la responsabilité en droit privé.* Un volume in-8° 1891.
. . . . . . . . . . . . . . . . . . . . . . . . . . . . . . . . . . . 6 fr.

**GAFFAREL** (Paul), Professeur à la Faculté des Lettres de Dijon. — *Histoire de*
*la découverte de l'Amérique depuis les origines jusqu'à la mort de Christophe Co-*
*lomb.* Deux volumes in-8°, 1892 . . . . . . . . . . . . . . . . . . . 18 fr.

**JOYAU**, Professeur adjoint à la Faculté des lettres d'Aix. — *La philosophie pendant*
*la Révolution française.* 1 vol. in-18° . . . . . . . . . . . . . . . . 3 fr. 50

**MAROUSSEM** (P. du), Docteur en Droit. — *La question ouvrière.* I. *Charpentiers*
*de Paris, compagnons et indépendants.* Cours libre professé à la Faculté de droit
de Paris. Préface de M. Th. FUNCK-BRENTANO. Un vol. in-8°, 1891 . . . 6 fr.
— *La question ouvrière.* II. *Les ouvriers du faubourg Saint-Antoine. Les grands*
magasins. Le Sweating system. Cours libre professé à la Faculté de droit de Paris. (Ouvrage précédé d'une préface de M. Th. FUNCK-BRENTANO, Professeur à
l'École libre des sciences politiques). Un volume in-8°, 1892 . . . . . . 6 fr.

**MORIZOT-THIBAULT** (Ch.), Docteur en droit, procureur de la République. —
*Des droits des Chambres hautes ou Sénats en matière de lois de finances. Étude de*
*législation comparée.* Ouvrage couronné par la Faculté de Paris (prix Rossi). Un
volume in-8°, 1891 . . . . . . . . . . . . . . . . . . . . . . . . . . 8 fr.

**OLIVECRONA** (K. d'), Ancien conseiller à la Cour suprême de Suède, correspon-
dant de l'Institut. — *De la peine de mort.* 2° édit., entièrement revue et considé-
rablement augmentée ; traduction et préface de M. BEAUCHET, Professeur à la Faculté de Droit de Nancy — 1893. 1 vol. in-8 . . . . . . . . . . . . . 6 fr.

**OSTROGORSKI** (M.). — *La femme au point de vue du droit public. Étude d'his-*
*toire et de législation comparée.* (Ouvrage couronné par la Faculté de droit de Paris). Un volume in-8°, 1892 . . . . . . . . . . . . . . . . . . . . . . 4 fr.

**SAINTE-CROIX** (Lucien de), Ancien élève de l'École des sciences politiques et
de l'École pratique des hautes études, Docteur en Droit, attaché au Sénat. — *La*
*Déclaration de guerre et ses effets immédiats.* Un volume grand in-8, 1892. 8 fr.

**SELLYER** (Le), Avocat, ancien professeur à la Faculté de droit de Paris. — *Traité*
*des successions.* Trois volumes in-8°, 1892 . . . . . . . . . . . . . . 24 fr.

**SURVILLE ET ARTHUYS.** — *Cours élémentaire de droit international privé,*
conforme au programme des Facultés de droit. Un volume in-8° . . . . . 10 fr.

**TISSOT.** — *Le Droit pénal étudié dans ses principes, dans ses usages et les lois des*
*divers peuples du monde.* 1889, 2° édit., 2 forts vol. in-8 . . . . . . . 20 fr.

**VIDAL**, Professeur à la Faculté de Droit de Toulouse. — *Introduction philosophi-*
*que à l'étude du droit pénal.* Principes fondamentaux de la pénalité, dans les systèmes les plus modernes. (Ouvrage couronné par l'Institut, Académie des sciences
morales et politiques). 1 vol. in-8 . . . . . . . . . . . . . . . . . . 10 fr.

Imp. G. Saint-Aubin et Thevenot, Saint-Dizier, 30, Passage Verdeau, Paris.

www.ingramcontent.com/pod-product-compliance
Lightning Source LLC
Chambersburg PA
CBHW071957270326
41928CB00009B/1469